Santorin

Klaus Bötig · Elisa Hübel

Gratis-Download: Updates & aktuelle Extratipps der Autoren

Unsere Autoren recherchieren auch nach Redaktionsschluss für Sie weiter. Auf unserer Homepage finden Sie Updates und persönliche Zusatztipps zu diesem Reiseführer.

Zum Ausdrucken und Mitnehmen oder als kostenloser Download für Smartphone, Tablet und E-Reader.
Besuchen Sie uns jetzt!
www.dumontreise.de/santorin

short.travel/exg6f

DUMONT
Reise-Taschenbuch

Unterwegs auf Santorin

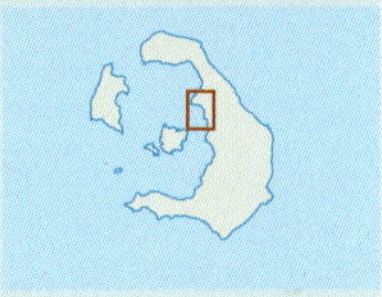

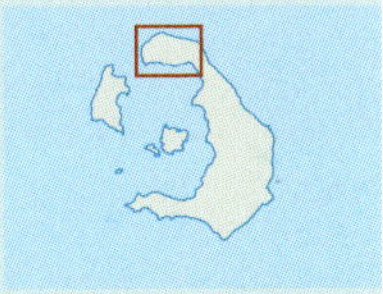

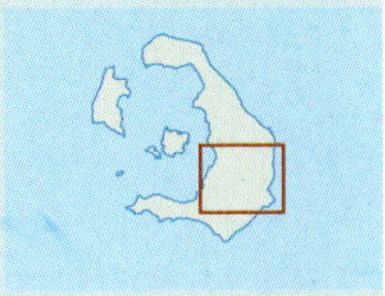

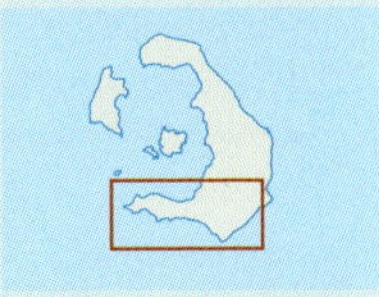

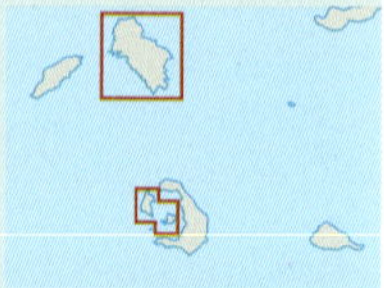

Auf Entdeckungstour

Karten und Pläne

s. hintere Umschlagklappe

▶ Dieses Symbol im Buch verweist auf die Extra-Reisekarte Santorin.

Das Klima im Blick

atmosfair

Reisen bereichert und verbindet Menschen und Kulturen. Wer reist, erzeugt auch CO_2. Der Flugverkehr trägt mit einem Anteil von bis zu 10 % zur globalen Erwärmung bei. Wer das Klima schützen will, sollte sich für eine schonendere Reiseform (z. B. die Bahn) entscheiden – oder die Projekte von *atmosfair* unterstützen. *Atmosfair* ist eine gemeinnützige Klimaschutzorganisation. Die Idee: Flugpassagiere spenden einen kilometerabhängigen Beitrag für die von ihnen verursachten Emissionen und finanzieren damit Projekte in Entwicklungsländern, die dort den Ausstoß von Klimagasen verringern helfen. Dazu berechnet man mit dem Emissionsrechner auf www.atmosfair.de, wie viel CO_2 der Flug produziert und was es kostet, eine vergleichbare Menge Klimagase einzusparen (z. B. Berlin – London – Berlin 13 €). *Atmosfair* garantiert die sorgfältige Verwendung Ihres Beitrags. Klar – auch der DuMont Reiseverlag fliegt mit *atmosfair!*

Liebe Leserin, lieber Leser,

Santorin ist dreierlei: ein Weltwunder der Natur, eine Lifestyle-Insel auf internationalem Niveau und ein einzigartiges Museum traditioneller Volksarchitektur. Man könnte dem Inselwinzling noch andere Attribute zuordnen – das der teuersten Insel Griechenlands etwa oder das des Eilands mit den ungewöhnlichsten Weinkellereien Europas.

All das ist für mich und viele andere schon Grund genug, Santorin zu einem der Top 50-Reiseziele der Erde zu erklären. Zumindest einmal im Leben sollte man hier gewesen sein. Ich kenne die Inselgruppe seit 1973 und habe die gewaltigen Veränderungen, die sich hier in den letzten 40 Jahren vollzogen haben, hautnah miterlebt. Santorin ist zwar ganz anders geworden und wird jetzt in Massen vor allem von Kreuzfahrturlaubern heimgesucht, aber es hat doch sein ganz eigenes, unverwechselbares Gesicht gewahrt und besitzt noch viele recht stille Ecken. Ich bin immer wieder gerne dort.

Auf wenigen Quadratkilometern kann ich hier so viel Unterschiedliches ohne lange Wege erleben wie kaum irgendwo sonst in der Ägäis. Ob Kulinaria, Kunst und Kultur, Strandvielfalt, Nightlife, Geschichte und alte Bräuche – Santorin hat auf jedem Gebiet etwas zu bieten. Und in nur einer Woche können Sie die ganze Insel schon sehr gut kennenlernen, obwohl es Ihnen auch in zwei Wochen garantiert nicht langweilig werden wird. Dafür, dass Sie wirklich nichts Sehens- und Erlebenswertes auf Santorin versäumen, wollen meine junge deutsch-griechische Kollegin Elisa Hübel und ich mit diesem Buch sorgen. Wir stellen ihnen darin auch viele Insulaner vor. Sicher werden Sie den einen oder anderen von Ihnen persönlich kennenlernen und so auch den Menschen auf Santorin ein wenig näherkommen.

Wir wünschen Ihnen eine erlebnisreiche Reise und freuen uns auf Ihre Rückmeldung. Vielleicht haben Sie ja die eine oder andere Neuentdeckung für uns.

Herzlich,

Unvergleichlich: Blick von Oía in die von den Kraterwänden umschlossene Caldera

Leser fragen, Autoren antworten

Santorin persönlich – unsere Tipps

Gibt es Direktflüge nach Santorin?

Zwischen Mai und Oktober gibt es **Direktflüge** von zahlreichen Flughäfen in den deutschsprachigen Ländern. Sie sind aber oft schnell ausgebucht und können zudem teurer sein als ein Linienflug mit **Umsteigen in Athen.** Billigflieger wie Ryanair oder EasyJet fliegen noch nicht nach Santorin, aber nach Athen.

Was sind Alternativen zum Zielflughafen Santorin?

Alternativ können Sie nach Athen oder Iráklio auf Kreta fliegen und von dort mit der **Fähre** nach Santorin übersetzen.

Wie geht es vom Flughafen Athen weiter?

Vom Ausgang der Gepäckausgabehalle gehen Sie rechts bis zur Haltestelle der **Flughafenbusse.** Die Busse warten gleich vor dem letzten Ausgang der Arrival Hall und fahren rund um die Uhr etwa alle 20–30 Minuten. Das Ticket (6 €) kaufen Sie direkt vor der Haltestelle am Schalter und stempeln es im Bus ab. Buslinie X 96 bringt Sie direkt zum Hafen von **Piräus.** Gleich an der Endhaltestelle gibt es zahlreiche Ticket-Agenturen. Ein kostenloser Hafenbus bringt Sie zu eventuell weiter entfernten Kais (maximal 800 m).

Wie geht es vom Flughafen Iráklio/Kreta weiter?

Die **Flughafenbusse** zum Hafen fahren etwa 100 m vor dem Mittelteil des Terminalgebäudes ab. Tickets (1,30 €) kauft man im Bus. Der städtische Busbahnhof liegt direkt am Hafen, bis zum **Fährterminal** geht man etwa 600 m (Haltestelle auch dort).

Sollte man Schiffstickets im Voraus buchen?

Besser nicht – dann bleiben Sie auch im Falle einer Flugverspätung flexibel.

Museen und Ausgrabungsstätten

Eine **Reservierung** macht nur zwischen 10. und 25. August Sinn. Dann machen nämlich alle Griechen, die es sich noch leisten können, Urlaub.

Wo bekomme ich Infos über die Schiffsfahrpläne?

Im **Internet** u.a. unter
www.gtp.gr
www.greekferries.gr
www.ferries.gr
www.greeceferries.com
www.openseas.gr
www.paleologos.gr

Lohnt ein Zwischenstopp in Athen?

Auf jeden Fall. Auch inhaltlich ist ein solcher Zwischenstopp sinnvoll: Im **Nationalmuseum** nämlich werden die Original-Fresken aus den minoischen Ausgrabungen von Akrotíri auf Santorin gezeigt. Mehr Infos zu Athen s. S. 23.

Lohnt ein Zwischenstopp in Iráklio/Kreta?

Ohne Frage. Auf jeden Fall sollte man dort ins neue Archäologische Museum gehen und sich den minoischen Palast von Knossos anschauen. Dann werden die engen Verbindungen zwischen Santorin und Kreta im 2. Jahrtausend v. Chr. sehr viel deutlicher.

Ist Santorin wirklich teuer?

Santorin ist neben Mykonos die teuerste Insel Griechenlands. Es ist leichter, ein **Hotelzimmer** für 1000 € zu finden als für 50 €. Am Kraterrand sind die Zimmerpreise am höchsten, hier liegen auch die meisten exorbitant teuren, oft aber auch sehr guten **Cafés, Bars** und **Restaurants.** Während viele Hotels und Restaurants in Griechenland in den letzten Jahren ihre Preise zumindest stabil gehalten, oft sogar gesenkt haben, sind sie auf Santorin zumeist weiterhin leicht gestiegen. Aber man kann auf Santorin durchaus auch mit relativ wenig Geld zumindest ein paar schöne Urlaubstage verbringen, wenn man nicht gerade im August kommt. Doppelzimmer abseits von Kraterrand und Stränden gibt es ab etwa 40 €. **Gyros-Buden** sind zumindest in Oía, Firá, Firostefáni, Kamári und Périssa zu finden.

Bus fahren oder Auto mieten?

Das **Linienbusnetz** auf der Insel ist ausgezeichnet, auf den Hauptstrecken fahren Busse in dichten Abständen und bis in den frühen Morgen hinein. Die Entfernungen sind kurz, die Preise niedrig. Ein **Auto** oder ein anderes motorisiertes Gefährt (Moped, Vespa, Quad etc.) braucht man nur für maximal zwei Tage, um an abgelegene Strände, zum Leuchtturm und auf den Profítis Ilías zu kommen. Wer einen größeren Spaßfaktor sucht: Auf Santorin werden viele verschiedene **Cabrios** vermietet!

Museen und Ausgrabungsstätten, die auf jeden Fall lohnen

Beide Ausgrabungsstätten auf Santorin, also **Akrotíri** und **Alt-Thera,** sind von überregionaler Bedeutung und

Ein Maultiertreiber reitet mit seinen Tieren zur Arbeit an der großen Treppe in Firá

auch für sonst archäologisch wenig Interessierte den Besuch wert. Alt-Thera fasziniert auch durch seine Lage auf einer felsigen Halbinsel hoch über dem Meer, Akrotíri durch seine Lava-Formationen, die noch immer Teile der alten Stadt bedecken.

In der Inselhauptstadt Firá sollte man auf jeden Fall das **Prähistorische Museum** und das **Santozeum** besuchen. Das Archäologische Museum und das **Gízi-Museum,** beide auch in Firá, sind hingegen nur für archäologisch und geschichtlich stark Interessierte von Belang. Bei Interesse kann man sich auch das **Volkskundemuseum** in Kontochóri und das **Weinmuseum** bei Vóthonas anschauen.

Wie kann ich eine Woche optimal gestalten?

Santorin ist so klein, dass Sie Ihr Quartier nicht zu wechseln brauchen, auch wenn Sie die ganze Insel kennenlernen möchten.

Tag 1: Nach Ihrer Ankunft sollten Sie noch am Abend des ersten Tages nach Firá hinauffahren, um am Kraterrand gleich das richtige Santorin-Feeling zu bekommen.

Tag 2: Busfahrt nach Oía. Bummel entlang der Kraterrandgasse, Abstieg zu einem oder beiden Häfen des Ortes.

Tag 3: Museumsbesuche in Firá, Seilbahnfahrt zum Hafen, Rundfahrt per Boot in der Caldera, Esel- oder Maultierritt zurück in den Ort

Tag 4: Busfahrt zu den Ausgrabungen von Akrotíri, Bootsfahrt zum Red Beach und White Beach.

Tag 5: Busfahrt über Firá nach Pírgos. Wanderung auf den Profítis Ilías, von dort zu den Ausgrabungen von

Santorin in einer Woche

Alt-Thera und Abstieg nach Kamári oder Périssa.
Tag 6: Mit dem Mietwagen tagsüber zu den Stränden an der Ostküste zwischen Kamári und Oía. Nachmittags Fahrt in den Süden nach Emborío, Períssa, Perívolos und Vlicháda und von dort zum Leuchtturm an der Südspitze der Insel.
Tag 7: Kraterrandwanderung zwischen Firá und Oía.

Was kann ich in einer zweiten Woche tun?

Unternehmen Sie einen Tagesausflug zur kleinen Schwesterinsel **Thirassiá** und einen Ein- oder Zweitagesausflug zur Nachbarinsel **Íos.** Fahren Sie, wenn Sie per Flugzeug gekommen sind, einmal mit dem Bus hinunter zum Fährhafen **Athínios** und genießen Sie dort das bunte Treiben. Erkunden Sie große Inseldörfer wie **Megalochóri, Messariá, Karterádos** und **Emborío,** erleben Sie ein Dudelsack-Konzert in der mittelalterlichen Burg von **Akrotíri** – und erkundigen Sie sich auf jeden Fall, wann irgendwo auf der Insel ein Kirchweihfest stattfindet.

Sollte man Unterkünfte vorbuchen?

Wenn Sie in einem Veranstalterkatalog oder im Internet Ihr Traumhotel gefunden haben, sollten Sie es auf jeden Fall vorab buchen. Gute Hotels sind oft die ganze Saison über schnell ausgebucht. Aber auch ohne Vorausbuchung finden Sie außer zwischen dem 10. und 25. August leicht eine Unterkunft, wenn Sie mit dem Schiff im Fährhafen Athínios ankommen. Da stehen viele Vermieter, die Zimmer frei haben, mit ihren Transferbussen auf dem Kai, dort vermitteln auch mehrere Reisebüros Pensionen, Apartments und Hotels.

Am Flughafen ist das jedoch nicht der Fall. Da müssten Sie zunächst einmal mit Bus oder Taxi nach Firá hinauffahren und sich dann selbst eine Unter-

Ausflugsboot vor der imposanten Caldera-Wand unterhalb von Firá

kunft suchen. Da ist es wohl besser, im Internet bei einem Hotelbuchungsportal nach aktuell freien Unterkünften zu suchen. Einen Vorteil bietet eine Vorausbuchung: Einige Vermieter holen Sie kostenlos vom Hafen oder Flughafen ab!

Hotelbuchungsportale sind u.a.:
www.booking.com
www.hrs.de
www.hotel.de
www.hostelworld.com
de.hostelbookers.com

Wo kann man auf Santorin baden?

Der längste und feinste Sandstrand der Insel erstreckt sich von **Périssa** bis **Vlicháda.** Der lange Strand von **Kamári** besteht aus grobem Lavakies und verspricht gute Fußmassagen. Einen kleinen Sandstrand bietet **Monólithos.** Weitaus leerer ist der lange **Baxédes Beach** im Nordosten der Insel zwischen Porí und Oía. Im Krater gibt es kaum Bademöglichkeiten – am ehesten noch am **Caldera Beach** bei Akrotíri und im warmen Thermalwasser des Lavainselchens **Paléa Kaméni.**

Reisen mit Kindern – was tun?

Santorin ist **nicht** ausgesprochen **kinderfreundlich**. Flach abfallende Sandstrände fehlen völlig, spezielle Einrichtungen für Kinder gibt es nicht. Freude machen wird den Kleinen aber sicher die Vielzahl von Eseln und Katzen, die Möglichkeit zu Boots- und Schifffahrten, das Erlebnis einer Seilbahnfahrt und eines Maultierritts. Ein Pferdereitstall ist vorhanden; ältere Kinder können einen Surfkurs buchen.

Ausflüge auf die umliegenden Inseln – geht das?

Tagesausflüge sind bequem nach **Thirassiá** und **Íos** möglich. Für weiter entfernt gelegene Inseln wie Náxos, Páros, Mýkonos oder Kreta sollte man mindestens eine Zwischenübernachtung einplanen.

Strände und Häfen

Ist Santorin auch im Winter ein gutes Reiseziel?

Nein. Es kann kühl und vor allem sehr feucht und stürmisch sein, viele Restaurants, Hotels und Geschäfte sind zwischen November und Ostern geschlossen. Ein paar Tage auf Santorin sind im Winter nur dem zu empfehlen, der die Museen und die Ausgrabungen von Akrotíri und Alt-Thera fast ganz für sich allein haben will. Für wetterfeste Wanderer kann die Zeit zwischen Mitte Februar und Ostern schön sein, wenn die Natur blüht.

NOCH FRAGEN?

Die können Sie gern per E-Mail stellen, wenn Sie die von Ihnen gesuchten Infos im Buch nicht finden:
boetig@dumontreise.de
info@dumontreise.de
Auch über eine Lesermail von Ihnen nach der Reise mit Hinweisen, was Ihnen gefallen hat oder welche Korrekturen Sie anbringen möchten, würden wir uns freuen.

Unvergleichlich: die Terrassen am Kraterrand von Firá, S. 113

Eine Kapelle als Zeichen – am Skáros-Felsen in Imerovígli, S. 134

Lieblingsorte!

Mediation und Meditation: Jutta's Café in Kamári, S. 177

Beach Style griechischer Art: am Strand von Perívolos, S. 221

Wellness am Vulkan: Caldera Massages in Oía, S. 154

Eine gastliche Oase: der Ammoúdi-Hafen in Oía, S. 162

Die Reiseführer von DuMont werden von Autoren geschrieben, die ihr Buch ständig aktualisieren und daher immer wieder dieselben Orte besuchen. Irgendwann entdeckt dabei jede Autorin und jeder Autor ihre bzw. seine ganz persönlichen Lieblingsorte. Dörfer, die abseits des touristischen Mainstreams liegen, eine ganz besondere Strandbucht, Plätze, die zum Entspannen einladen, ein Stückchen ursprünglicher Natur, eben Wohlfühlorte, an die man immer wiederkehren möchte.

Die Ferne lockt: am Kap Akrotíri, S. 250

Voller Symbolkraft: Homers Grab auf Íos, S. 276

Schnellüberblick

Oía und der Norden
Oía zieht sich über mehrere Kilometer hoch an der Caldera entlang, lockt zum Galerienbummel und mit schönen Sonnenuntergängen. Kleine Häfen bieten Romantik pur. Die Strände an der offenen Ägäisküste sind noch recht ruhig, andere Kykladen immer in Sicht. S. 142

Kaméni-Inseln, Thirassía und Íos
Die beiden Kaméni-Inseln mitten in der Caldera sind unbewohnt, hier ist der Vulkan noch aktiv. Thirassía ist Santorins kleine Schwester. Der Tourismus hat hier bisher nicht Fuß gefasst, alles ist urig-ursprünglich. Ein Tagesausflug führt von Santorin nach Íos im Norden, erweitert das Kykladenbild. S. 252

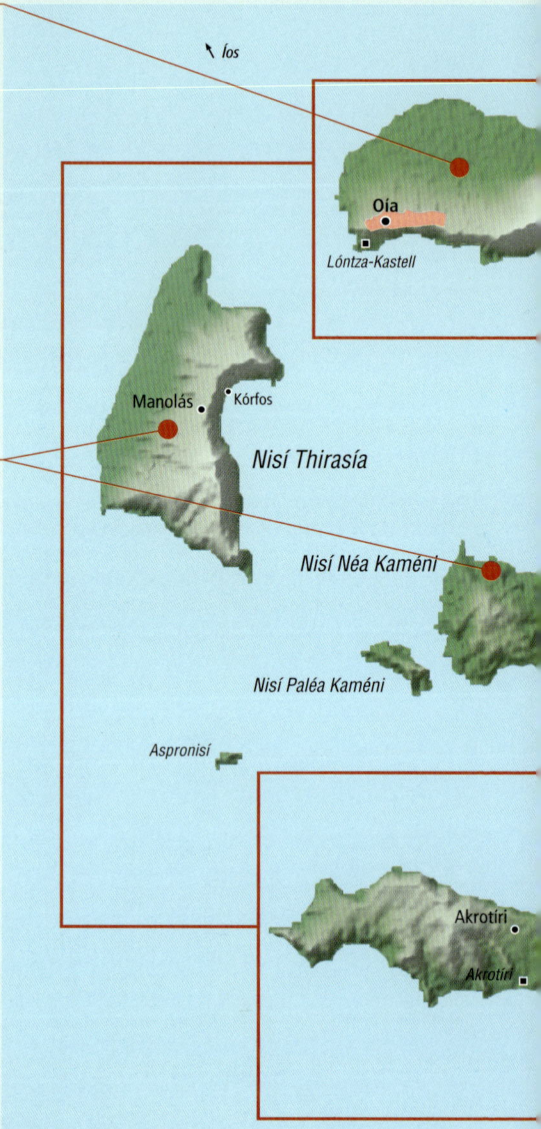

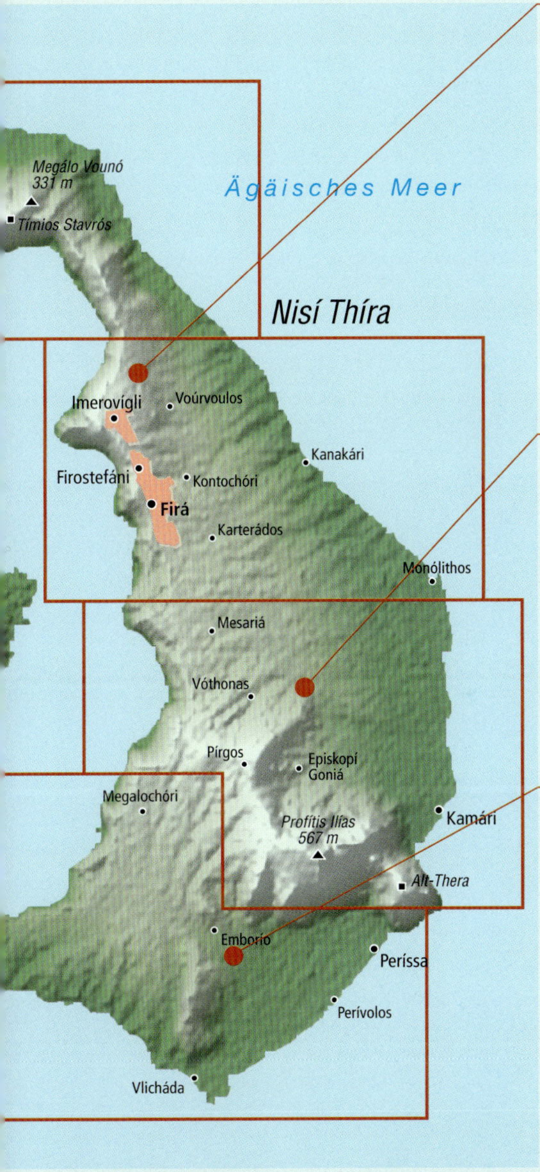

Firá und Umgebung
Firá ist die geschäftige Hauptstadt der Insel, Knotenpunkt aller Buslinien und Standort fast aller Museen. Zwischen dem Kraterrand und dem guten Strand von Monólithos laden die Dörfer Karterádos und Voúrvoulos zu Streifzügen ein. S. 88

Kamári und die Inselmitte
Kamári ist mit seinem langen Strand das Zentrum der ausländischen Badeurlauber. Sein Hinterland hat schöne Dörfer und historische Sehenswürdigkeiten zu bieten. S. 168

Períssa und der Süden
Períssa zieht mit relativ feinem Strand und schicken Beach-Bars vor allem junge, zumeist griechische Urlauber an. Bei Akrotíri liegt die bedeutendste archäologische Stätte der Insel, zum Leuchtturm im äußersten Südwesten hin wird die Landschaft besonders wild und ursprünglich. S. 214

Reiseinfos, Adressen, Websites

Oía im Norden Santorins ist berühmt für seine stimmungsvollen Sonnenuntergänge

Informationsquellen

Infos im Internet

Zu Griechenland allgemein

www.visitgreece.gr
Website des griechischen Ministeriums für Kultur und Tourismus, zahlreiche touristische Informationen (deutsch).

www.culture.gr
Website des griechischen Kultusministeriums, viele Infos zu Museen und Ausgrabungen, meist aktuelle Angaben zu den Öffnungszeiten (Englisch).

www.griechische-botschaft.de
Website der griechischen Botschaft in Berlin, aktuelle Nachrichten aus Griechenland, Newsletter mit Hinweisen zu Veranstaltungen, Konzerten und Ausstellungen in Deutschland, viele gute Links (auf Deutsch).

www.griechenland.net
Homepage der deutschsprachigen, wöchentlich in Athen erscheinenden Griechenland-Zeitung (auf Deutsch).

Zu Santorin

www.santorini.gr
Homepage der Inselgemeinde mit Veranstaltungskalender, Schiffsfahrplänen, Flugankünften und -abflügen.

www.santorini.net
Private Website mit aktuellen Infos und Fotos aus Santorin, mit Webcam.

www.marinetraffic.com
Kreuzfahrt-Alarm: Hier kann man sehen, welches Schiff gerade in der Nähe Santorins unterwegs ist.

Blogs und Foren

www.klaus-boetig.de
Website des Autors dieses Reiseführers mit Blogs über ganz Griechenland (auf Deutsch).

www.in-greece.de
Gutes Chat-Forum zu Griechenland mit sehr vielen Teilnehmern, auch viele Fragen und Antworten zu Santorin (auf Deutsch).

www.travelblog.org
Sehr viele und oft auch ausführliche Blog-Beiträge zu Griechenland und Santorin (meist engl.).

www.travelpod.com
Viele forumsähnliche Einträge, auch Videos über Santorin (meist engl.).

www.facebook.com/Santorini
Umfangreiches »Social Networking« mit manchmal auch interessanten Beiträgen.

Fremdenverkehrsämter

Griechische Zentrale für Fremdenverkehr

Für allgemeine Auskünfte über Griechenland im Ausland ist die Griechische Zentrale für Fremdenverkehr zuständig. Man ist sehr bemüht und freundlich, kann aber mangels spärlicher Versorgung aus Athen nur wenig Material zur Verfügung stellen.

... in Deutschland
60313 Frankfurt/Main
Holzgraben 31
Tel. 069 257 82 70, Fax 069 25 78 27 29
info@visitgreece.com.de

... in Österreich
1015 Wien, Opernring 8
Tel. 01 512 53 17, Fax 01 513 91 89
info@visitgreece.at

Infostellen vor Ort

Auf der gesamten Insel gibt es kein einziges offizielles Touristen-Informationsbüro. Nur im Hochsommer war bisher ein kleiner Informationskiosk an der Straße zwischen Platía und Busbahnhof in Firá sporadisch geöffnet. Wirklich hilfreich war er nicht. Infomaterial gab es dort kaum. Ob er auch in zukünftigen Jahren noch existieren wird, ist ungewiss: Der Gemeinde fehlt das Geld dafür, und die Touristen kommen auch ohne Informationsbüro.

Informationsmaterial gibt es ohnehin nicht – abgesehen von einigen jährlich erscheinenden, kostenlosen Magazinen wie Santorini Guidebook, Santorini today und Santorini Island Guide, die von Werbung nur so strotzen. Alle drei Magazine betreiben auch Websites:
www.santoriniguidebook.gr
www.santorini-today.gr
www.santorini-islandguide.com

Karten und Pläne

Normalerweise reicht die Extra-Reisekarte Santorin in diesem Band (Maßstab: 1 : 35 000) für Rundfahrten und auch viele Wanderungen völlig aus. Wer einen noch kleineren Maßstab wünscht, findet eine gute Karte im Maßstab 1 : 25 000 im Rahmen des World Mapping Project (Verlag Reise Know-How).

Lesetipps

Verena Appenzeller: Wenn Götter grollen – die letzten Tage von Santorin, Norderstedt (Books on Demand) 2004. Roman einer Schweizer Lehrerin auf dem sprachlichen Niveau eines guten Jugendbuchs. Erzählt wird die Geschichte zweier junger Männer aus Santorin und Kreta, die die letzten Tage von Akrotíri zur Zeit des großen Vulkansausbruchs miterleben.

Heidi Bauerle: KochKunstReise Santorin, Weil der Stadt 2001 (Hädecke). Ein kleines Büchlein mit Rezepten von der Insel, liebevoll illustriert mit Aquarellen und Federzeichnungen.

Heidi Bauerle: Panigyria. Die Santoriner Feste des Thusneldos, Frankfurt/Main 2010 (edition fischer). Hauptfigur des mit vielen Zeichnungen illustrierten Buches ist ein orthodoxer Priester, der von Kirchweihfest zu Kirchweihfest zieht und nicht nur die gesegneten Speisen schätzt, sondern auch den köstlichen Wein. Das Buch ist auch ideal für alle, die Griechisch lernen, denn alle Text sind auch ins Neugriechische übersetzt.

Hellmut Baumann: Die griechische Pflanzenwelt in Mythos, Kunst und Literatur, München 1999 (Hirmer). Ein Pflanzenbuch, das den botanischen Rahmen sprengt.

Klaus Eckhardt: So singt Griechenland. Ein Liederbuch mit Noten, Köln 1999 (Romiosini). Über 160 Liedtexte in griechischer Original- und Lautumschrift mit Übersetzungen, Plattenhinweisen, Noten und Gitarrenakkorden – damit man endlich versteht, was man dauernd hört.

Werner Ekschmitt: Die Kykladen – Bronzezeit, Geometrische Zeit und Archaische Zeit, Mainz 1993 (Philipp von Zabern). Ein Klassiker für alle Kunstinteressierten.

Joachim Fernau: Rosen für Apoll, Frankfurt/M. 1993 (Ullstein Taschenbuch). Vergnüglich und leicht zu lesende Geschichte der Griechen.

Helmut Fischer: Die Welt der Ikonen, Frankfurt/Main 1997 (Insel Verlag). Allgemein verständliche und gut lesbare Darstellung eines Professors für Theologie über das Verständnis der Ikonen in der Ostkirche.

Walter L. Friedrich: Feuer im Meer. Der Santorin-Vulkan, seine Naturgeschichte und die Atlantis-Legende. Heidelberg 2005 (Spektrum). Äußerst gründliche Darstellung des Themas durch einen deutschen Geologen. Keine leichte Lektüre, aber für erdgeschichtlich Interessierte die einzig umfassende Darstellung unter Einbeziehung neuester Erkenntnisse.

Petros Markaris: Live! Zürich 2004 (Diogenes). Ein Krimi des international renommierten Athener Autors. Gute Einblicke ins griechische Wirtschafts- und Alltagsleben.

Marianthi Milona: Culinaria Griechenland, Königswinter 2004 (Tandem). Das beste und schönste Kochbuch, reich bebildert und mit vielen, über bloße Rezepte hinausgehenden Informationen.

F. U. K. Wagner: Santorin – Das Ende der Welt? Staßfurt 2005 (BK-Verlag). In seinem »fiktiven Tatsachenroman« verlegt der Autor, ein gelernter Chemiker, den Vulkanausbruch von Santorin ins Jahr 2015. Er sucht Antworten auf die Frage, was solch eine Katastrophe heute für die Welt bedeuten würde.

Efthymios Warlamis: Learning from Santorini. The Ecology of the Living Space, Santorin 1995 (Idea). Der österreichisch-griechische Architekt, Künstler und Schriftsteller untersucht die santorinische Architektur aus ungewöhnlichen Perspektiven, sieht sie als organisches Ganzes und zeigt die Gegensätze zwischen gewachsener Volksarchitektur und offizieller Architektur auf.

Michael W. Weithmann: Griechenland, Regensburg 1995 (Pustet). Kenntnisreiche, vorurteilsfreie Darstellung der Geschichte Griechenlands vom Frühmittelalter bis zur Gegenwart.

Wetter und Reisezeit

Schwerpunkt Sommer

Zwischen Mitte Mai und Anfang Oktober ist Santorin sonnensicher, das Meer ausreichend badewarm. Exzellente Reisemonate sind der späte Mai und die erste Junihälfte: Die Natur blüht, die Landschaft ist noch nicht sonnenverbrannt, zugleich ist das Wasser aber schon warm genug zum Baden. Der Hochsommer ist sehr heiß, doch lindert der Méltemi-Nordwind die Hitze. Die beste Badezeit ist der frühe Herbst, wenn das Meer seine höchsten Temperaturen erreicht. Im Winter sinken die Temperaturen auch nachts fast nie unter 6 °C, aber die gefühlte Temperatur kann dank Wind und Feuchtigkeit durchaus kühler sein.

Santorin im Winter

Santorin ist absolut kein Ganzjahresziel! Zwischen Anfang November und Mitte April sind die meisten Hotels, Restaurants, Bars, Galerien und Geschäfte geschlossen, manche der verbliebenen Tavernen sind nur an Wochenenden geöffnet. In dieser Zeit kommen bestenfalls einige außereuropäische Besucher im Rahmen ihrer Europareise für eine Stippvisite auf die Insel. Für Mitteleuropäer lohnt ein Besuch bestenfalls, um die Museen von Akrotíri und Alt-Thera für sich allein zu haben.

Ab Ende Februar verwandelt sich die Insel in ein Blütenmeer – dann kommen auch schon die ersten Wanderer (mit Wind- und Regenzeug) nach Santorin.

Was kommt in den Koffer?

Wer zwischen Juni und September reist, benötigt nur Sommerkleidung und für frischere Abende einen leichten Pullover oder eine dünne Jacke. Gewitter kann es auch im Hochsommer geben, ein Regenschutz gehört daher zusätzlich ins Gepäck. Zwischen Oktober und Mai sollte ein Regenschirm nicht im Gepäck fehlen. In feinen Restaurants trägt Mann Sakko, Krawattenzwang besteht nirgends.

Für Santorins Strände sind Badeschuhe nahezu unabdingbar. Man bekommt sie auch auf der Insel in allen Supermärkten und in vielen anderen Läden preiswert und in großer Auswahl. Eine Kopfbedeckung kann am Strand ebenso wenig schaden wie bei Wanderungen. Für Wanderungen benötigt man zusätzlich unbedingt feste Schuhe mit rutschfesten Sohlen. Sonnen- und Insektenschutzmittel bringt man am besten von zu Hause mit, denn sie sind in Griechenland sehr teuer.

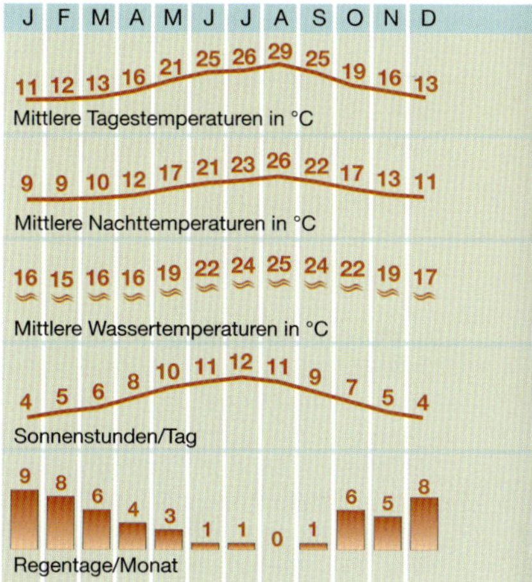

Klimadiagramm Santorin (Firá)

Anreise und Verkehrsmittel

Einreisebestimmungen

Zur Einreise nach Griechenland benötigen EU-Bürger sowie Schweizer einen gültigen Personalausweis oder Reisepass mit Lichtbild – auch Kinder jeden Alters. Reisende anderer Nationalitäten informieren sich bei den griechischen Botschaften über die Einreisebestimmungen.

Bei Einreise mit dem eigenen Fahrzeug müssen der nationale Führerschein und der Kraftfahrzeugschein mitgeführt werden. Die Internationale Grüne Versicherungskarte ist nicht vorgeschrieben, aber ebenso wie Zusatzversicherungen (Auslandsschutzbrief) empfehlenswert.

Haustiere benötigen den EU-Heimtierausweis, in dem ihre Kennzeichnung durch Mikrochip oder Tätowierung und eine Tollwutimpfung (mindestens 30 Tage, höchstens 12 Monate vor Einreise) eingetragen sein muss.

Zollbestimmungen

Im Verkehr zwischen den EU-Ländern bestehen keine Mengenbegrenzungen für Waren, die zum persönlichen Verbrauch bestimmt sind. Als Richtwerte gelten: Wer 800 Zigaretten, 10 l Spirituosen oder 90 l Wein mit sich führt, muss nachweisen, dass er damit nicht handeln will. Für Schweizer gelten die alten Mengenbegrenzungen: 250 Zigaretten, 1 l Spirituosen, 5 l Wein, 250 g Kaffee und 50 g Parfüm. Der Gesamtwert der Waren darf 300 CHF nicht übersteigen.

Anreise

... mit dem Flugzeug

Im Sommerhalbjahr wird Santorin von zahlreichen deutschen, österreichischen und schweizerischen Flughäfen aus direkt angeflogen. Das ganze Jahr über ist Santorin mehrmals täglich mit Athen verbunden, im Sommer außerdem mit Iráklio/Kreta, Thessaloníki, Rhodos und Mýkonos. Die auf diesen Linien verkehrenden Fluggesellschaften sind:

Aegean Air: www.aegeanair.com
Ryan Air: www.ryanair.com
Sky Express: www.skyexpress.gr

Am Flughafen von Santorin, der auch militärisch genutzt wird, herrscht striktes Fotografierverbot. Vor dem winzigen, im Sommer viel zu kleinen Flughafengebäude warten Taxis. Viele Hoteliers und Zimmervermieter holen Gäste, die im Voraus reserviert haben, kostenlos vom Airport ab. Einen auf den Flugplan abgestimmten Flughafenbus gibt es nicht. Mehrmals täglich halten Linienbusse auf ihrem Weg von Monólithos nach Firá vor dem Flughafengebäude.

... mit Auto und Schiff

Direkte Autofähren von Italien nach Santorin gibt es nicht. Man muss von Italien nach Pátras auf dem Peloponnes reisen, dann auf dem Landweg weiter nach Piräus. Von dort fahren täglich Fähren nach Santorin.

Von Frankfurt bis Ancona sind es 1210 km, bis Brindisi 1755 km über gut ausgebaute Autobahnen. Die Mautgebühren betrugen 2016 für einen Mittelklassewagen bis Ancona für die einfache Fahrt etwa 50 €, bis Venedig 30 €, bis Brindisi 84 € (jeweils plus Österreich-Vignette 25,70 €.

Die Fahrzeit zwischen Piräus und Santorin ist stark vom jeweiligen Schiff und dessen Route abhängig. Schnellfähren erreichen Santorin schon in 5–6 Stunden mit nur zwei Zwischenstopps, konventionelle Fähren legen unterwegs häufig auch an kleineren Inseln an und benötigen 8–13 Stunden. Für den Preis gilt: je langsamer das Schiff, desto niedriger die Kosten.

Informationen zu den aktuellen Fahrplänen halten die Websites der Reedereien bereit (s. S. 8).

... mit Bahn oder Bus

Eine Bahnfahrt nach Griechenland ist strapaziös und daher kaum empfehlenswert. Von München nach Athen ist man mind. 40 Stunden unterwegs. Mit der Bahn sind auch die Fährhäfen Ancona und Brindisi zu erreichen. Auskunft im Internet: www.bahn.de.

Auch eine Anreise mit dem Bus ist nicht sinnvoll: Die Europabusse (www.eurolines.de) verbinden viele Städte in den deutschsprachigen Ländern zwar ganzjährig mit Thessaloníki, aber nicht mit Athen.

Ein Tipp für den Rückflug

Beim Abflug von Santorin muss man die Wartezeit nach der Sicherheitskontrolle nicht unbedingt in der stickigen Halle verbringen. Ein etwas verstecktes Schild weist den Weg zur »Smoking Area«, die sich als große Dachterrasse mit Blick über den gesamten Flughafen und hinaus auf das Meer offenbart. Auch Nichtraucher sind dort willkommen!

Unser Tipp

Lust auf einen Zwischenstopp in Athen?
Die griechische Hauptstadt hat sich in den letzten Jahren zu einer äußerst angenehmen Stadt entwickelt. Nutzen Sie doch den Zwischenstopp vor oder nach Ihrem Santorin-Aufenthalt für eine Besichtigung – es lohnt sich! Vom Flughafen aus fährt der Flughafenbus X 95 rund um die Uhr zum zentral am Rand der Altstadt gelegenen Síntagma-Platz (6 €). Auch die Metro fährt dorthin und weiter bis zum Monastiráki-Platz (1 Pers. 10 €, 2 Pers. 18 €). Wer nicht sein gesamtes Gepäck mitnehmen möchte, findet in der Ankunftshalle des Flughafens eine rund um die Uhr geöffnete Gepäckaufbewahrung. Für eine Zwischenübernachtung empfiehlt es sich, ein Hotel im Altstadtviertel Pláka zu wählen. Ein gutes Mittelklassehotel ist zum Beispiel das **Hotel Hermes/ Ermís.** Es befindet sich in relativ ruhiger Lage, viele der 45 Zimmer haben einen Balkon (Odós Apóllonos 19, Tel. 21 03 22 27 06, www.hermeshotel.gr, DZ April–Okt. 95–110 €, Nov.–März ca. 60 €).

24 Stunden Aufenthalt: ein Programmvorschlag
Fahrt mit Flughafenbus oder Metro zum Síntagma-Platz, Bezug eines Hotels in der Pláka. Besichtigung des neuen Akrópolis-Museums (www.theacropolismuseum.gr, Eintritt 5 €); Spaziergang entlang der Südseite der Akrópolis bis zur Metro-Station Thissío; Bummel durch das **Flohmarktviertel Monastiráki** und das historische **Altstadtviertel Pláka** mit vielen Tavernen und Musiklokalen. Am nächsten Morgen früh auf die **Akrópolis,** dann Rückkehr zum Flughafen oder Fahrt zum Hafen von Piräus. Weitere Tipps und Adressen finden Sie im DuMont Direkt Athen, DuMont Reiseverlag 2017.

Unterwegs auf Santorin

Linienbusse

Mit 23 Bussen sorgt die Kooperative der Linienbusinhaber von Santorin (KTEL) für ein stets dem Touristenaufkommen angepasstes Angebot. Jeder einzelne Bus legt auf der kleinen Insel jährlich bis zu 66 000 km zurück.

Zentrale Busstation ist Firá, hier beginnen und enden alle Linien. Am dortigen Schalter hängen die aktuellen Fahrpläne aus, meist sind auch Kopien des Fahrplans kostenlos erhältlich. Der Streckenverlauf der einzelnen Routen wird auf der Website www.ktel-santorini.gr angezeigt, meist sind auch dort die aktuellen Fahrpläne veröffentlicht. Telefonische Auskünfte können recht rau ausfallen, wenn der diensthabende Mitarbeiter gerade gestresst ist (Tel. 22 86 02 54 04).

Tickets kauft man im Bus oder beim Einsteigen davor. Zwischen Oktober und April ist der Fahrplan stark ausgedünnt, nachfolgende Angaben gelten für die Saison Mai bis September.

Neun Buslinien
Firá–Kamári: tgl. ca. 7.30–23 Uhr halbstündlich, Fahrzeit 15 Min., Fahrpreis 1,80 €.
Firá–Períssa: tgl. ca. 7–23 Uhr alle 30–45 Min., ein Teil der Busse fährt als Ex-

press-Bus ohne Umwege, Fahrzeit ca. 20–40 Min., Fahrpreis 2,30 €.
Firá–Akrotíri: ca. 18 x tgl. zwischen ca. 8.45 und 21 Uhr, Fahrzeit 30 Min., Fahrpreis 2 €.
Firá–Imerovígli–Oía: tgl. 6.50–22 Uhr alle 30–45 Min., Fahrzeit 25 Min., Fahrpreis 1,80 €.
Firá–Flughafen–Monólithos: ca. 13 x tgl. zwischen 7 und 21 Uhr, Fahrzeit 25 Min., Fahrpreis 1,80 €.
Firá–Voúrvoulos: ca. 2 x tgl. zwischen ca. 8 und 14 Uhr, Fahrzeit 15 Min., Fahrpreis 1,80 €.
Firá–Baxédes: ca. 3 x tgl. zwischen ca. 7 und 14 Uhr, Fahrzeit ca. 40 Min. (über Oía), Fahrpreis 1,80 €.
Firá–Vlicháda: ca. 3 x tgl. zwischen 7 und 14 Uhr, Fahrzeit 30–45 Min., Fahrpreis 2,40 €.
Firá–Fährhafen Athiniós: tgl. zu allen größeren Fährabfahrten und -ankünften, Fahrzeit ca. 30 Min., Fahrpreis 2,30 €.

Mietwagen

Auf der Insel gibt es rund 100 Autovermietungen, hinzu kommen noch einmal Dutzende von Motorrad- und Quad-Vermietern. Nahezu jeder Autotyp ist erhältlich, vom Kleinstwagen bis zum Daimler, vom Cabrio bis zum Jeep. Die preiswertesten Autos kosten je nach Monat ca. 25–30 €/Tag, für Motorräder 50–250 ccm zahlt man je nach Saison 15–47 €/Tag, für Quads 80–300 ccm 18–45 €/Tag.
Verkehrsvorschriften: Die Verkehrsvorschriften entsprechen den westeuropäischen, das Verkehrsverhalten unterscheidet sich jedoch stark. Vor allem dürfen die Griechen als Weltmeister im Kurvenschneiden gelten. Deswegen sollte man immer langsam und äußerst rechts fahren. Auf sehr gut ausgebauten Straßen des Festlands ist es üblich, auch den Standstreifen als Fahrspur zu benutzen, damit schnellere Fahrzeuge überholen können.

Die zulässige **Höchstgeschwindigkeit** beträgt innerorts 50 km/h, auf Landstraßen 90 km/h und auf den Festlandsautobahnen 120 km/h. Für Motorräder gelten 40/70/90 km/h. Die **Promillegrenze** liegt bei 0,5, für Motorrad- und Wohnmobilfahrer bei 0,2. Die Bußgelder sind saftig, **Falschparken** kostet ab etwa 60 €.

Die **Tankstellen** auf Santorin sind meist täglich von 8–20 Uhr geöffnet (Diesel und bleifreies Benzin).

Der Traum vom Cabrio

Wer zumindest im Urlaub einmal ein schickes Cabrio fahren will, wird bei vielen Autovermietungen auf Santorin fündig. Am häufigsten im Angebot sind der Citroen C3, der Peugeot 207, der Mini Cooper, der Mazda MX5 und der Smart.
Spezialisten für solche Autos sind in Oía u. a. **VIP Cars** (Tel. 22 86 07 14 92, www.vipcars-santorini.gr), **Vazéos** (Tel. 22 86 07 12 00, www.vazeos.gr), **Drossós Travel** (Tel. 22 86 07 14 92) sowie in Firá **Spiridákos** (Tel. 22 86 02 37 55, www.rentacar-santorini.com).

Taxis

Auf Santorin sind 39 Taxis rund um die Uhr unterwegs. Der einzige Taxistandplatz liegt neben dem Busbahnhof von Firá. Zu Ankünften stehen auch ausreichend Taxis am Athiniós-Hafen und am Flughafen bereit. Ansonsten bestellt man Taxis per Telefon; im Hochsommer ist manchmal mit langen Wartezeiten bis zu einer Stunde Dauer zu rechnen.

Taxifahren ist relativ preiswert, verteuert sich aber dadurch, das meist die Anfahrt aus Firá mitbezahlt werden muss. Die Fahrt von Firá nach Oía oder zum Athiniós-Hafen kostet ca. 15–16 €, zum Flughafen 10–12 €

Auch viele Kreuzfahrturlauber machen für einige Stunden Station auf Santorin

(je nach Gepäckmenge), nach Kamári 12 €. Taxis dürfen maximal vier Passagiere transportieren, nehmen manchmal aber auch fünf mit.

Zentrale Taxirufnummer: Tel. 22 86 02 25 55.

Organisierte Ausflüge

Die Reisebüros auf Santorin bieten eine Vielzahl organisierter Ausflüge an. Eine **Bustour** durch das südliche Santorin dauert etwa sechs Stunden, kostet ca. 35 € und führt nach Megalochóri, Akrotíri, Perívolos (Badepause) und zum Kloster Profítis Ilías. Auch eine Weinprobe ist inklusive. Eine Kombination aus Bus- und Bootstour mit Besuch von Pírgos, Kloster Profítis Ilías und Bootstour in der Caldera sowie Aufenthalt in Oía zur Zeit des Sonnenuntergangs dauert etwa neun Stunden und kostet ca. 40 €.

Größer als die Auswahl an Bus- ist die an **Bootstouren.** Empfehlenswert ist die Teilnahme an einer ganztägigen Tour zu den Kaméni-Inseln und zum Kórfos Beach auf Thirassía mit einer Badepause bei den heißen Quellen und einer Wanderung auf Néa Kaméni (32 €). Wer mag, kann die Tour auch mit dem Sonnenuntergangserlebnis in Oía kombinieren (36 €). Etwa vier Stunden dauert eine romantische Abendkreuzfahrt in der Caldera inklusive Dinner (45 €). Kinder unter fünf Jahren sind kostenlos, zwischen 6 und 12 Jahren zahlen sie 50 %.

Relativ teuer sind die Angebote für Gruppenreisem zu den Nachbarinseln Anáfi, Folégandros, Íos und Síkinos (ca. 60–80 €). Der einzige Vorteil gegenüber Abstecherfahrten auf eigene Faust ist der organisierte Bustransfer zum und vom Hafen.

Übernachten

Die Caldera sorgt auf Santorin für eine einzigartige Hotellandschaft. Viele Anlagen sind hier direkt in die Kraterwand hineingebaut, ziehen sich von der Kraterrandgasse aus weit zum Meer hinunter, ohne es je erreichen zu können. Zimmer und Apartments sind häufig als Höhlen in die Lavawände hineingebaut, bieten von ihren kleinen Terrassen aus einen unvergleichlichen Blick.

So viel Idylle und Romantik haben ihren Preis, zumal die meisten dieser Anlagen in der Kraterwand auch hochwertig möbliert sind und viel Komfort vom privaten Whirlpool auf der Terrasse bis hin zum Swimmingpool bieten. Ein klein wenig preiswerter sind die Hotels auf der anderen Seite der Kraterrandgasse, die keinen fast senkrechten Blick hinunter aufs Meer bieten. Aber auch sie gehören häufig der Luxuskategorie an und sind entsprechend teuer.

Hotels und Apartments stehen aber nicht nur in den Kraterranddörfern, sondern auch in fast allen anderen Ortschaften der Insel oder isoliert in freier Landschaft. Einfachere Unterkünfte sind ebenso darunter wie Luxus- und Kongresshotels.

Pauschal oder individuell?

Das Preisniveau der Hotels am Kraterrand ist deutlich höher als irgendwo sonst auf den griechischen Inseln. Zimmerpreise zwischen 200 und 300 € sind hier in der Nebensaison der Durchschnitt, nach oben sind keine Grenzen gesetzt (siehe auch S. 41). Abseits vom Kraterrand und in den Badeorten ist das Wohnen billiger, dort sind einfache Zimmer schon ab 40 € zu haben. Aber auch hier überwiegen Hotels der oberen Kategorien, Billigunterkünfte sind eher die Ausnahme.

Wer frühzeitig plant, kommt oftmals günstiger weg, wenn er eine Pauschalreise bucht. Da viele Hotels in den diversen Katalogen der Reiseveranstalter zu ganz unterschiedlichen Preisen angeboten werden, lohnt ein Vergleich.

Wohin auf der Insel?

Wer gerne schwimmt und es nicht gerne allzu weit zum nächsten Strand haben möchte, wählt am besten eine Unterkunft in Kamári und Períssa an der Südostküste, den beiden einzigen Badeorten der Insel. Períssa hat den feineren Strand, für Kamári sprechen die autofreie Uferpromenade und die kürzere Fahrzeit in die Inselhauptstadt Firá.

Wer es sich leisten kann, wohnt gut in einem der vielen teuren Hotels in den Kraterwänden von Firá, Firostefáni, Imerovígli und Oía (sprich: ia). Hier erlebt man das einzigartige Santorin-Feeling am besten.

Unterkünfte stehen auch in allen anderen Orten Santorins und teilweise sogar in freier Landschaft irgendwo zwischen Weingärten und Fáva-Feldern. Wer hier Quartier bezieht, sollte das Mietfahrzeug gleich mitbuchen. So ist auch der Transfer kostenlos.

Zimmersuche vor Ort

Am Athiniós-Hafen stehen zu allen Schiffsankünften Dutzende von Zimmervermietern und Vertretern kleiner und großer Hotels mit ihren Minibussen. Meist haben sie Prospekte und Fotoalben zur Hand, um ihr Haus zu präsentieren. Wer etwas Passendes findet, lässt sich von ihnen im Minibus zum Quartier bringen. Gefällt es nicht, kann man immer noch ablehnen und sich in der Umgebung nach einer anderen Unterkunft umsehen.

Auch die Reisebüros am Hafen halten zahlreiche Hotelinformationen bereit und vermitteln Unterkünfte samt Transfer. Wer sich lieber vor Ort selbst umschauen will, fährt mit dem Linienbus nach Firá und begibt sich dort auf Zimmersuche (Gepäckaufbewahrung: Kiosk am Busbahnhof (2 €/Std.).

Am Flughafen sind keinerlei Zimmervermieter auf Gästefang, auch Reisebüros gibt es hier nicht. Man kann freilich die anwesenden Vertreter von Hotels ansprechen, die auf Gäste mit Reservierung warten und sie nach freien Zimmern fragen.

Vorausbuchungen

Wer ungern ohne Reservierungen reist, kann seine Unterkunft natürlich auch im Voraus via Internet buchen. Internationale Hotelvermittler verlangen meist keine Anzahlung, sondern nur die Kreditkartendaten, und bieten zudem fast immer die Möglichkeit zur kostenlosen Annullierung bis kurz vor Ankunftsdatum. Gästen, die ohne fristgerechte Annullierung nicht anreisen, wird in der Regel der Preis für die erste Nacht von der Kreditkarte abgebucht.

Wer direkt bei griechischen Vermietern über die Website bucht, wird oft zur Überweisung zumindest einer Anzahlung aufgefordert. Die Rücktrittsbedingungen sind in diesem Fall fast immer unzumutbar. Vor allem in kleineren Pensionen und für Apartments weigern sich die Vermieter zudem oft, einen Teil des vorausbezahlten Betrages zurückzuzahlen, wenn einem die Unterkunft vor Ort überhaupt nicht gefällt.

Hotels

Alle griechischen Hotels wurden von der Griechischen Zentrale für Fremdenverkehr klassifiziert – von der Luxus- über die A- bis zur E-Kategorie. Sauberkeit, Lage des Hauses, eventuelle Lärmbelästigungen, Qualität und Freundlichkeit des Personals spielen bei dieser Einstufung allerdings ebenso wenig eine Rolle wie die Qualität des Frühstücks, sodass die Kategorisierung nur sehr begrenzte Aussagekraft hat.

Sie informiert lediglich über die offizielle Preisklasse, Raumgröße und Ausstattung, sagt aber nichts über die tatsächlichen Preise oder das Alter und die Qualität von Mobiliar und technischen Installationen aus.

Hotelbuchung im Internet

www.mchotel.de: Auf dieser Seite können Sie die aktuellen Preise von bis zu 30 internationalen Hotelbrokern miteinander vergleichen.

www.hrs.de, www.hotel.de, www.booking.com: Internationale Hotelbroker mit einer Riesenauswahl auch auf Santorin.

www.attika.de, www.tui.de, www.dertour.de: Reiseveranstalter mit Nur-Hotel-Angeboten.

www.gtp.gr: Gibt man einen Ort ein, erhält man eine umfassende Liste dortiger Hotels mit entsprechendem Link zu ihnen. Man muss gegebenenfalls unterschiedliche Schreibweisen von Ortsnamen ausprobieren, um zum Ziel zu kommen (auf Englisch).

www.greekbreakfast.gr: Aufgelistet werden Hotels, die Mitglied in der griechischen Hotelkammer sind und traditionelles griechisches Frühstück bzw. Frühstück mit griechischen Produkten anbieten.

Pensionen, Studios und Apartments

Pensionen sind auf Santorin im Grunde nichts anderes als kleine Hotels, haben aber oft keine ständig besetzte Rezeption, keine Bar und keine Aufenthaltsräume. Die Zimmer verfügen meist über einen Kühlschrank und eine kleine Küchenzeile, die die Zubereitung einfachster Mahlzeiten und das Kaffeekochen ermöglicht. Solche Zimmer werden dann oft schon Studios genannt.

Im Unterschied zu ihnen bestehen Apartments aus mindestens zwei Räumen (Schlafzimmer und Wohnraum plus Küche, die oft geringfügig besser eingerichtet ist). Bettwäsche und Handtücher werden in den Selbstversorgerquartieren ebenso wie in Pensionen immer kostenlos zur Verfügung gestellt. Eine Endreinigung ist meist im Preis inbegriffen.

Camping und Jugendherbergen

Auf Santorin stehen zwei Campingplätze zur Verfügung: an der Uferstraße in Períssa (83 Stellplätze, s. S. 219) und am unteren Ortsrand von Firá auf der der Caldera abgewandten Ortsseite (90 Stellplätze, s. S. 114). Auf Íos gibt es zwei Plätze mit insgesamt ca. 200 Stellplätzen (s. S. 274), auf Thirassía keinen.

Offizielle Jugendherbergen gibt es nicht, ähnliche Unterkünfte nennen z. B. www.hostelworld.com und www.hostels.com.

Essen und Trinken

Santorins vulkanischer Boden bringt ganz besondere Früchte hervor. Die süßen Kirschtomaten der Insel, üppig rankende Kapernsträucher, wilder Safran, weiße Auberginen und eine endemische Varietät der in Hellas *fáva* genannten Platterbse sind zu Markenzeichen für die typisch **santorinische Küche** geworden – und die Inselweine sind ohnehin ganz einzigartig (s. S. 82). Viele auch einfache Tavernen der Insel kochen auf Basis dieser regionalen Produkte. Das ganz spezielle Publikum Santorins zieht zudem viele kreative Köche aus dem ganzen Land an, für die sich hier eine zahlungskräftige griechische Gourmet-Gemeinde begeistert (siehe Tipp S. 30).

Bei aller Eigenwilligkeit und manchmal auch angestrebter Exklusivität verleugnen freilich auch die santorinischen Tavernen und Restaurants nicht ihre pangriechische Einbettung. Und die Gäste behalten ihre griechischen Eigenarten, auch wenn sie sich hier vielleicht feiner herausputzen und über hohe Limits auf ihren Kreditkartenkonten verfügen.

Grieche bleibt Grieche

Griechen gehen auch auf Santorin ungern allein oder zu zweit zum Essen aus. Eine gute, fröhliche Tischgemeinschaft ist ihnen wichtig: die *paréa*. Man nimmt die Familie mit, lädt Freunde dazu und sitzt dann stundenlang bei Tisch.

Eine **Paréa** bestellt meist gemeinsam. Man fragt den Wirt nach seinen Empfehlungen und bestellt dann von allem viel mehr, als man essen kann. Zahlreiche Vorspeisen, Fisch und gegrilltes Fleisch werden in die Mitte

Auch in den Tavernen Santorins erhältlich: griechischer Salat mit Schafskäse

des Tisches gestellt, jeder nimmt sich, was er möchte. Abgeräumt wird erst, wenn die Gäste gehen: Jeder soll ja sehen können, dass sie gut und vor allem viel gegessen haben. Die Rechnung übernimmt einer für alle. Oft wird ein erbitterter Streit über die Frage ausgefochten, wer denn nun bezahlen darf, auch wenn das oft vorher klar ist: Man geht ja öfter zusammen essen, jeder ist mal an der Reihe. Zwar ist es unter Schülern und Studenten auch üblich, sich die Rechnung zu teilen, ein kleinliches Aufrechnen ist aber völlig unüblich – das tun höchstens Touristen.

Wo geht man hin?

Speiselokale tragen in Griechenland viele verschiedene Bezeichnungen. Neben der traditionellen *tavérna* gibt es das *estiatório* (Restaurant) mit eher internationalem Standard und die fast immer sehr einfache *psistariá,* eine Art Grillstube mit Take-away-Verkauf. Im *oinomageirío* trinkt man einfachen Landwein, die Küche bietet zumeist Schmorgerichte. Die *psarotavérna* ist auf Fischgerichte spezialisiert. In der *ouzerí* sind Oúzo und der Tresterschnaps *tsípouro* die traditionellen Getränke zu den *mezedákia,* vielen kleinen Gerichten nach Art spanischer Tapas. Im *zacharoplastío* schließlich bekommt man Kuchen, Torten und allerlei Gebäck nach orientalischer Art.

Griechische Standards

Aufläufe und gefüllte Gemüse werden traditionell hoch geschätzt, z. B. gefüllte Tomaten, Paprika, Zucchini oder Auberginen. In den letzten Jahren sind zudem aus verschiedenen Gemüsen, Fleischsorten und sogar Oktopus-Püree zubereitete Kroketten immer beliebter geworden.

Standardgerichte der griechischen Küche sind immer noch das *jouvétsi,* in der Tonform gebackenes Lamm-

oder Rindfleisch mit reiskornförmigen *kritharákia*-Nudeln, und *stifádo,* ein Rindfleisch-, Kaninchen- oder Oktopusragout mit Zwiebelgemüse in einer oftmals orientalisch anmutenden Tomaten-Zimt-Sauce. Deftigere Spezialitäten sind *kokorétsi,* in Darm gewickelte und gegrillte Innereien von Lamm oder Zicklein, sowie *patsá,* eine Kuttelsuppe, die man bevorzugt nach einer durchzechten Nacht genießt.

Fisch kommt fast immer gegrillt à la nature auf den Tisch, wobei zwischen den einfachsten Sardinen und der teuersten Languste kein Unterschied gemacht wird. Frischer Fisch ist recht teuer und wird fast immer nach Gewicht verkauft. Beim Abwiegen sollte man dabei sein, um später nicht bei der Rechnung eine große Überraschung zu erleben. Im Gegensatz zu frischem Fisch wird tiefgefrorene Ware in der Regel portionsweise angeboten. Tiefgefroren sind meist Schwertfisch und Kalamares.

Frühstück

Zum Frühstück nehmen die meisten Griechen nur einen Kaffee und eine Zigarette zu sich. Entsprechend dürftig fällt das Frühstück in den einfachen Pensionen aus. In den pauschal zu buchenden Strandhotels mit ausländischen Gästen ist das Frühstück natürlich besser, dort wird es in der Regel in Form recht üppiger **Buffets** serviert und schließt neben Weißbrot mit Butter und Marmelade auch Müsli, Joghurt mit Honig, Sandkuchen, verschiedene Eiergerichte, Wurst und Käse ein. Filterkaffee und verschiedene Tees in Teebeuteln sind auf Santorin Standard.

Wer auf eigene Faust unterwegs ist, kann zum Frühstück besser in ein Restaurant gehen. Dort, wo viele Engländer Urlaub machen, ist stets auch ein gutes englisches Frühstück mit gebratenen Eiern und Speck oder Bohnen zu bekommen. Oder man holt sich eine gefüllte Blätterteigtasche aus der **Bäckerei:** *tirópittes* z. B. (mit Käse gefüllt), *spanakópittes* (mit Spinat gefüllt), *zambonópittes* (mit Schinken gefüllt), *loukanikópittes* (Würstchen im Schlafrock) oder *bougátsa* (mit Griespudding gefüllt).

Einen Besuch wert: Spitzenküche auf Santorin

Der einzige ernst zu nehmende Gastro-Führer Griechenlands, der Alpha Guide, zeichnete zuletzt das Restaurant **Koukoúmavlos** (s. S. 115) in Firá mit seiner höchsten Auszeichnung, der »Goldenen Kochmütze«, aus. Wegen ihrer echt griechischen und sehr kreativen Küche wurden das Restaurant im Hotel Santorini Grace in Imerovígli (S. 133) und das Restaurant Selene (S. 210) in Pírgos gewürdigt.

Getränke

Für die meisten Griechen ist **Wasser** *(neró)* das wichtigste Getränk. Man trinkt es zum Essen, zu Kuchen und Süßspeisen ebenso wie zu Kaffee und Oúzo, manchmal sogar zu Bier, Brandy und Wein. Früher trank man überall bedenkenlos eisgekühltes Leitungs- oder Zisternenwasser, heute hat sich fast überall in Plastikflaschen abgefülltes Tafel- oder Mineralwasser *(sóda)* durchgesetzt.

Frisch gepresste **Säfte** werden seltener und viel teurer angeboten, als es der Obstreichtum Griechenlands erwarten lässt. Bei den anderen **Erfrischungsgetränken** sind vor allem die internationalen Marken präsent.

Nationalgetränk ist der **griechische Kaffee** *(kafés ellinikós)*, der in weißen

Mokkatassen serviert und zu jeder Tageszeit bei vielen Gelegenheiten getrunken wird. Griechischen Kaffee *(kafés ellinikós)* trinkt man immer ohne Milch. Das Kaffeepulver wird zusammen mit Wasser und Zucker in einem kleinen Stielkännchen aufgekocht, der Kaffee mit dem Satz serviert. Schon bei der Bestellung muss man – wie auch beim *frappé* – den gewünschten Süßegrad angeben: *skétto* (ohne Zucker), *métrio* (mittel) oder *glikó* (süß).

Auch **Instantkaffee**, hier stets *nés* genannt, ist inzwischen in fast jedem Kaffeehaus zu finden. Bei der Bestellung muss auf jeden Fall gesagt werden, ob man ihn heiß *(sésto)* wünscht – die meisten Griechen trinken ihn nämlich kalt aufgeschäumt als *frappé*, was ein sehr angenehm erfrischendes Getränk ist. Außerdem sollte man sagen, ob man ihn mit oder ohne Milch wünscht *(mä gála/chorís gála)*.

Filterkaffee *(kafé fíltro)* wird in den Touristenzentren recht häufig angeboten. Beliebt sind inzwischen die *freddi* – eisgekühlte Kaffees –, die groß in Mode sind und in vielen Varianten wie *capuccino freddo* und *espresso freddo* angeboten werden.

Zur Herstellung von **Tee** *(tsaï)* wird oft nur warmes Wasser über Teebeutel geschüttet; entsprechend schmeckt das Gebräu. Kräutertees gibt es immer häufiger, insbesondere Salbeitee *(tsaï faskómilo)* und Kamillentee *(tsaï kamomíli)*.

In Griechenland werden mehrere **Biersorten** in Lizenz gebraut: Amstel, Henninger, Löwenbräu. Als echt griechisches Bier gilt das in den 1990er-Jahren auf den Markt gekommene Mýthos. Ein griechisches Spitzenbier ist das nur in wenigen Lokalen servierte Craft aus einer Athener Mikro-Brauerei, die auch Weizenbier produziert. Außerdem gibt es auch eine kleine Brauerei in Mésa Goniá auf Santorin, die die drei Marken Yellow, Red und Crazy Donkey produziert, sowie die Brauerei Volkan (www.volkanbeer.com).

Als importierte Flaschenbiere sind auch deutsche Weizenbiere verbreitet. Fassbier *(bíra varelíssia)* wird fast nur im Sommer gezapft. Alkoholfreies Bier ist weitgehend unbekannt und fast nirgendwo zu bekommen.

Unter den Spirituosen gilt der Anisschnaps **Oúzo** als urgriechisches Getränk. Am berühmtesten für seinen Oúzo ist Lésvos mit den Marken Plomári, Mini und Barbayánnis. Traditionell trinkt man Oúzo nicht pur oder gar eiskalt, sondern lauwarm mit Wasser gemischt – doch ist das in den Touristenzentren fast in Vergessenheit geraten.

Die Nähe Kretas sorgt dafür, dass das Nationalgetränk der größten griechischen Insel auf Santorin viele Anhänger hat: der einem einfachen italienischen Grappa ähnliche **Tsípouró.** Er wird auch *rakí* genannt, hat aber nichts mit dem türkischen, nach Anis schmeckenden Raki gemein. Teilweise ist der ausgeschenkte Tresterschnaps aus Kreta importiert, teilweise wird er auf der Insel selbst gebrannt.

Zu den hervorragenden santorinischen **Weinen** s. S. 82.

Was ist eine Bar?
In diesem Buch werden viele Bars empfohlen. In jede von ihnen können Sie auch mit Ihren Kindern gehen. Als *Bar* (ΜΠΑΡ) wird in Hellas nämlich jedes Lokal bezeichnet, in dem ausländische Spirituosen ausgeschenkt werden. Nur in Hotels sind Bars auch Bars in unserem Sinne – Bars im Sinne zweifelhafter Etablissements gibt es auf Santorin unseres Wissens nicht.

Aktivurlaub, Sport und Wellness

Santorin ist vor allem eine Insel für Augenmenschen und Genießer. Wellness liegt im Trend, Sport steht hingegen nicht im Vordergrund des Angebots. Trotzdem gibt es auch für Aktivurlauber einige Möglichkeiten.

Baden

Nur der Strände wegen würde wohl niemand nach Santorin kommen. Sie erfordern fast alle Badeschuhe, da sie kieselig oder sogar steinig sind. Am feinsten sind noch der Perívolos Beach, der Monólithos Beach und der Baxédes Beach. Wer feinen Sand unter den Füßen spüren will, muss einen Tagesausflug zur Nachbarinsel Íos unternehmen.

Auch für Kinder sind die santorinischen Strände schlecht geeignet, da das Ufer überwiegend steil abfällt. Kinderfreundlich ist nur der Monólithos Beach. Eine Bay Watch gibt es während der Hauptsaison am Monólithos, Kamári, Períssa und Perívolos Beach. Je nach Finanzsituation der Gemeinde ist sie allerdings nicht ständig besetzt. Generell sollte man wegen gefährlicher Unterströmungen in Ufernähe bleiben. Die saubersten Strände sind dort, wo Sonnenschirme vermietet werden, sowie vor Hotels und Tavernen.

Biking

Fahrräder und Mountainbikes sind auf Santorins Straßen kaum zu sehen. Diese sind oft zu steil, zu schmal, zu stark befahren. Mit Kindern sollte man sich auf keinen Fall aufs Rad wagen und

Nur etwas für erfahrene Biker: mit dem Rad den höchsten Inselberg Profítis Ilías hinab

die Kraterrandstraße zwischen Firá und Oía wegen der zahlreich verkehrenden Ausflugsbusse am besten ganz meiden. Wer es trotzdem mit dem Rad wagen will, kann an geführten Touren auf E-Bikes teilnehmen. Sie können zwischen einer Rundtour zwischen Perívolos und Oía oder einer strandnahen Tour zwischen Perívolos und Vlicháda wählen (www.santoriniad ventures.gr, Tel. 22 86 03 61 75).

Reiten

Der einzige Reitstall der Insel liegt zwischen Firá und Kamári und bietet Gelegenheit zu kurzen Ausritten auch für Anfänger (s. S. 179). Anspruchsvolle Reiter kommen kaum auf ihre Kosten. Die Anlage ist ländlich-einfach, aber sauber; die Pferde werden hier äußerst liebevoll gepflegt.

Rock Climbing

Die Lava- und Bimssteinwände sind zum Klettern ungeeignet. Anders das ältere Felsgestein des Méssa Vounó zwischen Kamári und Períssa. Am Fußweg von Kamári nach Alt-Thera sind sogar einige Routen markiert, Infos darüber findet man im Internet (www.mountainproject.com), Ausrüstung ist auf jeden Fall mitzubringen (s. S. 180).

Tauchen

Mehrere Tauchschulen bieten auf der Insel ihre Dienste an. Sie haben ihre Büros zwar in Kamári (s. S. 179) und Períssa (s. S. 222), die Tauchgänge finden jedoch überwiegend vom Boot aus in der Caldera statt. Einzigartig ist dort die Unterwasser-Lavawelt. Wer kein Gerätetauchen wagen will, kann zum Teil auch zum Schnorcheln mit den Tauchern mitfahren.

Tennis

Über Tennisplätze verfügen einige wenige Hotels abseits der Caldera, z. B. das Hotel Nine Muses in Períssa sowie das Hotel Kastélli in Kamári. Wenn sie nicht durch Hotelgäste belegt sind, können dort auch andere Urlauber gegen Gebühr spielen.

Wandern

Santorin ist eine der wenigen griechischen Inseln, auf der Wanderwege markiert sind. Es gibt jedoch bisher keinen Führer, in dem alle markierten Wege aufgelistet oder gar beschrieben wären. Zwei brauchbare Wanderkarten sind 2015 in griechischen Verlagen erschienen: Eine im Maßstab 1 : 26 000 im Verlag Anavasi (www.anavasi.gr, im Internet zu bestellen), eine andere im Maßstab 1 : 30 000 im Verlag Staridas Geography (auf Facebook). Beide Karten sind auf Santorin erhältlich.

An den Endpunkten dieser Wanderwege sowie an markanten Zwischenpunkten stehen große Tafeln mit Ausschnitten aus der Anavasi-Karte, auf denen auch Entfernungsangaben vermerkt sind. Auf jeden Fall haben die Karten den Vorteil, dass man einen Überblick über mögliche Wanderungen erhält. Ohnehin wird man sich auf Santorin kaum verlaufen, wenn man

Mit Vulkanexperten wandern
Mehrmals im Jahr bietet der deutsche Veranstalter **Nature Discovery Tours** einwöchige Wanderstudienreisen nach Santorin an, die auch ohne Anreise gebucht werden können. Die Touren werden von einem Geologen geleitet. Buchung bei: 0179 476 18 31, www.wanderstudienreisen.com.

erst einmal den Ausgangspunkt einer Wanderung gefunden hat.

Unerlässlich sind für Wanderungen auf der Insel Schuhe mit rutschfesten Schuhen, denn oft führen Wege und Pfade über gerölligen Untergrund. Wenn es nicht zu heiß ist, trägt man deswegen auch besser lange Hosen. Eine Kopfbedeckung ist dem Geisteszustand zuträglich, ein Sonnenschutz mit hohem Lichtwertfaktor der Haut, Wasser dem Durchhaltevermögen. Zwei Wanderungen sind besonders empfehlenswert: Sie finden Sie als Entdeckungstouren auf S. 124 und S. 224 beschrieben.

Wassersport

In der Caldera kann kein Wassersport ausgeübt werden. Die einzigen Wassersportstationen der Insel liegen an den Stränden von Períssa, Perívolos und Kamári. Motorisierte Wassersportarten liegen auf Santorin im Trend: Wasserski und Jetski. Sogar Inselumrundungen mit Jetskis hat die Station in Kamári (s. S. 179) im Programm.

Fürs Wind- und Kitesurfen sind vor allem die Monate Juni bis August geeignet, wenn der Meltémi häufig mit 4–8 Beaufort weht. Da geschützte Buchten fehlen, ist Santorin jedoch kein gutes Revier für Anfänger. Angeboten werden auch Seekajaks und Tretboote, die allerdings auf ruhige See angewiesen sind.

Wellness

Unterschiedlich große Spas hat fast jedes Luxushotel der Insel zu bieten. Viele stehen auch Nicht-Hotelgästen gegen Gebühr offen. Ambulante Massagen werden an den Stränden von Períssa, Perívolos und Kamári angeboten, die ›Wohltäter‹ gehen von Liegestuhl zu Liegestuhl. Ein herrlicher Platz für das Openair-Treatment zwischendurch ist die Beach-Bar Théros südlich von Vlicháda (s. S. 227).

Zwei der renommiertesten Spas der Insel sind in Oía angesiedelt: das Museum Spa (s. S. 161) und das Studio Caldera Massages in stimmungsvoll illuminierten Höhlen in der Kraterwand (s. S. 154).

Feste und Unterhaltung

Kirchweihfeste

Kirchweihfeste werden auf Santorin wie überall in Griechenland zu Ehren eines Heiligen an dessen im Kirchenkalender festgesetzten Patronatstag begangen (Termine im Kasten rechts). Schauplatz ist immer die dem jeweiligen Heiligen geweihte Kirche oder Kapelle. Zu manchen erscheinen nur einige wenige Dutzend Gläubige, zu anderen Hunderte oder gar Tausende. Das hängt einerseits von der Popularität und Attraktivität des Festes ab, andererseits aber auch davon, wie viele Menschen in der Gemeinde auf den Namen des oder der jeweiligen Heiligen getauft sind.

Die Kirchweihfeste auf Santorin laufen alle nach einem gewissen Grundschema ab. Schon ein paar Tage vor dem Patronatstag werden über den Kirchhof zahlreiche Wimpel gespannt, an den Fahnenmasten die weiß-blaue Flagge Griechenlands sowie die gelbe Flagge des Byzantinischen Reichs mit dem Schwarzen Doppeladler in der Mitte gehisst. Ein erster Gottesdienst findet am Vorabend des Patronatstages statt.

Zum Hauptgottesdienst trifft man sich am nächsten Morgen um 7 oder 8 Uhr wieder. Er dauert bis zu zwei Stunden. Dabei werden die bedeutendsten Ikonen der Kirche durch die Gassen des Pfarrbezirks oder auch nur um die Kirche getragen. Schließlich segnet der Priester den Wein und die Speisen, die dann an alle Anwesenden ausgegeben werden. Für ihre Zubereitung steht an fast jedem Kirchhof eine Küche zur Verfügung, das *panagiróspito,* in dem man bei schlechtem Wetter auch an Tischen sitzen kann.

Für das gemeinsame Mahl gehören zu jeder Kirche einige lange, zumeist steinerne oder aus Beton gegossene Tische und Bänke auf dem Kirchhof. Die Kosten der Verköstigung trägt häufig die Familie, der die Kapelle oder Kirche gehört. Manchmal wird auch allgemein dafür im Pfarrbezirk gesammelt, anderswo beteiligen sich all diejenigen in der Gemeinde daran, die auf den Namen des oder der gefeierten Heiligen getauft sind.

Kirchweihfeste

- **9./10. Febr.**: Ágios Charálambos in Oía
- **4./5. Mai:** Agía Iríni auf Thirassía
- **8./9. Mai:** Ágios Christóphoros in Pírgos
- **23./24. Mai:** Ágios Pantelímonas in Megalochóri
- **28./29. Mai:** Agía Theodosía in Akrotíri und Pírgos
- **30. Juni/1. Juli:** Ágii Anárgiri in Megalochóri
- **19./20. Juli:** Kloster Profítis Ilías.
- **23./24. Juli:** Ágios Ioánnis in Monólithos
- **3./4. Aug.**: Ágii Eptá Paidiá in Oía
- **5./6. Aug.**: Metamórphosis in Akrotíri
- **28./29. Aug.**: Ágios Ioánnis in Períssa
- **23./24. Sept.**: Panagía Mirtidiótissa in Kamári
- **19./20. Okt.**: Ágios Artémios in der gleichnamigen Kirche im Inselnorden und in Karterádos
- **20./21. Okt.**: Agía Matróna in Finikás
- **25./26. Okt.**: Ágios Dimítrios in Messariá

Karwoche

Ostern ist das bedeutendste Fest im Jahreskreislauf, hat eine Bedeutung wie in den deutschsprachigen Ländern Weihnachten. So wie bei uns die Adventszeit auf Weihnachten zuführt, nehmen die meisten Griechen die Fastenzeit und vor allem die Karwoche als Hinführung auf Ostern wahr.

Die Karwoche beginnt mit dem **Palmsonntag,** dem Tag Jesu Einzug in Jerusalem. Die Menschen bringen Palm- oder Ölzweige mit in die Kirche. Sie werden vom Priester geweiht, schmücken später die Eingänge von Häusern und Kirchen.

Am Morgen des **Karfreitags** wird der Epitáphios, das symbolische Grab Christi, mit vielen Blumen geschmückt. Im Rahmen des abends stattfindenden Karfreitagsgottesdienstes wird es in feierlicher Prozession durch die Dorfgassen getragen. Den ganzen Tag über ist an allen Fahnenmasten die griechische Flagge wie an Staatstrauertagen auf Halbmast gesetzt.

Ostern

Der **Ostergottesdienst,** zu dem ausnahmsweise nahezu jeder griechische Inselbewohner geht, beginnt in den Dorfkirchen und in der Kathedrale von Firá am Ostersamstag gegen 23 Uhr. Das Licht ist gedämpft, denn

Während des Kirchweihfestes segnet der Priester Wein und Speisen

noch ist Jesus nicht auferstanden. Die mittlere Tür der Ikonostase, die sog. Schöne Pforte ist verschlossen, denn ohne Auferstehung hat der Mensch keinen Zugang zu seiner Erlösung durch Teilnahme am Abendmahl.

Kurz vor Mitternacht erlischt das Licht völlig und für einen Augenblick kehrt absolute Stille ein. Nun tritt der Priester mit drei brennenden Kerzen in der Hand aus dem Altarraum durch die Schöne Pforte vor die Gemeinde und verkündet: »Eilt herbei, nehmt das Licht vom Licht, für das es keinen Abend gibt, und ehrt Christus, der von den Toten auferstanden ist.« Der erste Gläubige entzündet seine mitgebrachte Kerze an der des Priesters, schnell breitet sich so das Kerzenlicht in der ganzen Kirche und auf dem oft überfüllten Kirchhof aus. Der Priester verkündet: »Christus ist auferstanden *(Christós anésti)*«, die Gläubigen antworten im Chor: »Wahrhaftig, er ist auferstanden *(Alithós anésti)*.«

Die Menschen strömen nun nach Hause, vor allem die Jugend lässt zahlreiche Knallkörper explodieren. Manchmal steigen auch wie zu Silvester Raketen in den Himmel. Daheim werden rote Ostereier aneinander geschlagen. Das Rot symbolisiert das Blutopfer Christi, das Ei das ewige Leben, das durch Christi Tod den Menschen verheißen ist. Man isst die *magirítsa,* eine leicht säuerliche Suppe mit den Innereien des Lammes oder Zickleins, das sich am nächsten Morgen am Spieß drehen wird oder schon seit dem frühen Abend im Backofen langsam vor sich hin schmort.

Auch allerlei spezielles Ostergebäck kommt auf den Tisch, darunter die *flaoúna,* ein Teigkringel mit einem roten Ei in der Mitte. Sie kennt man in ganz Hellas, während das Ostergebäck *melitínia,* quadratische Teigtaschen aus ungesalzenem Käse, Eiern und Zucker, eine santorinische Spezialität ist.

Mariä Entschlafung

Am 15. August feiern römische Katholiken Mariä Himmelfahrt, orthodoxe Christen hingegen Mariä Entschlafung, gr. **Kímisi tis Theotókou.** Für Orthodoxe gilt das päpstliche Dogma von der leiblichen Himmelfahrt Mariens nicht, sie sollen nur an die Erhebung ihrer Seele in den Himmel glauben, so wie es auf allen entsprechenden Ikonen dargestellt ist. Dieser Tag ist ein Freudentag und landesweit das größte kirchliche Fest des ganzen Sommers.

In allen öffentlichen Marienkirchen des Landes finden am Vorabend und am Morgen des Patronatstags selbst Gottesdienste statt, am Vorabend oft verbunden mit einem großen Fest mit Musik, Tanz und gutem Essen auf dem Dorfplatz. Das Haupt-Pilgerziel auf Santorin ist an jenem Tag die alte Kirche Panagía Episkopí bei Kamári.

Nationalfeiertage

Griechische Nationalfeiertage sind der 25. März und der 28. Oktober. An beiden Tagen finden in Firá vormittags kleine Gedenkmärsche über die Platía zum Kriegerdenkmal statt, wo Kränze niedergelegt werden.

Touristisch (und fotografisch) interessant ist bestenfalls der Marsch am 25. März, da an ihm außer Militär und Polizei, Klerus und Honoratioren auch Schulkinder teilnehmen, von denen manche historische Trachten tragen.

Kulturfestivals

Im Hochsommer bieten gleich vier Festivals in der Inselhauptstadt Firá Besuchern wie Einheimischen ein abwechslungsreiches Kulturprogramm.

Die **Santorini Arts Factory** veranstaltet jeden Sommer in einer alten Tomatenfabrik in Vlicháda, die heute als Museum genutzt wird, Konzerte, Theater- und Tanzvorstellungen. In den Innenräumen gibt es Kunstausstellungen. Programminfos unter www.santoriniartsfactory.gr.

2015 wurde im September zum ersten Mal das dreitägige **Caldera Kultur- und Literaturfestival** in Oía durchgeführt. Was 2017 geplant ist, steht eventuell auf www.atlantisbooks.org/caldera.

Mitte August organisiert die Gemeinde Firá das **Ifestia Festival.** Höhepunkt ist ein Feuerwerk, das wie ein Vulkanausbruch wirken soll. Die Menschen bleiben trotzdem fröhlich, erfreuen sich an Folklore-Darbietungen und Musik. Organisator ist die Gemeinde.

Sechs Konzerte mit klassischer und griechischer Musik mit Interpreten aus aller Welt bietet das **International Music Festival** im Laufe des September im Nómikos-Konferenzzentrum: jeweils abends um 21 Uhr, Eintritt 25–35 €, Programminfos unter www.santorinimusicfestival.com.

Ein anderer Kalender

Ostern und die an den Ostertermin gebundenen Feiertage werden in Griechenland häufig später als bei uns gefeiert (Daten s. S. 39). Das liegt daran, dass in der Ostkirche noch der Julianische Kalender gilt. Wie bei uns liegt Ostern am ersten Sonntag nach dem ersten Frühlingsvollmond. Da er in 400 Jahren drei Schalttage mehr hat als unser Gregorianischer Kalender, verschiebt sich nach dem Julianischen Kalender der Frühlingsanfang immer weiter in den Sommer hinein. Zurzeit beträgt die Differenz 13 Tage; Frühlingsanfang ist also für die Ostkirche der 3. April.

Reiseinfos von A bis Z

Ärztliche Versorgung und Krankenversicherungen

Ein kleines, zentrales Krankenhaus steht in Firá nahe dem Busbahnhof (s. S. 128). Wenn notwendig, werden Notfall-Patienten per Hubschrauber nach Athen gebracht. Niedergelassene Ärzte praktizieren in Firá und Oía. Apotheken gibt es in allen größeren Inselorten. Mit der European Health Card können sich nach dem EU-Sozialversicherungsabkommen deutsche und österreichische Urlauber in Griechenland kostenlos behandeln lassen (Info bei der heimischen Krankenkasse).

Da man mit der European Health Card an Vertragsärzte gebunden ist, schließt man besser eine Auslandskrankenversicherung ab (bei Automobilclubs und der eigenen Krankenkasse meist preiswerter als in Reisebüros). Dann zahlt man Arzt- und Arzneikosten zunächst selbst und bekommt diese später erstattet. Bei privaten Krankenversicherungen, die europaweit gelten, erübrigt sich eine zusätzliche Versicherung.

Diplomatische Vertretungen

Botschaft von Deutschland
Odós Karaóli & Dimitríou 3
Kolonáki, Athen
Tel. 21 07 28 51 11
www.athen.diplo.de

Botschaft von Österreich
Leofóros Vass. Sofías 4
Athen
Tel. 21 07 25 72 70
www.aussenministerium.at/athen

Botschaft der Schweiz
Odós Jassíou 2
Athen
Tel. 21 07 23 03 64
www.eda.admin.ch/athens

Eintrittspreise

Für die wichtigsten Sehenswürdigkeiten der Insel (Ausgrabungen von Akrotíri und Alt-Thera, Prähistorisches und Archäologisches Museum von Firá, Ikonen-Museum in Pírgos) gibt es ein günstiges Sammelticket für 14 €. Allein der Einzeleintritt für Akrotíri würde schon 12 € kosten. Das Ticket berechtigt vier Tage lang zum jeweils einmaligen Besuch der Sehenswürdigkeit. Auf Einzel- und Sammelticket erhalten Studenten sowie Senioren ab 65 Jahren aus EU-Staaten eine Ermäßigung von 50 Prozent. Von November bis März ist der Besuch aller staatlichen Museen und Ausgrabungen am ersten Sonntag des Monats generell frei (siehe auch Kasten Spartipps S. 40).

Elektrizität

Es gibt überall 220 Volt Wechselstrom. Unsere Stecker passen in alle Steckdosen, Adapter sind nicht nötig.

Erdbeben

Erdstöße können vorkommen, richten jedoch meist keine Schäden an. Im Falle eines Erdbebens sollte man Schutz unter einem Türsturz oder zumindest unter einem Tisch oder Bett suchen. Ist das Beben, das meist nur einige Sekunden dauert, vorbei, begibt man sich schnellstens ins Freie, benutzt dafür aber auf keinen Fall den Fahrstuhl. Am Verhalten der Einheimischen wird man dann feststellen, ob man besser für einige Zeit im Freien bleibt oder ins Haus zurückkehren kann. Alles rund um Erdbeben auf www.das-erdbeben.de.

Feiertage

An den Feiertagen sind Behörden und Geschäfte geschlossen, z. T. auch die Museen. Reisebüros, Auto- und Mopedvermietungen sowie Souvenirgeschäfte sind an sommerlichen Feiertagen dennoch geöffnet.

1. Januar: Neujahr.
6. Januar *(Epiphanias)*: Fest der Wasserweihe und Jesu Taufe.
25. März: Nationalfeiertag: Beginn des Befreiungskampfes gegen die Türken im Jahr 1821; gefeiert mit Paraden.
Rosenmontag *(Katharí Deftéra)*: Kinder tragen Kostüme, Picknicks im Freien, bunt geschmückte Tavernen: 2017 am 27. Februar, 2018 am 19. Februar, 2019 am 11. März
Karfreitag *(Megáli Paraskeví)*: 2017 am 10. April, 2018 am 6. April, 2019 am 26. April
Ostern *(Páska)*: 2017 am 16./17. April, 2018 am 8./9. April, 2019 am 28./29. April
1. Mai: Tag der Arbeit *(Protomajá)*.
Pfingstmontag *(Deftéra tis Pendikósti)*: 2017 am 4./5. Juni, 2018 am 27./28. Mai, 2019 am 16./17. Juni
15. August: Mariä Entschlafung *(Kímissi tís Theotókou)*: Nicht Mariä Himmelfahrt genannt, da die leibliche Himmelfahrt Mariens in der orthodoxen Kirche kein Dogma ist.
28. Oktober: Nationalfeiertag, ›Ochi-Tag‹ *(I méra tou megálou istorikoú óchi)*: Erinnert wird an das ›Große Historische Nein‹, mit dem der griechische Diktator Jánnis Metaxás 1940 auf ein Ultimatum Mussolinis antwortete. Das bedeutete für Griechenland den Eintritt in den Zweiten Weltkrieg an der Seite der Alliierten.
24. Dezember: Heiligabend *(Paramoní Christoújennon)*: Halber Feiertag.
25. Dezember: Weihnachten *(Christoújenna)*: Anders als bei uns gibt es Geschenke erst in der Silvesternacht.
31. Dezember: *(Vrádi tis Protochronjás)*: Halber Feiertag.

FKK

Unverhüllte Busen sind den Griechen inzwischen ein gewohnter Anblick. FKK wird hingegen nur an solchen Stränden geduldet, an denen es weder Einheimische noch Tavernen gibt. Und die sind auf Santorin nicht zu finden.

Fotografieren

Militärische Objekte dürfen prinzipiell nicht fotografiert werden. Entsprechende Hinweisschilder gelten aber meist nur im Umkreis von wenigen Metern. In den Museen ist das Fotografieren ohne Blitz und Stativ kostenlos; für Aufnahmen mit Stativ ist eine nur umständlich in Athen zu beantragende Genehmigung erforderlich. Das Fotografieren in Kirchen ist meist unerwünscht.

Speichermedien sind in Fotogeschäften, Telefonläden und Supermärkten erhältlich. Fotogeschäfte brennen die Bilder auch auf CDs.

Geld

In Griechenland gilt seit 2002 der Euro, der hier aber *evró* oder englisch *juro* gesprochen wird. Kreditkarten werden von vielen Hotels und Restaurants, teureren Souvenir- und

Ermäßigungen und Spartipps
Happy Hour: Einige Cafés und Bars locken mit einer Happy Hour, die von Lokal zu Lokal ganz unterschiedlich festgesetzt wird. Wichtig zu wissen: Man zahlt nicht den halben Preis für jedes Getränk, sondern hat pro Person jedes zweite Getränk frei. Zwei Personen kommen also erst dann in den Genuss der halbierten Rechnung, wenn sie jeder zwei Getränke bestellen!
Freier Eintritt zu staatlichen Museen und Ausgrabungsstätten: Zusätzlich zu den Standardermäßigungen ist der Eintritt an folgenden Tagen für alle frei: an jedem ersten Sonntag zwischen November und März sowie an gesetzlichen Feiertagen, am 6. März, am letzten September-Wochenende, am Welt-Museumstag (ein So im Mai), am Welt-Denkmaltag (18. April) und am Welt-Umwelttag (5. Juni).

Kunsthandwerksläden, Reisebüros, Autovermietungen und Tankstellen akzeptiert. Reiseschecks werden von allen Banken eingelöst. Abhebungen mit der Bank- oder einer Kreditkarte sind an den zahlreichen Geldautomaten auf der Insel möglich (Maestro-Karten werden immer, VPay-Karten dagegen nur selten akzeptiert).

Da die heimische Bank für solche Abhebungen oft Gebühren von 1 % des abgehobenen Betrags, mindestens aber ca. 6 € erhebt, lohnt es sich, einmal viel statt öfter wenig abzuheben.

Gesundheitsvorsorge

Besondere **Impfungen** sind nicht vorgeschrieben, man sollte jedoch die Schutzimpfungen (Tetanus, Polio, Diphterie) überprüfen. Griechische **Apotheken** sind in der Regel gut bestückt, führen jedoch nicht alle bei uns bekannten Medikamente. Wer auf ein bestimmtes Mittel angewiesen ist, sollte es besser in ausreichender Menge mitnehmen.

Internet und WLAN

Fast alle Hotels bieten meist kostenlos WLAN-Zugang für den mitgebrachten Laptop; viele haben auch eine Internetecke. Mit dem eigenen Laptop kann man zudem in vielen Cafés und Tavernen kostenlos via WLAN (engl. WiFi) das Internet nutzen.

Kioske

Griechische Kioske sind vom Boden bis unter die Decke mit Waren voll gestopft. Hier findet man fast alles, was man an Kleinigkeiten so braucht. Zigaretten, Streichhölzer und Feuerzeuge gehören ebenso zum Sortiment wie Kämme, Telefonkarten, Zahnpasta, Kondome oder Kaffee in Portionsbeuteln. Die Kioske sind meist bis spät in die Nacht geöffnet.

Kirchenbesuche

Beim Besuch von Kirchen und Klöstern sollten Knie, Schultern und Oberkörper bedeckt sein, den Sonnenhut hält man in der Hand. Man legt weder die Hände auf den Rücken noch kehrt man Ikonen den Rücken zu.

In allen Kirchen liegen Kerzen aus, die auch Nicht-Orthodoxe kaufen und anzünden können. Man wundere sich aber nicht, wenn die Kerze von einer Kirchendienerin schon nach wenigen Minuten gelöscht wird: Das geschieht auch mit den Kerzen der Einheimischen, um das Wachs einer Wiederverwertung zuzuführen. Das Anzünden ist wichtig, nicht das vollständige Abbrennen.

Leitungswasser

Außerhalb von Firá und Oiá ist das Leitungswasser kein Trinkwasser, kann aber gefahrlos zum Zähneputzen verwendet werden. Auch in Oía und Firá sollte man es nur in geringen Mengen zu sich nehmen.

Das Wasser von Santorin wird aus knapp 40 Bohrlöchern auf der ganzen Insel gewonnen. Das trinkbare Wasser in Oía und Firá stammt aus zwei Entsalzungsanlagen in der Nähe dieser Orte.

Notrufnummern

Die Telefonnummer 112 gilt landesweit für Polizei, Krankenwagen und Feuerwehr.
Sperrung von Handy, Bank- und Kreditkarten: +49 116 116

Öffnungszeiten

Geschäfte: während des Sommerhalbjahrs meist tgl. ca. 9–22 Uhr. Die großen Supermärkte (Marinópoulos, Lidl) bleiben So geschl.
Banken: Mo–Do 8–14.30 Fr 8–14 Uhr.
Postämter: Mo–Fr 7.30–15 Uhr.

Polizei

Die griechische Polizei wirkt recht unauffällig und zurückhaltend. Verkehrskontrollen sind selten; Strafzettel für falsches Parken werden auf der Insel kaum verteilt.

Sucht man allerdings ein Polizeirevier auf, um etwa einen Diebstahl anzuzeigen, wird man mit einer Unmenge von Formularen überhäuft, die erst gültig sind und aus der Hand gegeben werden, wenn auch die richtige Gebührenmarke gefunden und bezahlt ist. Da die Kriminalitätsrate auf Santorin jedoch äußerst niedrig ist, erlebt kaum ein Urlauber die bürokratischen Exzesse der griechischen Polizei.

Post

Briefe und Postkarten nach Mitteleuropa werden grundsätzlich per Luftpost befördert, die Laufzeit nach Deutschland dauert 2–5 Tage. Das Porto beträgt 0,80 € (Stand: Ende 2016). Wegen häufiger Portoerhöhungen sind auf vielen Briefmarken keine Werte mehr aufgedruckt, sondern nur noch Portoklassen.

Radio und Fernsehen

Der Lokalsender Radio Santorin sendet auf UKW 106,4 FM. Wer sich schon zu Hause einhören möchte, findet eine Auswahl griechischer Livestreams unter www.e-radio.gr. Seit 2015 besitzt Santorin auch einen lokalen Fernsehsender, Volcano TV. Live Stream auf www.neasantorinis.gr/web_tv.

Reisekasse

Santorin ist neben Mýkonos die teuerste Insel Griechenlands. Exorbitant sind die Preise in vielen Hotels, Restaurants und Cafés direkt am Kraterrand. Aber auch sonst liegen sie auf dieser Insel weit über dem griechischen Durchschnitt, ohne dass die Qualität besser wäre. Generell sind in Griechenland und somit auch auf Santorin die Preise für öffentliche Verkehrsmittel, Zigaretten und einfache Hotelzimmer niedriger als in Deutschland. Die Lebensmittelpreise sind etwas höher, Benzin kostet etwa 20–25 % mehr.

Wie viel man für das Essen ausgibt, hängt davon ab, wo man hingeht. Man kann schon für 6 € satt werden, aber selbst für 60 € pro Person speisen. Durchschnittlich sollte man abseits des Kraterrands für eine Mahlzeit mit Salat,

Echte Naturschwämme sind ein beliebtes Souvenir

Wasser und Tischwein etwa 15–20 €/ Person einplanen.

Reisen mit Handicap

Für Rollstuhlfahrer ist wohl keine andere griechische Insel weniger geeignet als Santorin. Viele Gassen sind stufenreich und steil, die öffentlichen Verkehrsmittel sind überhaupt nicht auf Reisende mit körperlicher Behinderung eingestellt.

Sicherheit

Die Kriminalitätsrate in Griechenland ist eine der niedrigsten in Europa. Trotzdem empfiehlt es sich, bei größeren Menschenansammlungen vor Taschendieben auf der Hut zu sein. Auf Fähren soll das Gepäck meist unbeaufsichtigt auf dem Garagendeck abgestellt werden. Zu Diebstählen kommt es dort kaum, doch sollte man keine Wertgegenstände im Gepäck lassen.

Souvenirs

Santorin ist eine der wenigen griechischen Inseln, auf der auch qualitätvolle Reisemitbringsel in großer Auswahl zu finden sind. Dafür sorgen vor allem zahlreiche Juweliere und Goldschmiede, Künstler und Kunsthandwerker, aber auch die Winzer und die wenigen verbliebenen Bauern.

Billigware ist freilich auch hier meist aus Fernost importiert, ohne entsprechend gekennzeichnet zu sein. Um Preise wie auf einem orientalischen Basar zu feilschen ist in Griechenland längst nicht mehr üblich. Aber natürlich kann man den Verkäufer fragen, ob er – vor allem beim Kauf mehrerer seiner Produkte – einen Nachlass gewährt. Vor allem Juweliere sind es gewohnt, dass nicht jeder genannte Preis akzeptiert wird.

Telefonieren

Für öffentliche Telefone benötigt man Telefonkarten, die an Kiosken, in Supermärkten und in den Büros der Telefongesellschaft COSMOTE erhältlich sind. Immer mehr Kartentelefone sind jedoch defekt und werden kaum noch instandgesetzt, da Griechen ohnehin lieber zum Handy greifen.

Wer die hohen Roaming-Gebühren seines heimischen Providers umgehen will, kann sich eine Call Card samt griechischer Handynummer kaufen. Personalausweis oder Reisepass müssen beim Kauf vorgelegt werden. Der Kaufpreis von 5 oder 10 € ist zugleich Kaufguthaben, die Karte also quasi kostenlos. Wer sie mindestens einmal jährlich (auch von zu Hause aus) aktiviert, behält die Nummer für ein weiteres Jahr. Anbieter sind z. B. COSMOTE, Vodafone und Wind, die in Firá eigene Shops betreiben.

Toiletten

In besseren Hotels entsprechen die Toiletten westeuropäischem Standard. Woanders sind sie zwar meist sauber, aber fast immer unvollständig: Die Sitzbrillen fehlen. Außerdem wirft man außerhalb einiger sehr guter Hotels das benutzte Toilettenpapier grundsätzlich in einen neben der Toilette stehenden Eimer, da die Abflussrohre sehr leicht verstopfen.

Toilettentüren sind entweder durch die Aufschrift »ANΔPΩN« (Männer) und »ΓYNAIKΩN« (Frauen) oder durch teilweise sehr originelle Piktogramme gekennzeichnet.

Zeitungen und Zeitschriften

Deutschsprachige Presse ist in Firá, Oía und den Badeorten im Sommerhalbjahr oft schon am Erscheinungstag erhältlich. Zudem bekommt man häufig die immer mittwochs in Athen erscheinende Griechenland Zeitung.

Zeitunterschied

In Griechenland ist es ganzjährig eine Stunde später als bei uns, Sommerzeit gilt zu gleichen Terminen. Wenn es bei uns 12 Uhr ist, ist es in Griechenland also 13 Uhr.

Tierschutz auf Santorin

Eine besonders harte Zeit durchleben die vielen Hunde und Katzen der Insel während des Winters: Tavernenwirte und Touristen, die sie im Sommer durchgefüttert haben, sind weg. Die Tierschützer der Insel versuchen, das Problem auf dreierlei Weise zu lösen. Zum einen werden mit staatlicher Unterstützung möglichst viele streunende Hunde und Katzen kastriert oder sterilisiert, zum anderen gibt es in jedem Ort Freiwillige, die im Winter täglich gefüllte Futternäpfe in den Dörfern aufstellen.

An einer dritten Lösung können auch Urlauber mitwirken: Der Tierschutzverein der Insel, der bei Karterádos auch ein provisorisches Tierheim betreibt, sucht stets Tierfreunde, die Hunde adoptieren oder zumindest eine Flugpatenschaft für sie übernehmen. Flugpaten nehmen die Tiere mit sich im Flugzeug in die Heimat und übergeben sie dann an Partner der SAWA, die neue Herrchen oder Frauchen für die Tiere gefunden hat (Kontakt: Tierschutzorganisation SAWA, Tel. 69 74 32 17 84, oder Tierarztpraxis in Messariá, Tel. 22 86 03 14 82. In Deutschland: Tierschutzverein Santorini e. V., www.tierschutzverein-santorini.de).

Panorama – Daten, Essays, Hintergründe

Nicht ausschließlich blau-weiß: Blumen und bunte Fassaden setzen farbige Akzente

Steckbrief Santorin

Daten und Fakten

Name: Santoríni oder Thíra, Théra für die Insel in der Antike
Einwohner Santorin: 15 550
Landeshauptstadt: Athen
Inselhauptstadt: Firá (1850 Einw.)
Höchster Berg: Profítis Ilías (567 m)
Bevölkerungsdichte: 163 Einw./km^2 (griechischer Durchschnitt 82 Einw./km^2, Deutschland 229 Einw./km^2).
Amtssprache: Neugriechisch
Währung: Euro
Zeitzone: MEZ + 1 Stunde ganzjährig
Vorwahl: 0030

Lage, Größe und Entfernungen

Santorin ist die südlichste Insel im Archipel der Kykladen, der insgesamt 27 ganzjährig bewohnte Inseln umfasst. Verwaltungssitz der Inselgruppe ist Síros, die größte Insel der Kykladen ist Náxos, das mit dem 1004 m hohen Zas auch den höchsten Berg des Archipels trägt. Santorin und seine Schwesterinsel Thirassía liegen zwischen dem 25. und 26. Grad östlicher Länge und dem 36. und 37. Grad nördlicher Breite, also etwa auf der Höhe von Alanya und Tunis. Die Entfernung nach Kreta beträgt ca. 110 km, die nach Athen etwa 200 km.

Die Gesamtfläche der Kykladen beträgt 2572 km^2. Die 16,7 km lange, bis zu 6 km breite Insel Santorin ist mit 74,4 km^2 vermessen. Thirassía bringt es bei einer Länge von 5,7 km und einer maximalen Breite von 2,7 km auf 9,4 km^2 Fläche. Die unbewohnten Kaméni-Inseln in der Caldera nehmen 5 km^2 ein, das ebenfalls unbewohnte und gänzlich unzugängliche Aspronίssi 0,13 km^2. Santorins Küstenlänge beträgt 69,5 km. Die Caldera ist 11 km lang, 7 km breit und 83 km^2 groß.

Geografie und Natur

Santorin besteht aus zwei bewohnten und drei unbewohnten Inseln. Die Hauptinsel Santorin, ihre kleinere Schwester Thirassía und das winzige, unbewohnte Aspronίssi bilden einen Ring um die Caldera, die beim Vulkanausbruch 1645 v. Chr. entstand und von der Ägäis ausgefüllt ist. In der Caldera sind später die unbewohnten Lavainseln Néa und Paléa Kaméni entstanden.

Die Wände der Caldera ragen bis auf über 300 m Höhe fast senkrecht aus dem Riesenkrater auf. Auf dem Kraterrand stehen weiße Dörfer. Zur offenen Ägäis hin fällt die Insel sanfter ab und macht Landwirtschaft möglich. Zahlreiche Erosionstäler zerklüften diese Hänge, wurden früher zur Anlage von Dörfern in Höhlenhäusern genutzt. Landwirtschaft ist auf dem vulkanischen Boden der Insel nur bedingt möglich. Wälder fehlen ebenso wie ganzjährig Wasser führende Bäche.

Geschichte und Kultur

Neben Kreta war Santorin in der 1. Hälfte des 2. Jt. v. Chr. Standort der ersten europäischen Hochkultur, der Minoischen Kultur. Nach der Vulkankastastrophe war die Insel lange unbewohnt, in der Antike spielte sie nur eine bescheidene Nebenrolle.

Noch heute sichtbare architektonische Einflüsse übte erst wieder die Herrschaft venezianischer Adliger vom 13.–16. Jh. aus. Als Griechenland sich 1830 von osmanischer Herrschaft befreite, wurden auch Santorin und die Kykladen Teil des neugriechischen Staates. Einschneidendes Ereignis war ein Erdbeben 1956, das zahllose Häuser zerstörte und zu einer enormen Auswanderungswelle führte. Erst der in den 1970er-Jahren einsetzende Massentourismus führte Santorin zu neuer Blüte.

Staat und Verwaltung

Griechenland ist eine parlamentarische Demokratie. Staatsoberhaupt ist ein alle fünf Jahre vom Parlament gewählter Präsident. Das 300-sitzige Parlament wird mindestens alle vier Jahre vom Volk gewählt. Bei Redaktionsschluss war eine Koalitionsregierung im Amt, die von der linkspopulistischen SYRIZA (35,5 %) und der rechtspopulistischen ANEL (3,7 %) seit Januar 2015 gebildet wird. Stärkste Oppositionskraft ist die konservative Néa Demokratía (28 %). Im Parlament vertreten sind außerdem Kleinparteien wie die neofaschistische Chryssí Avgí (XA), die sozialdemokratische PASOK, die kommunistische KKE und die linksliberale Partei Potami.

Verwaltungsmäßig bilden Santorin und Thirassiá zusammen einen Landkreis (Dímos) in der Regionaleinheit Thíra, die auch Anáfi, Íos, Folégandros und Síkinos umfasst.

Wirtschaft und Tourismus

Santorin lebt heute fast ausschließlich vom Tourismus und in geringeren Maßen vom Weinanbau. Der Abbau der Pozzuolan-Erde, Hauptexportprodukt der Insel bis in die Nachkriegszeit hinein, wurde vollständig eingestellt. Nur von lokaler Bedeutung sind der Anbau von Tomaten, weißen Auberginen, runden Zucchini, Pistazien und der Platterbsenart *fáva*.

Bevölkerung und Religion

Griechenland hat ca. 11 Mio. Einwohner, weitere 3 Mio. wahlberechtigte Griechen leben im Ausland. Ethnische Minderheiten sind offiziell nicht erfasst. 97 % aller Hellenen sind griechisch-orthodox getauft.

Bevölkerungsreichste Insel der Kykladen ist Síros mit etwa 21 500 Bewohnern. Den größten Bevölkerungszuwachs haben in den letzten beiden Jahrzehnten Mýkonos und Santorin erzielt. Die stärkste ausländische, auf Santorin erwerbstätige Bevölkerungsgruppe stellen Albaner, gefolgt von Polen.

Geschichte im Überblick

Prähistorische Zeit (ca. 3200–900 v. Chr.)

Um 5000 v. Chr. Die Kykladen werden erstmals besiedelt. Die ältesten Funde stammen von der kleinen Insel Sáliagos zwischen Páros und Antíparos sowie aus der Zeus-Höhle auf Náxos.

3200–2000 v. Chr. Auf den Inseln entwickelt sich die sogenannte **Kykladenkultur.** Ihre Zentren bilden vor allem das besonders fruchtbare Náxos und Mílos mit seinen reichen Obsidianvorkommen. Auch auf Santorin landen um 3000 v. Chr. die ersten Vertreter der Kykladenkultur. Siedlungen wurden an der Südküste des heutigen Thirassía und im Gebiet von Akrotíri nachgewiesen. Die Kunst wird durch Keramik- und Marmorgefäße, vor allem aber durch die Kykladenidole repräsentiert: Statuetten aus zumeist weißem Marmor, 10–150 cm hoch, die mit Bronzesägen aus Marmorblöcken herausgeschnitten und dann mit auf Náxos vorkommendem Schmirgel poliert wurden.

2000–1450 v. Chr. Auf Kreta entfaltet sich die erste Hochkultur auf europäischem Boden die **Minoische Kultur.** Die Minoer, deren Herkunft unbekannt ist, pflegen weitreichende Handelsbeziehungen bis nach Ägypten und in den Vorderen Orient. Sie gründen auch auf den Kykladen Handelsniederlassungen.
Eng damit verwandt ist die sich etwa zeitgleich entwickelnde **Theräische Kultur** auf Santorin, von der vor allem die Ausgrabungen von Akrotíri zeugen. Die Insel stand offenbar in engem Kontakt zu Kreta, seine Bevölkerung hatte wahrscheinlich die gleichen Wurzeln. Es scheint aber erhebliche Unterschiede in der Gesellschaftsstruktur gegeben zu haben (s. S. 59).

1645 v. Chr. Kurz vor dem katastrophalen **Ausbruch des Thera-Vulkans** verlassen Santorins Bewohner fluchtartig die Insel. Ihre Siedlungen werden von einer bis zu 60 m dicken Asche- und Bimsstein-Schicht begraben, der Kraterrand rund um die Caldera zerbricht in drei Teile (die heutigen Inseln Santorin, Thirassía und Asproníssi). Während die Minoische Kultur auf Kreta anschließend eine zweite Blütezeit erlebt, bleibt Santorin für mehrere Jahrhunderte unbesiedelt.

1500–1200 v. Chr. Auf dem Peloponnes entstehen mächtige Stadtstaaten wie Mykene und Tiryns, in denen sich mit der **Mykenischen Kultur** erstmals eine Hochkultur auf europäischem Festlandsboden entfaltet. Sie strahlt auch in die Ägäis aus und löst auf Kreta die Minoische Kultur ab.
Nach dem **Krieg um Troja** erlischt die Mykenische Kultur aus unbekannten Gründen, die Paläste gehen in Flammen auf. Andere griechische Stämme, allen voran die Dorer, wandern aus dem Norden nach Mittel- und Südgriechenland ein.

Schöne Zeugnisse archaischer Kunst sind im Archäologischen Museum der Inselhauptstadt Firá zu bewundern

Antike (ca. 900 v. Chr.–330 n. Chr.)

9./8. Jh. v. Chr.

Erst nach über zwei Jahrhunderten, der sogenannten **›Dunklen Zeit‹** (Dark Age), bilden sich erneut archäologisch erkennbare organisatorische Formen heraus, entstehen wieder neue Stadtstaaten in Hellas. Auf Santorin gründen dorische Einwanderer, die wohl vom Peloponnes her kamen, sechs kleine Siedlungen und eine Stadt, die sie Thera nennen. Kunsthistorisch bezeichnet man die Zeit zwischen etwa 1000 und 700 v. Chr. als **Geometrische Zeit.** In der Keramik herrschen geometrische Motive wie Dreiecke, Rauten, Kreise und Mäander als Dekor vor. Hinzu treten fast strichartige Zeichnungen von Menschen und Tieren, die auf ihre wesentlichen Merkmale reduziert sind. In der spätgeometrischen Zeit ab etwa 750 v. Chr. entwickeln sich die Anfänge des griechischen Tempels.

700–490 v. Chr.

In der **Archaischen Zeit** haben sich die Inseln zu gut organisierten Stadtstaaten entwickelt, die miteinander Handel treiben, aber auch gegeneinander Kriege führen. Viele von ihnen gründen angesichts von Überbevölkerung und gesellschaftlichen Spannungen Kolonien im gesamten Mittel- und Schwarzmeerraum. Thera beteiligt sich an der Kolonisation um 630 mit der Gründung von Kyrene, dem späteren römischen Cyreneika, im heutigen Libyen. In der Kunst werden die Grundlagen der griechischen Klassik gelegt.

490–338 v. Chr. In den **Perserkriegen** verteidigt vor allem Athen in den Schlachten von Marathon, Plataia und Salamis die Freiheit Griechenlands. Die meisten Inseln müssen auf Seiten der Perser am Kampf teilnehmen. Am Ende erlangt Athen die Oberhoheit über die Ägäis und zwingt die meisten Inseln in den von Athen kontrollierten Attisch-Delischen Seebund. Die Kunstentwicklung erklimmt in der **Klassik** ihren Zenith.

338 v. Chr. Der makedonische König Philipp II. besiegt in der Schlacht von Chaironeia auf dem griechischen Festland die Athener und den Hellenischen Bund. Die griechische Welt aus selbstständigen Stadt- und Inselstaaten wird damit de facto ein Teil des nordgriechischen Makedonischen Königreichs.

323 v. Chr. Philipps Sohn **Alexander (der Große)**, der Kleinasien, das Perserreich, Ägypten und weite Teile des Vorderen Orients erobert hat, stirbt. Er hinterlässt ein Riesenreich, das seine Generäle nach zahlreichen Kriegen unter sich aufteilen.
Santorin wird Bestandteil des von Ägypten aus regierten Ptolemäischen Reichs, das auf der Insel eine Flottenbasis einrichtet. Verwaltungszentrum bleibt die Stadt Thera. Kunst und Kultur jener Zeit wird als **Hellenismus** bezeichnet.

197 v. Chr. In der Caldera entsteht erstmals eine kleine Lavainsel, die zum Ursprung des heutigen Paléa Kaméni wird.

166 v. Chr.–330 n. Chr. Griechenland und seine Inseln gehören für knapp 500 Jahre zum **Römischen Reich.**

Spätantike und Mittelalter (330–1453)

ab 330 Die Hauptstadt des Römischen Imperiums wird an den Bosporus verlegt. Dort entsteht an der Stelle des älteren Byzantion, das Siedler aus Megará bei Athen im 6. Jh. v. Chr. gründeten, die neue Stadt Konstantinopel (heute Istanbul). In der Völkerwanderungszeit kommt es zur Reichsteilung, wobei das ganze heutige Griechenland einschließlich der Kykladen an Ostrom fällt, aus dem sich im 6. Jh. das **Byzantinische Reich** entwickelt. Während das Weströmische Reich im 5. Jh. untergeht, betrachtet sich das Oströmische Reich als dessen einzig legitimen Nachfolger. Seine Staatsbürger bezeichnen sich noch 1000 Jahre lang als Rhomäer, also als Römer.

1204–1537 Die **Venezianer** erobern zusammen mit den römisch-katholischen Rittern des vierten Kreuzzugs das orthodoxe Konstantinopel. Venezianer und Genuesen sowie französische Adelsgeschlechter teilen ganz Griechenland unter sich auf und gründen anschließend verschiedene

Fürstentümer. Der venezianische Doge Enrico Dandolo überlässt die Kykladen seinem Neffen Marco Sanudo als Herzogtum. Thera geht als Lehen an seinen Gefolgsmann Giacomo Barozzi. Die Insel erhält den Namen ihrer neuen Schutzheiligen, der hl. Irene, und wird fortan Santorini genannt. In der Folgezeit lösen sich verschiedene italienische Adelsgeschlechter in der Herrschaft über die Insel ab.

Neuzeit (seit 1453)

1453 Die Türken erobern Konstantinopel, das Byzantinische Reich geht unter. Große Teile Griechenlands werden dem Osmanischen Reich einverleibt.

1540 Nach Eroberung der Kykladen durch osmanische Truppen wird auch Santorin der Hohen Pforte untertan.

1649/50 Unterseeischer Vulkanausbruch in der offenen Ägäis vor dem Kap Koloúmbos.

1707–1711 Im Verlaufe einer Reihe von Eruptionen entsteht die heutige Lavainsel Néa Kaméni.

1821–1830 Griechische Freischärler erheben sich gegen die osmanische Herrschaft und erkämpfen für die Kykladen, die Nördlichen Sporaden, den Peleponnes und Attika sowie kleine Teile Mittelgriechenlands die Unabhängigkeit. Zum ersten König des neugriechischen Staates bestimmen die europäischen Großmächte den Wittelsbacher Otto I., einen Sohn des Bayernkönigs Ludwig I. Er wird 1862 gestürzt und durch den von den Briten vorgeschlagenen König Georg I. aus Dänemark ersetzt.

1866–1870 Durch neue vulkanische Aktivitäten nimmt Néa Kaméni in etwa seine heutige Form an.

1898–1912 In mehreren Kriegen gegen das schwächelnde Osmanische Reich und gegen Bulgarien erweitert Griechenland sein Staatsgebiet bis zu den heutigen Grenzen (mit Ausnahme von Rhodos und den anderen Inseln des Dodekanes, die erst 1947 griechisch werden).

1941–1944 Deutsche, italienische und bulgarische Truppen besetzen Griechenland. 1941 kommen zunächst die Italiener nach Santorin. Nach dem Sturz Mussolinis 1943 übernimmt die großdeutsche Wehrmacht das Kommando. Deutsche Soldaten bleiben bis zum 18. Oktober 1944 auf der Insel. Während der deutschen Besatzungszeit werden 13 männliche Santoriner Zivilisten wegen angeblichen Widerstands von den Deutschen hingerichtet.

1944–45 und 1946–49 Griechischer Bürgerkrieg zwischen den von Amerikanern und Briten unterstützten königstreuen Truppen und kommunistischen Freiheitskämpfern. Er fordert mehr Opfer als die Kämpfe des Zweiten Weltkriegs. Das kleine Santorin bleibt davon unberührt.

1950 Vorerst letzte Eruptionen auf Néa Kaméni im Zentrum der Caldera.

1956 Am 7. Juli zerstört ein schweres Erdbeben auf Santorin und Thirasía mehr als 3000 Häuser und Höhlenwohnungen. Über 50 Menschen sterben, fast alle Überlebenden sind obdachlos. Eine große Auswanderungswelle setzt ein.

1967–74 Militärdiktatur in Griechenland. Tausende Linke werden auf KZ-Inseln inhaftiert, viele fliehen nach Westeuropa. Nach dem Sturz der Junta über den Zypernkrieg wird die Monarchie durch Volksabstimmung abgeschafft und die Republik ausgerufen. Erstmals entsteht in Griechenland eine stabile Demokratie westlicher Prägung.

1972 Der bisher dem Militär vorbehaltene Flughafen von Santorin darf erstmals auch zivil genutzt werden.

1981 Griechenland wird Vollmitglied in der Europäischen Gemeinschaft (EG). Die sozialdemokratische PASOK unter Andréas Papandréou übernimmt die Regierung von der konservativen Néa Dimokratía (ND) und leitet gesellschaftliche Reformen ein. Nach 1990 wechseln sich die beiden großen Parteien mehrfach in der Regierung ab, ohne dass große Unterschiede im politischen Handeln erkennbar werden. Korruption und Vetternwirtschaft sind weit verbreitet.

2001 Dank gefälschter Wirtschaftsstatistiken tritt Griechenland zum 1. Januar der Europäischen Währungsunion (EWU) bei. Am 1. März 2002 löst der Euro die Drachme als Landeswährung ab.

2004 Griechenland wird Europameister im Männerfußball. Athen ist Austragungsort Olympischer Sommerspiele.

2009 Geórgios Papandréou von der PASOK, ein Sohn des früheren Premiers Andréas Papandréou, löst Kóstas Karamanlís, einen Neffen von Andréas Papandreous Amtsvorgänger Konstantínos Karamanlís, als Ministerpräsident ab.

2010 Internationales Spekulantentum und 35-jährige Misswirtschaft bescheren dem Land die größte Wirtschafts- und Finanzkrise seit Kriegsende. Griechenland steht vor dem Staatsbankrott und kann nur durch

Im Frühjahr 2007 havariert das zyprische Kreuzfahrtschiff ›Sea Diamond‹ in der Caldera und versinkt

den finanziellen Beistand von EU und IWF, der jedoch v. a. den Gläubigerbanken zugute kommt, gerettet werden. Gleichzeitig werden der Bevölkerung strikte Sparmaßnahmen auferlegt: Renten- und Gehaltskürzungen, Steuererhöhungen, Anhebung des Renteneintrittsalters.

2011 Die beiden bisherigen Inselgemeinden Firá und Oía, zu der bisher auch Thirassía gehörte, werden zu einer Gemeinde verschmolzen.

2012 Die Finanzlage bleibt dramatisch, eine Große Koalition aus PASOK und ND setzt die von der EU und den internationalen Geldgebern erzwungene Sparpolitik um. Die Arbeitslosigkeit steigt auf über 25 %, die Jugendarbeitslosigkeit sogar auf 50 %. Tausende Staatsbedienstete werden entlassen. Bis 2015 sinkt die Wirtschaftsleistung (BIP) um 35 %, die Staatsverschuldung steigt auf 175 % des BIP.

2015 Neuwahlen bringen eine Koalition aus dem Linksbündnis SYRIZA unter Alexis Tsipras und der rechtspopulistischen ANEL an die Regierung. Eine Volksabstimmung lehnt mit 61 % die Sparpolitik ab, wird aber von der Regierung Tsipras ignoriert.

2016 Die Mehrwertsteuererhöhung um 11 % trifft auch die Touristik-Inseln und führt zu Preissteigerungen. Griechenland profitiert jedoch durch die sich verschärfende Türkei-Krise von wachsenden Besucherzahlen. Dennoch erlebt das Land eine gigantische Pleitewelle. Die Zustimmung für Tsipras fällt nach Umfragen von 35 auf 17 %.

Aus Feuer geboren – die Geologie Santorins

Santorin und Thirassía sind seit einem gewaltigen Vulkanausbruch vor etwa 3600 Jahren mit einer bis zu 60 m dicken Bimssteinschicht bedeckt, auf der sich bis heute kaum Muttererde bilden kann. Darunter liegen unzählige verschiedene Lava- und Ascheschichten – Zeugnis einer 650 000 Jahre anhaltenden vulkanischen Aktivität. Die Steilwände der Caldera, die Küstenformationen zur offenen Ägäis hin und die Hänge der Erosionstäler gewähren dem Auge des Besuchers Einblick in dieses feurige Kapitel Erdgeschichte.

Die Kykladeninsel Santorin ist Teil eines vulkanischen Bogens, der sich von Méthana auf dem Peloponnes über die Insel Mílos bis nach Níssiros und Kos vor der kleinasiatischen Küste zieht. Entlang dieses Bogens stoßen zwei Platten der Erdkruste aneinander, schiebt sich die Nordafrikanische Platte alljährlich 5 bis 6 cm weiter unter die Ägäische Platte. Dadurch kommt es im gesamten Umfeld immer wieder zu Erdbeben. Außerdem sucht sich in größeren Abständen das bei diesem Prozess durch hohen Druck und hohe Temperaturen aufgeschmolzene Material der Erdplatten durch Spalten und Bruchzonen einen Weg nach oben – Vulkane brechen aus. Jeder Ausbruch verläuft anders, bringt andere Laven und Aschen ans Licht. Das schenkte Santorin seine faszinierende Vielfalt an Farben und Strukturen.

Santorins älteste Teile

Einige wenige Teile der Insel wurden schon lange vor dem Einsetzen aller vulkanischen Aktivitäten in dieser Region aus dem Meer gehoben. Sie bil-

deten sich als Kalke und Phyllitschiefer vor etwa 200 bis 40 Mio. Jahren auf dem Boden des früh-erdgeschichtlichen Thetys-Meeres, von dem das heutige Mittelmeer als kleiner Rest zeugt. Aus Kalken bestehen der höchste Berg Santorins, der 567 m hohe Profítis Ilías im Süden der Insel, der von Windmühlenstümpfen bestandene Gavrílos bei Emborío (161 m) sowie der kleine Fels Monólithos (45 m) im Nordosten des Flughafens. Phyllitschiefer tritt an den Hängen hinter dem Hafen Athiniós bis zum südlich davon gelegenen Kap Pláka zutage.

Ständige Veränderungen

Vor etwa 650 000 Jahren setzten dann die ersten Vulkanausbrüche – zunächst noch auf dem Meeresboden – ein. Zwischen dem heutigen Dorf Akrotíri und dem gleichnamigen Kap bildete sich eine erste Insel aus grauen Laven sowie grünlich-weißen Aschen, Bimssteinen und Schlacken (S. 56, Abb. 1). Dieses Inselchen wuchs in den nächsten 100 000 Jahren mit dem alten Profítis-Ilías-Massiv zusammen. Etwa gleichzeitig baute sich östlich des heutigen Ortes Oía ein Schichtvulkan vom

Der vulkanische Ursprung der Insel lässt sich auch in den felsigen Buchten erkennen

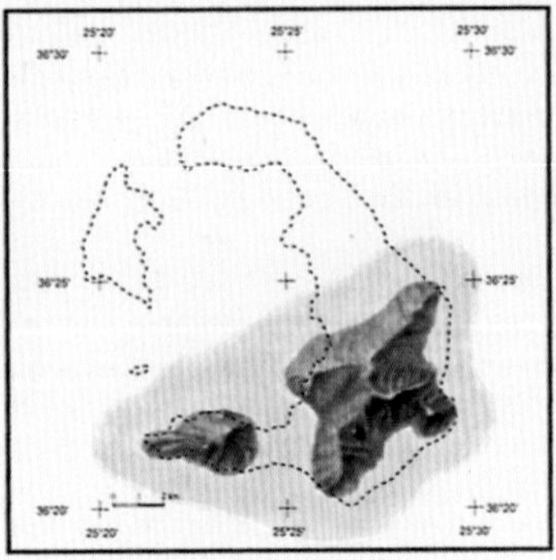
25°20'
25°25'
25°30'
36°30'
36°25'
36°20'
0 1 2 km

1

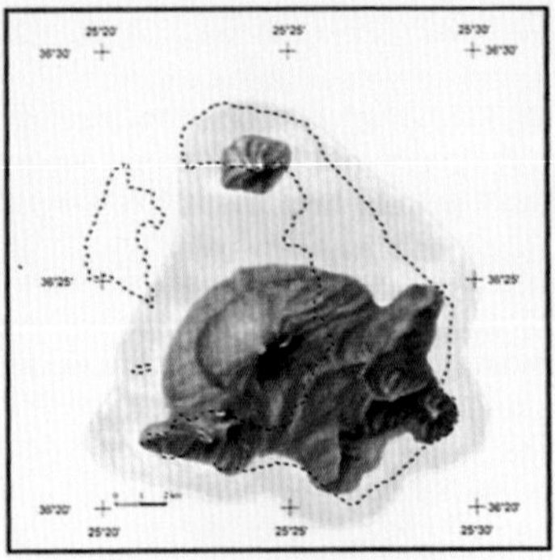
25°20'
25°25'
25°30'
36°30'
36°25'
36°20'
0 1 2 km

2

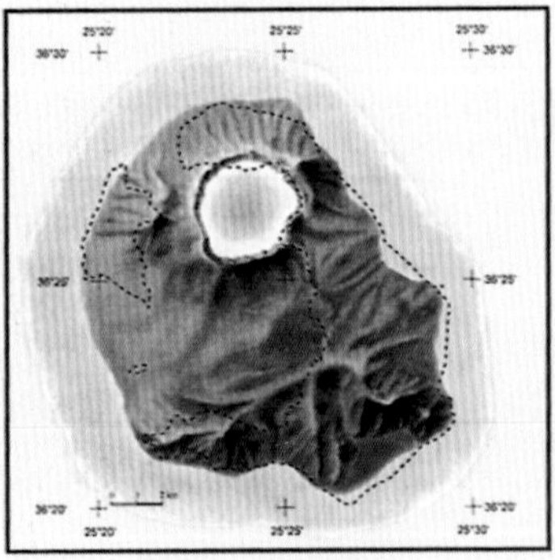
25°20'
25°25'
25°30'
36°30'
36°25'
36°20'
0 1 2 km

3

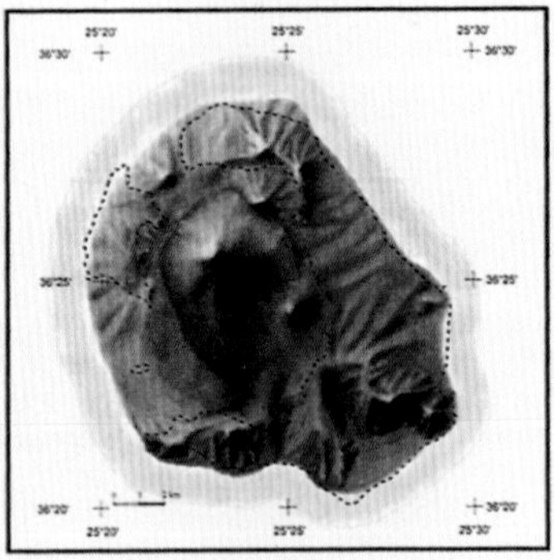
25°20'
25°25'
25°30'
36°30'
36°25'
36°20'
0 1 2 km

4

5

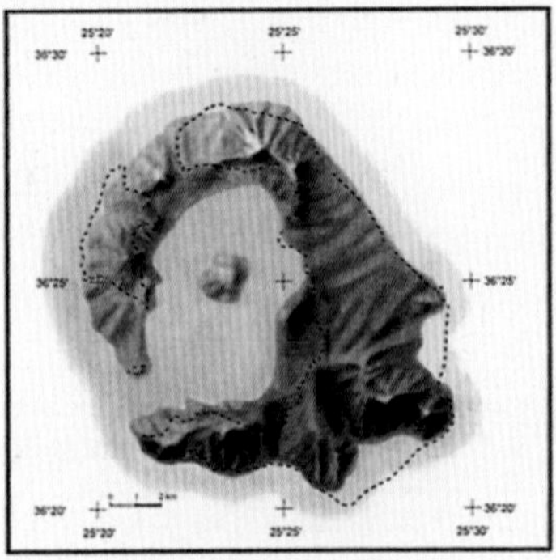
25°20'
25°25'
25°30'
36°30'
36°25'
36°20'
0 1 2 km

6

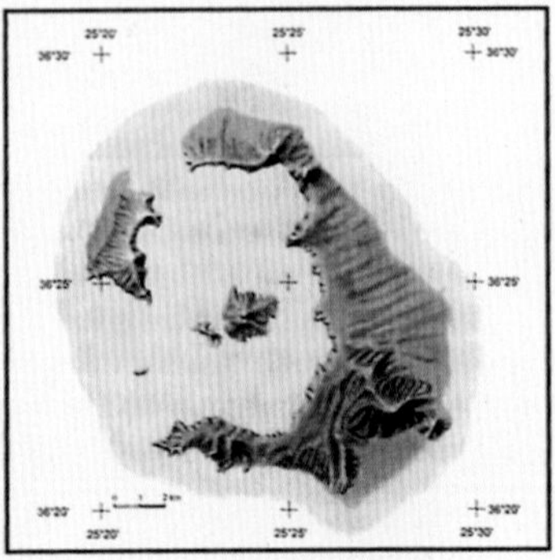
25°20'
25°25'
25°30'
36°30'
36°25'
36°20'
0 1 2 km

Typus des Vesuv auf. Der Mikró Profítis Ilías und der Megálo Vounó, die man auf einer Kraterrandwanderung zwischen Imerovígli und Firá (siehe Entdeckungstour S. 124) passieren kann, sind Reste davon (Abb. 2).

In vielen weiteren Eruptionsphasen änderte Santorin immer wieder sein Gesicht. Schließlich entstand eine nahezu runde Insel, deren äußerer Rand fast mit den heutigen offenen Küsten von Santorin und Thirassía und deren gedachten Verlängerungen identisch war. Erst wurden graue Laven ausgestoßen, dann sechs bis zu 40 m starke Bimssteinschichten. Danach flossen wieder neue graue Laven, stellenweise auch rosafarbener Ignimbrit. Auf den Laven lagerten sich wiederum neue Aschen- und Schlackenschichten in den verschiedensten Grau- und Anthrazittönen ab, schließlich wieder eine 2–3 m dicke Bimssteinschicht. Schließlich entstand im Norden der runden Insel eine erste Caldera (Abb. 3).

In einer neuerlichen heftigen Eruptionsphase vor etwa 67 000 bis 21 000 Jahren baute sich dann im Zentrum der Insel ein Vulkankegel unbekannter Höhe auf (Abb. 4). Doch die entleerten Magmakammern im Erdinnern brachen ein, eine neue Caldera entstand. Sie besaß wohl schon eine Verbindung zur offenen See und war mit Wasser gefüllt. In ihrer Mitte lag eine Insel (Abb. 5).

Diese Caldera bot den Menschen, die sich vor etwa 5000 Jahren auf Santorin ansiedelten, einen hervorragend geschützten Hafen. Landwirtschaft muss damals nach einer über 15 000-jährigen Ruhephase des Vulkans möglich gewesen sein. Ihre Hauptsiedlung erbauten die ersten ›Theräer‹ an der offenen Ägäis ganz in der Nähe des heutigen Dorfs Akrotíri. Im frühen 2. Jt. v. Chr. wuchs sie zu einer blühenden Stadt heran, die enge Kontakte zum minoischen Kreta pflegte, der ersten Hochkultur auf europäischem Boden (s. S. 59). Von dort wurden nicht nur Kunstwerke, Kult- und Gebrauchsgegenstände importiert, sondern wohl vor allem auch Holz, das auf dem damals schon baumarmen Santorin dringend für den Bau von Schiffen benötigt wurde.

Santorins Entwicklungsphasen – hier im Bild nach den Forschungen der Geologin Nicoletta Adams

Die große Katastrophe

Um 1645 v. Chr. wurde dieses alt-theräische Akrotíri bei einem der heftigsten Vulkanausbrüche aller Zeiten unter einer bis zu 60 m dicken Bimssteinschicht begraben. In historischer Zeit erreichten nur die Ausbrüche der indonesischen Vulkane Krakatau (1883) und Tambora (1815) ungefähr gleiche Ausmaße.

In den 1967 begonnenen Ausgrabungen von Akrotíri fanden die Archäologen bisher keinerlei Spuren von Todesopfern wie etwa in den römischen Städten Pompeji und Herculaneum am Vesuv. Auch Schmuck und metallene Objekte konnten kaum geborgen werden. Offenbar waren die Bewohner rechtzeitig von der Insel geflüchtet und hatten alles ihnen Wertvolle mitgenommen.

Heftige Erdbeben, die Treppen brechen und Hausmauern einstürzen ließen, waren ernsthafte Vorzeichen für die nahende Katastrophe. Ihnen folgte der Auswurf feinsten Bimssteinstaubes, der diese Ruinen in Akrotíri bis zu 3 cm dick überzog. Spätestens jetzt verließen die letzten Menschen ihre prächtige Stadt.

Doch dann kam der Vulkan erst einmal wieder zur Ruhe. Die Menschen kehrten zumindest teilweise zurück und begannen mit Aufräumungsarbeiten. Wie lange ihnen dafür Zeit blieb, ist nicht genau zu sagen. Vielleicht waren es nur 12 Monate, maximal vielleicht fünf Jahre. Dann kündigte sich ein neuer Ausbruch an. Die Menschen flohen wieder – diesmal endgültig.

In der ersten Phase stieg aus dem Schlot der Insel in der Caldera eine bis zu 38 km hohe Säule aus Bimssteinauswurf mit einer Geschwindigkeit von 380–520 m/Sekunde auf. Der Bims fiel ins Meer und wurde von ihm bis an die Küsten des heutigen Athen, Istanbul, Antalya sowie bis nach Zypern und Israel getragen. Luftströmungen trugen Bimsstaub in großer Höhe sicher bis nach Grönland und vielleicht sogar bis nach China. Auf Santorin erreicht die Bimssteinschicht aus der ersten Phase, die auch als ›Rosa Bimsschicht‹ bezeichnet wird, bei Firá bis zu 7 m Stärke, bei Oía bis zu 50 cm und in Akrotíri bis zu 20 cm. Insgesamt wurden in dieser Phase schätzungsweise 1,4 km^3 Bimsstein an die Erdoberfläche befördert.

In einer zweiten Phase öffneten sich dann unterseeische Schlote in der Caldera. Sie stießen explosionsartig Dampf und Tuff aus, die an den Caldera-Wänden aufstiegen und sich dicht über dem Boden ausbreiteten. So blieben die Höhenlagen des Profítis Ilías völlig von ihnen verschont. Die oft wellenförmigen Bimsablagerungen dieser Phase erreichen nur Stärken bis zu 20 cm.

In der dritten Phase stürzten dann die Kraterwände der Insel in der Caldera ein. Lavabrocken und nicht-vulkanisches Gestein aus dem Untergrund wurden zusammen mit Bims von einem Gasgemisch über das Wasser, die Caldera-Wand hinauf und die Inselhänge wieder hinunter befördert. Als Einlagerungen in der Bimsschicht sind sie an vielen Stellen auf Santorin noch deutlich zu erkennen. Durch die Entleerung der Magmakammern und deren Einsturz erweiterte sich die Caldera und nahm ihre heutige Form an. Der Inselring um die Caldera zerbrach in drei Teile: Santorin, Thirassía und das kleine, unbewohnte Eiland Aspronníssi (S. 56, Abb. 6).

Was seitdem geschah

Fast 1500 Jahre lang gab der Vulkan danach Ruhe. Fast das gesamte erste vorchristliche Jahrtausend über, also in der Zeit von der Gründung Alt-Theras auf dem Felsrücken zwischen dem heutigen Kamári und Períssa bis kurz vor der Machtübernahme durch die Römer, verschonte der Vulkan die Inselbewohner. Erst seit 197 v. Chr. sind in der Caldera mehrfach neue Inselchen entstanden, von denen Néa und Paléa Kaméni bis heute Bestand haben. Sie kann man bei einer Caldera-Kreuzfahrt kennenlernen (siehe Entdeckungstour S. 258). Zurzeit haben die Vulkanologen ein besonderes Interesse am Koloúmbos-Vulkan (s. S. 166) außerhalb der Caldera, der sich verstärkt bemerkbar macht. Wird er als nächstes ausbrechen?

Damit Wissenschaftler rechtzeitig davor warnen können, hat man unterschiedliche Messstationen eingerichtet. Gravimetrische und geomagnetische Messungen geben wie am Vesuv und am Ätna Aufschluss über Veränderungen im Schwerefeld. Außerdem finden seismische Messungen statt, die helfen sollen, Erdbeben vorauszusagen.

Europas erste Hochkultur – die minoische Welt

Farbenfrohe Fresken schmückten in Akrotíri die Innenwände der Häuser

Auf Santorins großer Nachbarinsel Kreta entwickelte sich mit der Minoischen Kultur vor etwa 4000 Jahren die erste Hochkultur auf europäischem Boden. Archäologen legen dort seit 1900 riesige Palaststädte wie die von Knossós, Festós und Mália frei. Ihre Bauten waren bis zu sieben Stockwerke hoch, besaßen Frischwasserzufuhr und Kanalisation. Die Menschen jener Zeit, heute Minoer genannt, schufen einzigartige Kunstwerke. Ihr Staat beherrschte 500 Jahre lang den Handel im östlichen Mittelmeerraum.

1967 entdeckten griechische Archäologen bei Akrotíri auf Santorin unter dicken Bimsstein- und Ascheschichten eine Siedlung aus jener Zeit, die viele Parallelen zu Kreta aufweist, aber auch durchaus eigene Züge trägt. Bei seiner großen Eruption um 1645 v. Chr. breitete der Vulkan von Santorin über sie sein Leichentuch aus. Unter diesem kam eine prähistorische Großstadt ans Licht, die seit 3600 Jahren kein Mensch und keine Naturkatastrophe mehr verändert hat. Im Gegensatz zu vielen anderen archäologischen Stätten Griechenlands wurde sie nie von späteren Siedlungen überbaut. Hier sieht der Betrachter eine Momentaufnahme vom Tag des Untergangs der einzigartigen alt-theräischen Kultur.

Die Rolle Kretas

Menschen siedelten in Akrotíri seit etwa 3000 v. Chr. Sie wohnten in steinernen Häusern, besaßen erste Kenntnisse der Kupferverarbeitung, produzierten Keramik und schufen bis zu 1,5 m hohe, sehr abstrakt gestaltete Statuen aus Marmor, die man heute Kykladenidole nennt. In Akrotíri wurden einige davon gefunden. Zur gleichen Zeit war Kreta offenbar von einem anderen Volk bewohnt, den Minoern. Ihre Kultur entwickelte sich um 2000 v. Chr. zur ersten Hochkultur auf europäischem Boden mit eigener Schrift und einem hohen Grad an bürokratischer Organisation.

Die Bewohner Santorins, das Kreta von allen Kykladeninseln am nächsten liegt, scheinen einen besonders intensiven Kontakt mit den Minoern gepflegt zu haben. Sie übernahmen viele Anregungen aus deren Welt wie die kretische Schrift, die Kunst der Freskenmalerei und Architekturformen. Auch in der Religion werden deutliche Einflüsse bemerkbar. So sind auch hier steinerne Stierhörner dominante Kultsymbole, andererseits aber fehlen die für Kreta so typischen Darstellungen von zweischneidigen Doppeläxten außer auf einigen, wohl importierten Keramikgefäßen. Schlangen scheinen auf Santorin anders als auf Kreta keine große Rolle in Kultriten gespielt zu haben. Die Bewohner von Akrotíri waren also sicherlich keine kretischen Siedler, sondern ein eigenständiges Volk, das viele Elemente der höherstehenden und wohl auch technisch weiterentwickelten minoischen Kultur übernahm.

Lektüretipps

C. Doumas, M. Marthari, C. Televantou: Museum of Prehistoric Thera. Brief Guide. Athen (Ministry of Culture) 2009. Gut illustrierter Museumskatalog mit relativ kurzen Texten.

Nanno Marinatos: Kunst und Religion im alten Thera. Zur Rekonstruktion einer bronzezeitlichen Gesellschaft. Athen (I. Mathioulakis) 1998. Sehr gute und fundierte Beschreibung der Fresken von Akrotíri mit vielen Abbildungen. Hier wird der Versuch unternommen, aus Fresken und Grabungsfunden Erkenntnisse über die Glaubenswelt und die Gesellschaft Santorins vor 3700 Jahren abzuleiten.

Leben in Akrotíri

Anders als in den minoischen Zentren auf Kreta gab es auf Santorin keine Stadt mit einem palastähnlichen Kult- und Verwaltungszentrum. Die Stadtstruktur trägt vielmehr deutliche Züge einer Handels- und Hafenstadt mit äußerlich fast bürgerlichen Merkmalen. Aus den bisher freigelegten unterschiedlichen Haustypen schließen die Archäologen zwar auf eine differenzierte Gesellschaft, in der es verschiedene Privilegien für bestimme Gruppen gab, aber sie schließen eine monarchische Regierungsform wie die der Pharaonen in Ägypten eindeutig aus. Dass es sehr wohl aber soziale Unterschiede gab, leiten die Archäologen aus den Unterschieden in Kleidung und Frisuren in den Menschendarstellungen auf den entdeckten Fresken ab.

Die Häuser in Akrotíri waren bis zu drei Etagen hoch. Sämtliches Baumaterial stammte von der Insel selbst. Für das Mauerwerk wurden insbesondere rote vulkanische Gesteine und bei einigen besonders bedeutenden Häusern auch weiße, regelmäßig behauene und horizontal aneinandergereihte

Tuffblöcke verwendet. Für einfachere Bauten war eine Art Fachwerk mit eingefügten Ästen üblich. Tür- und Fensterrahmen waren aus Holz, das die Archäologen in den Rekonstruktionen von Akrotíri durch holzfarben gestrichenen Beton ersetzten.

Die Zwischendecken lagerten auf Balken, über die eine Mischung aus Erde und Matten aus dem bambusähnlichen Spanisch-Rohr gelegt waren. Darauf kamen etwa 4 cm dicke Platten aus grauer Lava. Manche Böden waren besonders schön mit Muscheln oder Steinchen in Mosaikform besetzt. Die Innenwände waren stets verputzt, häufig sogar in Farben wie Rosa, Beige oder Gelb. Fresken waren grundsätzlich auf weißen Putz gemalt. Die Dächer bestanden wahrscheinlich aus einer Schicht Zweige oder Spanisch-Rohr, die mit gestampfter Erde bedeckt war.

Nur wenige Funde zeugen vom Alltagsleben der Menschen. Eine gut erhaltene Bronzesäge ist heutigen Fuchsschwänzen sehr ähnlich – und die Halterungen für Fleischspieße würden jeder Taverne zur Ehre gereichen.

Ein göttliches Prinzip

Fast jedes Gebäude in Akrotíri besaß einen oder mehrere für den religiösen Kult genutzte Räume, also eine Art Hauskapelle. Es gab offensichtlich keine strikte Trennung zwischen ›Heiligem‹ und ›Profanem‹, wohl aber unterschiedliche Zugangsberechtigungen. Das schließt man aus der Tatsache, dass es Gebäude mit Kulträumen im Erdgeschoss gab, die wohl für einen größeren Kreis zugänglich waren, und andere mit Kulträumen im Obergeschoss, die quasi in private Wohnhäuser integriert waren.

Porträts und Darstellungen singulärer geschichtlicher Ereignisse fehlen in der theräischen Kunst ebenso wie in der minoischen. Wo Menschen dargestellt sind, handelt es sich immer um Stereotype. Die dargestellten Ereignisse haben fast immer Bezug zur sich ständig erneuernden Natur. Deshalb sind auch Pflanzen und Tiere so wichtig – und das Wasser als Grundlage allen Lebens. Der Einzelne geht völlig in der Gemeinschaft auf, ist Teil der Natur. Darstellungen von Göttern in Menschengestalt wie im alten Ägypten oder später in griechischer und römischer Zeit und auch in Form Jesu Christi gab es weder auf Santorin noch auf Kreta. Verehrt wurde ein göttliches Prinzip – kein personifizierter Gott.

Zeugnisse der Frühgeschichte vor Ort

Was die Archäologen an Objekten des Alltags, der Kunst und des Kults fanden, ist im modern gestalteten Prähistorischen Museum im heutigen Inselhauptort Firá ausgestellt (s. S. 95). Die Fresken, die die Wände in vielen Gebäuden des alt-theräischen Akrotíri zierten, werden auf Santorin selbst unter Verwendung von Originalteilen rekonstruiert. Einige wenige sind im Prähistorischen Museum ausgestellt. Anspruchsvolle Replikate können in stimmungsvoller Atmosphäre im Santozeum betrachtet werden (s. S. 104). Die Ausgrabungen und die beiden Ausstellungen zusammen vermitteln dem Besucher eine eindrucksvolle Gesamtschau des Lebens auf der Insel vor über 3600 Jahren.

Wer ein Stück davon mit nach Hause nehmen will, findet in mehreren Künstlerateliers hochwertige Freskenkopien.

Santorin – das sagenhafte Atlantis?

Der griechische Philosoph Platon hat im 4. Jh. v. Chr. die Geschichte von einem unermesslich reichen Königreich namens Atlantis in Umlauf gebracht, das 9000 Jahre vor seiner Zeit in einer einzigen Nacht unterging. Immer wieder wurde in den letzten Jahrzehnten versucht, es zu verorten. Santorin wird besonders häufig als Rest jenes sagenhaften Staates angesehen. Sogar ansonsten ernst zu nehmende Wissenschaftler suchen dafür nach Beweisen, treffen sich auf internationalen Atlantis-Konferenzen.

Sie berufen sich dabei vor allem auf zwei Tatsachen: den Wohlstand und die hohe Kulturstufe der Bewohner des alt-theräischen Akrotíri und die große Eruption von 1645 v. Chr. Laut Platon besaß Atlantis bedeutende Erzvorkommen. In der Tat sind auch auf Santorin Kupfer, Blei, Zink und Silber nachweisbar. Ob sie jemals abgebaut und verhüttet wurden, weiß man aber nicht. Bei Platon ist zudem davon die Rede, in Atlantis habe es kalte und heiße Quellen gegeben. Heiße Quellen gibt es auf Kaméni bis heute, die kalten mögen verschüttet worden sein. Die Gebäude der Hauptstadt von Atlantis sollen laut Platon eine Augenweide gewesen sein, zusammengesetzt aus verschiedenfarbigen Steinen. Die Lavamauern

Manche Wissenschaftler sind überzeugt, dass Atlantis auf der Kykladeninsel lag

von Akrotíri sind in der Tat vielfarbig gewesen. Auch von einem Stierkult in Atlantis ist beim Philosophen die Rede. Der wurde unter dem Einfluss des minoischen Kreta wohl auch auf Santorin praktiziert.

Ohnehin wird Kreta von vielen, die in Santorin das alte Atlantis sehen möchten, in ihre Theorien mit einbezogen, Kreta als Teil jenes sagenhaften Königreichs betrachtet. So ließe sich auch erklären, warum Platon Atlantis einen großen Reichtum an Wäldern, Flüssen und Seen zuspricht. Und Überreste von prähistorischen Elefanten, die es in Atlantis gegeben haben soll, wurden auf Kreta ebenfalls entdeckt. Dumm nur, dass die Städte und Paläste Kretas nicht in einer einzigen Nacht vernichtet wurden ...

Unschlagbare Gegenargumente

Platon datiert den Untergang von Atlantis in das 10. Jt. v. Chr. Diese Zeitangabe des Philosophen erklären die Verfechter der santorinischen Atlantis-Theorie schlicht mit einem Überlieferungsfehler oder einer anderen Kalenderberechnung im alten Ägypten, woher der Bericht ursprünglich stammen soll. Beiseite gewischt wird auch die Aussage, jenes Atlantis habe jenseits der ›Säulen des Herakles‹ gelegen, die gemeinhin mit der Straße von Gibraltar gleichgesetzt werden. Dafür haben die Verfechter der Santorin = Atlantis-Theorie allerdings ein gutes Argument: Platon sagt nämlich auch, die Könige von Atlantis hätten über Teile Nordafrikas von Libyen bis Ägypten und der europäischen Mittelmeerküste bis nach Tyrrhenien geherrscht. Das könnte auf das minoische Reich durchaus zutreffen.

Eindeutig ist im Text des Platon davon die Rede, Atlantis sei größer gewesen als Afrika und Asien zusammen. Selbst die wenigen zu Platons Zeiten bekannten Teile dieser beiden Kontinente hätten schon weit mehr Raum eingenommen, als die ganze Ägäis ihn bietet. Gegen das Meer, in dem Atlantis lag, sei das Mittelmeer nur eine Bucht mit schmalem Eingang, heißt es bei Platon schon im nächsten Satz.

Spätestens mit ihm dürfte allen Theorien, die Atlantis mit Santorin in Verbindung bringen, jede Grundlage entzogen sein. Aber auch andere Verortungen wie Nordafrika, Mexiko, Andalusien, Helgoland, die Nordküste des Schwarzen Meeres, die Bahamas oder die Azoren haben nicht mehr Hand und Fuß. Wahrscheinlich hat Atlantis ja ohnehin nie existiert, sondern diente Platon nur zur politischen Erziehung seiner Athener Leser: Er stellte den Untergang von Atlantis nicht als Naturkatastrophe dar, sondern als göttliche Strafe für Habsucht und Machtgier, die das Athen seiner Zeit prägten.

Quellenforschung
Wer selbst nachlesen will, was **Platon** schreibt, schaut in Band 4 seiner **gesammelten Werke,** erschienen als Rowohlt-Taschenbuch (1994). Er enthält auf 592 Seiten Platons Dialoge rund um Gesellschaft und Staat. Darunter sind auch der Timaios- und der Kritias-Dialog, in denen über Atlantis berichtet wird. Wer lieber im Internet recherchiert, geht auf www.atlantis-scout.de, wo auch über vergangene Atlantis-Konferenzen berichtet wird, von denen die letzte im Juni 2011 auf Santorin stattfand.

Himmelbetten am Kraterrand – Luxus à la Santorin

Santorin-Poster hängen in Reisebüros in aller Welt, Santorin-Postkarten werden an Ansichtskartenständern in ganz Griechenland unter die oft weniger attraktiven einheimischen Motive geschummelt. Griechen jeden Alters träumen von Ferien auf Santorin und steigern ihr Ansehen bei Freunden und Kollegen gern mit ein paar Urlaubstagen auf Griechenlands teuerster und exklusivster Insel. Santorin ist absolut ›in‹. Die Besucherzahl überschreitet mittlerweile die halbe Million.

Die besten Werbeträger gleichen Zugvögeln, kommen mit Kreuzfahrtschiffen und bleiben nur für ein paar Stunden. Was sie sehen, ist einzigartig schön. Sie verschicken Karten, mailen Fotos, erzählen zu Hause. Das ist effektive Werbung, die nichts kostet.

Ein eigener Pool plus exklusiver Blick: Zahlungskräftige Urlauber dürfen dies genießen

Auch viele Zeitungsredakteure illustrieren Griechenland-Reportagen am liebsten mit santorinischen Motiven, kein Griechenland-Kalender kommt ohne sie aus. Alle Welt will nach Santorin, das auch in den Krisenjahren keinerlei Einbußen hinnehmen musste und sorglos in die Zukunft blickt.

Natur und Architektur sind es freilich nicht allein, die auf die Insel locken. Die für griechische Verhältnisse überdurchschnittlich gute Gastro-Szene, die schicken Beach-Bars, die vielen Künstlerateliers und die für junge Griechen attraktive Nightlife-Szene in Firá bieten zusätzliche Magneten. Da bereiten die mäßige Strandqualität und das manchmal zu Recht hohe, manchmal aber auch ungerechtfertigt hohe Preisniveau keine Probleme.

Qualität statt Quantität: Stilvoll übernachten

Vor allem aber heben sich viele kleine Hotels auf Santorin entschieden von der austauschbaren Massenware anderer Urlaubsregionen weltweit ab. Hotelklötze fehlen, internationale Gesellschaften haben auf Santorin nicht investiert. Was hier steht, ist überwiegend das Werk von Santorinern, anderen Griechen und einigen wenigen Ausländern. Man hat der Versuchung widerstanden, auf Billigtourismus zu setzen, und stattdessen Qualität und Originalität gefördert – und sich auch bei Neubauten fast immer an der traditionellen Inselarchitektur orientiert. Die Kraterranddörfer boten dafür von

Schönheit und Lage her ideale Voraussetzungen, machten das Bauen mit modernen Hilfsmitteln aber auch umständlich und teuer. Baumaterial und Einrichtungsgegenstände mussten auf Esel und Maultiere oder schlicht auf Arbeiterrücken umgeladen werden. Doch das Ergebnis hat fast immer die Mühe gelohnt.

Träume leben lassen

In Santorins Kraterrandanlagen, aber auch in manch luxuriösem Refugium in den Binnendörfern, fühlt sich der Gast wie in einer anderen Welt. Tonnengewölbe und die Unregelmäßigkeit der Höhlenwohnungsgrundrisse berauben das Auge seiner gewohnten waagerechten und senkrechten Koordinaten. In feuriger Erde zu wohnen, mag den Gast unbewusst in die Behütetheit des Mutterleibs zurückführen – eben den der seit Urzeiten verehrten Mutter Erde. Wer morgens die Tür öffnet und die Caldera tief unter sich sieht, ihren Anblick bei ganz verschiedenen Sonnenständen vom Liegestuhl aus verfolgt, erlebt Landschaft und Natur anders als irgendwo sonst. In dem kleinen Pool stehend oder schwimmend, ist oft der Beckenrand nicht zu erkennen, geht das Wasser konturenlos über in Himmel oder Meer. Auch das kann man anderswo nur selten erleben.

Die meisten Griechen haben einen ausgeprägten Sinn fürs Schöne. Das zeigen nicht nur Volksarchitektur und Volkskunst, sondern oft auch das Interieur gehobener Hotels. Häufig schläft der Gast auf traditionell aufgemauerten Betten, findet wenig Schrankfläche, doch dafür zahlreiche Wandnischen. Farbakzente zum auf Santorin alles beherrschenden Weiß setzen traditionelle Webarbeiten oder auch modernes Textildesign. Wohl nirgends sonst in Hellas stehen in Hotelzimmern so viele Himmelbetten wie hier, haben so viele Badewannen Massagedüsen, stehen so viele Whirlpools auf privaten Terrassen und Dächern. Auch der Service ist oft exzellent – nahezu alle guten Restaurants der Insel liefern auf Wunsch auch in die Hotels. Und das Frühstück wird in den meisten guten Hotels ohnehin bis mittags serviert – ob am Pool oder im Kuschelbett.

Herr Tsitoúras zum Beispiel

Aber nicht nur die Urlauber dürfen auf Santorin ihre Träume ausleben. Auch die Hoteliers selbst sind meist mehr als scharf rechnende Unternehmer. Der Athener Anwalt Dimítris Tsitoúras zum Beispiel sammelt alles, was schön und teuer ist, Kunst und Kunstbücher ebenso wie Entwürfe für Bühnenbilder, antike Möbel, edles Porzellan, wertvolle Uhren und sogar komplette Arbeitszimmer berühmter griechischer Dichter. Sinnigerweise nennt er auch sein kleines, besonders exklusives Hotel in Firostefáni »Collection«. All das Schöne, das er im Laufe seines Lebens gesammelt hat, soll eines Tages hier, am für ihn schönsten Flecken der Welt, versammelt sein.

Sein Anwesen betrachtet er als belebtes Museum, in dem auch schon Zelebritäten wie Modepapst Versace, Nána Mouskoúri, Edward Kennedy nebst Frau Gemahlin oder der deutsche Regisseur Peter Stein zu Gast waren. Tsitoúras weiß auch einen besonderen Grund zu nennen, warum sich so viele VIP's auf der Insel wohl fühlen: Anders als beispielsweise auf

Mykonos bleiben sie hier unbehelligt von Neugierigen und Paparazzi. »Die Santoriner sind sehr diskret – und vor allem deswegen können auch Promis auf unserer Insel ihren Spaß haben.« Vielleicht hat auch deshalb die schräge Lady Gaga, die darüber hinaus auch italienisch-mediterrane Wurzeln hat, im Jahr 2011 auf Santorin ein Haus kaufen wollen …

Honeymoon auf Santorin

Die Santoriner sind freilich nicht nur diskret, sondern auch geschäftstüchtig. Längst haben ›Wedding Agencies‹ und Hoteliers den Markt der Hochzeitsreisenden für sich entdeckt. Etwa 500 Ehen werden jährlich auf der Insel geschlossen, manche standesamtlich, andere griechisch-orthodox. Da hat der einzige Standesbeamte der Insel viel zu tun, denn er traut überall dort, wo das Brautpaar es wünscht: im Hotel oder auf einem Ausflugsboot, auf Néa Kaméni oder dem Gipfel des Profítis Ilías.

Ein Simultandolmetscher und mindestens ein Fotograf sind ständig dabei. Honeymoon-Suiten und Honeymoon Packages bieten viele Hotels, sogar Hochzeitsgäste werden auf Wunsch organisiert. Autovermietungen stellen Luxuskarossen mit Chauffeur bereit, Maultiertreiber sorgen mit ihren Vierbeinern gern für zusätzliches Lokalkolorit. Via Handy oder Skype können auch Freunde und Verwandte noch am gleichen Tag bewegte Bilder von der Trauung sehen.

Japaner und Koreaner sind Hauptkunden des Standesbeamten. In Korea geht die Santorinomanie sogar soweit, dass dort in der Nähe von Busan im mehrere 100 ha großen Gamcheon Cultural Village ein Stück Santorin nachbauen will – damit auch finanzschwächere Landsleute auf der Trauminsel für Honeymooner heiraten können.

Unser Tipp

Lust aufs Heiraten oder zumindest auf Luxus pur?
Nicht jeder wird sich eine Hochzeit auf der Kykladeninsel leisten wollen oder können. Doch auch wenn Sie hier garantiert nicht den Bund fürs Leben zu schließen gedenken, lohnt ein Blick auf die Websites der santorinischen *wedding planner.* So viel Glück bekommen Sie selten auf dem Bildschirm zu sehen – und vielleicht überlegen Sie es sich dann doch noch einmal. Dem Anlass angemessene Luxus-Unterkünfte gibt es zuhauf …

- **Santorini Weddings by Anna:** www.santoriniweddings.com.
- **Weddings in Greece by Heliotopos:** http://weddings.heliotopos.net.
- **Your Santorini Wedding:** www.yoursantoriniwedding.com.

Exklusive Hotels für ganz besondere Gelegenheiten

- **Tsitoúras Collection:** in Firostefáni, www.tsitouras.com, ab 260 €/Tag (s. S. 129).
- **Andrónis:** in Oía, www.andronis-suites.com, ab 538 €/Tag.
- **Kiríni:** in Oía, www.kirini.com, ab 270 €/Tag.
- **Mystique:** in Oía, www.mystique.gr, ab 360 €/Tag.
- **Perivólas:** in Oía, www.perivolas.gr, ab 396 €/Tag.

Chelidonia

Harmonie von Farben und Formen – die Architektur der Insel

Santorins traditionelle Volksarchitektur gleicht einem Lehrbuch für ökologisches Bauen. Ob kykladischer Würfel, santorinische Tonne, Höhlenwohnung oder klassizistisches Herrenhaus – jede Form des Wohnens ist hier eng mit der Landschaft verbunden, passt sich hervorragend in sie ein und kommt fast immer mit dem aus, was die Insel selbst zur Verfügung stellt.

Nicht nur auf Santorin, sondern auf allen Inseln des Archipels dominiert die typische Kykladenarchitektur. Grundform aller Häuser ist hier der Würfel, nur Kirchen und Kapellen stehen Tonnengewölbe und Kuppel zu. Diese kubische Grundform zu verwirklichen war auf dem offenen Lande leicht möglich. In Dörfern mussten Kompromisse gefunden werden – vor allem dann, wenn sie sich wie im Mittelalter eng um eine Burg drängten und der Platz knapp war. Auch in solchen Orten blieben die Linien klar, wurde aber jeder kleinstmögliche Freiraum genutzt. So sind die Räume und Terrassen der Häuser hier horizontal und vertikal ineinander verschachtelt, verlaufen die Außentreppen oft abknickend in alle möglichen Richtungen. Grenzen sind nicht auszumachen, zumal sie alle einheitlich blendend weiß gekalkt sind. Die Häuser scheinen kunstvoll aneinander zu kleben, weshalb man in der Fachsprache auch von einem agglutinierenden Baustil spricht. Farbige Tür- und Fensterrahmen, Fensterläden und Geländer sorgen zusammen mit ein paar Topfblumen oder wild aus dem Boden sprießenden Geranien für Farbtupfer, Rauchabzüge nehmen fantasievolle Formen an. Diese Art des Bauens an engen, scheinbar planlos verlaufenden Gassen, die oft nur Sackgassen sind, brachte drei große Vorteile mit sich: Sie schützte vor Sonne, Wind und Piraten. Die Flachdächer der Häuser fingen den Regen auf, der in Zisternen unter den Häusern und Hausterrassen geleitet wurde. Speziell auf Santorin taucht daneben noch die Santorinische Tonne als Sonderform des Daches auf, die sich als besonders erdbebenresistent erwiesen hatte. Musterbeispiele für kykladische Architektur sind Emborío (siehe Entdeckungstour S. 232) und Pírgos, aber auch Teile von Oía, Imerovígli, Firostefáni und Firá.

Überall auf der Insel sieht man Höhlenwohnungen

In Höhlen wohnen

Die Bewohner Santorins genossen gegenüber allen anderen Kykladenbewohnern einen einzigartigen Vorteil. Sie mussten nicht unbedingt frei stehende Häuser bauen, um geschützt zu wohnen. Ihnen stand der Bimsstein-Tuff des Caldera-Randes und der Seitenwände der Erosionstäler zur Verfügung, um darin ihre Wohnungen anzulegen. Er ist einerseits so weich, dass man sich mit bloßen Händen in ihn graben könnte, und andererseits so fest, dass gegrabene Hohlräume ohne weitere Sicherung bezogen werden können. So entstanden sogar ganze Weinkellereien mit bis zu 350 m weit in die Erde gegrabenen ›Kellern‹, die mit ganzjährig fast konstanter Temperatur für ideale Lagerbedingungen sorgten.

Wohnungen baute man natürlich bei weitem nicht so tief in den Tuff hinein. Oft wählte man auch Mischformen, setzte vor die Höhlenwohnungen noch einen Vorbau und eine Terrasse, so dass Fassaden individuell und je nach Möglichkeiten repräsentativ gestaltet werden konnten. Diese troglodytische Bauweise bot nicht nur den Vorteil, kostengünstig zu sein, sondern sorgte auch für aufwandsarme Isolation und große Erdbebensicherheit. Zudem konnte man die Wohnung bei Bedarf problemlos erweitern, in dem man sich einfach ein wenig weiter in den Tuff hineingrub. Schöne Beispiele für Höhlenwohnungen in Erosionstälern finden sich insbesondere in Vóthonas (siehe Entdeckungstour S. 196), Karterádos, Voúrvoulos und Messariá, für Höhlenwohnungen in der Kraterwand überall zwischen Firá und Imerovígli sowie in Oía. Den besten Eindruck vom Aussehen einer Höhenwohnung vermittelt das Volkskundliche Museum in Kontochóri (siehe Entdeckungstour S. 108).

Viele andere Höhlenwohnungen vor allem in den Dörfern in den Erosionstälern stehen heute leer und verfallen, manche werden noch als Ställe oder Abstellräume genutzt, in anderen nisten Tauben. Manchmal stehen noch alte Möbel darin, klappern die Türen der Wandschränke in unheimlicher Stille.

Sozialer Aufstieg

Als der Abbau der Pozzuolan-Erde, die aufstrebende Lebensmittelindustrie und vor allem der Seehandel einige Insulaner im 19. und frühen 20. Jh. wohlhabend machte, wollten die sich in ihren Wohnformen abheben und nahmen sich die klassizistischen Villen auf der Insel Síros und auf dem Festland zum Vorbild. Die wiederum waren stark von der italienischen Renaissance beeinflusst. Typische Merkmale sind die halbrunden Oberlichter über der zentralen Eingangstür und die die Fassade gliedernden Pilaster. Zwischen den Pilastern sind die Mauern oft – wie bei den Kapitänshäusern an der Kraterrandgasse von Oía – fensterlos. Hier wird ein Obergeschoss nur vorgetäuscht.

Im Siderás-Viertel von Oía entstanden zahlreiche frei stehende Kapitänshäuser, im Binnendorf Messariá bauten Kaufleute und Fabrikanten. Als Zeichen des Wohlstands wurde zum Bau neben örtlichen Laven und Tuffen auch importierter Marmor und viel Holz verwendet.

Eine neue Epoche leitete der Ende der 1970er-Jahre einsetzende Tourismus ein. Die kleinen Kraterranddörfer breiteten sich weiter in die Caldera hinein aus und wuchsen zusammen, entlang der Küsten entstanden viele neue Hotels. Große Bausünden aber wurden vermieden. So blieb in Santorin ein harmonisches Bild regionaler Inselarchitektur bewahrt.

Anders glauben – die Welt der griechischen Orthodoxie

Die orthodoxen Priester tragen auch im Alltag einen Talar

Die griechische Orthodoxie ist mehr als nur eine christliche Konfession. Sie trägt wesentlich zur Identitätsbestimmung der Hellenen bei. Ihre Feste und Rituale sind wesentliche Teile des privaten Lebens und des öffentlichen Brauchtums. Die vielen Heiligen, die in ihren zahlreichen Kirchen und Kapellen allgegenwärtig sind, können durchaus auch im Alltag nützlich sein.

Grieche und griechisch-orthodox zu sein, ist nahezu ein und dasselbe. Selbst eingefleischte Kommunisten lassen ihre Kinder fast immer taufen. Der Taufschein wird quasi zum ersten Personalausweis. Wer einmal getauft ist, bleibt sein Leben lang Teil der Kirche. Kirchenaustritte sind in Hellas unbekannt, zumal hier ja auch niemand Kirchensteuer zahlt. Die Kirche ist reich, besitzt viele Ländereien, erhält Spenden und Stiftungen, war bis zum Krisenjahr 2010 von nahezu allen Steuern befreit. Für die Besoldung ihrer Priester und Bischöfe kommt der Staat auf.

Die hohe Bedeutung der Kirche für die griechische Nation hat historische Wurzeln. In byzantinischen Zeiten waren die Griechen Teil eines orthodoxen Weltreichs. Santorin und die Kykladen wurden ihm schon 1204 durch die christlichen Glaubensbrüder aus Venedig, Italien und Frankreich entrissen, der Großteil des übrigen Griechenlands spätestens 1453 durch die Osmanen. Erst 1830 kam es zur Gründung des neugriechischen Staates. In den Jahrhunderten dazwischen war der gemeinsame Glauben das Bindeglied zwischen den Unterdrückten. Die orthodoxe Kirche hielt die griechische Sprache am Leben, sorgte mit geheimen Schulen auch für die Pflege eines minimalen Nationalbewusstseins. Die enge Verbindung zwischen Kirche und Nation zeigt sich auf Santorin nicht zuletzt auch an der Farbgebung der meisten Kirchen. Sie sind fast immer ganz in Weiß und Blau gehalten, den Nationalfarben des neugriechischen Staates.

Ebenso wie die Taufe ist auch die kirchliche Trauung ein Ereignis, auf das kaum ein Grieche verzichten möchte. Verwandtschaft und Dorfgemeinschaft erwarten eine Hochzeit ganz in Weiß, zu der fast immer Hunderte von Gästen eingeladen werden. Standesamtliche Trauungen sind ohnehin in Griechenland erst seit 1982 zulässig, der kirchliche Trauschein allein reicht für den Nachweis einer Eheschließung. Noch immer Bestand hat das kirchliche Verbot der Feuerbestattung: Im einzigen Krematorium Griechenlands bei Thessaloníki dürfen nur Nicht-Griechen eingeäschert werden.

Pappádes, also orthodoxe Priester (die nur im Westen abfällig als Popen bezeichnet werden), gehören selbst im äußerlich stark verweltlichten Santorin zum gewohnten Straßenbild. Sie tragen auch im Alltag einen Talar und – sofern die Natur es zulässt – lange Haare und einen Rauschebart. Oft sieht man sie gemeinsam mit Frau und Kindern: Das Zölibat gilt in der Ostkirche erst für höhere kirchliche Ränge und Mönche.

Die meisten der nahezu unzähligen Kirchen und Kapellen Santorins sind in Privatbesitz. In ihnen findet meist nur am Patronatstag des Heiligen im Rahmen eines Kirchweihfestes ein Gottesdienst statt. Nur die Hauptkirchen in den Dörfern sind Gemeindekirchen mit Gottesdiensten zumindest an jedem Sonntag.

Ikonen überall

Gottesdienste haben in der Orthodoxie eine andere Funktion als in Katholizismus und Protestantismus. Sie dienen auf keinen Fall der Belehrung, weshalb die Predigt in ihnen auch keine Rolle spielt. Bei der Feier der heiligen Liturgie, also im Gottesdienst, nimmt der Gläubige Anteil an etwas, was ›im Himmel‹ ständig geschieht: der Lobpreisung Gottes. Er wird zum Teil einer Gemeinschaft zwischen Irdischen und Himmlischen, Lebenden und Verstorbenen. Die himmlischen Wesen sind zum Teil in der Kirche selbst präsent – in Gestalt ihrer Ikonen. Die sind ebenso wenig wie Wandmalereien schmückender Zierrat, sondern machen den Dargestellten präsent. Durch die dem Gläubigen immer frontal zugewandten und ihn doch nie anschauenden Augen eröffnen sie Tore in eine andere, allumfassende Welt.

Diese Tore kann der Kirchgänger ganz pragmatisch nutzen. Hat er Wünsche, wendet er sich an den dafür zuständigen Heiligen. Griechenlands orthodoxe Christen sind zwar keine Polytheisten wie ihre antiken Vorfahren. Aber viel stärker als in anderen christlichen Konfessionen glauben sie an Wunder und das stete Eingreifen von Heiligen ins Menschenleben. So wie den antiken Göttern und modernen Ministern bestimmte Ressorts zugeteilt waren bzw. sind, sind auch die Aufgaben unter den Heiligen verteilt. Man muss also um die Zuständigkeiten wissen. So ist der hl. Nikólaos für die Anliegen der Kinder, Fischer und Seeleute zuständig, der hl. Christóforos für die der Reisenden, die hl. Paraskeví für Augenkranke, der hl. Raffaíl für Krebsleidende – und der Heilige, dessen Namen man trägt, für das Gesamtwohl seines Schützlings.

Anders tot sein – vom Begräbnis bis zum Beinhaus

Zu nahezu allen Kapellen auf Santorin gehört ein eigener, kleiner Friedhof. Er besteht nicht nur aus Gräbern, sondern fast immer auch aus einer Reihe kleiner Gebäude darum herum. Wer hineinschaut, entdeckt darin Regale voller Kisten. Sie bergen die Gebeine von Toten. Was es damit auf sich hat, erläutern Gespräche mit Priestern, Leichenbestattern und Angehörigen.

Wer auf Santorin stirbt und hier zu Hause ist, soll traditionell binnen 24 Stunden begraben werden. Doch vorher wird er noch mit Weißwein gewaschen, bestmöglich angekleidet und in seinem Wohnhaus aufgebahrt. Santorin ist klein und mit Handys bestens versorgt, Todesnachrichten sprechen sich in Windeseile herum. Angehörige, Freunde und Bekannte erweisen dem Toten ihre letzte Ehre und beteiligen sich an der Totenwache im Hause des Verstorbenen.

Den genauen Zeitpunkt für die Beisetzung erfahren sie oft erst wenige Stunden vor dem Termin oder gar erst durchs Glockengeläut, denn vorher muss der Bestatter noch seine Vorarbeiten erledigen. Die Kleidung des Dahingeschiedenen wird zerschnitten, um die spätere Verwesung zu beschleunigen. Aus dem gleichen Grund wird der Tote auch nicht wie sonst in Hellas in einem Sarg beigesetzt, sondern nur in ein Baumwolltuch gehüllt und auf santorinischen Bimsstein gebettet, der Feuchtigkeit speichert und für Durchlüftung sorgt.

Santorinische Gräber

Der griechisch-orthodoxe Glaube gebietet, dass die Toten in Richtung Osten sehen, also dem Sonnenaufgang zugewandt, der wie schon in antiken Glaubensvorstellungen die Wiederkehr und das Ewige Leben symbolisiert. Über dem Kopfende steht das Grabkreuz. Das meist nur etwa ein Meter tiefe Grab wird oben mit einer Marmorplatte verkleidet. Das Erdloch selbst ist häufig aus Platzgründen nur einen Meter lang, sodass die Toten mit angewinkelten Beinen beigesetzt werden.

Zur Dekoration des Grabes gehören ein Bild des Verstorbenen, Plastikblumen und eine Art ewiges Licht, das auf einem kreuzförmigen Holz befestigt ist. Die Flamme ›schwimmt‹ in einem kleinen Weinglas, das bis zur Mitte mit Wasser und Öl gefüllt ist, dem sogenannten *kandíli.* Auf dem Grabstein stehen außer dem Namen lediglich das Sterbedatum und das Alter des Begrabenen. Das Geburtsdatum wird im Normalfall nicht erwähnt.

Der letzte Abschied

Dieses Grab ist für griechische Tote nie die letzte Ruhestätte. Je nach Region werden die Gebeine des Toten nach

In einfachen Holzkisten werden die Gebeine der Verstorbenen aufbewahrt

drei bis acht Jahren von Priester, Leichenbestatter und Angehörigen dem Grabe entnommen, noch einmal mit Wein gewaschen und dann in eine zumeist hölzerne Kiste gebettet. Die Kiste wird normalerweise nur mit einem Kreuz und den Initialen des Toten, manchmal auch mit den Lebensdaten gekennzeichnet und dann so lange aufbewahrt, wie es noch Verwandte gibt, die die Erinnerung an den Verstorbenen wach halten möchten.

Der Aufbewahrungsort dieser Gebeinkisten ist von Region zu Region, von Insel zu Insel, ganz unterschiedlich. Manchmal stehen sie im Freien auf Regalbrettern über dem Familiengrab, manchmal in aus Beton gegossenen Kammern in einer Ecke des Friedhofs. Auf Santorin aber gleichen die meisten Beinhäuser kleinen Wohnhäusern oder Kapellen, sind oft aus teurem Marmor errichtet und werden liebevoll gepflegt. In mehreren Regalreihen lagern die Kisten, wie einst Fernsehapparate von selbst gehäkelten Spitzendeckchen bedeckt, auf denen oft auch noch Kunstblumen sowie ein Foto des Verstorbenen stehen. Oft haben die Beinhäuser Türen mit Fenstern, sodass jeder Friedhofsbesucher hineinschauen kann. Manchmal sieht man auch brach liegende oder verfallende Beinhäuser: Dann ist die Familie ausgestorben oder lebt schon länger weit entfernt. In solchen Fällen werden die nicht mehr beachteten Gebeine entsorgt und in unscheinbaren Lagern gesammelt, in denen sich jede Individualität auflöst.

Den Tag der Freilegung der Gebeine eines Verstorbenen festzusetzen, ist immer eine heikle Angelegenheit. Einerseits braucht man vielleicht den Platz für einen anderen, andererseits will man auf keinen Fall riskieren, dass die Verwesung des Fleisches noch nicht abgeschlossen ist. Das hieße nach allgemeinem Aberglauben, dass der Tote der Hölle geweiht ist. Hat der Tote zu Lebzeiten besonders viele Medikamente eingenommen, ist man besonders vorsichtig, denn nach weit verbreiteter Überzeugung verlängern Farmaka und Kosmetika die Verwesungsdauer. Doch die Raumknappheit auf den santorinischen Friedhöfen erfordert meist die Freimachung des Grabes nach spätestens vier Jahren.

Eine Augenzeugin erzählt

Platzprobleme gibt es inzwischen auch in etlichen Beinhäusern. Man löst sie damit, dass man die Gebeine naher Verwandter oder Ehepaare wieder zusammenführt, also in einer gemeinsamen Kiste deponiert. Dass es für solche Zusammenlegungen auch andere Gründe geben kann, weiß eine deutsche Künstlerin, die schon lange auf der Insel lebt, zu erzählen.

Sie ließ sich trotz inneren Widerwillens von einer befreundeten Familie dazu überreden, bei der Freilegung des Großvaters dabei zu sein. »Du hast ihn ja zu seinen Lebzeiten nie kennengelernt – jetzt ist die letzte Gelegenheit dazu«, war das Argument, dem sie sich nicht verweigern durfte. Die Atmosphäre auf dem kleinen Friedhof war äußerst entspannt. Von Tränen keine Spur – die Familie war sich sicher, dass Opa längst im Paradies weilte und hier nur noch seine sterblichen Überreste ans Licht kamen.

Als die Künstlerin einen Blick auf die Gebeine des Großvaters geworfen hatte – »So, jetzt habt ihr euch endlich kennengelernt« –, kam der Familie eine weitere Idee: »Ach, und unsere so früh verstorbene Tochter hast du ja auch nie gesehen!«. Flugs wurde deren Gebeinkiste herbeigeholt und geöffnet: »Na, war sie nicht ein schönes Kind!« fragten die Eltern. Und dann hatten sie noch eine Idee: »Opa und die Kleine mochten sich so gern. Schütten wir doch einfach beide in eine gemeinsame Kiste!« Und schon vereinte der Totengräber beide für alle Ewigkeit …

Ein geachteter Mann

Der Totengräber wird in der kleinen Gesellschaft auf Santorin besonders geehrt. Er ist derjenige, der für die letzte Reise der Verstorbenen sorgt, von ihm hängt es ab, ob auch alles korrekt entsprechend der Tradition durchgeführt wird. Die Kinder eines Verstorbenen zollen deshalb dem Totengräber, der die Eltern beerdigt hat, lebenslänglich besondere Achtung. Besonders gute Beziehungen zum Totengräber pflegt natürlich vor allem die ältere Generation. Ein Minimarktbesitzer in Firá, der zudem eine kleine Pension betreibt und nebenbei auch ehrenamtlich als Bestatter tätig ist, freut sich immer wieder, wenn ihm ältere Frauen selbst gehäkelte Tischdecken oder Gardinen schenken: Mit denen schmückt er dann die Zimmer seiner Pension.

Friedhofsbesuche
Die meisten Friedhöfe auf Santorin sind tagsüber frei zugänglich. Meist sind keine Einheimischen anwesend, sodass man problemlos fotografieren kann. Unverschlossene Beinhäuser sollte man aber auf keinen Fall betreten – es sei denn, man wird dazu eingeladen. Ein Friedhof mit besonders schönen Grabkapellen liegt in Voúrvoulos (s. S. 140).

Auf keiner anderen Insel Griechenlands spielen Esel und Maultiere noch eine wirtschaftlich so bedeutsame Rolle wie auf Santorin. Auf den bröckeligen Lava- und Bimssteinfeldern sind sie ebenso wie an den Steilhängen der Erosionstäler Traktoren überlegen. Vor allem aber sind sie Teil der touristischen Attraktivität der Insel. Im Sommer sind über 400 von ihnen damit beschäftigt, Kreuzfahrttouristen von Firá über 587 Treppen hinauf in die Inselhauptstadt zu tragen – und die, die das schön fanden, auch wieder hinab. Ganze Familien leben von der Arbeit der Tiere.

Schuften auf Santorinisch – die Maultiertreiber und ihre Vierbeiner

Manche Touristen gehen lieber zu Fuß oder nehmen die alternative Seilbahn, weil sie den Einsatz der Tiere für Tierquälerei halten. Gegen diese Vermutung spricht zumindest das Verhalten der Vierbeiner in Stunden mit wenig Betrieb. Da schicken die Treiber sie mitsamt Urlauber auf dem Rücken auch schon einmal allein in die Spur. Und die können nun beobachten, welchen Charakter jedes einzelne der bis zu einer halben Tonne schweren Tiere hat. Eines will unbedingt als Erstes ankommen, dem anderen ist das ganz egal. Wenn zwei wettbewerbsbegeisterte Esel oder Maultiere zusammen unterwegs sind, fängt der Spaß erst richtig an. Sie laufen schnell, bis sie außer Atem sind, machen dann eine kurze Pause im Schatten, bis der ›Rivale‹ kommt. Sofort rennt der erste Esel wieder weiter. Doch auch Esel oder Maultiere sind »Business-Männer bzw. -Frauen«: Sobald ein Tourist den Fotoapparat aus der Tasche zückt, machen einige Tiere Stopp, vergessen den sportlichen Wettkampf und lassen den Reiter Fotos von den schönsten Stellen der Strecke machen.

Am oberen Ende der Treppen wartet eine Tränke auf die Vierbeiner, hier werden sie auch gefüttert. In den warmen Sommermonaten werden die arbeitenden Tiere immer wieder mit frischem Wasser abgespritzt, damit auch sie sich in den Arbeitspausen erfrischen können. Kein Treiber quält sein Tier – es ist für ihn ja Kapital.

Die Arbeit der Treiber

Etwa 40 Maultiertreiber teilen sich in Firá das Geschäft mit den Reitern. Ende der 1970er-Jahre waren es noch 160 – jeder besaß im Durchschnitt zehn Tiere. Das waren die Jahre, die den kleinen Esel zum Inselsymbol machten. Damals gab es in Firá noch keine Seilbahn, der Esel war das einzige Transportmittel für Waren, Proviant und Touristen vom Hafen hinauf in die 220 m höher gelegene Hauptstadt.

Über 587 Stufen führt der Weg vom Hafen hoch in die Inselhauptstadt

Auch Maultiertreiber brauchen zwischendurch eine Pause

»Der santorinische Esel hat große gemeinnützige Arbeit geleistet«, sagt der Präsident eines Bürgervereins von Santorin, der diese Zeiten noch aktiv miterlebt hat. Seitdem die Seilbahn fertiggestellt wurde – Anfang der 1980er-Jahre vom reichen, aus Santorin stammenden Reeder Evángelos Nomikós der Gemeinde geschenkt – verdienen die Maultiertreiber weniger. Dafür erhalten sie aber 20 % der Einnahmen aus dem Seilbahnbetrieb.

Die meisten Maultiertreiber haben eine sehr laute Stimme und verständigen sich zum Teil in einem santorinischen Dialekt, der durchflochten ist mit Ausdrücken aus ihrer eigenen ›Maultiertreibersprache‹, die selbst die übrigen Santoriner nicht verstehen.

Die Technologie hat aber auch diesen einzigartigen Beruf heimgesucht. Die Treiber haben zwar keine eigene Website und auch noch keinen gut funktionierenden Verein, doch sie besitzen Walkie-Talkies, die ihnen die Arbeit erleichtern. Damit kommunizieren sie zwischen ihren Standplätzen am oberen Treppenende und neben dem Café Dimi's am Hafen und teilen sich bei Bedarf mit, wo eventuell gerade besonders viele Touristen andrängen.

Jórgis zum Beispiel

Maultiertreiber Jórgis Sirigós hat seine ersten Esel von seinem Vater geerbt. Er trägt die typische blaue Schiffermütze, die auch all seine Kollegen auf dem Kopf haben. Sie ist aus Baumwolle gefertigt und verleiht Schutz vor der santorinischen Sonne. Jórgis arbeitet bereits seit seinem achten Lebensjahr. Kurzzeitig hatte er als junger Mann Santorin verlassen um sein Glück anderswo zu suchen. Doch 1973 zeichnete sich die positive touristische Entwicklung Santorins ab und Jórgis entschloss sich, auf seine Insel zurückzukehren und dort zu heiraten. Damals war er 18 Jahre alt.

Heute hat er einen Sohn und zwei Töchter. Der Sohn ist Elektriker, die eine Tochter ist verheiratet und hat drei Kinder. Die jüngere Tochter studiert in Athen. Seit 2005 besitzt Jórgis sogar ein Araberpferd. »Wir – ich und die Mulis – arbeiten, damit der Araber fressen kann«, erzählt er lachend. Das reinrassige Pferd hat er in der Hauptstadt Athen gekauft. Es steht im Stall, in Emborío, und lässt es sich gut gehen. Jórgis Sohn pflegt es. Auch er besitzt inzwischen drei Pferde »ganz zum persönlichen Vergnügen«.

Die Maultiere und Esel von Jórgis Sirigós sind im Gegensatz zu den Pferden noch richtige Nutztiere, die ihr Fressen verdienen müssen. Jórgis bearbeitet noch immer selbst mit seinen Eseln die Felder, um Stroh und Heu für seine Tiere zu gewinnen. Er produziert auf seinem Land außerdem auch *fáva* und Wein, den er an die Winzergenossenschaft liefert. Langweilig wird ihm nie, denn er stellt auch selbst den Schmuck und die Glücksbringer her, mit denen er die Köpfe seiner Vierbeiner verziert. Das Material dafür kauft er in Athen. Die Glücksbringer bestehen meistens aus Muscheln, die auf Stoff geklebt worden sind, und hängen an der Stirn einiger Huftiere.

Bei Jórgis bekommt jedes Pferd, jeder Esel und jedes Maultier seinen eigenen Namen, damit man sie ansprechen kann. »Wie werde ich ihm etwas sagen können, wenn es keinen Namen hat?«, erklärt der Maultiertreiber. Auf die Frage, welches denn sein liebster Esel oder sein liebstes Maultier sei, findet er eine salomonische Antwort: »Wenn du Kinder hast, kannst Du dann eins mehr lieben als die anderen? Jedes hat seine Vor- und seine Nachteile. Ich liebe alle gleich, einen Esel oder ein Maultier kann man für die eine Arbeit besser gebrauchen, ein anderes Tier hat mehr Talent für andere Tätigkeiten, so ist das nun mal im Leben ...«

Zum Pflügen spannt Jórgis am liebsten sein Maultier ein, weil Maultiere stärker und ausdauernder sind als Esel oder Pferde. Ihr Nachteil: Sie können in der Regel keinen Nachwuchs zeugen. Falls ein Muli doch Nachwuchs bekommen sollte, so Jórgis, sei dies ein schlechtes Omen.

Ein Beruf ohne Zukunft?

»Die Älteren haben immer gesagt: Wenn ein Maultier ein Fohlen bekommt, wird die Welt untergehen«, bestätigt Leftéris Korónios, ein zweiter Maultiertreiber, der dem Gespräch zuhört und der sich gern immer wieder mal mit einmischt. Herr Korónios trägt die gleiche Mütze wie Jórgis und hat die gleiche Peitsche in der rechten Hand. Und er beschwert sich, dass er im Alter von einer ganz kleinen Rente wird leben müssen. Santorin ist ihm zufolge die einzige griechische Insel, auf der die Besitzer von Nutztieren wie Esel und Maultieren keine staatlichen Zuschüsse erhalten. »Auf den anderen Inseln erhalten die Tierhalter Zuschüsse, wenn ein Tier zu alt wird, um zu arbeiten. Hier nicht, doch das Tier muss ja weiterhin fressen.«

Auf die Frage, warum nur wenige junge Leute die Arbeit ihrer Eltern übernehmen, antworten beide Herren unisono: »Wer will hier schon arbeiten für einen Hungerlohn!« Doch warum Jórgis Sirigós nicht woanders hinziehen will, ist auch klar: »Soll ich vielleicht von unserer schönen Insel weg in den Dschungel gehen?«, fragt er – und meint damit die Fünf-Millionen-Stadt Athen.

Griechisch mal anders – die Spezialitäten der Inselküche

Wer gern gut isst, fühlt sich auf Santorin wohl. Regionale Zutaten verfeinern griechische Standardgerichte, das nahe Kreta liefert feines Olivenöl, frisches Gemüse und gutes Fleisch. Spitzenköche bringen viel Kreativität und Erfahrungen aus aller Welt ein. Bestens abgerundet wird jede Mahlzeit vom einzigartigen santorinischen Wein, dessen Aroma die vulkanischen Böden eine unvergleichbare Note schenken.

Santorins Speisekarten basieren auf dem üblichen Repertoire der griechischen Küche, in der Backofen und Holzkohlengrill eine ebenso wichtige Rolle spielen wie der Kochherd. Fünf Inselspezialitäten setzen besondere Akzente: winzige Tomaten voller Süße, Kapern sowie die Zweige des Kapernstrauchs, weiße Auberginen, wilder Safran sowie das köstliche *fáva.*

Tomaten und Kapern

Schon lange, bevor die ersten Touristen kamen, waren kleine Tomaten, von den Einheimischen liebevoll verkleinernd *tomatákia* genannt, eine Haupteinnahmequelle der Insel. Weil sie wasserarm waren, eigneten sie sich besonders zur Gewinnung von Tomatenmark. Wer diese Sorte hier einführte, ist umstritten. Manche führen sie bis auf venezianische Zeiten zurück. Andere meinen zu wissen, ein Kapuzinermönch habe die ersten Pflanzen 1818 aus Ägypten mit nach Santorin gebracht. Sonnengetrocknet und in Öl eingelegt sind sie als *liastés* eine Köstlichkeit, werden in vielen Saucen und in gemischten Salaten verwendet. Außerdem bilden sie die Grundlage für eine Art fleischlose Frikadelle, die *tomatokeftédes.* Wegen ihrer rein vegetarischen Zutaten heißen sie auch *pseftókeftédes,* »Lügenfleischbällchen«.

Kapernzweige wachsen an zahlreichen Mauern der Insel. Ameisen transportieren die Samen der Pflanze, hinterlassen sie in Mauerritzen oder Löchern im Lavagestein. Daraus sprießen dann die dornigen Zweige hervor, die bis in den Frühsommer hinein prächtig blühen. Die meisten Blütenknospen der Kapern *(kápari)* werden aber schon vorher von Sammlern geerntet und eingelegt, geben später weltweit Gerichten wie den Königsberger Klopsen einen pikanten Geschmack. Auf Santorin sind aber auch ihre Zweige eine beliebte Zutat zum Salat. Auch sie werden in Essigwasser eingelegt und sind dadurch samt ihrer Dornen genießbar.

Auberginen, Platterbsen & Co

Auberginen bilden überall in Griechenland die Grundlage für den köstlichen Auflauf *moussaká,* für den des Weiteren Kartoffeln, Bechamelsauce und Hackfleisch benötigt werden. Eine sonst in Hellas nur selten angebaute Spezialität Santorins sind die dafür verwendeten weißen Auberginen *(áspres melindsánes)*, die deutlich machen, warum dieses Gemüse in Teilen Österreichs auch als Eierfrüchte bezeichnet wird. Insbesondere bei Kirchweihfesten werden manchmal auch sauer eingelegte, kleine weiße Auberginen *(melindsanákia ksidáta)* gereicht.

Schon auf bronzezeitlichen Fresken von Akrotíri sind Safransammler dargestellt. Die Krokusart wächst auch heute noch im Spätherbst vor allem im Süden der Insel und wird von einigen wenigen Bauern gesammelt. Bei den Edelköchen der Insel bildet Safran eine beliebte Zutat für Desserts und Reisgerichte. Zumeist dürfte er allerdings aus dem kommerziellen Anbau bei Kozáni in Nordgriechenland stammen.

Genuin santorinisch hingegen ist eine *fáva* genannte, gelbe Hülsenfrucht, in deutschen botanischen Gärten als Platterbse bezeichnet. Sie wird getrocknet und dann hauptsächlich zu einem Püree verarbeitet, das als Vorspeise zusammen mit viel Olivenöl und Zwiebeln auf den Tisch kommt. Bei Kirchweihfesten isst man auch eine Suppe aus *fáva* und Schweinefleisch, in manchen Gerichten werden sie auch zu einer Art Kroketten verarbeitet.

Santorins einziger typischer Käse ist schließlich der *chloró tirí*, ein cremiger Ziegenfrischkäse mit leicht säuerlichem Geschmack.

Kulinarische Wurzeln

Die meisten Köche auf Santorin stammen nicht von der Insel, sondern vor allem aus Kreta und vom nordgriechischen Festland. So hat z. B. das kretische *dákos*, eine Art Bruschetta mit Kräutern, Tomaten- und Zwiebelstückchen in Essig und Öl auf Zwieback, und das am senkrechten Spieß gegrillte, ursprünglich nur in Nordgriechenland bekannte Gýros aus Schweine-, Lamm-

Die köstliche Vorspeise fáva wird aus getrockneten Platterbsen gemacht

oder Geflügelfleisch flächendeckend Einzug gehalten. Viele Küchenmeister waren auch schon im Ausland oder auf Kreuzfahrtschiffen aktiv, haben Anregungen aus aller Welt mitgebracht. Sie finden auf Santorin ebenso wie kreative Köche, die auf Basis alter griechischer Rezepte experimentieren, ein Publikum, das ihre Leistungen angemessen honoriert. So darf man sich hier auch auf gute Fusion Cuisine freuen und auf griechische Experimente wie Meeresfrüchte in Mastix-Sauce, für die das auf der Insel Chíos geerntete Baumharz die Grundlage bildet. Auch der Anisschnaps Oúzo ist auf Santorin inzwischen zu einer häufigen Saucen-Komponente geworden.

Die santorinischen Weine

Santorinische Weine sind unverwechselbar. Das liegt daran, das sie nahezu ausschließlich auf autochtonen griechischen Traubensorten basieren und auf vulkanischem Untergrund nahe an der heißen Bimssteinerde wachsen. Oft sind die Rebstöcke, vom Winzer kunstvoll mehrfach im Kreis gewunden, in kleine Mulden gesetzt. So halten sie sich besser im Wind, nehmen noch mehr Hitze auf und zudem die Feuchtigkeit des Taus, den der poröse Bimsstein bestens speichert. Den Tau verdankt Santorin nicht nur der Nacht, sondern auch der Caldera: Da sie tiefer und damit kühler ist als die Ägäis auf den Außenseiten der Insel, steigen in der Mittagshitze oft dünne Dampfwolken aus der Caldera auf und legen sich über die Rebgärten.

Die drei weißen Rebsorten Asírtiko, Athíri und Aidáni sowie in geringerem Maße die drei roten Varietäten Mandilariá, Voudomáto und Mavrotrágano bilden die Basis der Weinproduktion Santorins. Zwölf Kellereien produzieren unter verschiedenen Namen drei Grundsorten: *nichtéri, broúsko* und *vinsánto.*

Für den weißen und trockenen *nichtéri* werden die Trauben spätestens in der Nacht nach der Lese gekeltert. Man kann ihn jung trinken, aber auch einige Jahre lagern. Er schmeckt vollmundig, oft leicht erdig, und ist sattgelb. Farblich noch intensiver und mit höherem Alkoholgehalt gibt sich der zumeist trockene *broúsko,* der sowohl weiß als auch rosé oder rot sein kann. Vor der Kelterung werden die Trauben zwei bis vier Tage gelagert. Der edelste Wein der Insel ist der *vinsánto* aus sonnengetrockneten Trauben, der teils über 20 Jahre in Fässern reift, bis er auf Flaschen gezogen wird. Trotz seiner Süße hat er einen relativ geringen Alkoholgehalt.

Aus den Rückständen der Traubenpressung brennen manche Winzer einen Tresterschnaps, den *tsípouro.* Er gleicht dem kretischen *rakí,* wird aber anders als auf Kreta nicht als Tischgetränk zum Essen, sondern fast nur als Digestiv bestellt.

Zu Besuch in Weinkellereien
Mehrere Santoriner Weinkellereien öffnen ihre Pforten für Besucher, die die edlen Tropfen gleich vor Ort testen und kaufen können, darunter in Méssa Goniá (s. S. 195), in Pírgos (s. S. 209) und in Megalochóri, wo u. a. das berühmte Unternehmen Boutári eine Kellerei besitzt (s. S. 235). Interessantes zur Geschichte des Weinanbaus auf der Insel vermittelt auch das **Weinmuseum Lava** (s. S. 204).

Stiefkind Umwelt – ein Blick hinter die Kulissen

Die gewaltigen Besucherscharen stellen die finanzschwache Gemeinde der kleinen Insel vor große Probleme. Energie- und Wasserversorgung wollen organisiert sein, der Müll muss entsorgt werden. Erneuerbare Energien werden erst wenig genutzt, am Umweltbewusstsein muss noch gefeilt werden.

Ohne Strom läuft auch auf Santorin nichts. 120 000 Megawatt werden jährlich in dem einzigen, 1973 erbauten Kraftwerk gleich nördlich von Monólithos von der staatlichen Elektrizitätsgesellschaft DEI produziert. Verheizt wird das relativ preiswerte russische Heizöl Masut, ein zähflüssiger Destillationsrückstand von Erdöl. In der Schifffahrt bezeichnet man auch an der Meeresoberfläche schwimmende Ölrückstände mit dem gleichen Begriff. Im Sommer docken etwa alle zehn Tage Tanker an einer Unterwasserleitung vor der Küste an, im Winter kommen sie zweimal im Monat. Energiespeichermöglichkeiten besitzt das Kraftwerk nicht. Der erzeugte Strom wird immer umgehend ins Netz eingespeist.

Erneuerbare Energien

Obwohl von der Sonne verwöhnt, wird Solarenergie bisher nur von einigen Hotels und Privathäusern zur Warmwasseraufbereitung genutzt. In den letzten Jahren sind auf Santorin zwei Photovoltaik-Parks entstanden: in Messariá und in Voúrvoulos mit je einer Stärke von 100 Kilowatt. Außerdem sind auf etwa 10 Privathäusern Solaranlagen installiert, um Energie zu erzeugen und sie anschließend an die DEI zu verkaufen.

Windenergieanlagen sind in Griechenland schon häufig zu sehen. Auf Santorin aber dreht sich kein einziges Windrad. Große Teile der Bevölkerung sind dagegen, weil sie der außergewöhnlichen Schönheit der Insel wohl eher schaden würden. Auch die Lärmbelästigung der Touristen wird als Argument gegen sie angeführt.

Wasser und Abwasser

Wasser wird aus knapp 40 Bohrlöchern aus bis zu 80 m Tiefe gefördert. Brunnenbohrungen haben überwiegend in Kamári, Períssa und Monólithos stattgefunden, da diese Orte auf vorvulkanischem Kalkgestein erbaut sind. Teilweise wird es mit Tankwagen auch in andere Inseldörfer verkauft.

Ein Teil des Trinkwassers in Oía und Firá stammt aus zwei Entsalzungsanlagen. Eine steht in Firá und die zweite bei Oía. Ziel der Gemeinde ist es, mindestens zwei weitere Entsalzungsanlagen auf der Insel zu bauen. Das Projekt hängt im Moment noch von einer Gesetzesnovelle ab, die erst ratifiziert werden muss, um den Bau weiterer

In den engen Gassen müssen Esel auch als Mülltransporter herhalten

Anlage zu ermöglichen. Geplant sind die beiden Neuanlagen in der Gegend von Éxo Goniá oberhalb des Flughafens und in der Nähe von Perívolos.

Viele alte Privathäuser sammeln auch weiterhin wie früher allgemein üblich in Zisternen das winterliche Regenwasser, das von Hausdächern und Terrassen aufgefangen wird. Zur Reinigung und Desinfektion fügt man Kalk hinzu. Einheimische trinken das Wasser manchmal, bieten es aber Touristen nie ungefragt an.

Die Abwässer Santorins werden in fünf Kläranlagen verarbeitet. Das gereinigte Wasser wird über 500–700 m lange Unterwasserrohre ins Meer gepumpt. Die Rohre sind so konstruiert, dass sich das Wasser ausbreitet und nicht etwa an einer einzigen Stelle verbleibt, es vermischt sich mit dem Meereswasser. Die Badewasserqualität wird dadurch nicht beeinträchtigt. In der biologischen Kläranlage läuft zudem in Zusammenarbeit mit der Universität von Kreta ein Versuch, das geklärte Wasser für die Bewässerung von Feldern zu nutzen.

Täglich kommt die Müllabfuhr

Pro Jahr fallen auf Santorin immerhin 12 000 bis 15 000 t Müll an. Das entspricht dem Rauminhalt von etwa 750 bis 800 ISO-40-Fuß-Containern, wie sie im Seeverkehr üblich sind. Sechs Müllfahrzeuge sind täglich vor allem in den frühen Morgenstunden unterwegs, um ihn einzusammeln.

In den Sommermonate sind bis zu 120 Mitarbeiter mit dem Müll und der Straßenreinigung beschäftigt – an manchen Tagen verweilen immerhin bis zu 120 000 Menschen auf Santorin. In den Wintermonaten jedoch leben auf der Insel gerade mal 15 000 Personen, dann sind auch nur 15–30 Personen für die Müllabfuhr angestellt.

Als Mülldeponie dient ein alter, 5 ha großer Tagebau südlich von Firá, in dem früher Bimsstein und Pozzuolan gewonnen wurde. Dort wird der Müll aufgeschichtet, dann mit Erde und Schutt von den zahlreichen Baustellen der Inseln bedeckt. Bis 2018 will die Gemeinde eine neue, moderne Anlage bauen. 2013 wurden zwei Vorschläge unterbreitet, beide sehen eine Kompostierung vor. Müllverbrennungsanlagen gibt es in ganz Griechenland nicht – es fehlt das Geld.

Hoffnungsschimmer beim Recycling

Seit September 2010 wird auf Santorin recycelt. Deshalb wurden insgesamt 350 blaue Tonnen paarweise an verschiedenen Orten aufgestellt. Die Tonne mit dem roten Deckel ist für Plastik, Aluminium und Metallmüll gedacht. In den Tonnen mit dem gelben Deckel sollen Papier und Pappe entsorgt werden. Die Tonnen werden täglich entleert, der Inhalt zur Müllkippe der Insel gebracht.

Alle 2 bis 3 Tage wird der Abfall mit einem LKW per Fähre nach Athen gebracht. An Bord sind dann 8 bis 10 Tonnen recycelter Abfall. In den Sommermonaten ist für diesen Zweck ein spezielles Transportschiff unterwegs. Für seine Recycling-Bemühungen wurde Santorin 2015 als einzige griechische Insel mit einem silbernen Umweltpreis belohnt. Die Goldmedaille erhielt der Athener Flughafen.

Umweltbewusstsein

Bei der Bevölkerung kommt die Recycling-Idee auch immer besser an. Im ersten Jahr beteiligten sich nur etwa 5 % der Inselbewohner daran. Doch nun kommen immer mehr Santoriner auf den Geschmack. Seit 2012 organisiert die Gemeinde ein Home-Composting-Programm, an dem sich binnen zwei Jahren 200 Haushalte beteiligten. Der Hausmüll der Teilnehmer landet im Rahmen dieses Programms nur zu 10 % auf der Müllkippe. Und seit 2014 wurden auch Schulen der Insel in das Kompostierungs-Programm involviert.

Seit 2012 haben zudem die zahlreichen Unternehmen und Weinkellereien Gelegenheit, sich an einem ähnlichen Programm zu beteiligen. In den touristenreichen Sommermonaten stellt ihnen die Gemeinde kleine blaue Tonnen zur Verfügung. In ihnen werden Flaschen und Glas entsorgt.

In jedem Dorf wurde des Weiteren ein Tank installiert, in dem Privathaushalte und Restaurants gebrauchtes Fritteusen-Öl entsorgen können. Das fällt reichlich an, denn Einheimische wie griechische Touristen verzehren Pommes Frites in unglaublichen Mengen. Daraus wird anschließend Biodiesel erzeugt.

All das ist ein kleiner, aber wichtiger Schritt für das Umweltbewusstsein in Griechenland, das in vielen Fällen vernachlässigt wird – wofür landesweit ja auch die Bedeutungslosigkeit der griechischen Grünen in der Politik spricht. Sie konnten bisher noch nie ins Parlament einziehen, wo die Hürde bei 3 % der Stimmen liegt.

Skeptiker kritisieren aber auch das Erziehungsministerium: Es gibt keinerlei Umwelterziehung im Lehrplan und keine entsprechenden Schulbücher. Allerdings beteiligen sich an den mehrmals jährlich stattfindenden Strandreinigungsaktionen auch immer mehr einheimische Jugendliche.

Unterwegs auf Santorin

Im wahrsten Sinne malerisch: die steil ins Meer abfallende Kraterwand der Caldera

Das Beste auf einen Blick

Firá und Umgebung

Highlights!

Firá: Durch die Gassen der Inselhauptstadt strömen tagtäglich Zehntausende Touristen aus aller Welt. Vier Museen erzählen die Inselgeschichte, zahlreiche Galerien und Juweliere laden zum Shoppen ein. S. 91

Firostefáni: Der sich nördlich an Firá anschließende Ort ist architektonisch und landschaftlich ebenso spektakulär wie Firá, nur sehr viel ruhiger. S. 129

Imerovígli: Das nördlichste der Kraterranddörfer im Dreierbund ist das ruhigste. Mutige spazieren auf den Skáros-Felsen hinüber, dessen Burgruine hoch über der Caldera thront. S. 132

Auf Entdeckungstour

Die Kathedrale von Firá: Großflächige Wandmalereien schmücken nicht nur die Bischofskirche der Insel, sondern gewähren auch tiefe Einblicke in die orthodoxe Theologie. S. 100

Im Volkskundemuseum Kontochóri: In diesem liebevoll gestalteten Museum erfährt man, wie die Menschen auf Santorin in früheren Zeiten lebten, wovon sie sich ernährten, wie sie feierten und sich kleideten. S. 108

Am Kraterrand entlang: Auf altem Pflaster und über Lavageröll führt ein gut markierter Weg durch vulkanische Wunderwelten von Firá bis nach Oía. S. 124

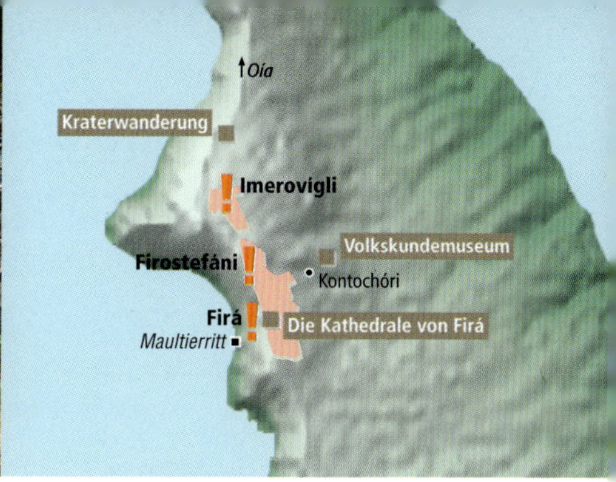

Kultur & Sehenswertes

Prähistorisches Museum in Firá: Im bedeutendsten und modernsten Museum der Insel wird das Leben auf Santorin vor 3700 Jahren wieder lebendig. S. 95

Archäologisches Museum in Firá: Zu den schönsten Kunstwerken aus dem 1. Jt. v. Chr. gehören Vasenmalereien mit Schiffs- und Tierdarstellungen. S. 99

Fresken im Santozeum in Firá: In einem einzigartigen Museum direkt am Kraterrand Firás werden Replikate der Fresken der prähistorischen Stadt Akrotíri präsentiert, die es sonst nur in Büchern zu sehen gibt. S. 104

Aktiv unterwegs

Maultierritt zum alten Hafen: Wer nicht einmal auf einem Maultier vom alten Hafen die Caldera-Wand nach Firá hinaufgeritten ist, war nicht wirklich auf Santorin. S. 107

Genießen & Atmosphäre

Taverne Kápari: Auf einer von Bougainvilleen umhüllten Terrasse in Firá serviert Wirt Kósta kreative griechische Küche vom Feinsten, aber verzichtet auf überzogene Preise. S. 118

Taverne Símos: Speisekarten sind in dieser traditionellen Taverne in Imerovígli überflüssig, denn die Bedienung präsentiert auf Tabletts am Tisch, was die Küche zu bieten hat. S. 129

Café Mýlos: Rund um einen Windmühlenstumpf genießen die Gäste in Firostefáni den Blick auf die Caldera bei exzellenten Getränken. S. 132

Abends & Nachts

Kirá Thirá in Firá: Die kleine Bar ohne Caldera-Blick ist der Szenetreff für alle, die Jazz lieben. Hausgetränk ist eine Sangría, die Wirt Dimítris aus drei Inselweinen mischt. S. 127

Die Inselhauptstadt

Die Inselhauptstadt Firá (auch Thíra genannt) ist das zentrale Drehkreuz der Insel. Hier beginnen und enden alle Buslinien, hier befindet sich der zentrale Taxistandplatz. In dem malerischen Städtchen hoch über der Caldera kommen alle Kreuzfahrttouristen an, hier stehen Rathaus, Inselhospital, Supermärkte und die bedeutendsten Museen der Insel. Dadurch herrscht in Firá im Gegensatz zu anderen Orten Santorins sogar im Winter noch etwas Leben.

Firá ist der größere Teil der Kraterrandsiedlung, die von Weitem wie eine geschlossene Einheit wirkt, zu der auch die früher einmal selbstständigen Gemeinden Firostefáni und Imerovígli gehören. Von der Architektur her sind sie Firá ganz ähnlich, doch beherbergen hier die meisten Häuser nur im Sommerhalbjahr geöffnete

Infobox

Reisekarte: ▶ E–H 3–5

Info-Stellen

In der Hochsaison ist eventuell ein Informationskiosk zwischen Platía und Busbahnhof geöffnet, der rudimentäre Infos gibt. Wegen Ausflügen, Bootsfahrten und Schiffstickets wendet man sich an die vielen Reisebüros an der Platía und in ihrer unmittelbaren Umgebung.

Rundgänge

Ausgangspunkt unseres Stadtrundgangs ist der Busbahnhof. Von hier geht es auf direktem Weg zur Kraterrandgasse und dann durch die Gasse Erithroú Stavroú an Archäologischem Museum und katholischem Viertel vorbei zum Nomikós-Konferenzzentrum. Dort wird wieder der Kraterrand erreicht, dem Sie nun weiter bis nach Firostefáni und eventuell sogar bis Imerovígli folgen können.

Wollen Sie sich zunächst auf Firá beschränken, wenden Sie am Konferenzzentrum und folgen der Kraterrandgasse zurück ins Zentrum, um eventuell noch zum alten Hafen hinunterzufahren, Káto Firá zu durchstreifen, den Stadtpark oder das volkskundliche Museum von Kontochóri zu besuchen.

Mit dem Bus unterwegs

In Firá befindet sich die zentrale Busstation der Insel. Fahrpläne sind am Busbahnhof erhältlich (zu den verschiedenen Linien s. S. 23). Alle Busse tragen an der Windschutzscheibe eine Nummer. Kurz vor der jeweiligen Abfahrt weiß der Fahrdienstleiter, welcher Bus wohin fahren wird, ein Schaffner ruft daraufhin die Busnummer mit Zielangabe aus. Manchmal müssen die Tickets vor dem Einsteigen direkt am Bus gelöst werden, manchmal erhält man sie auch erst im Bus. Öffentliche Toiletten gibt es am Busbahnhof (0,50 €).

Parkplätze

Firá besuchen Sie am besten mit dem Linienbus. Wer mit dem Mietwagen kommt, kann auf dem Großparkplatz östlich der Hauptstraße auf Höhe des Krankenhauses parken (gebührenfrei).

Firá besticht durch seine spektakuläre Lage direkt am Kraterrand

Hotels. Da nur wenige Kreuzfahrttouristen bis hierher kommen, ist die Zahl der Restaurants und Geschäfte weitaus geringer als in der Inselmetropole, die Ruhe größer.

Am östlichen Rand dieser drei Ortsteile läuft die Hauptstraße von Kamári über Firá nach Oía entlang. Jenseits dieser Straße wird die zum Meer hin abfallende Landschaft von Erosionstälern mitgeprägt, in denen zwei Binnendörfer liegen: Karterádos und Voúrvoulos. An der Küste dieses zentralen Teils Santorins sind nur wenige kleine Siedlungen zu finden, die durch keine Küstenstraße direkt miteinander verbunden sind. Wer von Monólithos zum nicht einmal 5 km nördlich davon gelegenen Voúrvoulos Beach will, muss sich dreimal weit landeinwärts wenden und die Erosionstäler umfahren.

Firá ! ▶ F 4

Santorins kleine Hauptstadt verbindet die Schönheit aller vier Kraterranddörfer der Insel mit dem, was viele Urlauber bevorzugt suchen: viele Möglichkeiten, viel Geld auszugeben. Tavernen, Cafés und Bars werden nicht nur durch ihre einzigartige Lage am Kraterrand oder in der Caldera-Wand zur Versuchung, sondern auch durch ihre mundwässernden Speisekarten. Einmal zumindest will wohl jeder Mensch der Wohlstandsländer hier einen Sonnenuntergang erlebt und einige Stunden unter dem Sternenhimmel verbracht haben. Die Hotels in gleicher Lage vermitteln ein Wohngefühl ohnegleichen. Künstler, Kunsthandwerker und Juweliere sorgen für ein originelles, so anderswo

Firá

Sehenswert

1 Busbahnhof
2 Prähistorisches Museum
3 Orthodoxe Kathedrale Ypapánti
4 Archäologisches Museum
5 Seilbahnstation
6 Gízi-Museum/ Mégaro Gýzi
7 Katholische Bischofskirche

Fortsetzung s. S. 94

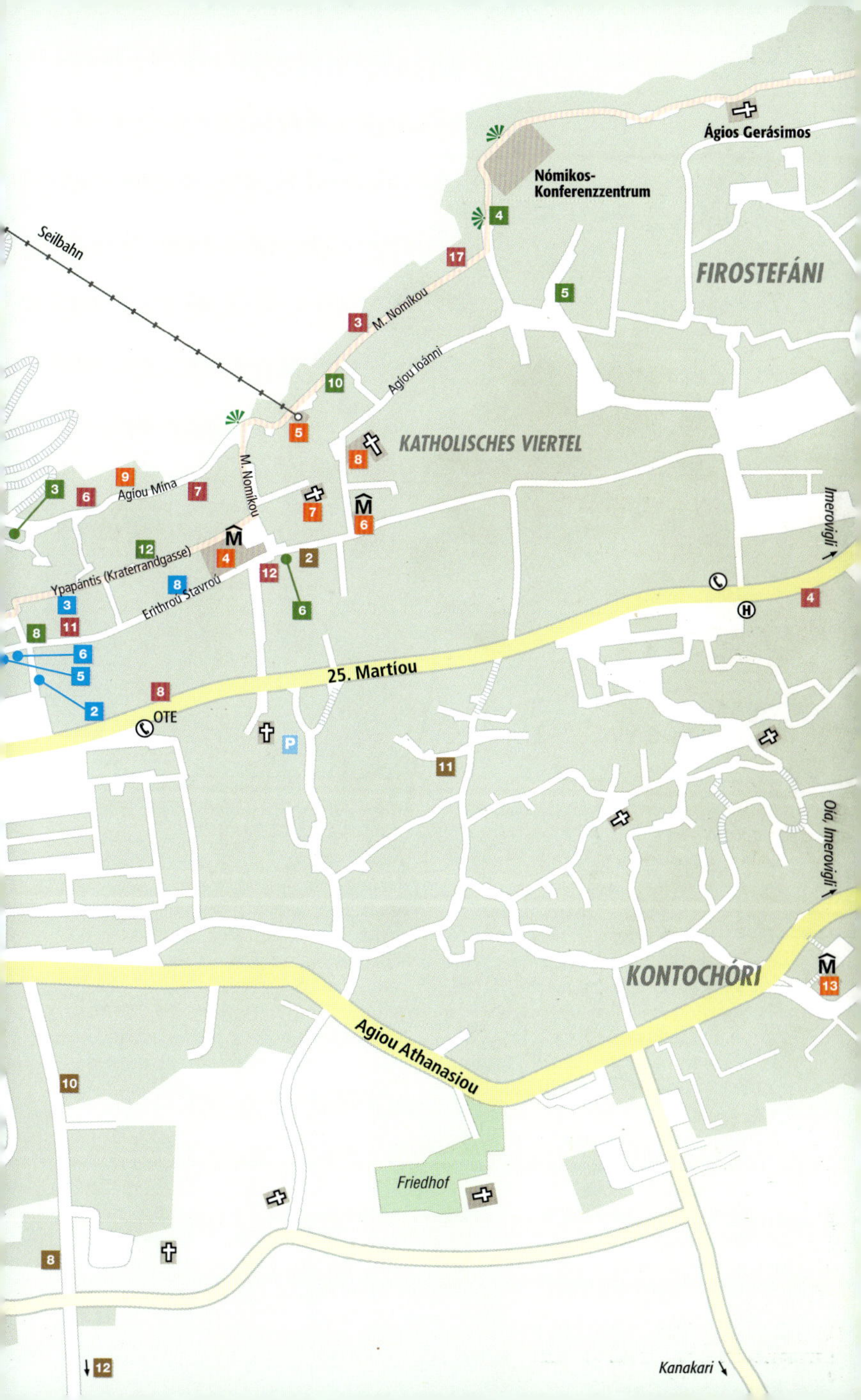
Seilbahn
Ágios Gerásimos
Nómikos-
Konferenzzentrum
FIROSTEFÁNI
M. Nomikou
Agiou Ioánni
KATHOLISCHES VIERTEL
Agíou Mína
M. Nomikou
Ypapántis (Kraterrandgasse)
Erithroú Stavroú
Imerovigli
25. Martíou
OTE
Oía, Imerovigli
KONTOCHÓRI
Agiou Athanasiou
Friedhof
Kanakari
3
6
9
7
12
4
8
3
11
8
6
5
2
8
10
17
5
4
3
5
8
7
6
2
12
6
4
11
13
10
8
12

Firá

- 8 Kloster der Dominikanerinnen/ Agía Ekateríni
- 9 Santozeum
- 10 Alter Hafen
- 11 Káto Firá
- 12 Stadtpark
- 13 Folklore Museum Kontochóri

Übernachten

- 1 Aigiálos
- 2 Aria Litó
- 3 Atlantis
- 4 Kaválári
- 5 Kéti
- 6 Pelican
- 7 Loízos Apartments
- 8 Golden Star
- 9 Tatáki
- 10 Summertime
- 11 Villa Pópi
- 12 Camping Santorini

Essen & Trinken

- 1 Koukoumavlos
- 2 Sphinx
- 3 Don Angelo und Galerie Don & Donna
- 4 Sáltsa
- 5 Ámbelos
- 6 Porto Carrá
- 7 Zafóra
- 8 Kápari
- 9 Náoussa
- 10 Nikólas
- 11 Diónysos in Atlantis
- 12 China
- 13 Pelican Café-Wine-Restaurant
- 14 Paréa
- 15 Kyrá Níki
- 16 Stamná
- 17 Cafe Iríni
- 18 Diverso
- 19 Kalambóki
- 20 LukuMum
- 21 Patisserie Mános

Einkaufen

- 1 Máti Art Gallery
- 2 AK Gallery
- 3 Santorini Art Center
- 4 Art of the Loom
- 5 Goúlas
- 6 Ernesto
- 7 Book & Style
- 8 New Art
- 9 Milo
- 10 Touristische Kleidergeschäfte
- 11 Martini
- 12 The Butterfly Wings
- 13 Háris Cotton
- 14 Ponirós
- 15 Ilías Lalaoúnis

Abends & Nachts

- 1 Casablanca Soul
- 2 Enigma Club
- 3 Koo Club
- 4 Kirá Thirá
- 5 Town Club
- 6 Murphy's
- 7 2 Brothers
- 8 The White Door

kaum zu findendes Angebot an Mitbringseln – und in den Clubs der Stadt fühlen sich auch Jetset und Pop-Größen aus aller Welt wohl.

Aber Firá bietet auch stille Ecken wie Káto Firá oder das bereits 1806 von römischen Katholiken Santorins neu gegründete katholische Viertel, das zur Keimzelle des heutigen Firá wurde. Ohne Blick in die Caldera können auch weniger Betuchte in kleinen Hotels und sogar auf einem Campingplatz wohnen.

Erdbebenschäden sind in Firá fast gar nicht mehr zu sehen, der Tourismus hat seit Ende der 1970er-Jahre für die Wiederauferstehung des Ortes gesorgt. Dutzende kleiner Weinkeller, die im oberen Teil der Gasse hinunter zum alten Hafen noch zu erkennen sind, wurden in Juwelier- und Souvenirgeschäfte verwandelt, Hausruinen zu Hotels. Vor allem die boomende Kreuzfahrtindustrie sorgt in Firá für ein gutes Geschäft. Am manchen Tagen laufen bis zu acht Riesendampfer die Insel an und setzen manchmal über zehntausend Kurzzeitbesucher gleichzeitig in Firá ab. Das sind die Stunden, in denen viele Santorin-Urlauber Firá lieber meiden oder in die Museen der Stadt ausweichen, die Kunstwerke von höchstem Rang besitzen.

Busstation 1

Der Busbahnhof ist den ganzen Tag und Abend über das Drehkreuz im öffentlichen Inselverkehr. Neben dem

Kiosk des Fahrdienstleiters stehen einige Bänke unter einem Schutzdach; auf der anderen Seite hängen die jeweils aktuellen Fahrpläne aus. In der Wartezeit kann man schön beobachten, wie die Fahrer auf dem für die vielen Busse zu kleinen Parkplatz ihre Gefährte kunstvoll in schmale Parklücken bugsieren. Am Kiosk in der Südostecke versorgt man sich mit allem Notwendigen oder kann auch Gepäck aufbewahren lassen.

Prähistorisches Museum 2

April–Okt. tgl. 8–15 Uhr, sonst Mi–Mo 8–15 Uhr, Eintritt 3 €, , s. Sammelticket, S. 38

Das im Jahr 2000 eröffnete Museum ist eines der besten und modernsten Griechenlands. Alle Exponate stehen auf einer Ebene, die man entgegen dem Uhrzeigersinn durchschreitet. Die Erklärungen werden auf Griechisch und Englisch gegeben; Führungen werden leider nicht angeboten. Das Fotografieren ohne Blitzlicht und Stativ ist gestattet.

Auftakt im Vestibül

Unter dem Motto »The Discovery of an archaeological site« werden kommentarlos Fundobjekte aus den Ausgrabungen von Akrotíri gezeigt. Eine Karte an der Wand gibt einen Überblick über die sieben Fundorte prähistorischer Objekte, die im Museum zu sehen sind.

Zur Geologie der Insel

Ausstellungsfläche B widmet sich der Geologie der Insel. Eine Karte zeigt die geologische Schichtung der Caldera. Ein Schaubild stellt die Form der Insel zu drei verschiedenen Zeiten dar. Unten wird das Santorin gezeigt, das die Bewohner Akrotíris um 1640 v. Chr. kannten. In der Mitte ist Santorins Form gleich nach der großen Eruption um 1645 v. Chr. zu sehen. Oben erkennt man Santorin in seiner jetzigen Gestalt. In einer Vitrine sind 50 000–60 000 Jahre alte Fossilien von Oliven-, Tamarisken- und Palmenblättern zu sehen, die zu jener Zeit auf Santorin wuchsen.

Kykladen-Idole

Ausstellungsfläche C (Γ) zeigt, dass Santorin im Jahrtausend der Kykladenkultur, also im 3. Jt. v. Chr., in enger Verbindung mit den übrigen Inseln des Archipels stand. Der Obsidian, aus dem die kleine Pfeilspitze (C 1, Nr. 17) und der scharfkantige Meißel (Nr. 18) in der großen Vitrine gearbeitet sind, stammt aus Mílos. In der gleichen Vitrine sind auch mehrere kleine Kykladenidole aus Marmor ausgestellt, wie sie in Akrotíri vielfach gefunden wurden. Sie stammen aus der Zeit zwischen 2800 und 2300 v. Chr. Wahrscheinlich wurden sie von anderen Kykladeninseln mit Marmorvorkommen wie Páros und Náxos importiert. Sie repräsentieren nackte, stark stilisierte Frauen und manchmal auch Männer mit stark betonten Geschlechtsmerkmalen und meist mit vor der Brust verschränkten Armen. Der Hals ist stark überlängt. Man interpretiert sie als Darstellung von Fruchtbarkeitsgottheiten.

Ein Keramikgefäß (Nr. 40) aus gleicher Zeit ist mit Spiralen verziert, einem Symbol ewigen Lebens, das die Menschen auch durch spätere Kulturepochen begleitete.

Gute Seefahrer

Dass die Menschen des 3. Jt. v. Chr. gute Seefahrer waren und Fernhandel betrieben, beweisen aus der Nordost-Ägäis stammende Keramikgefäße aus der Zeit um 2300/2200 v. Chr., die in der ersten Wandvitrine im Areal C 2 zu sehen sind. Vielleicht brachten Kaufleute sie mit, vielleicht aber auch Bewohner von Límnos und Lesbos, die sich auf Santorin niederließen und der Insel neue Impulse gaben. Ihre dunkelbraunen Becher mit ein oder zwei Henkeln würden auch heute noch jeden Frühstückstisch zieren.

Keramische Vielfalt

In den Wandvitrinen in C 2 wird anschließend die Entwicklung der Keramik auf Santorin zwischen etwa 2000 und 1750 aufgezeigt. Viele der Gefäße sind entweder durch Einritzungen oder mit Malereien verziert. Auch die Formen sind größtenteils sehr originell. Ein herausragendes Einzelstück ist das Gefäß Nr. 88 aus dem 20./19. Jh. v. Chr. Dem bauchigen Krug ist eine sehr lange Tülle aufgesetzt, die schräg nach oben gerichtet ist. An ihrem Ansatz wirkt ein dicker, aufgemalter Punkt, den ein Kreis umgibt, wie ein Auge und verwandelt dadurch Hals und Tülle in einen Vogelkopf mit langem Schnabel.

Vögel spielen ohnehin eine große Rolle im frühen Santorin, wie man es auch bei den Fresken feststellt. Aber auch die Vasen Nr. 101 und Nr. 102, die in der Form Nr. 88 ähneln, sind mit Vögeln, wahrscheinlich Schwalben, bemalt. Wahrscheinlich sind sie Symbole für Fruchtbarkeit und als Zugvögel auch für die im Frühjahr wieder erwachende Natur. Der Becher Nr. 100 nimmt das schon zuvor gesehene Spiralenmotiv auf, wobei die Spiralen auch hier wieder an Augen erinnern.

Auch originale Fresken aus Akrotíri sind im Prähistorischen Museum zu sehen

Dass die Krüge auch wirklich zur Aufnahme von Flüssigkeiten bestimmt waren, zeigt der vierhenkelige Krug Nr. 108 – die Archäologen haben den zu ihm gehörenden Verschlusstein ebenfalls gefunden und ihn dem Krug wieder aufgesetzt.

Der Gedanke an Fruchtbarkeit und unendliches Leben schwingt immer wieder in der alt-theräischen Kunst mit. Eine besonders schöne Form findet er in ›Brustwarzen-Krügen‹. Nr. 138 aus dem 17. Jh. v. Chr. ist ein hervorragendes Exemplar. Wieder ist der Gefäßkörper bauchig, der Hals phallisch lang, wirken Hals und Tülle wie ein Vogelkopf mit Augen und Schnabel, der zum Himmel gerichtet ist. Am Hals des Kruges könnte eine Reihe dicker Punkte eine Halskette andeuten, darunter sind zwei weibliche Brustwarzen kräftig aufgerichtet. Gefäße wie diese wurden sicherlich nicht im Alltag verwendet, sondern waren wohl kultischen Handlungen vorbehalten.

Dass die Theräer im frühen 2. Jt. v. Chr. neben der Keramik auch Marmor weiterhin als Material zu schätzen wussten, zeigt abschließend eine schöne Schale mit etwa 60 cm Durchmesser am Durchgang zum Ausstellungsareal D.

Vom Alltag vor 2650 Jahren

Im Ausstellungsareal D kann sich der Besucher zunächst anhand eines großen Modells einen Eindruck von den Ausgrabungen von Akrotíri verschaffen. Er sieht die Gassen mit ihren kleinen Plätzen, den Grundriss der Häuser mit Treppen im Innern, Türen und Fensteröffnungen. Ein Aha-Erlebnis bieten dann gleich die ersten Objekte in Areal D 1. Da stehen die Gipsausgüsse eines fast barock anmutenden hölzernen Tisches (Nr. 144) und eines Stuhlfragments (Nr. 145). Die Archäologen erkannten die Möbel als Hohlräume in der Bimssteindecke.

Man sieht, wie die Alt-Theräer für Licht sorgten: Zwischen den üblichen kleinen Öllämpchen steht auch eine 50 cm hohe Öllampe (Nr. 147), die vielleicht in einem Kultraum brannte. Aus alt-theräischen Küchen stammen der tönerne Kochtopf (Nr. 157) und der tragbare Ofen aus Ton (Nr. 160). Besonders schön ist das Paar von Grillspieß-Ablagen mit Tierköpfen als vorderem Abschluss Nr. 161/2), das sicher mancher heute gern zu Hause hätte. Fünf hölzerne Grillspießchen aus einem Supermarkt von heute veranschaulichen ihre Funktion.

Dass es in Alt-Thera auch schon Gebrauchsgegenstände aus Metall gab, zeigen eine bronzene Bratpfanne (Nr. 169), eine bronzene Waage (Nr. 172), eine große Bronzesäge (Nr. 179) und diverse Angelhaken. Frei im Raum steht ein tönerner Badezuber (Nr. 435).

Frühe Bürokratie

Wichtiges Merkmal einer Hochkultur ist ein hoher Organisationsgrad der Gesellschaft, der ein gewisses Maß an Standardisierung und Bürokratie einschließt. Im Ausstellungsareal D 2 werden dafür Beispiele aus Akrotíri gezeigt: bis zu 15 kg schwere Bleigewichte (Nr. 184–192) und fünf von der Form her gleiche Krüge unterschiedlicher Größe als Maßeinheit für Flüssigkeiten und Rauminhalte, also eine Art Messbecher (Nr. 230–234).

Drei frei auf einem Podest an der Wand stehende Píthoi, große Vorratsgefäße, tragen eine unterschiedliche Bemalung, die offenbar zur Kennzeichnung der Inhalte diente. Dafür stand den Alt-Theräern die bis heute nicht entzifferte minoische Linear-A-Schrift zur Verfügung, wie sie auf drei Tontäfelchen (Nr. 203–205) zu sehen ist. Außerdem wurden Siegel aus Ton oder Stein verwendet, die für die Archäologie hier wie auf Kreta wegen der Vielfalt ihrer Darstellungen von besonderem Wert sind. Fotos von Abgüssen gleich neben den Original-Siegeln (Nr. 221–224) zeigen u. a. kunstvolle Darstellungen eines Pferdes, das einen einachsigen Wagen mit Speichenrädern zieht, und eines Stiers, über den anscheinend gerade ein Jüngling springt.

Freskenmalerei

In Areal D 3 wird gezeigt, mit welchen Farbpigmenten die theräischen Freskenmaler arbeiteten. Als Grundlage dienten Kohle, eisenhaltige Gesteinsmehle wie Mangan, Ocker und Hämatit, Kalk und ein aus Ägypten importiertes synthetisches Pigment. Dass nicht nur Wände mit Fresken bemalt wurden, zeigt ein dreibeiniger Opfertisch in einer frei stehenden Vitrine (D 3.4). Seine Darstellung von spielenden Delfinen wäre – flach ausgerollt – etwa 1,30 m lang. Auch Wandmalereien sind hier im Original zu sehen: die Fresken aus der zweiten Etage des ›Hauses der Frauen/House of the Ladies‹ (s. S. 247). Sie zeigen stark stilisierte Papyruspflanzen und mehrere Frauen mit roten Bäckchen und intensiv roten Lippen, aber fast ohne Schmuck. Sie tragen lange, offene Haare und farbenfrohe Kleidung.

Einer der Damen fällt scheinbar eine üppige Brust aus dem Gewand. Die Archäologin Nánno Marinátos, Tochter des ersten Ausgräbers von Akrotíri, hat die Fresken interpretiert. Nach ihrer Ansicht handelt es sich um die Darstellung eines alljährlichen Rituals, das in diesem Gebäude vollzogen wurde. Im Mittelpunkt stand wohl ein Schrein im Zimmer mit den Papyrusfresken. Die Frauen sind mit dem Vollzug des Rituals – von der Bekleidung der Priesterin (daher die eine, noch nackte Brust) bis zur Darbringung von Opfern – beschäftigt.

Meisterwerke der Keramik

Auf den kurzen Ausflug in die Welt der Fresken folgt eine Sammlung von Meisterwerken alt-theräischer Keramikwerkstätten des 17. Jh. Die Darstellung von Trauben auf einem großen Krug verrät, dass auch die Alt-Theräer schon Wein tranken. Ein mit Gerstenähren bemalter Becher sagt etwas über den Getreideanbau in jener Zeit aus. Besonders schön sind zwei Rhyta, also kultische Trinkgefäße, in Form eines Wildschweinkopfes. Tierdarstellungen sind auch auf den großen Vorratsgefäßen zu finden, vor allem Delfine, aber auch Ziegen, Stiere und Möwen. Dass die Damen in Alt-Thera auch Schmuck zu schätzen wussten, zeigen kleine Kostbarkeiten aus Gold, Bronze, Kristall und Halbedelsteinen. Insgesamt fanden die Archäologen aber nur wenige ›Wertgegenstände‹ in Akrotíri: Sie wurden mit an Bord genommen, als die Menschen vor dem Vulkanausbruch flüchteten.

Drei Höhepunkte zum Abschluss

Bei der Flucht vergessen wurde die kleine, innen hohle Figurine eines goldenen Steinbocks (Ibex, D 7) in der letzten Vitrine des Rundgangs. Das etwa 11 cm lange und 9 cm hohe Meisterwerk wurde erst 1999 gefunden und ist bis heute das einzige größere Fundobjekt aus einem Edelmetall. Deutlich zu erkennen ist, dass Schwanz und Beine nicht aus einem Guss sind, sondern nachträglich angefügt wurden.

Im gleichen Areal wie diese Vitrine sind abschließend auch noch zwei Höhepunkte der Freskenmalerei zu sehen: das Fresko der Blauen Affen sowie ein Freskenfragment mit Tieren und Krokussen in einer felsigen Landschaft. Beide stammen aus Block

B in Akrotíri. Affen gab es auf Santorin tatsächlich, wie ein Schädelfund bewies. Ob sie hier heimisch oder importiert und domestiziert waren, weiß man nicht. Nánno Marinátos interpretiert die auf santorinischen Fresken mehrfach vorkommenden Affen als Diener einer Gottheit oder – wegen ihrer menschenähnlichen Züge – auch als Dämonen. Ihr Vorbild sieht sie in Ägypten, wo Paviane als Adoranten des Sonnengottes auftreten.

Orthodoxe Kathedrale Ypapánti 3

Ganztägig geöffnet

Großflächige Decken- und Wandmalereien des Santoriner Künstlers Christóforos Assimís schmücken die neue Bischofskirche (Mitrópolis) der Insel. Sie gewähren tiefe Einblicke in das Wesen orthodoxer Theologie (siehe Entdeckungstour S. 100).

Archäologisches Museum 4

Di–So 8–15 Uhr, Eintritt 2 €, s. auch Sammelticket, S. 38

Das bereits 1960 eröffnete Museum wird im Gegensatz zum Prähistorischen Museum von Firá recht stiefmütterlich behandelt. Die Angestellten versehen ihren Dienst in einem Gebäude ohne Heizung und Klimaanlage, das Arrangement der Ausstellung gibt sich recht altbacken. Ein Besuch lohnt v. a. dann, wenn man auch an Funden aus dem 1. Jt. v. Chr., also insbesondere aus archaischer und klassischer Zeit interessiert ist.

Noch einmal Akrotíri

Zum Auftakt begegnet der Besucher im Kassenraum noch einmal Funden aus der prähistorischen Siedlung von Akrotíri, wie sie ähnlich schon im Prähistorischen Museum zu sehen waren: drei etwa 1 m hohe Píthoi mit Spiral- und Lilienblütendekor, einem großen Krug mit Tülle in der Form eines Vogelschnabels und drei sogenannte Brustwarzenkannen.

Geometrische und archaische Zeit

Umrundet man den ersten Museumssaal im Uhrzeigersinn, sieht man zunächst gleich links in einer kleinen Hängevitrine die Tonstatue einer klagenden, sich die Haare raufenden Frau (Nr. 392). Sie wird in die 2. Hälfte des 7. Jh. v. Chr. datiert. Die Frau trägt einen bis zum Boden reichenden Rock ohne Faltenwurf, sodass die Beine nicht sichtbar sind. Ungewöhnlich bewegt für jene frühe Zeit ist die Armhaltung, sehr ausdrucksstark wirken die aufgemalten Augen.

Die für die archaische Zeit typische Statuenform des ›Koúros‹ repräsentiert der Torso eines nackten Jünglings aus dem 3. Viertel des 6. Jh. v. Chr. Er stammt aus einem Apollon-Heiligtum in Alt-Thera: Apollonheiligtümer wie in Délfi auf dem griechischen Festland oder auf der Kykladeninsel Delos waren bevorzugte Aufstellungssorte solcher Monumentalplastiken.

In den Wandvitrinen dieses Saals lässt sich die Entwicklung der Vasenmalerei im 1. Jt. v. Chr. gut nachvollziehen. Vasen aus geometrischer Zeit sind mit Kreisen, Rauten, Mäandern, Palmetten, stilisierten Blüten und Dreiecken verziert. Eine kykladische Amphore aus dem 7. Jh. v. Chr., also aus archaischer Zeit, zeigt am Hals einen Krieger auf einem Streitwagen mit Speichenrädern, der von einem geflügelten Pferd gezogen wird. Auf einer anderen biegt ein Schwan seinen Hals nach hinten. Reizvoll sind auch die Vasen, die je- ▷ S. 103

Auf Entdeckungstour: Bilderbuch der Theologie – die Kathedrale von Firá

Die strahlend weiße orthodoxe Bischofskirche Ypapánti 3 ist eine der wenigen Inselkirchen, die den ganzen Tag über für Besichtigungen offenstehen. Sie ist der ideale Platz, um sich orthodoxe Wandmalereien anzuschauen. Da diese noch recht jung sind, lassen sich auch Details bestens erkennen.

Reisekarte: ▶ F 4

Eintritt: Frei, wer etwas spenden will, kauft eine Kerze und entzündet sie auf dem Kerzenständer.
Hinweise: Badekleidung ist tabu, mit der Kreuzfahrttouristengarderobe hat man sich arrangiert. Fotografieren und Filmen sind verboten. Handys sollten stumm geschaltet werden.

Mit ihren langen Arkadengängen und ihrer hohen, weißen Kuppel ist die orthodoxe Kathedrale von Firá eine der markantesten Bauten am Kraterrand. Sie wurde nach dem Erdbeben von 1956 an der Stelle eines älteren Vorgängerbaus neu errichtet. Ihre Wandmalereien sind ein Werk von Christóforos Assimís. Der Künstler wurde 1945 im Santoriner Binnendorf Éxo Goniá geboren. Er studierte Kunst in Athen. 1974 kehrte er auf seine Insel zurück und bekam bald darauf den Auftrag, die Bischofskirche auszumalen.

Anders als bei seinen Aquarellen musste Assimís hier auf künstlerische Freiheiten verzichten. Die orthodoxe Sakralmalerei unterliegt zahlreichen Vorschriften und Vorgaben, die vor allem in mittelbyzantinischer Zeit zwischen 800 und 1200 fixiert wurden und von denen auch heute nicht abgewichen werden darf. Wandmalereien sollen Kirchen ja nicht ausschmücken, sondern religiöse Wahrheiten vergegenwärtigen und theologische Grundsätze ausdrücken. Das leisten trotz einiger kleinerer Abweichungen vom byzantinischen Kanon auch die Werke des santorinischen Künstlers.

Der Allesbeherrscher: Blick in die Kuppel

Wie die meisten griechisch-orthodoxen Kirchen besitzt auch die Kathedrale von Firá eine Zentralkuppel. Sie gibt Gelegenheit, Hierarchie herzustellen. Aus ihr blickt Jesus Christus mit dem Evangelium in der Hand als Allesbeherrscher, als ›Pantokrátoras‹, auf die Menschen hinab. Seinen Hofstaat bilden die Engel. Unter Christus bilden alttestamentarische Propheten und Könige einen Kreis, bringen so Altes und Neues Testament zusammen.

In den Zwickeln, die von der Kuppel in den Kirchenraum überleiten, sind wie fast immer die vier Evangelisten Lukas, Markus, Matthäus und Johannes zu finden: Sie erfüllten die historische Mission des Vermittlers, ohne ihr Wirken wüssten die Menschen nichts vom Gottessohn. Anders als üblich sind ihnen hier nicht ihre Symbole Löwe, Stier, Adler und Engel zugesellt.

Gottesmutter und Kirchenväter: das Bildwerk der Apsis

Hierarchisch gesehen kommt auch dem Altarraum hinter der Ikonostase eine besondere Rolle zu. Er läuft grundsätzlich im Halbrund einer Apsis aus. In deren Halbkuppel ist immer Maria mit dem Kind zu sehen. Im Bildstreifen darunter, also gleich hinter dem Altar, sind einige der Kirchenväter dargestellt. Sie sind stets deutlich

an ihren mit Kreuzen besetzten Stolen zu erkennen. Sie haben in den ersten christlichen Jahrhunderten die liturgischen Texte geschrieben, die bis heute in den Gottesdiensten gesprochen und gesungen werden und deren Aussagen für orthodoxe Christen fast das gleiche Gewicht wie Bibeltexte haben.

Der Gewölbebogen über dem Altar ist in vier Bildfelder aufgeteilt. Die Bildfolge beginnt links unten mit der Geburt Marias. Darüber wird ihr erster Tempelgang gezeigt, gegenüber Jesu Darstellung im Tempel. Der Bildstreifen endet rechts unten mit der Begegnung zwischen Maria und Elisabeth.

Verkündigung, Himmelfahrt und Gastmahl des Abraham

Auf der Ostwand um den Apsisbogen herum sitzen oben drei Engel an einem langen, weiß gedeckten Tisch. Sie werden von Abraham und Sara bewirtet. Sie haben in den drei Himmelsboten die Heilige Dreifaltigkeit erkannt, von der im Alten Testament noch gar nicht die Rede ist. Mit diesem Ereignis aber kann gegen alle Kritiker, die in der Dreifaltigkeit einen Bruch mit dem Monotheismus sehen, argumentiert werden, dass auch der streng monotheistische Stammvater der Juden schon um sie wusste.

Darunter ist die Szene Mariä Verkündigung zweigeteilt. Vor der Kulisse einer Stadtmauer schreitet von links ein Erzengel mit Botenstab in der Hand und Sandalen an den Füßen heran. Rechts steht Maria. Sie trägt als Gewand ein rotes Maphorion, das Haare und Oberkörper zugleich verhüllt und deshalb als Symbol der Jungfräulichkeit Mariens gilt. Aus dem Himmel fährt ein weißer Strahl mit einer Taube als Symbol des Heiligen Geistes auf sie nieder.

Die Bedeutung der Beschriftung

Das ganze Deckengewölbe über Verkündigung und Gastmahl nimmt eine Darstellung Christi Himmelfahrt ein. In der Mitte wird Christus in einer Mandorla von zwei Engeln gen Himmel getragen, links und rechts sehen die zwölf Apostel, Maria und zwei Engel dem Geschehen verwundert zu. Wie schon bei den anderen Darstellungen fällt auf, dass die Szene beschriftet ist. Die zweigeteilte Inschrift lautet »I Anástasis«, übersetzt: die Auferstehung. Sie erklärt nicht nur der Gemeinde, was sie sieht, sondern hat auch eine theologische Bedeutung.

Ihre Wurzel liegt im Bilderstreit des 8./9. Jh., der als Bürgerkrieg um die Rechtmäßigkeit von Ikonen und Wandmalereien in Kirchen das ganze byzantinische Reich erschütterte. Am Ende siegten die Bilderfreunde, die während des Kampfes viele theologische Argumente für die Rechtmäßigkeit der Bilder entwickelt hatten. Eines der bedeutendsten war, dass der Gott des Alten Testaments in Gestalt von Jesus selbst ein Bild von sich auf Erden schickte. Da das Alte Testament mit dem Satz »Am Anfang war das Wort« beginnt, steht die Beschriftung auf Heiligenbildern stellvertretend für das Alte Testament und führt beide Bücher der Bibel zusammen.

Von der Geburt zum Pfingstwunder

Viel orthodoxe Theologie steckt auch in den anderen Darstellungen in der Bischofskirche. Wenn Sie sich der linken Empore zuwenden, erkennen Sie im Gewölbe Christus am See Tiberias, die Verklärung Christi, die Geburt Christi und seine Taufe. Über der rechten Empore sind Jesu Einzug in Jerusalem, sein Gebet im Garten Golgatha, sein Weg zur Kreuzigung und die Kreuzigung selbst zu sehen.

Im Bogen über der Westempore werden noch einmal drei biblische Szenen lebendig: In der Erweckung des Lazarus von den Toten hält sich ein grün gekleideter Mann ein Tuch vor die Nase, um zu bekräftigen, dass Lazarus nicht scheintot war, sondern sein Körper tatsächlich schon zu verwesen begonnen hatte. Bei der Hadesfahrt ist Jesus nach seiner Auferstehung von den Toten gewaltsam in die Unterwelt eingedrungen, um Adam und Eva stellvertretend für die Menschheit zum ewigen Leben zu erwecken. In der Pfingstszene sitzen die zwölf Apostel um einen König herum, der den Kosmos personifiziert. Dies soll den weltweiten Auftrag der Zwölf unterstreichen.

weils Tiere in einem einzigen Bildfeld zeigen: Schwalben, eine Taube und einen weit ausschreitenden Bären. Auf einer anderen Vase reißt ein Raubtier gerade ein Tier mit Geweih.

Frühklassische Zeit

Im Quersaal verweist noch einmal eine Löwenskulptur in archaische Zeit. Die quer im Raum stehende Vitrine birgt drei sehr gut erhaltene Meisterwerke der attisch-schwarzfigurigen Vasenmalerei aus frühklassischer Zeit, die wahrscheinlich aus einer Athener Werkstatt stammen. Zwei von ihnen tragen auf der Innenseite Schiffsdarstellungen mit deutlich erkennbaren Rammspornen am Bug. Außerdem sind die Vasen über und über mit Schlachtszenen und Darstellungen mythologischer Themen verziert. So erkennt man zwei Pferde mit aufsitzenden Reitern, neben denen jeweils ein Fußsoldat steht. Ein anderes Pferd wird von einem Fußsoldaten und einem Bogenschützen flankiert.

Seilbahnstation 5

Tel. 22 86 02 29 77, April tgl. 6.30–21 Uhr, Mai, Sept./Okt. tgl. 6.30–22 Uhr, Juni–Aug. tgl. 6.30–23 Uhr jeweils alle 20 Min., Nov.–März tgl. 7.30–10.30, 14.30–16 Uhr alle 30 Min., Erwachsene 5 €, Kinder 2,50 €, Gepäck über 10 kg 2,50 € (jeweils einfache Fahrt)

Die Bergstation der santorinischen Seilbahn am Kraterrand ist ein wichtiger Orientierungspunkt im Gassengewirr. Zwei jeweils in Sechserblocks aneinandergereihte Kabinenzüge befördern pro Stunde bis zu 1200 Passagiere über 220 Höhenmeter, die Fahrzeit beträgt drei Minuten. Die Seilbahn war ein Geschenk des aus Santorin stammenden Reederehepaares Evángelos und Loúla Nomikós an die Inselgemeinde. Die Maultiertreiber, denen sie Konkurrenz macht, sind mit 20 % am Gewinn beteiligt. Konstrukteur der Bahn ist das weltweit tätige österreichische Unternehmen Doppelmayr®, das beispielsweise auch die 2010 eingeweihte Seilbahn zwischen Singapur und Sentosa Island oder die Kabinenseilbahn für die Bundesgartenschau in Koblenz 2011 und bei Sydney der Welt steilste einspurige Standseilbahn baute.

Im katholischen Viertel

Gízi-Museum/Mégaro Gýzi 6

Tel. 22 86 02 30 77, www.megarogyzi.gr, Mai–Okt. Mo–Sa 10–22, So 10–16 Uhr, Eintritt 3 €

Das um 1700 erbaute, ehemalige Wohnhaus der Familie Gízi markiert eine Ecke des Stadtviertels ›Ta Frángika‹, des Frankenviertels. Als Franken bezeichnet man in Griechenland ganz allgemein die westlichen Kreuzritter und italienischen Adelsgeschlechter, die Teile Griechenlands seit 1204 in Besitz nahmen und deren Nachkommen auch während der osmanischen Zeit größtenteils in Griechenland blieben. Die Gízis waren solch ein Kreuzrittergeschlecht. Als ihr letzter männlicher Spross, Christódoulos Gízi, 1857 im Alter von 22 Jahren starb, überschrieben seine Eltern die Familienresidenz der römisch-katholischen Diözese von Santorin. Mit dem Tod Margarítas, der Schwester des Christódoulos, erlosch das Geschlecht der Gízi 1903 endgültig.

Seit 1980 ist ihre ehemalige Residenz Sitz einer sehr aktiven Kulturstiftung. Außerdem dient sie als Museum vor allem für die mittelalterliche Geschichte Santorins. Das ausgestellte Sammelsurium reicht von Fossilien über eine Heiratsurkunde vom 29. September 1689 oder die Beurkundung einer Besitzübertragung vom 22. März 1710 bis hin zu alten Landkarten, Lithografien, Zeitungsausschnitten, historischen Fotos und Gegenständen des täglichen Gebrauchs wie alten Bügeleisen oder einem Webstuhl. Abgerundet wird das Ganze durch zeitgenössische Kunstwerke mit santorinischen Motiven.

Wer sich für all das nur wenig interessiert, kann zumindest einen (kostenlosen) Blick in den Innenhof des Hauses werfen, der in seiner Gestaltung typisch für die Wohnhäuser wohlhabender Katholiken auf Santorin im 18. Jh. war.

Katholische Bischofskirche 7

Tagsüber geöffnet, Gottesdienste So 8 und 10 Uhr, Juni–Sept. auch Sa/So 19 Uhr

Ein Besuch der 1832 Johannes dem Täufer geweihten römisch-katholischen Bischofskirche der Insel zeigt die Unterschiede zu orthodoxen Kirchen auf. Es gibt keine Ikonostase, den Gemälden und Fresken fehlt die Beschriftung, statt auf Stühlen sitzen die Gläubigen auf Bänken. Anders als in orthodoxen Kirchen gibt es hier einen Beichtstuhl und ein Weihwasserbecken. Die katholische Gemeinde auf Santorin zählt heute neben etwa 250 Einheimischen auch über 250 ständig auf der Insel lebende Ausländer, insbesondere Polen. Der katholische Bischof der Kykladen, der seinen Hauptsitz auf der Insel Síros hat, wohnt im Sommer häufig den Sonntagsgottesdiensten bei. Außerhalb der Messen erklingt in der Kirche sakrale Musik vom Band, macht sie zum Ort ruhiger Besinnung im touristischen Treiben.

Kloster der Dominikanerinnen/ Agía Ekateríni 8

Tel. 22 86 02 24 20, tgl. 9–13, 16.30–20 Uhr, Heilige Messe tgl. 12 Uhr, Vespergottesdienst Mo–Sa 18.30, So/Fei 18 Uhr

Das schon 1596 gegründete Kloster ist das einzig übrig gebliebene von einst drei römisch-katholischen Konventen auf der Insel. Heute leben hier etwa zwölf Nonnen verschiedener Nationalitäten. Sie führen ein hartes Leben, versammeln sich täglich um 1.30, 6.15, 7.45, 12.15, 16, 18.30 und 21.30 Uhr zu Stundengebeten und zu Gottesdiensten. Ihre Kirche steht Besuchern zu allen Zeiten offen, für katholische Pilger halten sie auch ein paar Gästezimmer bereit.

Santozeum 9

Kraterrandgasse zwischen Seilbahnstation und Nómikos-Konferenzzentrum, Tel. 22 86 02 17 22, www.santozeum.com, Mai–Okt. tgl. 10–18 Uhr, Eintritt 5 €, Kinder unter 12 Jahren frei, Schüler und Studenten 3 €

Das Santozeum bietet weltweit die einzige Gelegenheit, fast alle minoischen Fresken Santorins in Originalgröße zu sehen. Es sind zwar nur Replikate, die aber wurden in der gleichen Werkstatt gefertigt, die für die Archäologen auch die Originale restauriert und ergänzt – mit genau der gleichen, eigens für Santorin entwickelten Methode.

Untergebracht sind diese Replikate in einer großen, ganz in Weiß gehaltenen Villa direkt in der Kraterwand. Sie ist heute im Besitz einer Stiftung, die sich als verbindende Plattform zwischen Künstlern und Wissenschaftlern aus aller Welt und den Menschen von Santorin versteht. Die Replikate sind eine Leihgabe einer anderen Stiftung, der Thera Foundation.

Die Villa entstand nach dem Erdbeben von 1956. Ihr Architekt, der 1925 in Athen geborene Konstantínos Dekavállas, war einer der bedeutendsten griechischen Architekten des 20. Jh., der u. a. auch die Pläne für das Hotel Atlantis in Firá entwarf. 2011 wurde die Villa vom Berliner Architekten und Städtebauprofessor Jörg Stollmann modernisiert. Der mehrgeschossige Bau ist teilweise in die Kraterwand geschnitten, von seinen Terrassen aus genießt der Besucher einen großartigen Caldera-Blick. Die Freskenausstellung nimmt die Räume im Erdgeschoss ein, die Obergeschosse sind Veranstaltungen und der Unterbringung von Würdenträgern vorbehalten.

Raum 1

Einen Rundgang durch die Freskenausstellung unternimmt man am besten im Uhrzeigersinn. Im ersten Raum begegnet man zunächst zwei Menschendarstellungen: einem nackten Jüngling mit einer großen, vielleicht eine Flüssigkeit enthaltenden Schale in der linken Hand und einer vornehmen Dame in einem safranfarbigen Gewand, die eine Schale mit Früchten in den Händen hält. Ihr linkes Ohr ziert ein großes Ohrgehänge, durchs Haar windet sich eine heilige Schlange. Offenbar ist sie eine Priesterin und will gerade einer Gottheit ein Opfer darbringen.

Das nächste Fresko muss man ganz genau betrachten, um die Szene zu erkennen. Rechts thront eine weibliche Gestalt, die von Archäologen als ›Mistress of the Animals/Herrin der Tiere‹ bezeichnet wird, also als eine Gottheit. In der Mitte bringt ihr ein großer, blauer Affe Opfergaben dar. Links von ihm steht eine festlich gewandete Frau, die etwas in eine Schale zu schütten scheint.

Die darauf folgenden zwei kleinen Fresken zeigen Vasen mit Blumen darin. Beeindruckender ist das große ›Spring Fresco/Frühlings-Fresko‹. In einer Felslandschaft blühen Lilien, Schwalben sind in der Luft. Zwei von ihnen scheinen sich zu küssen. Es gibt aber auch Interpreten, die die Szene als Revierkampf zwischen den Vögeln ansehen.

Raum 2

Die ersten beiden Fresken im nächsten Raum zeigen drei Ikría. Solche Ikría waren auf dem Heck von größeren Schiffen errichtet. Sie bestanden aus einem mit Ochsenhäuten bespannten Holzaufbau, unter dem je nach Interpretation der Kapitän des Schiffes, ein Priester oder eine imaginäre Gottheit saßen. Bei genauerem Hinsehen erkennt man, dass diese Ikría leicht unterschiedliche Farben und Dekorformen aufweisen. Manche Interpreten gehen so weit, das als Hinweis auf unterschiedliche, an diesen Details zu identifizierende Schiffsbesitzer zu betrachten.

Fast rührend ist danach die Darstellung zweier Kälber. Dieses Fresko zeigt auch besonders deutlich, wie fantasievoll die Restauratoren oft sein müssen. Was die Archäologen fanden, waren nur minimale Fragmente, die im Replikat deutlich zu erkennen sind. Die gemalte Ergänzung ist jedoch keine reine Erfindung: Sie wird in detektivischer Kleinarbeit aus anderen Darstellungen, ob auf Fresken oder Vasen Santorins oder Kretas, erschlossen. Auch anatomische Kenntnisse sind hilfreich. So hatte man die Fragmente hier erst als Teil von Hundedarstellungen bezeichnet, bis jemandem die gut erkennbaren Hufe auffielen, die typisch für Kälber sind. Erstaunlich ist der santorinische Naturalismus in den Tierdarstellungen, so auch beim nächsten Fresko, das eine Wildente zeigt.

Raum 3 und 4

In Raum 3 werden Filme gezeigt, die die Arbeit der Restauratoren erklären. Im Doppelraum 4 ist ein Fresko mit stilisierten Blumenblüten zu sehen. Im kleineren Teil des Raumes hängen zwei besonders schöne, längliche Fresken, die von den Wänden eines Raumes im Westhaus von Akrotíri (s. S. 246) stammen. Zusammen mit dem Fresko der ›Schiffsexpedition‹, das in Raum 6 ausgestellt ist, bildeten sie das Dekor eines Raumes in Akrotiri. Diese drei Fresken sind nur maximal 45 cm hoch, aber bis zu 3,90 m lang. Auf den ersten Blick fallen Wasser, Schiffe und viele Menschen auf, aber auch Küstenstädte, ein Flusslauf, zahlreiche Tiere und stilisierte Pflanzen. Man hat als Thema der Darstellungen eine Expedition über das Meer an den Nil vorgeschlagen, eine Seeschlacht oder auch ein Fest zur Erinnerung an eine erfolgreiche Verteidigung Akrotíris. Das obere der beiden Fresken in Raum 4 zeigt eine Reihe bronzezeitlicher Krieger mit Schildern, Kurzschwertern und Lanzen, darunter offensichtlich Szenen eines Schiffbruchs mit durcheinanderpurzelnden, nackten Männern. Auf dem Fresko darunter sind Fabeltiere dargestellt, die Wasservögel jagen.

Raum 5

In Raum 5 hängen nur Bildnisse zweier unbekleideter Fischer an der Wand. Beide tragen Gebinde mit großen Fischen in den Händen. Auch diese Fische müssen wohl als ein Opfer an eine Gottheit betrachtet werden. So wird wieder einmal deutlich, dass eigentlich alle Fresken aus Akrotíri einen Bezug zu Kulthandlungen haben. Sie waren nicht nur Dekoration, sondern sollten wohl ebenso wie heute die Wandmalereien in orthodoxen Kirchen singuläre Handlungen und Geschehnisse allgegenwärtig machen und im wahren Wortsinn verewigen. Das ist ihnen hier zumindest in Fragmenten gelungen.

Raum 6

Im abschließenden Saal, in dessen Mitte das moderne Modell eines 3600 Jahre alten minoischen Schiffes den Blickfang bildet, hängen noch einmal sechs Fresken. Das erste zeigt Adoranten, also Menschen beim religiösen Ritual. Auf dem zweiten ist ein Mann mit einem Krug in der Hand zu sehen, auf dem dritten ein Mann und ein kleiner Junge. Danach folgt das vielleicht schönste aller Fresken, das im gleichen Raum in Akrotíri die Wände zierte wie die beiden Fresken im Museumsraum 4. Es lohnt sich, die Details zu studieren. Sieben Schiffe mit vielen Menschen darauf nehmen offenbar

Die steil abfallende Kraterwand lässt nur wenig Raum für den alten Hafen von Firá

an einer Prozession zu Wasser teil. Auch die hohen Mauern einer Stadt – vielleicht das minoische Akrotíri – sind zu erkennen. Ebenfalls zu sehen ist der Hafen, den die Schiffe gerade verlassen haben.

Fünf Stufen führen nun hinauf zu den letzten beiden Fresken. Eins zeigt zwei miteinander boxende Knaben, fröhlich springende, blaue Affen. Boxkämpfe fanden vielleicht bei religiösen Festen statt. Affen galten vielleicht als Diener einer Gottheit. Beeindruckend ist auf jeden Fall, mit welcher Leichtigkeit die Freskenmaler vor über 3500 Jahren Menschen und Tiere naturnah an die Wände bannen konnten.

Alter Hafen 10

Im alten Hafen von Firá (gr. Mésa Gialós) werden die meisten Kreuzfahrtpassagiere an Land gesetzt. Ihre großen Schiffe können hier nicht anlegen, sondern machen an Tonnen draußen in der Caldera fest. Tenderboote bringen die Passagiere dann ans Ufer. Die meisten streben sofort per Maultier, Seilbahn oder zu Fuß nach Firá hinauf. Über 587 Stufen führt der ▷ S. 110

Auf Entdeckungstour: Alltagsleben auf Santorin – Folklore Museum Kontochóri

Das private, 1993 eröffnete Folklore Museum 13 bietet interessante Einblicke in den einstigen Alltag der Inselbewohner. Sie sehen eine im Stil des späten 19. Jh. möblierte Höhlenwohnung, einen traditionellen Weinkeller, historische Werkstätten und eine Ausstellung zeitgenössischer Santoriner Kunst.

Reisekarte: ▶ F 4

Lage: Rechts der Straße von Firá nach Kontochóri.

Öffnungszeiten: Mai bis Okt. 10–14 Uhr, Eintritt 3 €, Tel. 22 86 02 27 92.

Info: Tel. 22 86 02 27 92. Museumsmitarbeiter führen Besucher auf Wunsch durchs Museum. Die Erläuterungen sind dann allerdings nur auf Englisch.

Im Innenhof des Museums befindet sich das Herzstück der Ausstellung: eine liebevoll eingerichtete Höhlenwohnung. Wie auch in konventionellen Häusern überall in Griechenland lag das Wohnzimmer, in dem zugleich Gäste empfangen wurden, unmittelbar hinter dem Eingang. Im anschließenden Elternschlafzimmer stehen ein Holzbett mit Baldachin und eine Kinderwiege. Auf dem Bett ist die traditionelle Kleidung eines Ehepaares aus Santorin aus der Zeit um 1900 ausgelegt.

In der Zwischentür zum nächsten Raum hängen das Hochzeitskleid und die Hochzeitsschuhe der in Griechenland sehr bekannten Sängerin Maríza Koch. Die Halbdeutsche ist 1944 in Athen geboren und auf Santorin aufgewachsen. Mit 16 hat sie auf Santorin geheiratet, danach zog sie nach Athen. 1976 vertrat sie Griechenland beim Eurovision Song Contest mit einem Lied über die türkische Besetzung Zyperns.

Im dritten Raum, eine Art Diele, führt die erste Tür in der linken Wand zu einem Speisekeller, in dem in früheren Jahren Wein, Olivenöl und Früchte aufbewahrt wurden.

Heilige Brotstempel: in der Küche des Hauses

Die zweite Tür links führt in eine traditionelle santorinische Küche. Auf der Kochstelle standen die Töpfe über einem Feuer aus Wurzeln und Holz alter Weinstöcke. An der linken Wand der Küche steht ein längliches Brett mit fünf runden Vertiefungen zur Aufnahme von Brotteig. In Griechenland kommt es noch oft vor, dass Frauen rundes Brot backen. Das Brot wurde mit einem von Familie zu Familie verschiedenen, aus Holz geschnitzten »heiligen Stempel« verziert, den man in Klöstern kaufte. Von den gebackenen Broten brachte die Familie stets mindestens eines als *prósforo* in die Kirche. Dort wurde (und wird es auch heute noch) gesegnet und nach Gottesdiensten in Stückchen als *andídoro* an die Kirchgänger verteilt.

Alte Bücher und Kunstwerke

Im ersten Stock des Museumsbaus verwahrt die Bibliothek fast alles, was je über Santorin gedruckt wurde. Auch frühe touristische Werbebroschüren sind darunter. Das Modell der »Argo«, mit dem in der antiken Mythologie Jason zusammen mit den Argonauten das goldene Flies holen wollte, ist ein Werk des georgischen Kunstprofessors Timothéos Jorjoliáni, der lange Zeit Kurator des Museums war. Diese Aufgabe hat nun eine junge Architektin übernommen, die seit Jahren

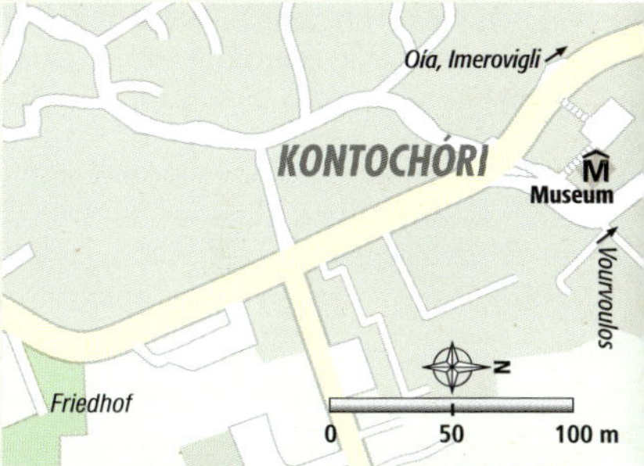

auf Santorin lebt und mit Emmanouíl Lígnos, dem Museumsbesitzer, befreundet ist. Sie führt Besucher häufig durch die Sammlung.

Schusterwerkstatt, Weinkeller und Kesselflickerei

Vom Kunstausstellungsraum gelangt man auf einen kleinen Balkon. Von hier aus eröffnet sich der Blick auf den Hof des Museums und auf die museumseigene Kirche der Heiligen Konstantin und Helena (Konstantínos kai Eléni). Eine Außentreppe führt vom Balkon hinunter in den Hof. Hier ist ein kleiner Raum im Erdgeschoss des Hauptgebäudes als Schusterwerkstatt hergerichtet. Daneben ist eine Werkstatt zu sehen, in der u. a. Kochtöpfe repariert wurden. Kurz vor dem Ausgang führt ein weiterer Flur in einen Weinkeller und eine Tischlerei.

serpentinenreiche Weg, den ein bayerischer Pionierhauptmann schon 1840 anlegen ließ. Die Reisebüros am Kai vermitteln auch Mietwagen, die oben im Ort in Empfang genommen werden können.

Vor der Wiedereinschiffung frequentieren viele Kreuzfahrer eine der drei Tavernen oder das Café am alten Hafen, den Minimarkt und eine Handvoll Souvenirgeschäfte. Sie können hier auch zollfrei einkaufen, falls ihr Schiff von Santorin aus in einen Hafen außerhalb der EU fährt. Für Santorin-Urlauber lohnt der Besuch des alten Hafens wegen Seilbahnfahrt (5 €, 3 Min.) und Maultierritt (5 €, ca. 10–15 Min.) oder um Firá einmal von unten nach oben zu betrachten.

Káto Firá 11

Káto Firá, also ›Unter-Firá‹ wird der Ortsteil direkt in der Caldera-Wand genannt, der sich unterhalb der Kraterrandgasse zwischen dem Stadtpark und der Gasse hinunter zum alten Hafen erstreckt. Dort setzt eine quer durch das Viertel führende, nur wenig begangene Gasse ohne Läden, Tavernen und Cafés direkt an der Bergstation der Maultiertreiber an.

Stadtpark 12

Am südlichen Ortsende, frei zugänglich
Die kleine Grünanlage direkt am Kraterrand macht einen vernachlässigten Eindruck. Mit ihr kann man kein Geld verdienen, darum kümmert sich auch niemand darum. Der Besuch lohnt dennoch: Vom südlichen Rand des kleinen Parks aus hat man einen guten Blick auf einen großen Steinbruch, in dem u. a. 1859–69 Santorin-Erde für die Isolierung des Suez-Kanals abgebaut wurde. Heute ist er stillgelegt, an ein paar Stellen sind kleine Schrebergärten angelegt worden.

Die auch Pozzulona genannte Santorin-Erde war noch bis 1990 ein einträgliches Exportgut der Insel. Sie besteht aus gemahlenem Bimsstein. Im Verhältnis 8 : 1 mit Kalk und Wasser vermischt, ergibt sie einen Zement, der unter Wasser erhärtet. Damit ist er ideal für alle Unterwasserbauten und wurde für fast alle Hafenanlagen im östlichen Mittelmeerraum verwendet. Der Bimsstein wurde im Tagebau gewonnen und über Transportbänder zum Kraterrand geleitet. Dort ließ man ihn über zumeist hölzerne Rutschen direkt zu dicht vor der Küste liegenden Frachtschiffen hinuntergleiten. Reste dieser Industriearchitektur sind noch an vielen Stellen am Caldera-Rand zu sehen.

Übernachten

Wer das einzigartige Santorin-Feeling genießen will, wohnt in einem der Hotels direkt in der Caldera-Wand oder auf dem Kraterrand. Sehr viel preiswerter betten Sie sich in Häusern ohne Caldera-Blick. Besonders viele kleinere, relativ preiswerte Häuser finden Sie an der Stichstraße von der Hauptstraße zum Campingplatz und in ihrer südlichen Parallelstraße.

Spitzenklasse – **Aigiálos 1:** an der Gasse, die zwischen dem Restaurant 1500 BC und dem Stadtpark in Richtung Caldera hinabführt, Tel. 22 86 02 51 91, www.aigialos.gr, DZ 360–1090 €. Die 16 Apartments in Höhlenwohnungen aus dem 18. Jh. wollen ein aristokratisches Lebensgefühl nach alter Santoriner Art erwecken. Als Mitglied der Marketing-Kette ›Historic Hotels of Europe‹ weiß man sich hohen Standards verpflichtet. Die ganz individuell gestalteten Höhlenwohnungen sind mit Antiquitäten möbliert, in denen erstklassiges modernes Design frische Akzente setzt. Ein winziger Pool mit Jacuzzi sorgt für Erfrischung, das Gourmet-Restaurant des Hauses bedient nur Hotelgäste.

Exklusiver Komfort mittendrin – **Aria Litó** 2: Odós D. Nomikoú, nahe Gízi-Museum, Tel. 22 86 02 40 71, www.litomansion.com, DZ NS 104–210 €, HS 185–435 €. Aristokratisches Gebäude mit insgesamt 15 Zimmern, großer Terrasse mit vielen Tischen und Liegestühlen. Obwohl das Hotel im Zentrum Firás liegt, ist es sehr ruhig. Man blickt von der hinteren Hotelterrasse nach Anáfi und auf die Hauptstraße nach Oía, keine Kratersicht, Continental-Frühstück im Garten des Hotels. Die Möblierung besteht zum Teil aus antiken Holzmöbeln, die Flachbildfernseher in den Zimmern sind recht klein.

Traditionsreich – **Atlantis** 3: an der Kraterrandgasse südl. der orthodoxen Kathedrale, Tel 22 86 02 21 11, www.atlantishotel.gr, DZ NS 90–230 €, HS 208–400. Schon kurz nach dem Erdbeben von 1956 erbaut, war das markante Hotel über der Caldera lange Zeit die einzige First-Class-Herberge der Insel. Die 25 Zimmer sind für den Preis eher klein. Sie sind zwar qualitativ gut mit Möbeln aus Kirschholz und edlen Stoffen eingerichtet, wirken aber recht hausbacken. Der Pool auf der Panorama-Terrasse reicht mit einer Größe von 3 x 9 m für ein Tauchbad aus.

Gute Mittelklasse – **Kavalári** 4: unterhalb der Kraterrandgasse auf Höhe der orthodoxen Kathedrale, Tel. 22 86 02 24 55, www.kavalarihotel-santorini.com, DZ NS 90–230 €, HS 194–290 €. Die exponierte und zentrale Lage des in die Caldera-Wand hineingebauten Hotels mit 19 Zimmern ist der Pluspunkt der Anlage, die sich stufenreich den Hang hinunterzieht. Die Möblierung ist traditionell, der Gast hat die Wahl zwischen Zimmern im ehemaligen Kapitänshaus oder in Höhlen.

Trotz Caldera preisgünstig – **Kéti** 5: unterhalb der Kraterrandgasse nahe der Kirche Ágios Minás, Abgang zwischen orthodoxer Kathedrale und Hotel Atlantis, Tel. 22 86 02 23 24, www.hotelketi.gr, DZ NS 90–120 €, HS 135–200 €, Dreibettzimmer 125–270 €, Frühbucherrabatt. Das kleine Hotel mit neun unterschiedlichen, zuletzt 2007 vollständig renovierten Zimmern bietet alle Vorteile der Lage direkt im Caldera-Hang bei akzeptablen Preisen. Wirt Yiánnis, nach dessen Mutter das Hotel benannt wurde, kümmert sich freundlich um seine Gäste, die das Gepäck allerdings erst einmal selbst von der Kraterrandgasse bis an den untersten Rand der Caldera-Bebauung hinunterschaffen müssen. Der Blick von der Gemeinschaftsterrasse aus lohnt jedoch alle Mühen!

Zentral – **Pelican** 6: unterhalb der Platía, Tel. 22 86 02 31 14, www.pelicanhotel.gr, DZ NS 55 €, HS 85 €. 18 Zimmer, die sich über das Erdgeschoss und den ersten Stock des Hauses erstrecken. Einige Zimmer schauen auf die Straße, andere auf den Garten im Hof. Gäste des Hauses erhalten 10 % Rabatt im benachbarten Restaurant-Café Kípos.

Gute Preise, gute Lage – **Loízos Apartments** 7: landseitig nahe dem Caldera-Rand zwischen Hotel Atlantis und Stadtpark, Tel. 22 86 02 40 46, www.loizos.gr, DZ NS ab 58 €, HS 105–165 €. Das modern und für diese Preisklasse qualitativ anspruchsvoll möblierte Haus mit 27 Studios und Apartments bietet zwar keinen Caldera-Blick, aber ansonsten viel fürs Geld. Die meisten Zimmer blicken auf die offene Ägäisküste hinunter, ein kleiner Pool lädt zu Ruhepausen nur 200 m vom Ortszentrum entfernt. Ein kostenlo-

Lieblingsort

Unvergleichlich – die Terrassencafés am Kraterrand von Firá
Die kleinen und großen Terrassen der vielen Cafés und Hotels am Kraterrand von Firá fordern schon durch ihre liebevolle Gestaltung zum langen Verweilen auf. Der Blick auf so viel Schönheit bis hin zum Horizont schickt die Sinne auf Traumreisen, die nicht nur an andere Orte, sondern auch weit in die Vergangenheit unseres Globus zurückführen.

ser WLAN-Zugang ist inklusive, die Abholung von Hafen oder Flughafen allerdings nur zwischen 10 und 22 Uhr.
Großer Pool – **Golden Star** 8: an der Straße zum Campingplatz, Tel. 22 86 02 31 91, www.hotelgoldenstar.gr, DZ NS ab 30 €, HS ab 142 €. Das mit albanischer Unterstützung familiär geführte Hotel am unteren Ortsrand zeichnet sich durch einen für diese Preisklasse sehr großen Pool (im Hochsommer mit Pool-Bar), großen Privatparkplatz und freien Blick in die Landschaft aus. Vater Vangélis ist zu nahezu allen Schiffsankünften am Hafen und steht auch pünktlich zu jeder Tages- und Nachtzeit vor der Tür, wenn Gäste kostenlos zum Hafen oder Flughafen gebracht werden wollen. An der Hotelrezeption steht ein Computer-Terminal zur freien Nutzung bereit, im Rezeptionsbereich kommt man per WLAN ins Netz. Die Zimmer sind schlicht möbliert und hellhörig, haben aber alle meist nach Osten ausgerichteten Balkon oder Terrasse.
Mittendrin – **Tatáki** 9: Basargasse vom Nordende der Platía zum Kraterrand, Tel. 22 8602 23 89, www.tatakihotel.com, DZ NS 25–35 €, HS 90 €. Am zentralsten von allen Hotels und Zimmervermietungen in Firá gelegen. Die 21 m² großen DZ sind einfach, mit einem kleinen Kühlschrank und einem kleinen Fernseher ausgerüstet. An der Rezeption gibt es Internetzugang. Alle Zimmer haben Balkon- oder Terrassenzugang, die Kraterrandgasse ist 30 Sekunden, die Platía eine Minute entfernt.
Günstig und zentrumsnah – **Summertime** 10: an der Straße zum Campingplatz, Tel. 22 86 02 43 13, www.summertime-santorini.com, DZ NS ab 35 €, HS ab 100 €. Die familiär betriebene, ganzjährig geöffnete Pension bietet 15 schlichte, aber ordentliche Zimmer. Einige davon haben eine kleine Teeküche und einen Balkon mit Ägäisblick. Meerblick für alle Gäste bietet die kleine Dachterrasse mit Whirlpool.
Preishit – **Villa Pópi** 11: an der oberen Straße nach Firostefáni gegenüber der Taverne Kápari, Tel. 22 86 02 37 86, www.villapopi.gr, DZ NS 35–40 €, HS ab 65 €. Die moderne, dreigeschossige Pension ist erfrischend normalgriechisch. Die 25, im Winter 2015/16 renovierten Zimmer sind einfach, aber ordentlich möbliert, und besitzen schattige Balkone. Es gibt einen kleinen Pool, der Transfer zu Hafen und Flughafen ist zu jeder Tages- und Nachtzeit kostenlos. Zur Platía geht man maximal 5 Minuten.
Zeltplatz mit Pool – **Camping Santorini** 12: an der unteren Hauptstraße, gut ausgeschildert, Tel. 22 86 02 29 44, www.santorinicamping.gr, geöffnet März–Nov., Übernachtung im mitgebrachten Zelt 7,50–12,50 €/Pers., Kinder unter 10 Jahren 5–7 €, Zelt frei, Stromanschluss 4 €, Zeltmiete je nach Größe 10–18 €/ Tag, EZ NS 35 €, HS 70 €, Bett im Fünfbettzimmer NS 16 €, HS 28 €. Auf dem 11 000 m² großen Campingplatz mit Schatten unter Bäumen und Schilfdächern am östlichen Ortsrand von Firá werden auch Schlafsaal-Betten, Zimmer und einfache Bungalows sowie Zelte vermietet. Die Nutzung des Pools (15 x 8 m) ist kostenlos, Poolbar, Self-Service-Restaurant, Mini-Markt und Internetecke gehören zur Ausstattung. Kostenloser Transfer zu und von Hafen/Flughafen.

Essen & Trinken

Für das Preisgefüge der Restaurants gilt das Gleiche wie für die Hotels: Am Kraterrand ist es am teuersten. Einige Lokale haben es hier unverfroren auf das Abzocken der Kreuzfahrttouristen abgesehen; deswegen sollten Sie unbedingt die Speisekarte studieren, bevor Sie sich niederlassen! Für einen preisgünstigen Happen zwischendurch eignet sich vor allem die Fast-Food-Platía unmittelbar nördlich der Platía. Schöne Atmosphäre ohne Caldera-Blick zu akzeptablen Preisen bieten mehrere Tavernen entlang der zentralen Odós Erithroú Stavroú und Odós D. Nomikoú zwischen Platía und katholischem Viertel.

Goldene Kochmütze – **Koukoumavlos 1**: in der Caldera-Wand unterhalb des Hotels Atlantis am südl. Ende der Kraterrandgasse, Tel. 22 86 02 38 07, www.koukoumavlos.com, tgl. ab 19 Uhr, typisches Drei-Gänge-Menü ohne Getränke ca. 60–80 €. Als eines von nur drei Restaurants in der griechischen Inselwelt wurde das Restaurant von Níkos Pouliásis mit der ›Goldenen Kochmütze‹ des griechischen Gastro-Führers Alpha Guide ausgezeichnet. Auf der Basis frischer, zumeist griechischer Zutaten entwickelt Níkos immer wieder mit viel Fantasie ganz neue Kompositionen. Ein Risotto verfeinert er mit griechischem Kaffee und santorinischen Kapern, die traditionelle *fáva* mit Mousse vom Räucheraal und einer Passionsfrucht-Sauce. Auf seine Gourmet-Burger mit Ente kommen Erdbeerketchup, Trüffelsenf und aus Chios stammende Loukoúmia.

Höchstes Niveau – **Sphinx 2**: Kraterrandgasse gegenüber der Kathedrale, Tel. 22 86 02 38 23, www.sphinx.gr. Vorspeisen 10–35 €, Hauptgerichte 16–45 €, Pastagerichte mit hausgemachten Nudeln 20–30 €. Seit 1991 widmet sich Giórgos Psýchas der feinen mediterranen Küche. Sein Restaurant in zwei traditionellen Höhlengewölben und auf drei aussichtsreichen Terrassen gilt als eines der besten (und teuersten) der Insel. Die Vorspeisen reichen von der santorinischen *fáva* bis zu Lachs in Whisky-Marinade. Als Hauptgericht wird überwiegend Kurzgebratenes offeriert. Auf der Karte steht naturgemäß viel frischer Fisch. Die Weinkarte umfasst etwa 150 gute Weine aus Santorin und aller Welt, auch ein griechischer Schaumwein und ein französischer Gewürztraminer sind darunter.

Preisgekrönt – **Don Angelo und Galerie Don & Donna 3**: Kraterrandgasse nahe Seilbahnstation, Tel. 22 86 02 32 01, tgl. ab 18 Uhr als Restaurant, morgens als Café geöffnet. Fischsuppe 18 €, Desserts 7,50–15 €. Don Angelo, der Besitzer, steht meist persönlich vor seinem Nobel-Restaurant, um die Gäste zum Eintritt zu animieren. Er hat sich vor 30 Jahren auf Santorin niedergelassen, zuvor hatte er die halbe Welt bereist. Von der Ausbildung her ist er Lebensmittelchemiker. Einige seiner Gerichte, so steht es zumindest auf der Speisekarte, sind sogar in Paris preisgekrönt worden. Dazu zählt etwa der Santorin-Teller für zwei Personen mit Ochsenfleisch, Hühnchen und Lamm in Vinsanto-Wein und Kaktus-Likör frittiert (68 € für zwei). Originell ist auch das Moussaká mit Meeresfrüchten für 22 €. Auf der Karte empfiehlt außerdem »Göttin Demeter« persönlich die Auswahl an frittiertem Gemüse für 18 €. Die Tische stehen auf den vielen Terrassen des Restaurants mit wunderbarer Kratersicht, der gemauerte Grill direkt an der Kraterrandgasse. Nicht zu vergessen: Alle Speisen werden auf Versace-Tellern serviert!

In der **Galerie Don & Donna** wird zudem Kaktussaft aus Opuntien-Früchten angeboten (10 €). Don Angelo hat sich dafür eigens eine Entsaftungsmaschine aus San Francisco besorgt. Vorher hatte er sich in Mexiko abgeschaut, wie man Tequila aus Kakteen herstellt.

Griechisch ganz anders – **Sáltsa 4**: an der Straße zwischen Firá und Firostefáni, Tel. 22 8602 80 18, Febr.–April, Okt./Nov. Mi–So ab ca. 18 Uhr, Mai–Sept. tgl. ab ca. 18 Uhr, typisches Drei-Gänge-Menü ohne Getränke 35–40 €. In der vom griechischen Alpha Guide als bestes griechisches Restaurant ausgezeichneten Taverne im postmodernen Stil werden griechische und santorinische Gerichte äußerst kreativ variiert. Kalbsleber wird mit Chilisauce und Grapefruit-Sirup serviert, gebratene Rippchen verwandeln sich mit einem Chutney aus den nur auf Korfu wachsenden Zwergorangen Koum-Kouat und frischem grünen Pfeffer zu einer wahren Delikatesse. Als Dessert ist das Eis mit karamellisierten Rosenblüten überaus beliebt.

Kräuterreich – **Ámbelos** 5: an der Kraterrandgasse nördl. der Mitrópolis, tgl. ab 12 Uhr, Hauptgerichte ab 12 €. Das Restaurant auf einer großen Dachterrasse ist kein Gourmet-Restaurant, gehört aber zu den besten im Städtchen. Besonders lecker sind die süßen, mit Féta-Käse gefüllten Paprika Florínis aus Westmakedonien (17 €) sowie die mit Zwiebeln, Petersilie, Fenchel und Karotten gefüllten Kalamares. Vegetarier werden von der Blätterteigpastete *ambelos pie* (11 €) mit grünen Zwiebeln, Dill, Pinienkernen und Parmesan begeistert sein, Fischliebhaber vom Schwertfisch mit Butter, Dill und Sardellen (19 €). Wer Glück hat, erwischt einen Tisch mit Kraterblick.

Cocktail beim Libanesen – **Porto Carrá** 6: Odós Agíou Miná, Tel. 22 86 02 29 79, tgl. ab 10 Uhr. Die Café-Bar mit angeschlossenem Hotel wurde 2013 von einer schon lange in Griechenland lebenden Familie aus dem Libanon gekauft. Mit viel Liebe kümmert sich der junge Inhaber Amin in seiner Bar oft selbst um die Gäste. Er sorgt für Musik, Sauberkeit und was sonst noch so anfällt. Mit einem schönen Caldera-Blick und lockerem Ambiente kann man seine Cocktails (13 €) genießen.

Standard, aber preisgünstig – **Zafóra** 7: neben der Seilbahnstation, Tel. 22 86 02 32 03, ganzjährig tgl. ab 8 Uhr, Hauptgerichte ab 9,50 €, Salate 8,50–10,50 €, Vorspeisen bis 13,50 €. Hier kann man von fünf verschiedenen Terrassen die Sicht auf die Caldera und auf Firá genießen. Zum Restaurant gehört im Sommer auch eine Bar. Der Name ›Zafóra‹ leitet sich vom roten Farbstoff ab, der aus Safran gewonnen wird, der seit der Antike auf Santorin wild wächst. Das Zafóra führt etwa 80 Speisen und 30 Vorspeisen auf der Karte, da kann nicht alles aus eigener Herstellung stammen. Für den Caldera-Blick ist es hier jedoch recht preiswert. Gäste des Campingplatzes erhalten 15 % Rabatt auf Speisen und Kaffee.

Kreativ – **Kápari** 8: an der Hauptstraße von Firá nach Firostefáni links, siehe Tipp S. 118.

Warteschlangen – **Náoussa** 9: Kraterrandgasse unterhalb des Hotels Atlantis nahe der Mitropolis, Tel. 22 86 02 12 77, www.naoussa-restaurant.com, tgl. ab 12 Uhr. Trotz seines 2013 erfolgten Umzugs vom Ortskern direkt an den Kraterrand hat das erstklassige Restaurant seine Preise nicht angehoben und bietet so jetzt ein noch besseres Preis-Leistungsverhältnis. Hinzu kommen schneller und freundlicher Service und eine ausgezeichnete, leicht nordgriechisch beeinflusste Küche. So kann man hier zum Essen auch eine sehr scharfe, in Öl gebratene Chilischote bestellen, die es sonst nur in Makedonien gibt *(kafterí piperjá)*. Frischer Fisch wird zum Portionspreis (16 €) serviert, die gegrillten Lammkoteletts (13 €) sind ebenso ausgezeichnet wie die griechische Variante des Ratatouille, *briám* (8,50 €). Auf einer Kreidetafel werden die täglich frisch gekoch-

Auch ohne Kraterblick einladend: eine der vielen Tavernen in der Altstadt

ten Gerichte verkündet, der offene Wein ist mit 13 €/l nicht überbezahlt. Wenn, was häufig vorkommt, alle Tische besetzt sind, müssen Hungrige auch schon einmal vor dem Restaurant warten, bis sie an der Reihe sind: Dann serviert ihnen das Haus zur Verkürzung der Wartezeit einen Ouzo.

Traditionstaverne – **Nikólas** 10: Odós Erithroú Stavroú, Tel. 22 86 02 45 50, Mo–Sa 12–24, So 12–23 Uhr, Hauptgerichte 8–13 €. Die kleine, ganzjährig geöffnete Taverne ohne Außenplätze gehört zu den ältesten im Städtchen und hat sich seit Jahrzehnten kaum verändert. Traditionelle Gerichte werden hier ohne alle modernen Raffinessen zubereitet. Die Auswahl ist relativ gering, denn alles stammt aus der eigenen Küche. Tavernen wie diese gibt es in Griechenland viele, auf Santorin jedoch ist sie fast einzigartig. Deswegen bekommt man hier auch fast nie einen Tisch, ohne vorher einige Zeit wartend auf der Gasse zugebracht zu haben.

Günstig ohne Schnickschnack – **Diónysos in Atlantis** 11: Odós Erithroú Stavroú, Tel. 22 86 02 38 45, tgl. ab 12 Uhr, Hauptgerichte 7–13 €, Bauernsalat ca. 6 €, Tzazíki 3,90 €, offener Wein ca. 12 €/l, Flaschenweine 15–39 €. Auf einer großen, traditionell möblierten Terrasse sitzt man abseits vom Trubel und genießt ordentliche griechische Tavernenkost. Besonders gut ist das in Ölpapier im Ofen gebackene Lammgericht *kléftiko,* Vegetarier schätzen das *briám* (Ratatouille). Für Liebhaber sortenreiner Tresterschnäpse hält der Wirt alle Variationen des Tsípouro Babatzím wie Chardonnay, Moschato und Rodítis bereit – zum sagenhaft günstigen Preis von nur 3,50 €/Glas!

Guter Chinese – **China** 12: Odós D. Nómikou, auf halbem Weg zwischen Platía und Gízi-Museum, Tel. 22 86 02 47 60, tgl. ab 12 Uhr, Hauptgerichte meist 10–15 €. Das hohe chinesische Gästeaufkommen auf Santorin zwingt den Wirt des Lokals zu guter und rela-

Unser Tipp

Kreativ und kostengünstig – die Taverne Kápari 8

Ein Vorhang aus Bougainvilleen trennt die Gäste auf der Terrasse dieser Taverne von der Welt draußen. An kühleren Tagen können die Gäste von der Terrasse aus durch die kleine Anrichte auch in einen urgemütlichen Gastraum mit nur 24 Plätzen gehen und dabei gleich einen Blick in die offene Küche werfen, die nichts verbergen muss und will. Die fünfsprachige Karte ist umfangreich, 70 % der Rezepte haben die Inhaber selbst entwickelt oder verfeinert. Jedes Jahr werden ein paar Gerichte auf der Karte gegen neue ausgetauscht, die meisten aber sind Dauerschlager. Am besten lässt man sich bei der Zusammenstellung einer Tafel mit *mezedákia* beraten. Für eine kleine *paréa* von vier Gästen könnten beispielsweise auf dem Tisch stehen: gebratener Féta in einer Sesamkruste unter Honig und Balsamico, gebratener Féta in Blätterteig mit Vinsanto, Artischockenböden mit Senfsauce und Kapern, gebratene gefüllte Oliven, gebratene sonnengetrocknete Tomaten mit Tzazíki, *fáva*-Kroketten, Lammbraten in Weinblättern, Hühnchen in einer Ouzo-Honig-Sauce und ein großer Bauernsalat. Zu viert würde man dafür gerade einmal 15–20 €/Person zahlen, der Liter offener Wein dazu schlägt mit 12 € zu Buche.
Taverne Kápari: an der Straße von Firá nach Firostefáni, ca. 250 m von der Platía von Firá entfernt, Tel. 22 86 02 70 86, tgl. ab 16 Uhr.

tiv authentischer chinesischer Küche. Reis muss, anders als beim Chinesen in Deutschland, stets extra bestellt werden.

Für besondere Anlässe – **Pelican Café-Wine-Restaurant 13**: an der vom nördl. Ende der Platía abwärts führenden Gasse neben der Emborikí Bank, tgl. ab 9 Uhr, Tel. 22 86 02 34 33, www.pelican.gr/cafe-winerestaurant, Bauernsalat mit Kapern 7,20 €, Pasta mit Meeresfrüchten 16,50 €, Waffeln 5,50–10 €. Von außen lockt das Lokal mit einem großen, blumenreichen Garten samt jungen Olivenbäumen und Palmen. Seine eigentliche Attraktion ist aber der einzige unterirdische Weinkeller der Stadt Firá, der für Publikum zugänglich ist. Die Káva wurde in einer etwa 400 Jahre alten Höhle in bis zu 10 m Tiefe angelegt. Insgesamt lagern dort etwa 300 verschiedene griechische Weine, darunter auch der für Santorin typische Vinsanto. Außerdem finden Weinverkostungen statt, bei der vier verschiedene Santorin-Weine kredenzt werden (15 €/Person, Mo–Sa 11–16, So 19.30–23.30 Uhr). Zu besonderen Anlässen kann die Káva auch für private Feiern inklusive Speis' und Trank gebucht werden. Sogar für Bierliebhaber zeigt das Pelican ein offenes Herz: Biere aus aller Welt und natürlich auch Craft-Biere aus Santorin stehen auf einer Extra-Karte.

Günstig und akzeptabel – **Paréa 14**: an der vom nördl. Ende der Platía zur Kraterrandgasse führenden Basargasse, links beim Hotel Tatáki, Tel. 22 86 02 54 44. Tische und Stühle auf einer Dachterrasse, wenn auch ohne bemerkenswerte Caldera-Sicht. Legere Atmosphäre, relativ schneller Service, akzeptable Preise. Bauernsalat 6,50 €,

Hühnchen à la Crème 13 €, Hauswein 13,50 €/l.

Originell – **Kyrá Níki** 15: 800 m vom Busbahnhof an der Hauptstraße Richtung Messariá auf der linken Seite, Tel. 22 86 02 51 46, Mo–Sa ab 11 Uhr, Hauptgerichte ab 7,50 €. In der modernen, mit viel Geschmack eingerichteten Taverne essen vor allem Einheimische, dort bewirtet die Gemeinde auch ihre offiziellen Gäste der einfacheren Art. Neben dem Schautresen mit vielen täglich frisch zubereiteten Speisen sind Gemüse dekoriert, stehen die verschiedensten griechischen Mixed Pickles, *toursí* genannt, in Gläsern. Besonders originell wird der Salat serviert: in einer essbaren Schale aus naxiotischem Graviéra-Käse. Im Salat sind zusätzlich zum Üblichen auch Kapern und Kapernblätter, Petersilie und Paprika verarbeitet.

Leger und freundlich – **Stamná** 16: an der vom nördl. Ende der Platía abwärts führenden Gasse, Tel. 22 86 02 18 60, tgl. ab 11 Uhr. Gleich im Eingang der zur Straße hin offenen Taverne drehen sich Hähnchen, Gýros und anderes Fleisch am Grill, im Schautresen sind die immer gleichen Gerichte ausgestellt: Moussaká und *juvétsi, pastítsio* und grüne Bohnen. Lecker ist das hausgemachte Tzazíki und der Oktopus-Salat, der Bauernsalat (5 €) wird stets frisch geschnitten. Das Essen ist von durchschnittlicher Qualität, aber der junge Service herzlich, schnell und freundlich. Bis zu acht Mitarbeiter wirbeln durch den halboffenen Raum und hinter dem Tresen, schon beim zweiten Besuch wird der Gast per Handschlag wie ein guter Freund begrüßt. Ouzo und Obst nach dem Mahl sind ein Geschenk des Hauses.

Traditionell – **Café Iríni** 17: Odós M. Nomikoú, Tel. 22 86 02 30 06, tgl. ab 11 Uhr. Im traditionellen griechischen Kafenío Iríni kann man in vollkommener Ruhe seinen griechischen Mokka (2,50 €) mit einem atemberaubenden Ausblick genießen. Man sitzt auf grünen Holzstühlen an kleinen runden Marmortischen. Auch für Essen ist gesorgt: Zu Getränken werden Mezedákia gereicht. Gespielt wird überwiegend griechische Musik.

Das Inselcafé – **Diverso** 18: an der Platía, Tel. 22 86 02 44 05, tgl. ab 8 Uhr, Nescafé, Frappé oder Freddo Espresso 3,50 €, kleine Flasche Bier 4 €. Das moderne, nicht sonderlich hochgestylte Café ist ganzjährig geöffnet und der Treffpunkt der Einheimischen das ganze Jahr über. Die diversen Kaffees sind ausgezeichnet, das Bier aber ist doch etwas überteuert.

Der etwas andere Snack – **Kalambóki** 19: an der Platía, nur abends. Den ganzen Sommer über sind am ambulanten Stand geröstete Maiskolben (2,50 €) erhältlich, im Herbst auch Maronen aus Kreta.

Süßes

Krapfenbäcker – **LukuMum** 20: an der vom nördl. Ende der Platía abwärts führenden Gasse neben Mános Rent a Car, Tel. 22 86 02 46 72, tgl. ab 7.30 Uhr, Kaffee-Frappé 3,50 €, Loukoumádes ab 5 €. *Loukoumádes* sind kleine Teigbällchen, mit Krapfen zu vergleichen, die in Öl frittiert werden. Sie werden normalerweise mit heißem Honig und Zimt serviert, aber nicht so im LukumMum: Hier sind sie mit allerlei Füllungen erhältlich. Der Gast kann sich hier zwischen Schokolade, Honig, Walnuss, in Zucker eingelegten Kirschen oder Crème Patisserie entscheiden. Auch Loukoumádes mit Eis sind erhältlich. Draußen sitzt man gemütlich auf Bar-Hockern, als Tische dienen alte Fässer.

Traditionelles für Süßmäulchen – **Patisserie Mános** 21: neben der Souvláki-Bude Obelix zwischen Kraterrandgasse und Platía, Tel. 22 86 02 21 34. Die Patisserie ist ziemlich dunkel und sieht chaotisch aus. Nicht besonders einladend, wenn das Auge an den Luxus des nahe liegenden Kraterrandes gewöhnt ist, aber das Mános ist dennoch die renommierteste Patisserie Santorins, wenn es um traditionelles Gebäck geht. Der Verkaufshit sind die *melitínia*. Die kleinen quadratischen Teigtaschen, die zu Ostern in keinem Haushalt fehlen dürfen, werden hier das ganze Jahr über gebacken. Sie werden aus ungesalzenem Käse *(mastícha* aus Chíos), Eiern und Zucker zubereitet (18 €/kg). Auch das bei Hochzeiten und Taufen an alle Gäste bei Verlassen der Kirche gern verteilte *koufétto* ist hier erhältlich: in Honig getauchte Mandeln.

Einkaufen

Galerien, Boutiquen und vor allem Juweliere leben in Firá zu einem guten Teil von den Ausgaben der Kreuzfahrturlauber. Entsprechend hoch ist das Preisniveau. Teure Juweliere konzentrieren sich vor allem auf die Kraterrandgasse zwischen orthodoxer Kathedrale und Abgang zum alten Hafen; sie wird deshalb auch als ›Gold Street‹ bezeichnet. Aber auch einige gute Galerien haben sich unter sie gemischt. Weitere Haupteinkaufsstraßen sind die Odós Erithroú Stravroú und die Odós D. Nomikoú. Größere Supermärkte, in denen man relativ preiswert einkaufen kann, liegen am Ortsrand an der Straße zum Flughafen und an der Straße nach Akrotíri.

Galerien

Aus Bronze und Pressglas – **Máti Art Gallery 1**: Kraterrandgasse nördl. der orthodoxen Kathedrale, Tel. 22 86 02 38 14, www.matiartgallery.com, tgl. 10–23 Uhr. Auffällige Figuren auf dem Hausdach machen auf die Galerie des zyprischen Bildhauers Yórgos Kýpris aufmerksam, dessen Werke vielerorts auf Santorin und auch im übrigen Griechenland zu finden sind. Seine liebsten Materialien sind Pressglas und Metalle wie Bronze, Stahl und Eisen. Sein liebstes Motiv sind Fische. Sie schwimmen in Schwärmen, stehen mannshoch aufrecht, liegen bis auf die Gräten abgenagt als Skelett da. Boote und Wasservögel ergänzen die Kunstwelten des 1954 geborenen

Galerien, Geschäfte und Tavernen säumen die Kraterrandgasse

Meisters, der sich jetzt zunehmend auch Menschendarstellungen und abstrakten Konstruktionen zuwendet. Als Mitbringsel aus seiner Galerie sind kleine Schmuckstücke mit seinen typischen Motiven am besten geeignet.

Aquarelle vom Freskenmaler – **AK Gallery** 2: Kraterrandgasse, wenige Meter nördl. der orthodoxen Kathedrale, Tel. 22 86 02 30 41, www.ak-galleries.com, tgl. 10–20 Uhr. Christóforos Asímis hat die Kathedrale von Santorin ausgemalt (s. Entdeckungstour S. 100). Das aber war eher ein künstlerischer Seitensprung, denn bevorzugt fertigt er Aquarelle, Lithografien und Ölbilder mit santorinischen Motiven. Seine Frau Eléni designt den in der Galerie angebotenen Schmuck und gelegentlich auch moderne Skulpturen. Die Familie betreibt zwei weitere Galerien, eine in Oía, eine nahe Pírgos.

Kunst statt Wein – **Santorini Art Center** 3: nahe der oberen Maultierstation, Tel. 22 86 02 35 77, www.santoriniartcenter.com. Die Galerie ist in einem alten Weinkeller angesiedelt.

Apostolos Nikolakópoulos arbeitet mit Bronze und Kristall und stellt überwiegend Skulpturen her. Jeden Sommer zeigt er seine Werke in einer Ausstellung, zusammen mit den Werken von sieben weiteren Künstlern, die jährlich variieren.

Märchenhaft – **Art of the Loom 4**: Kraterrandgasse, unterhalb des Nómikos-Konferenzzentrums in einem kleinen Häuschen, Tel. 22 86 02 11 90, mobil 69 79 33 59 25, www.artofthe loom.gr. William Xogorákis hat früher Webstühle hergestellt und kennt sich daher bestens mit der Bearbeitung von Holz aus. Alle Werke aus Holz hat er entweder selbst produziert oder zumindest selbst bemalt. Auch seine Frau ist Künstlerin: Sie zeichnet die Prototypen für die Objekte aus buntem Glas, hergestellt werden diese jedoch in Athen. In der Galerie gibt es auch von anderen Künstlern Werke. Ölbilder ab 250 €, alte Schwarz-Weiß-Fotos oder Abbildungen von Gravuren von Santorin ab 10 €. Wer hier nicht fündig wird, kann auch das nahegelegene zweite Geschäft der Familie aufsuchen, zu dem man Ihnen gern den kurzen Weg erklärt.

Keramik – **Goúlas 5**: etwas inseleinwärts vom Nómikos-Konferenzzentrum (dort ausgeschildert), Tel. 22 86 02 47 50, tgl. ab 10, in der Nebensaison ab 18 Uhr. In seiner Galerie stellt der Töpfer Andréas Alefrágis seine Schalen, Vasen, Kerzenhalter und anderen Keramikwerke aus. Der Besucher kann dem Künstler manchmal bei der Arbeit zusehen, gelegentlich gibt er dabei auch Erklärungen (auf Englisch) ab. Alefrágis mischt in seinen Arbeiten die traditionelle griechische Keramik mit der japanischen Raku-Technik. Er hat die Töpferkunst auf Santorin erlernt und sie anschließend durch Praktika in anderen Werkstätten Griechenlands verbessert.

Schönes aus Holz – **Ernesto 6**: Odós Erithroú Stavroú (nahe Seilbahnstation), www.ernesto-workshop.com, tgl. 10–23 Uhr. Anita und Alex, beide freundlich und auf Wunsch gesprächig, haben sich dem Holz verschrieben, kreieren ungewöhnliche Kisten und Kästchen, fantasievolles Spielzeug, originelle Lampen, Spiegel, Bilderrahmen, Schach- und Tavlibretter.

Bücher und Musik

Kompetent und freundlich – **Book & Style 7**: am südl. Ansatz der Platía, tgl. 10–23 Uhr. Die ordentlichste und am liebevollsten geführte Buchhandlung Firás hält neben zahlreichen fremdsprachigen Büchern über Griechenland und Santorin auch ausgewählte Musik-CD's, Gesellschaftsspiele und sogar ein Puzzle mit Santorin-Motiv bereit. Inhaber Evángelos Konstantinídis spricht perfekt Englisch und verkauft zu seinen Postkarten sogar Briefmarken ohne Aufpreis. Selbst fürs Porto akzeptiert er Kreditkarten, seitdem er in London einmal ohne Geld dastand und keiner seine Karte für Minimalbeträge akzeptieren wollte. »Da habe ich mir geschworen, in meinem Geschäft keine Untergrenze anzusetzen«, erzählt er.

Textiles

Shirts – **New Art 8**: Fábrika-Shopping-Center an der Kraterrandgasse nördl. der orthodoxen Kathedrale sowie an der Gasse Odós Erithroú Stavroú gegenüber der irischen Bar Murphy's, tgl. 10–23 Uhr. Werner Hampel aus Köln designt seit Jahren erfolgreich T-Shirts, Sweatshirts, Kapuzenjacken und Ähnliches als kleine Kunstwerke. Jedes Jahr entstehen neue Designs, seine Markenzeichen sind jedoch eine Echse und der ›Walking Man‹.

Griechische Couture – **Milo 9:** Kraterrandgasse Richtung Seilbahn, nördl. der Gasse hinunter zum alten Hafen, Tel. 22 86 02 36 33, tgl. 10–23 Uhr. Die kleine Boutique setzt nicht vorrangig auf internationale Labels, sondern gibt auch griechischen Modedesignern eine Chance. Fragen Sie mal nach den Marken Chronás und Koudounáris.

Ganz in Weiß – **Touristische Kleidergeschäfte 10:** Kraterrandgasse, hinter der Seilbahnstation Richtung Nómikos-Konferenzzentrum, tgl. 10–22 Uhr. Am Rande des ›Basarviertels‹ von Firá konzentrieren sich einige einfache Geschäfte, die nahezu ausschließlich Kleidung für Sie und Ihn ganz in Weiß bieten. Der Stil der Kleider erinnert ein wenig an antike griechische Frauengewänder, nur dass jene meist kürzer und freizügiger geschnitten waren. Den Partnerlook erlauben luftige Männerhemden. Auf fast allen Kleidungsstücken steht »Made in Greece«. Griechen jedoch würden diesen Hippie-Schick jedoch natürlich nie tragen …

Griechische Markenklamotten – **Martini 11:** Kraterrandgasse zwischen orthodoxer Kathedrale und Gasse zum alten Hafen, tgl. 10–23 Uhr. Als gutes griechisches Label für die Dame gilt seit über 30 Jahren Raxevsky (www.raxevsky.gr). Von »Glamour und sexy« über »Business« bis »Retro« reicht das Design. Luftige Kleidchen sind schon für 40–90 € zu haben, Abendkleider kosten meist zwischen 250 und 300 €. Männer, die sich gerne mit Hemden »made in Greece« kleiden möchten, finden die Kollektion der griechischen Marke John P. (40–60 €).

Von Griechinnen getragen – **The Butterfly Wings 12:** Odós Erithroú Stavroú, Tel. 22 86 02 23 19. In dem unscheinbaren Geschäft schlägt das Herz fast jeder Frau höher, die ein einfaches, aber schickes Kleid sucht. Bei Preisen ab 40 € kann man denn auch gelassen herumstöbern. Hier werden ausschließlich griechische Markenkleider verkauft, zum Beispiel von Enzzo und Hype.

Markenstoffe – **Háris Cotton 13:** Odós Danéz, Tel. 22 86 02 16 45, www.hariscotton.gr. Das griechische Unternehmen Háris Cotton bemüht sich bereits seit 1975 darum, Qualitätsstoffe und Kleider minimalistischen Stils zu einem guten Preis-Leistungsverhältnis für Sie und Ihn zu kreieren. Außer in Athen und Santorin führt Háris Cotton Geschäfte auch auf den Inseln Mykonos und Rhodos.

Schmuck

Blüten aus Diamanten – **Ponirós 14:** Kraterrandgasse, www.poniros.com, tgl. ca. 10–20 Uhr, im Sommer länger. Spezialität von Yiórgos Ponirós sind Blüten aus weißen und schwarzen Diamanten auf Weißgold, ob als Ring oder Brosche.

König der Juweliere – **Ilías Lalaoúnis 15:** Kraterrandgasse nördl. der orthodoxen Kathedrale, tgl. ca. 10–20 Uhr, www.iliaslalaounis.eu. Griechenlands berühmtester Juwelier besitzt nicht nur viele Filialen in ganz Griechenland, sondern sogar auch in Paris und New York. In Athen hat er sein eigenes Schmuckmuseum gegründet. Er und seine vier Töchter kreieren vor allem Goldschmuck, der von den verschiedensten Epochen der griechischen Kunstgeschichte, aber auch von anderen Kulturen weltweit inspiriert ist.

Aktiv

Wandern – **Kraterwanderung:** siehe Entdeckungstour S. 124.

Mit Bus & Schiff unterwegs – **Organisierte Ausflüge:** s. S. 25. ▷ S. 127

Auf Entdeckungstour: Am Kraterrand entlang – Wanderung von Firá nach Oía

Der Klassiker unter den Wanderungen auf Santorin schenkt immer wieder neue Einblicke in die Caldera und Ausblicke weit über die Ägäis hinweg zu anderen Inseln. Erst begeistert die Architektur in der Landschaft, dann die Natur mit ihrer farbigen Vielfalt von vulkanischen Aschen und Laven.

Reisekarte: ▶ D–F 1–4
Start: Überall an der Kraterrandgasse zwischen Firá und Imerovígli.
Dauer: Von der Seilbahnstation in Firá bis Imerovígli ca. 40–60 Min., von Imerovígli bis zur Platía von Oía 2–3 Std. Unterwegs berührt der Weg mehrmals Bushaltestellen.
Schuhe: Rutschfeste Sohlen!
Wegzehrung: Bis Imerovígli viele Einkehrmöglichkeiten. Kantína an der schmalsten Stelle der Insel zwischen Imerovígli und Oía.

Von Firá bis Firostefáni führt der Weg die Kraterrandgasse entlang. Am Ortsende von Firostefáni schwenkt er leicht inseleinwärts, verläuft durch einen Hohlweg und hohe Mauern hindurch am **Kloster Ágios Nikólaos** (s. S. 129) vorbei nach Imerovígli hinein.

Orientierung in Imerovígli

Ein Seitenweg führt am Restaurant Blue Note (s. S. 136) hinunter Richtung Skáros-Felsen. Ein Wegweiser informiert, dass Firá 25 Minuten hinter und Oía 2 Stunden und 30 Minuten vor Ihnen liegt. Gleich hinter dem Restaurant geht es rechts die Treppen hinauf und an der Rocka Cafe Bar die Stufen hoch auf eine kleine Platía mit dem Hotel La Maltese und einem Kriegerdenkmal. Hinter dem Hotel gehen Sie links, die erste Gasse wieder links und dann die erste Gasse rechts an der Apartmentanlage Vallais Villas vorbei. So gelangen Sie auf ein kurzes asphaltiertes Straßenstück mit zwei Parkplätzen und dem letzten Mini-Markt am Wegesrand.

Von hier aus ist die weitere Wegführung klar erkennbar. Sie passieren eine flügellose **Mühle** und gehen bald erstmals etwa sieben unverbaute Minuten lang durch freie Natur.

Friedhof und drei Kapellen

Dann folgt eine kleine Ansammlung neuer Hotels, deren Auftakt das Santoríni Balcony bildet. Hier führt ein Weg 50 m weit bis zur Straße Firá–Oía mit Busstopp und der einfachen Taverne Tásos. Direkt neben der Taverne steht das Tor eines **Friedhofs** offen. Seine etwa 30 Beinhäuser wirken, von außen betrachtet, fast wie ein kleines Dorf. In den meisten Türen ermöglichen Glasfenster einen Blick auf die Kisten mit den Gebeinen der Toten.

Nach der Hotelanlage Santorini My Spa steigt der Weg bergan. In der Aschen- und Schlackenwand rechts am Weg liegen Dutzende Bänder ganz verschiedener Körnung und Färbung übereinander, zeugen von immer wieder neuen Eruptionen. An manchen Stellen wachsen im Frühjahr prächtig blühende Kapernsträuche aus kleinen Löchern in der Wand heraus.

Vor dem Café To Monopáti gabelt sich der Weg. Rechts geht es weiter nach Oía, links über einen Parkplatz und eine Betontreppe mit weiß gekalkten Umrandungen hinunter zur **Höhlenkapelle Ágios Antónios,** die in strahlendem Weiß tief unten an der Kraterwand aufleuchtet. Ein Abstecher dorthin dauert hin und zurück etwa 15 Min., die Kapelle ist aber leider verschlossen.

Direkt am Weg steht bald darauf die **Kapelle Ágios Márkos** mit Zypressenschatten und einer umlaufenden Steinbank, die sich gut für ein kleines Picknick eignet. Danach geht es auf betonierter Straße mit schönem Blick auf den kleinen Hafen von Porí (s. S. 167) weiter hinauf zur **Kapelle Profítis Ilías** unter dem Gipfel des 316 m

hohen Mikró Profítis Ilías, des ›Kleinen Propheten Elias‹. Meist warten hier einige friedlich streunende Hunde auf Futter.

Dicht am steilen Abhang entlang

Schon 20 m vor dieser Kapelle hat sich der Weg geteilt. Wer überhaupt nicht schwindelfrei ist oder rutschiges Lavageröll als Untergrund fürchtet, geht zur Weggabelung zurück und nimmt nach links den bequemeren, östlich am Mikró Profítis Ilías entlang führenden Weg bis zur schmalsten Stelle der Insel. Schöner ist freilich der Weg unmittelbar am Kraterrand entlang, auf den an der Kapelle die groß in Weiß auf eine Mauer gemalten Buchstaben OIA aufmerksam machen.

Dieser Pfad ist nur 1,20–2 m breit. Anfangs ist er gepflastert, danach wandern Sie über loses Lava- und Bimssteingeröll. Ein überbetoniertes Mäuerchen begleitet Sie sinnvollerweise bergseitig, während es links recht steil und ungesichert zur Caldera hinabgeht. Immerhin: Auf der zweiten Weghälfte könnten Sie sich notfalls an einem Stacheldrahtzäunchen festhalten. Faszinierend ist wieder die Farben- und Formenvielfalt der Lava- und Bimssteinschichten, die von Grau über Rot bis zu Schwarz reicht.

Kuchen bei einem Dichter

Nach etwa 15 Minuten weitab aller Dörfer und Hotels stößt der Pfad dann schließlich auf den leichteren Weg vom Profítis Ilías und führt auf die Asphaltstraße hinunter. Auf ihr überwinden Sie nun mit Blick auf Caldera und offene Ägäis zugleich die engste Stelle der Insel. Ein alter Bauer betreibt hier schon seit Jahrzehnten in einer Art Wohnwagen eine *kantína* mit ein paar ebenso alt gewordenen Tischen und Stühlen auf einer schlichten Terrasse mit Blick in beide Richtungen.

Wer in Hinblick auf Sauberkeit nicht allzu pingelig ist, holt sich seinen selbst gebackenen Kuchen, ansonsten sind auch in Flaschen abgefüllte Getränke erhältlich. Meist sitzt der Wirt in seiner *kantína* vor einem Blatt Papier, auf das er Reime schreibt: Er ist leidenschaftlicher Poet, hat auch schon Texte für einige auf Platten und CDs veröffentlichte Lieder verfasst.

Durch Vulkanlandschaften nach Oía

Unmittelbar neben der *kantína* setzt ein Pfad an, rot-weiß als Wanderweg 1 markiert. An einer traumhaft schönen, blendend weißen Privatvilla mit zitronengelben Türen und Fensterrahmen vorbei geht es nun bergan auf eine tiefschwarze Aschenschicht zu, die von Weitem wie feinster Sand aussieht. Der Anstieg wird steiler, erfolgt für ein kurzes Stück über Treppen in einem Hohlweg. Dann liegen rechts verwilderte Terrassen, auf denen in vortouristischen Zeiten Bauern Getreide anbauten.

Nach etwa 30–40 Minuten auf diesem schönsten und menschenfernsten Teilabschnitt der Wanderung ist die etwa 270 m hoch gelegene **Kirche Tímios Stavrós** unterhalb des 331 m hohen Megálo Vounó erreicht. Von hier haben Sie noch einmal die gesamte Wegstrecke zwischen Imerovígli und Oía vor Augen. Durch ein intensiv mit großflächigen Flechten bewachsenes Lavafeld geht es nun bergab an einer weiteren Profítis-Ilías-Kapelle vorbei und weiter dem Kraterrand folgend bis zu den ersten Häusern von Oía.

Am Wegstück zwischen der Poolterrasse des Hotels Atlantida Villas und der wie eine kleine Fabrik aussehenden Meerwasserentsalzungsanlage bietet die helle Lavawand auf der rechten Seite ein besonders ausgeprägtes Beispiel für typische Wurfschlacken der Eruptionen zwischen 67 000 und 21 000 v. Chr.: Dicke Lavabrocken stecken wie Kanonenkugeln in der Bimssteinwand. Hinter der Saline beginnt dann wieder ein gepflasterter Weg, der Sie direkt auf die Kraterrandgasse von Oía führt.

Abends & Nachts

Für Partylöwen – **Casablanca Soul** 1: Odós Erithroú Stavroú, Tel. 22 86 02 71 88, www.casablancasoul.com, tgl. ab 22 Uhr. Das Motto dieser 1979 gegründeten Musik-Bar lautet ›The Music never ends‹. Außer zahlreichen Abenden mit Gast-DJs aus der ganzen Welt gibt es immer wieder auch Live-Auftritte diverser Musiker. Zu hören sind dabei überwiegend Musikrichtungen wie House und Funk.

Exklusiv – **Enigma Club** 2: 50 m nördl. der Platía Richtung Oía, zwischen der asphaltierten Hauptstraße und der Odós Erithroú Stravroú (der Enigma Club hat zwei Eingänge), Tel. 22 86 02 24 66, auf Facebook, nur im Hochsommer tgl. ab 23 Uhr. Großer, weiß dekorierter Innenraum, Hof und Terrasse mit etwas Sicht auf die Straße. Seit 1979 einer der populärsten Clubs von Santorin. Hierher zieht es Partymäuse aus aller Welt, die die ganze Nacht mit Club-Musik durchtanzen möchten. Ein Getränk 10 €, Wasser mit Sprudel 7 €. In Nächten mit Eintritt (meist 10 €) ist das erste Getränk kostenlos. Wer einen Tisch reserviert, bekommt eine Flasche, je nach persönlichem Geschmack, z. B. Wodka, Whisky etc., für 100 € (gilt für vier Personen, die dann keinen weiteren Eintritt zahlen müssen).

Topadresse – **Koo Club** 3: Odós Ipapántis (im Zentrum), tgl. ab 22 Uhr, Tel. 22 86 02 20 25, www.kooclub.gr. Openair-Club mit drei Areas in einem Garten mit Palmen, je nach Standort mit tollem Blick Richtung Caldera oder offene Ägäis, auch für Promis eine beliebte Anlaufstation. Akuelles Programm auf der Website.

Jazzbar – **Kirá Thirá** 4: an der aus der Nordostecke der Platía abwärts führenden Straße, Tel. 22 86 02 27 70, tgl. ab 20 Uhr, Glas Sangría 7 €, Cocktail oder Metaxa sieben Sterne 9 €, Mythos oder Heineken 5 €, Corona 6 €. Der kleine Raum wurde an der Decke mit Musikinstrumenten dekoriert. Es handelt sich um die erste und älteste Bar Santorins. Vor mehr als 30 Jahren hatten sich sieben Freunde, angeblich aus Langeweile und weil es keine anderen Ausgehmöglichkeiten gab, dazu entschieden, eine Bar zu eröffnen. Einer nach dem anderen hat dann die Insel verlassen. Der heutige DJ, Dimítris, noch immer mit langen, aber inzwischen weißen Haaren, ist der letzte der sieben Freunde, der die Stellung hält und heute der einzige Besitzer. Die Spezialität des Hauses trägt seinen Namen »Sangría tou Dimítri«, gemischt aus drei verschiedenen einheimischen Weinen. Das Getränk wird in einer großen Bowleschüssel an der Bar-Theke zubereitet. Diese steht in einer noch größeren Schüssel, der Zwischenraum ist mit Eiswürfeln gefüllt, damit die Sangría auch immer schön gekühlt ist. Die Bierauswahl hält mit der schönen Atmosphäre nicht mit, es gibt nur drei Sorten.

Mainstream – **Town Club** 5: Odós Erithroú Stavroú, Tel. 22 86 02 36 75, schon morgens als Café geöffnet, aber erst ab 20 Uhr geht es hier richtig los. Schmaler länglicher Raum, einfach gestaltet, damit mehr Platz zum Tanzen frei bleibt. Der Town Club ist besonders darum bemüht, potenzielle Gäste von der Straße hereinzulocken. Ab 20 Uhr rufen meist jüngere Männer (*kráchtes*), die Straßenpassanten dazu auf, den Club zu besuchen. Dabei verteilen sie Visitenkarten des Clubs und versprechen von 21–24 Uhr Happy Hour »2 for 1«. Wer sich beharrlich widersetzt, dem versprechen sie sogar, einen Schnaps auszugeben. Diese *shots* werden bis 24 Uhr in kleinen Kännchen mit je zwei Schnapsgläsern serviert. Oft wird auch auf der Theke getanzt, wenn sich die Gäste nicht trauen, dann animiert eine der Barmädchen dazu. Immer wieder läutet das Personal an kleinen Glocken, um die Stimmung für die Gäste anzuheizen. Fragen Sie nach der Karte mit den vielen bunten Cocktails (je 10 €, andere Getränke 8 €).

Girls gone wild – **Murphy's 6**: neben dem Town Club, Tel. 22 86 02 22 48, tgl. ab 15.30 Uhr, Happy Hour 15.30–17.30, 21.30–22.30 Uhr, kleine Flasche Bier ab 4 €, irisches Stout 8 €/Pint, Cocktails 10–12 €. Auf den Flachbildschirmen laufen meist Rugby-Spiele, an einer Wand hängen Fotos von Abenden, an denen es heiß her ging. Da finden auf dem Tresen Strip-Wettbewerbe statt, lutschen junge Britinnen und Irinnen Sahne vom Dildo. Auch das kann Santorin sein ...

Familiär – **Two Brothers 7**: südl. der Basargasse von der Platía zum Kraterrand, Tel. 22 86 02 30 61, tgl. ab 10 Uhr bis zum Morgengrauen. Hier wird überwiegend Mainstream und R'nB' gespielt. Die Bar haben vor einigen Jahren, wie der Name es schon verrät, zwei Brüder eröffnet, inzwischen sind sie pensioniert und der Sohn bzw. Neffe Lákovos hat das Geschäft übernommen. Jeden Abend gibt es ein Getränk »of the Night«. Da kann schon einmal das Bier oder die Sangría nur 3 € oder ein Cocktail nur 4 € kosten. Normalerweise kostet ein alkoholisches Getränk aber ab 6 €. Die Happy Hour »2 for 1« ist von 22 bis 23.30 Uhr.

Griechische Hochzeit – **The White Door 8**: Odós Erithroú Stavroú, Tel. 22 86 02 17 70, www.whitedoorsantorini.com, Mai–Okt. tgl. 21–22.45 Uhr, 45 € all inclusive. Das für Griechenland einzigartige Event ist als interaktives Musical konzipiert. Vor fotogener Kulisse wird eine traditionelle griechische Hochzeit der 1940er-Jahre gefeiert. Der Besucher nimmt wie ein geladener Gast an ihr teil. Es wird musiziert, gesungen und getanzt, es gibt reichlich zu essen und zu trinken. Natürlich tanzen auch die Gäste mit. Zum Schluss dürfen sie sogar Teller zerschmettern, wie das früher bei ausgelassenen Feiern üblich war. Das Konzept für die Show haben die Brasilianerin Lucy Wehmuth und ihr spanischer Partner Fernando entwickelt, was dem Ereignis noch etwas ›lateinischen‹ Schwung verleiht.

Infos & Termine

Infos

Touristeninformation: siehe Infobox S. 90.

Krankenhaus: an der Hauptstraße unmittelbar unterhalb des Busbahnhofs, Tel. 22 86 36 03 00, Notaufnahme 24 Std. tgl., öffentliche Sprechstunde Mo–Fr 8.30–14.30 Uhr.

Geld: zahlreiche Banken und Bargeldautomaten in der näheren Umgebung der Platía.

Post: an der Straße, die von der Platía nach Süden führt, auf der linken Seite kurz hinter Busbahnhof und Prähistorischem Museum.

Telefon: zahlreiche Telefonsäulen an der Platía, am Busbahnhof, an der zentralen Kraterrandgasse und an vielen anderen Stellen im Ort.

Termine

Ifestia Festival: Mitte Aug. (s. S. 37).

International Music Festival: Sept. (s. S. 37).

Verkehr

Busverbindungen: s. Infobox S. 90.

Taxi-Ruf inselweit: 22 86 02 25 55 und 22 86 02 39 51. Taxistandplatz neben dem Busbahnhof.

Autoverleih: s. S. 24.

Firostefáni! ▸ F 4

Nördlich des katholischen Viertels und des Nómikos-Konferenzzentrums geht Firá unmerklich in den Nachbarort Firostefáni über. Kreuzfahrttouristen kommen kaum noch bis hierher, entsprechend stiller ist die Kraterrandgasse. Auch hier sind viele Hotels direkt in den Calderarand hineingebaut, an den Gassen aber gibt es kaum Geschäfte und weitaus weniger Restaurants als in Firá. Zentrum ist der kleine Platz mit vielen steinernen Sitzbänken unterhalb der meist verschlossenen Kirche Ágios Gerássimos, auf dem man die Aussicht in aller Ruhe genießen kann.

Kloster Ágios Nikólaos 1

An der Straße zwischen Firostefáni und Imerovígli

Das in freier Landschaft stehende, ganz weiß gekalkte Nonnenkloster wurde Anfang des 19. Jh. erbaut. Seine Kirche stammt aus dem Jahr 1820. Die Schwestern sind jedoch inzwischen vom Touristenstrom genervt. Selbst griechisch-orthodoxe Besucher werden nur eingelassen, wenn sie kommen, um zu beten.

Übernachten

Exklusiv – **Tsitoúras Collection 1**: unterhalb der Kraterrandgasse ca. 80 m nördl. der Platía, Tel. 22 86 02 37 47, www.tsitouras.com, Haus für 2 Pers. 266–830 €/Tag, Villa für bis zu 6 Pers. 1150–2000 €/ Tag. Jedes der fünf Häuser der exklusiven kleinen Anlage mit fantastischem Ausblick ist unterschiedlich eingerichtet, steht unter einem eigenen Motto. Das Meer, die Winde und der Tänzer Nurejew gehören zu den Themen. Dinieren können die Gäste à la carte auf der Maria-Callas-Terrasse (siehe auch S. 66).

Netter Service – **Villa Ilías 2**: Kraterrandgasse, Tel. 22 86 02 25 19, www.villailias.gr, DZ NS 130–220 €, HS 150-250 €. Viele Zimmer der Villa Ilías sind ziemlich klein, was aber der nette Service und die Sicht auf den Krater wieder wett machen. In der Villa wird auf gesundes Frühstück mit Obst, Salat und Joghurt geachtet. Auf einer Terrasse des Hauptgebäudes gibt es einen kleinen Swimmingpool mit Sicht auf die Vulkaninseln. Die Suite des Hauses wurde im Jahr 2015 neu

Unser Tipp

Erst ansehen, dann auswählen: die Tablett-Taverne Símos 1

Vor einem halben Jahrhundert gab es in Griechenland noch zahlreiche Tavernen, in denen keine Speisekarten auslagen. Die Gäste schauten in der Küche in die Töpfe, fragten den Kellner nach dem Angebot oder gingen in ›Tablett-Tavernen‹. Da kamen die Kellner mit großen Tabletts an den Tisch, die mit Tellerchen vollgepackt waren. Darauf lag, was die Taverne anzubieten hatte. Manches konnte man sich gleich vom Tablett auf den Tisch stellen lassen, anderes wählte man aus und ließ es zunächst zum Aufwärmen in die Küche zurückgehen. Heute gibt es nur noch wenige solcher Lokale im ganzen Land. Das Símos ist eines davon und für Santorin einzigartig. Der Tablett-Service wird hier allerdings nur abends geboten. Tagsüber wählen die Gäste ganz normal nach der Karte aus, die auch abends jederzeit einsehbar ist (Firostefáni, Straße nach Firá, Tel. 22 86 02 38 15, tgl. ab 12 Uhr, Vorspeisen um 4 €, Tagesgerichte um 9 €, Gegrilltes bis 15 €).

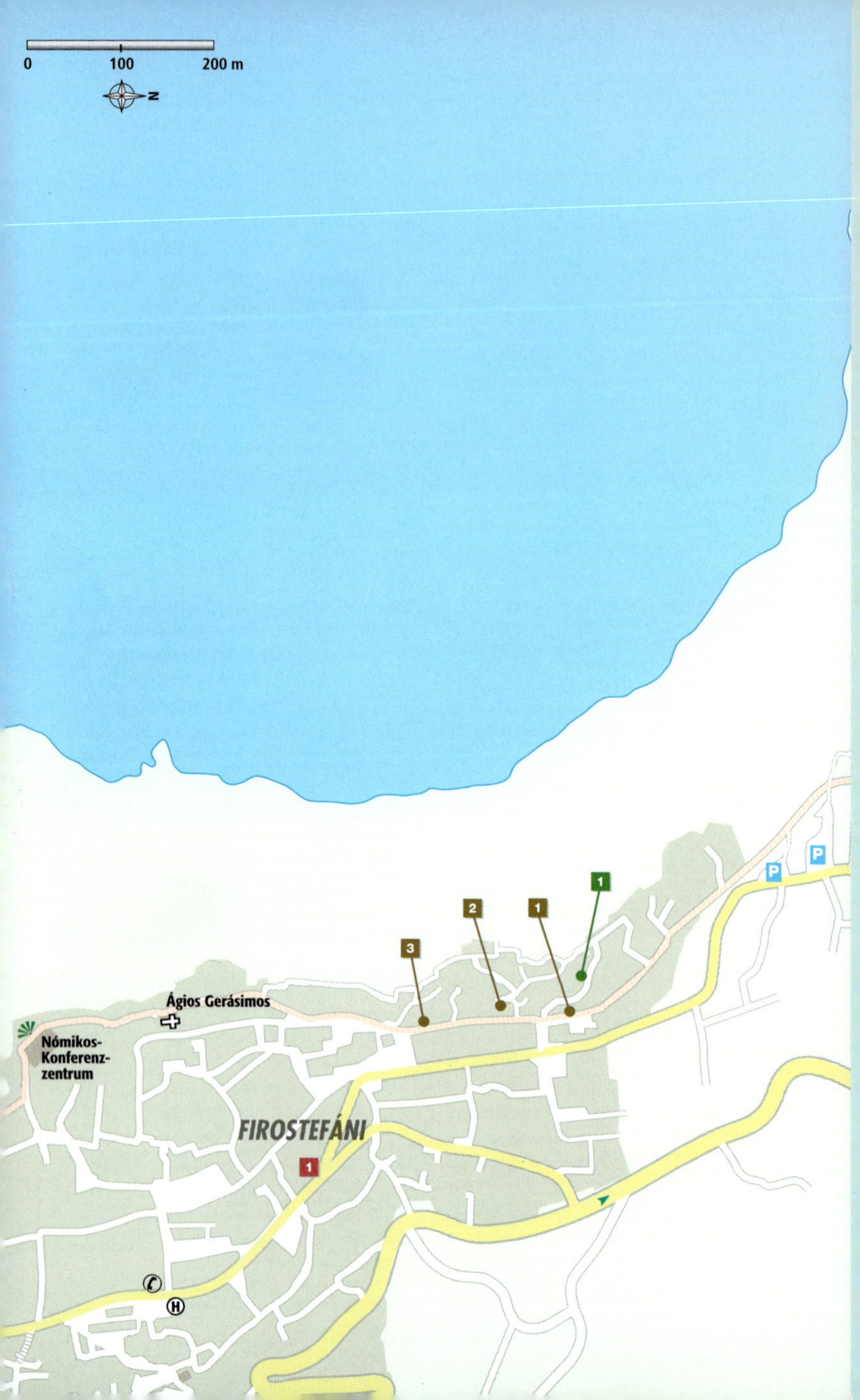

0
100
200 m
N
Ágios Gerásimos
Nómikos-
Konferenz-
zentrum
FIROSTEFÁNI
1
2
3
1
1
P
P

Firostefáni und Imerovígli

Sehenswert
- 1 Kloster Ágios Nikólaos
- 2 Skáros-Felsen

Übernachten
- 1 Tsitoúras Collection
- 2 Villa Ilías
- 3 Mýlos
- 4 Kápari Natural Resort
- 5 Santorini Grace
- 6 Heliótopos
- 7 Spiliótica

Essen & Trinken
- 1 Símos
- 2 Blue Note
- 3 Íris

Einkaufen
- 1 Atelier Firostefáni

geschaffen. Ansonsten gibt es noch 11 Doppelzimmer und ein Studio für bis zu 4 Personen.
Günstige Preise – **Mýlos** 3: Kraterrandgasse nördl. der Platía, Rezeption im gleichnamigen Mini Market, Tel. 22 86 02 38 84, DZ NS 95 €, HS 115 €. Die acht einfach möblierten Zimmer der kleinen Pension direkt über dem Mini-Markt sollte man sich anschauen, bevor man sie bucht. Erwischt man eines der Zimmer mit schönem Caldera-Blick, hat man bei bescheidenen Wohnansprüchen ein gutes Schnäppchen gemacht.

Essen & Trinken

Hinter Glas – **Mýlos:** im Hotel Mýlos 3, Tel. 22 86 02 56 40, www.mylossantorini.com, tgl. ab 16 Uhr. Die modern gestylte Veranda des Restaurants zieht sich auf drei Seiten um eine restaurierte Windmühle herum, ist verglast und bietet einen prächtigen Caldera-Blick. Der Küchenchef zaubert moderne griechische und trendige Fusion Cuisine. Für Vegetarier hat man hier stets ein offenes Ohr. Außerdem gibt es ein sechsgängiges Degustations-Menü und bei Bedarf auch zwei Hochzeits-Menüs.
Tablett-Taverne – **Símos** 1: siehe Tipp S. 129.

Einkaufen

Santorinische Collagen – **Atelier Firostefáni/Leonie Schmiedel** 1: ab Kirchplatz am Kraterrand ausgeschildert, Tel. 22 86 02 37 70, tgl. 11–21 Uhr. Die 1963 in Duisburg geborene Künstlerin, die seit 1990 in Griechenland zu Hause ist, hat sich mit zarten Collagen einen Namen gemacht, für die sie nur Fundstücke aus Santorin verwendet. Verschiedenartige Lavasande sind ebenso darunter wie historische Dokumente, Seiten aus alten Büchern oder Schulpe von Kalamaren. Am Strand findet sie nicht nur schöne Steine, sondern auch allerlei Holz und anderes Strandgut. Sogar Bitumenklumpen hat sie schon verwendet. Sie betreibt keinen Laden an der Kraterrandgasse, sondern stellt ihre Werke in ihrem Atelier, in einem Höhlenhaus mit traumhaft schönem Caldera-Blick, aus.

Imerovígli ! ▸ F 3/4

Das höchstgelegene der Kraterranddörfer Santorins, dessen Namen die Einheimischen »Imerowílli« aussprechen, schließt sich nördlich an Firostefáni an, ist aber noch nicht ganz mit ihm zusammengewachsen. Kreuzfahrttouristen kommen überhaupt nicht hierher, aber auch Santoriner wohnen dort kaum noch. Die meisten Häuser und Höhlenwohnungen dienen inzwischen als Hotels, meist mit Restaurant.

Hauptkirche direkt an der kleinen Platía ist die **Panagía Maltésa.** Ihren Namen ›Allheilige Malteserin‹ trägt sie, weil sie für eine Marienikone erbaut wurde, die ein Santoriner Seemann bei der Insel Malta aus dem Meer fischte. Als Ziel ist Imerovígli vor allem wegen des Skáros-Felsen von Interesse. Außerdem beginnt hier eine Kraterrandwanderung durch viel Natur bis hinüber nach Oía (siehe Entdeckungstour S. 124).

Skáros-Felsen 2

Auf und am markant über der Caldera aufragenden Skáros-Felsen 100 m unterhalb von Imerovígli residierten die venezianischen Inselherrn ab 1207. Er trug einst zwei Burgen, die eine Sitz des Inselfürsten, die andere Bischofssitz. Die Burganlagen waren so groß, dass sie in Krisenzeiten die gesamte

Die meisten Häuser Imerovíglis beherbergen heute Hotels – nicht selten luxuriös

Inselbevölkerung aufnehmen konnten. Heute ist von ihnen kaum noch etwas zu erkennen. 1811 verließen die letzten Bewohner die in den Burgmauern entstandene Siedlung. Regen, Wind und das Erdbeben von 1956 machten Skáros den Garaus (siehe auch Lieblingsort S. 134).

Unmittelbar nördlich des Restaurants **Blue Note** 2 (s. S. 136) beginnt der Weg auf den Felsen. Nach ca. 40 m passiert er die **Kapelle Ágios Geórgios** mit kleinem Vorhof, von dem aus der Caldera-Blick am schönsten ist.

Fünf Minuten später und nach mehreren steilen Treppen erreichen Sie den Fuß des Skáros-Felsens. Ab hier wird der Weg sehr steinig und teilweise recht steil. Schwindelfreiheit ist erforderlich. An minimalen Mauerresten der Burg entlang führt er bis zur **Kapelle Theosképasti** auf der Rückseite des Felsens. Hier ist der mutige Wanderer mit sich und der Caldera allein.

Übernachten

Modernste Technologie – **Kápari Natural Resort** 4: am Kraterrand nördl. des Restaurants Blue Note, Tel. 22 86 02 11 20, www.kaparisantorini.gr, DZ NS ca. 300–800 €, HS ca. 500–1100 €, Villen für 10–16 Pers. NS 1500–2800 €, HS 2100–3900 €. Die 14 Zimmer, Suiten und Villen der Anlage vereinen alte Bausubstanz mit minimalistischem Design und High-Tech-Ausstattung. Alle audiovisuellen Quellen im Haus können zentral gesteuert werden, verschiedene Licht-Szenarios sind vorprogrammiert. Fast alle Zimmer und Suiten besitzen einen Kamin, die Kápari Suite verfügt über ein eigenes Heimkino und Fitnessraum. Die sehr engagierten und gut Englisch sprechenden Inhaber sind um die 30 und erspüren junge Trends.

Blick auf den Skáros-Felsen – **Santorini Grace** 5: am Kraterrand, am Pfad zum Skáros-Felsen, Tel. 22 86 02 13 00,

Lieblingsort

Eine Kapelle als Zeichen – am Skáros-Felsen 2

Die kleine, weiße Kapelle des heiligen Georg ist für uns mehr als ein schöner Aussichtsplatz hoch über der Caldera. Sie gibt einem der wundertätigsten Heiligen ein Haus, damit er die Menschen der Insel beschützen möge. Und sie will zugleich mit dem Weiß ihrer Tonne und ihrer Mauern, dem weißen Gitternetz und den weiß abgesetzten Stufen auf der Terrasse zeigen, dass sich hier der Mensch ein Stück rauer Natur angeeignet hat. Für uns setzt sie auch ein Zeichen gegen Unterdrückung. Während die Burg der venezianischen Herrscher auf dem Fels verfallen ist, hat hier die Hoffnung der Menschen auf eine bessere Welt Fortbestand (s. S. 132).

www.santorinigrace.com, DZ NS 390–1480 €, HS 550–2160 €, Mindestaufenthalt drei Nächte. Zu fast jedem der 20 Zimmer und Suiten dieses Luxus-Hotels gehören eine eigene Terrasse und ein kleiner Plunge Pool (eine Art Tauchbecken), im Zimmerpreis ist auch ein tägliches Champagner-Frühstück inbegriffen. Der Pool ist ein sogenannter Infinity Pool und steht nur Hotelgästen offen. Wer darin schwimmt, hat das Gefühl, Wasser und Himmel würden eins. Zur Anlage gehört eine (öffentliche) Pool Bar und ein erstklassiges Restaurant mit Show-Küche. Cocktails an der Pool Bar 13–18 €.

Preisgekröntes Frühstück – **Heliótopos** 6: am Kraterrand, Tel. 22 86 02 36 70, www.hotel.heliotopos.net, DZ NS 183–370 €, HS 233–470 €. Alle zehn Studios der Anlage sind ganz unterschiedlich gestaltet, die Sicht auf die Caldera ist immer perfekt. Kunst ist allgegenwärtig, sei es vom Santoriner Glaskünstler Yórgos Kýprís oder von der Hotelbesitzerin Líla Konstantinídis selbst. Zweimal hat das Hotel schon Auszeichnungen erhalten – als »most romantic« Hotel und wegen seines exzellenten Frühstücks, bei dem viele hausgemachte Marmeladen und santorinische Produkte auf dem Tisch stehen. Earth TV hat in der Hotelanlage seine einzige Kamera auf der Insel installiert.

Etwas kostengünstiger – **Spiliótica** 7: am Kraterrand, Tel. 22 86 02 26 37, www.spiliotica.com, DZ NS 160–390 €, HS 220–450 €. Für imerovigliche Verhältnisse schon recht preiswert sind die Studios der 24 Wohneinheiten umfassenden Anlage in der Kraterwand. Die höchsten Preise erzielt hier die Spiliótica-Suite, die mit ihrem Himmelbett besonders Honeymoonern ans Herz gelegt wird. Einige Suiten besitzen einen eigenen Whirlpool, allen Gästen steht außerdem ein kleiner Pool mit fantastischem Caldera-Blick zur Verfügung. Gäste können gern auf ihrer Privatterrasse dinieren.

Essen & Trinken

Griechisch-Blau – **Blue Note** 2: Kraterrandgasse, im Ortszentrum, Tel. 22 86 02 26 37, www.spiliotica.com/blueno te, tgl. ab 12 Uhr, typisches Drei-Gänge-Menü ohne Getränke ab ca. 30 €. Auf einer windgeschützten Dachterrasse stehen die blauen Kaffeehausstühle des feinen Restaurants und schenken einen grandiosen Blick über den kleinen Glockenträger der Kapelle Ágios Antónios hinweg auf die Caldera.

Mit Bodenhaftung – **Íris** 3: Kraterrandgasse, am nördl. Ortsrand, Tel. 22 86 02 31 97, tgl. ab 9 Uhr, Bauernsalat 6 €, Hauptgerichte 9–14 €, Nescafé 3 €. Auf der Terrasse dieses Cafés und Restaurants serviert eine freundliche Wirtsfamilie gute Tavernenkost zu angemessenen Preisen. Dem Caldera-Blick wird hier nur mit geringen Preisaufschlägen Tribut gezollt.

Infos

Bus: regelmäßige Verbindungen nach Firá und Oía.

Karterádos ▸ G 5

Dass Karterádos ein schönes, traditionelles Dorf in einem Erosionstal ist, erkennt der auf der Hauptstraße zwischen Firá und Kamári Vorüberfahrende nicht. Es lohnt sich dennoch, auszusteigen und durch dessen alten Dorfkern zu bummeln.

Dorfrundgang

Am besten läuft man zunächst einmal auf der Dorfhauptstraße über die Platía abwärts. Gegenüber dem

Arista Market steht ein bunt bemaltes Gebäude: der Kindergarten von Karterádos. Rechts vom Kindergarten biegen Sie in die Straße bergabwärts ein. Sie laufen nun an mehreren verschlossenen Kirchen vorbei. Vor einer schönen, blau gestrichenen **klassizistischen Villa** zweigt man nach links ab und gelangt nach 70 m an einer Telefonsäule an eine Gabelung. Nach links oben gelangt man zur **Kirche des hl. Christódoulos** mit schönem Blick in die drei Canyons, in denen die alten Häuser und Höhlenwohnungen von Karterádos liegen. Hält man sich an der Gabelung links, stößt man nach etwa 400 m auf eine keine Asphaltstraße, der man nach links folgt. An der Taverne Agápi mündet sie wieder auf die Dorfhauptstraße.

Karterádos Beach ▸ H 4

Der schwarze, auch Éxo Gialós Beach genannte Strand aus grobem Vulkansand und Lava ist etwa 350 m lang. Die vulkanische Kulisse ist schön, baden aber kann man anderswo besser.

Übernachten

Ins Dorf integriert – **Nicólas:** im oberen Teil des Erosionstals, Tel. 22 86 02 39 12, www.nicolas.gr, DZ NS 50 €, HS 85 €. Das moderne Hotel mit 42 Zimmern und Apartments ist sehr harmonisch und unauffällig in das alte Dorf integriert und ganz ruhig gelegen. Der Transfer vom und zum Hafen/Flughafen erfolgt zu jeder Tages- und Nachtzeit kostenlos.

Gute Preise – **Villa Mános:** am südl. Ortsrand, 50 m von einer Linienbushaltestelle an der Straße Firá–Kamári entfernt, Tel. 22 86 02 28 82, www.villamanos.gr, ganzjährig geöffnet, DZ je nach Auslastung und Größe 25–120 €, im Aug. bis zu 70 €. Das Hotel mit 25 Studios und Apartments sowie mittelgroßem Pool liegt zwar sehr abseits, bietet dafür aber ein sehr gutes Preis-Leistungsverhältnis. Ins Dorfzen-

Unser Tipp

Kurioses zwischen Monólithos und Karterádos

Das kleine Sträßlein, das von Monólithos aus Richtung Norden am langen Feinkiesstrand entlangführt und sich dann gen Karterádos landeinwärts windet, gehört zu unseren Lieblingsstrecken auf Santorin. Hier kann man vergessen, dass man sich auf einer durchgestylten Luxustourismus-Insel bewegt. In der niedrigen, von der Eruption 1645 v. Chr. herstammenden Bimssteilwand links der Straße hängen alte Holztüren lose vor alten Höhlenwohnungen, sind Öffnungen in der Felswand durch nackte Betonbausteine verschlossen. Zahlreiche Pärchen haben Herzen in die Wand geritzt, mancher auch den Namen seines geliebten Fußballvereins. Darüber hat die natürliche Erosion durch Wind und Wetter weichere Schichten weggespült und bizarre Formen hinterlassen, die an Hieroglyphen und chinesische Schriftzeichen, Tierköpfe und die Bremer Stadtmusikanten erinnern.

Nachdem sich das Sträßlein landeinwärts gewendet hat, bildet der Zaun eines Rebgartens ein Musterbeispiel für kreatives griechisches Recycling: Der Zaun besteht aus Stühlen und Tischen, einer Kühlschranktür und einem Ölfass, Bettgestellen und Matratzenrosten, Kabeltrommeln, Fensterläden, einer Spüle und der Motorhaube eines weißen Fiat.

trum geht man ca. 5 Minuten. Die Zimmer sind sparsam, aber gut möbliert und zumeist recht geräumig, viele bieten einen Balkon mit Blick aufs offene Meer. Für Gruppen gibt es 6-Bett-Studios in der Nebensaison schon ab 57–100 €, in der Hauptsaison für bis zu 230 €.

Essen & Trinken

Die Beste im Ort – **Katerina's Traditional Restaurant:** an der Dorfhauptstraße, 22 86 02 29 37, tgl. ab 12 Uhr, Pasta 5,50–12 €, Pizza 7–10 €, Hauptgerichte 6,50–12 €, frisch gepresster Orangensaft 4 €. Die von Mutter Katerina und Tochter Eleonora familiär geführte Taverne mit schattiger Terrasse verzichtet auf alle Glamour-Effekte und bietet dafür eine gute Tavernenkost zu normalen griechischen Preisen. Wer will, kann seine Bestellung auch am Schautresen vor der offenen Küche tätigen. Trend-Gericht unter Einheimischen

Mit einer Prozession feiert man in Karterádos das Kirchweihfest des hl. Christódoulos

sind das Meeresfrüchte-Risotto (12 €) und das Schweinefilet in Orangensauce (9 €).

Schweizer Wirtin – **Pános:** am Karterádos Beach, Mai–Sept. tgl. ab 12 Uhr, Hauptgerichte ab 8 €. Beim Fischer Panagiótis und seiner Schweizer Frau Danielle kommen neben selbst gefangenem Fisch und einer guten Fischsuppe nach Vorbestellung auch Kaninchen aus eigener Zucht auf den Tisch. Die hübschen Wandmalereien stammen ebenso von Danielle wie die fantasievoll gestaltete Speisekarte.

Termine

Großes Kirchweihfest zu Ehren des hl. Christódoulos: 20./21. Okt. An der gleichnamigen, zu jenem Tag überreich mit Flaggen geschmückten Kirche, die erhöht am nordöstlichen Dorfrand liegt. Gottesdienst am Abend des 20. Okt., Gottesdienst mit großer Prozession, Segnung des Brotes und anschließendem gemeinsamen Mahl am Morgen des 21. Okt.

Monólithos ▸ H/J 5

Der ›Einstein‹, der der kleinen Streusiedlung an der offenen Ägäisküste ihren Namen gab, ist ein etwa 30 m hoher Kalksteinfels, der wie der Profítis Ilías schon lange vor der Entstehung des Vulkans aus dem Thetys-Meer aufragte. Heute trägt er die kleine, weiße **Kapelle Ágios Ioánnis** mit allumfassendem Flughafenblick. Die Ortsmitte bildet ein großer Parkplatz direkt an einem der schönsten Inselstrände. Er säumt den ehemaligen Hafen von Monólithos, in dem im letzten Jahrhundert kleine Frachtsegler festmachten, um die Produkte der Tomatenfabriken von Monólithos abzuholen.

Der von vier Reihen alter Tamarisken gesäumte, helle **Grobsandstrand** ist etwa 200 m lang und bis zu 80 m breit. Er bietet Platz für vier Reihen von Sonnenschirmen, aber auch viel Freifläche, einen schönen Kinderspielplatz und Felder für Beachvolleyball, Basketball und 5 x 5-Fußball. Das Ufer fällt flach ab; hier kann man ausnahmsweise auch einmal ohne Badeschuhe gut ins Wasser gelangen.

Tomatenfabriken

Neben dem Abbau der Santorin-Erde für den Hafen- und Kanalbau (s. S. 110) war die Verarbeitung von Tomaten zu Tomatenmark und -saft in vortouristischen Zeiten ein wichtiger Wirtschaftszweig der Insel. 13 Tomatenmarkfabriken säumten die offene Ägäisküste der Insel zwischen Vlicháda im Süden und Éxo Gialós im Norden, eine stand am alten Hafen von Firá.

Die erste Fabrik war 1922 die von Dimítrios Nomikós am heutigen Strandparkplatz von Monólithos, in den 1950er-Jahren kam als letzte die Tomatenfabrik Sántos ein paar hundert Meter weiter nördlich hinzu. Sie wird heute noch von einer Genossenschaft genutzt, die sich auf typisch santorinische Landwirtschaftsprodukte spezialisiert hat.

Übernachten

Nahe am Strand – **Scorpios Beach:** an der Uferstraße am Hauptstrand, Tel. 22 86 03 36 66, www.scorpioshotel.gr, DZ NS ab 50, HS ab 120 €, nur von Juni bis Sept. geöffnet. Die kleine, zweigeschossige und in den Landesfarben Weiß-Blau gehaltene Anlage mit 23 Studios und Apartments ist eine gute Adresse für den, der viel in der Sonne liegen und baden will und keinen echten Ort zum Wohlfühlen um sich herum braucht. Die Zimmer sind sparsam, aber nett möbliert, der Pool liegt windgeschützt, die Atmosphäre ist familiär.

Essen & Trinken

Gute Fischsuppe – **Skaramangás:** am Hauptplatz, Tel. 22 86 03 17 50, tgl. ab 12 Uhr, Fischsuppe 12 €, Hauptgerichte ab 7 €, Languste 60 €/kg, offener Wein 7 €/l, Soft Drinks 1,50 €. Die schon 1982 gegründete Fischtaverne ist bewusst ganz schlicht geblieben, ihre Tische stehen direkt neben parkenden Autos. Dafür stimmen die Preise – und die Fischsuppe *kakaviá* wird auf Vorbestellung frisch zubereitet.

Windgeschützt – **Kapetán Loízos:** am Hauptplatz, Tel. 22 86 03 10 63, Fischteller mit Salat und Hauswein 30 €/ 2 Pers., Soft Drinks 1,50 €. Die maritim eingerichtete, sogar im Winter an Wochenenden geöffnete Taverne bietet frischen Fisch zu günstigen Preisen und bei Wind den Vorteil einer verglasten Terrasse.

Infos

Bus: Mai–Sept. mindestens 5 x tgl. ab Firá und zurück.

Voúrvoulos ▸ F 3/4

Voúrvoulos zieht sich von der Kraterrandstraße Firá–Oía fast bis auf Meereshöhe hinunter. Die älteren Teile des Ortes liegen in Erosionstälern und bestehen dort überwiegend aus Höhlenwohnungen, der neuere Ortskern, den die Hauptstraßen durchziehen, lässt davon wenig erkennen. Urlauber halten sich selten in Voúrvoulos auf, da es im Ort selbst kaum Hotels und nur eine Taverne und eine Café-Bar gibt.

Áno Voúrvoulos

Die Straße, die von der Platía und dem Friedhof zum Kraterrand hinaufführt, verläuft in ihrem oberen Teil durch ein ungewöhnlich breites Erosionstal mit niedrigen Rändern, in die größtenteils verfallene Höhlenwohnungen hineingebaut sind. Heute nisten jedoch lediglich die Tauben darin. Sie sind der unschönere Teil von Áno Voúrvoulos. Gegenüber den 21 blauen Postfächern beginnt ein Weg in den schöneren Teil von Áno Voúrvoulos hinein, in dem vor allem die schönen Dachformen gleich zu Beginn bezaubern, die sich fast zu einer Platía verbinden.

Friedhof

Links der Straße zum Kraterrand, 30 m oberhalb der Platía

Der kleine Friedhof nahe dem heutigen Zentrum des Dorfes ist ein besonders schönes Beispiel für santorinische Friedhofsarchitektur. Auf zwei Seiten umgeben ihn insgesamt neun Beinhäuser mit 13 blauen Kuppeln, sodass jedes von ihnen wie eine kleine Kapelle wirkt. Fenster in den Türen ermöglichen meist einen Blick hinein auf die Kisten mit den Gebeinen der Verstorbenen und wieder Ausgegrabenen, auf denen Fotos und Kunstblumen stehen.

An einem der Beinhäuser ist eine zweiteilige Marmorplatte angebracht. Ihre rechte Seite zeigt die Umrisse Santorins, darunter steht »Deine geliebte Insel«. Auf der linken Seite ist zu lesen: »Für deine ewige Reise hast du unsere Liebe als Nahrung. Dein Lebensgefährte, deine Kinder, deine Enkel«. Einheimische empfinden fremde Friedhofsbesucher durchaus nicht als störend, solange sie sich dezent und rücksichtsvoll verhalten. Manche öffnen ihnen sogar die Tür zum Beinhaus der Familie.

Voúrvoulos Beach ▶ G 3

Der etwa 200 m lange Strand aus dunklem Lavasand und -kies beginnt an einem kleinen Fischereischutzhafen, an dem auch einige Sitzbänke und eine fest installierte *kantína* aufgestellt sind. Auf dem Strand ist ein Volleyballnetz gespannt und eine kleine Kinderrutsche aufgestellt, in dem Bimssteinwänden hinter dem Strand dienten Höhlen einst als Bootsschuppen. Reizvoll anzuschauen sind mehrere bizarre ›Felsnadeln‹ aus Bimsstein und Bimssteinwände, die fast wie Leopardenfelle gemustert sind.

Essen & Trinken

Gute Dorftaverne – **Róza:** Káto Voúrvoulos, an der Hauptstraße Richtung Voúrvoulos Beach, Tel. 22 86 02 43 78, tgl. 10–23 Uhr, Hauptgerichte ca. 8–14 €. Die Terrasse der kleinen Taverne liegt direkt an der viel befahrenen Hauptstraße, was aber einen echten Griechen nicht weiter stört. ›Dame Róza‹ kocht täglich griechische Tavernengerichte wie *juvétsi,* Kaninchen in Rotweinsauce oder echten Landhahn; Salate und Gemüse stammen zum Teil aus dem hauseigenen Garten.

Unser Tipp

Weinproben unter Leitung eines Sommeliers

Váios Panagiotoúlas aus Voúrvoulos ist gelernter Sommelier und leidenschaftlicher Weinliebhaber. Für Gäste, denen es seine Expertise Wert ist, bietet er Programme rund um den Wein an. Eine vierstündige Tour (80 €) führt zur Verkostung in drei Kellereien der Insel. Bei einer 5-stündigen Tour ist auch ein kurzer Kochkurs mit anschließendem Dinner dabei (115 €/Person; Santorini Private Wine Tour, Tel. 69 37 08 49 58, www.santoriniwinetour.com).

Das Beste auf einen Blick

Oía und der Norden

Highlight!

Oía ist das stillere Ebenbild der Inselhauptstadt. In der Caldera-Wand staffeln sich wie dort die Hotelanlagen und aufgepeppten Höhlenwohnungen übereinander. Die marmorgepflasterte Kraterrandgasse ist auch hier die Flaniermeile, wirkt aber weniger eng bebaut und damit luftiger. Den Ortskern ganz im Westen prägen alte Kapitänshäuser, von der Burgruine am äußersten Ortsrand reicht der Blick weit in die Ägäis hinein. S. 144

Auf Entdeckungstour

Das Nautische Museum in Oía: Das kleine Schifffahrtsmuseum in einer alten Kapitänsvilla erinnert an die frühere Bedeutung von Schiffbau und Seefahrt in Oía. S. 148

Galerienbummel in Oía: In entspannter Atmosphäre präsentieren Künstler aus aller Welt ihre Werke von der Skulptur bis zur Malerei, von der Glaskunst bis zur Fotografie. S. 158

Kultur & Sehenswertes

Museum historischer Musikinstrumente: Das Museum in Oía vermittelt Klangerfahrungen mit antiken und byzantinischen Instrumenten. S. 145

Lóntza-Kastell: Die spärlichen Ruinen einer venezianischen Burg im äußersten Südwesten von Oía verwandeln sich zur Zeit des Sonnenuntergangs in Santorins meistbesuchtes Naturtheater. S. 146

Kátharos Beach: Eine Küstenformation gleich hinter dem längsten Strand im Ortsgebiet erinnert deutlich an eine Käsetorte. Eine helle Bimssteinschicht wirkt wie von Riesenhand auf graue Asche gelegt. S. 147

Zu Fuß unterwegs

Kurzwanderung zum Mávro Vounó: Wer den Sonnenuntergang in Ruhe erleben will, spaziert kurz vor Einbruch der Dämmerung zur Kapelle Profítis Ilías hinauf. S. 147

Genießen & Atmosphäre

Museum Spa: Das Spa im Best Western Hotel Museum an der Landseite der Kraterrandgasse in Oía verwöhnt mit einem intimen Innenhof samt kleinem Pool und viel Flair in den Innenräumen. S. 161

Taverne Delfíni: In der einfachen, ländlichen Taverne nahe des Kap Mavrópetra wird eine ganz traditionelle Fischsuppe mit leckerem Skorpionfisch serviert. S. 165

Abends & Nachts

Kátharos Lounge: Mit einem Cocktail in der Hand und einer Seekarte auf dem Tisch darf der Gast hier träumend durch die Ägäis kreuzen. S. 164

Kókkino Podílato: Die Terrasse des ›Roten Fahrrad‹ ist einer der zentralsten und zugleich ruhigsten Refugien in Oía für die Zeit der Abenddämmerung und Beschaulichkeit unterm Sternenhimmel mit Blick in die Caldera. S. 164

Abseits des Trubels

Oía (gesprochen Ía, nicht Eua) dehnt sich im Gegensatz zu den übrigen drei Kraterranddörfern nicht von Nord nach Süd aus, sondern von Ost nach West. Der Caldera-Rand ist hier etwas weniger hoch, verläuft auf durchschnittlich nur 140 m. Das erleichtert auch den Zugang zu seinen zwei kleinen Häfen, Arméni im Süden in der Caldera und Ammoúdi im Westen an deren Übergang zur offenen Ägäis hin. Vielleicht entwickelte sich Oía auch deshalb im 18. Jh. zum Schiffsbau- und Seefahrerzentrum der Insel, das beim Erdbeben 1956 noch 8000 Bewohner zählte und wirtschaftlich mindestens ebenso bedeutsam war wie Firá, mit dem es noch bis zum Jahr 2010 als eigenständige Gemeinde konkurrierte.

Infobox

Reisekarte: ▸ C–F 1–3

Busverkehr
Im Sommer fahren mehrmals täglich Busse zwischen Firá und Oía über die Küstenstraße. Den Fahrplan muss man am Busbahnhof von Firá erfragen, in Oía hängt kein entsprechender Plan aus. Die Busstation befindet sich dicht unterhalb des historischen Zentrums. Die Strände und kleinen Ansiedlungen im Nordosten der Insel sind mit Bussen nicht zu erreichen.

Parkplätze
Wer lieber mit dem Auto nach Oía fährt: Nahe dem historischen Zentrum unterhalb der Hauptstraße gibt es einen gebührenfreien Parkplatz.

Das Erdbeben hatte fast alle Höhlenwohnungen der einfachen Leute in der Caldera-Wand und auch die meisten Kapitänsvillen im Ortsteil Siderás zerstört, die meisten Menschen verließen das Dorf. Heute zählt es wieder etwa 800 ständige Bewohner. Schon im Sommerhalbjahr gibt sich Oía sehr viel beschaulicher als Firá, weil hier die Kreuzfahrttouristen wenn überhaupt nur auf dem kurzen Wegstück zwischen Uhrturm und Lóntza-Kastell vermehrt auftauchen; im Winter wirkt Oía noch ausgestorbener als Firá.

Das einzige weitere Dorf im Norden Santorins, Finikiá, ist heute ganz mit Oía zusammengewachsen und Teil von ihm geworden. An den Hängen zur offenen Ägäis hin stehen nur vereinzelt Häuser und (stets verschlossene) Kapellen, auch landwirtschaftlich tut sich hier nur noch wenig.

Die Küste allerdings wird von mehreren, durchaus akzeptablen Stränden gesäumt und bietet in den zwei kleinen Schutzhäfen von Mavrópetra und Porí vor allem Fischerbooten Zuflucht. Wer mit eigenem Fahrzeug unterwegs ist, kann hier durchaus ein paar schöne und interessante Stunden verbringen.

Oía ! ▸ D/E 2

Rundgang

Wer nicht in einem der zahlreichen Hotels im Ort wohnt, sondern als Tagesbesucher mit dem Linienbus kommt, fährt am besten nicht bis zur Endstation durch, sondern steigt schon am Ortsanfang aus und nähert sich auf der Kraterrandgasse dem Ortszentrum. Das lässt am besten das richtige Oía-Feeling von Ruhe und Beschaulichkeit aufkommen. Die Kraterrandgasse führt durch das Zentrum bis zum Lóntza-Kastell. Von dort kann der Nicht-Motorisierte den 290 Stufen zählenden Weg zum Ammoúdi-Hafen hinunter- und auch wieder hinauflaufen. Über die Kraterrandgasse geht es zurück zum kleinen Rathausplatz mit dem Museum der historischen Musikinstrumente und der Dorfarztpraxis.

Folgt man hier dem Wegweiser zur Busstation, führt die stille Gasse durch das Viertel mit den alten Kapitänshäusern und über den Wendeplatz der Busse zur Hauptkirche von Oía an der Kraterrandgasse zurück. Wer jetzt noch Kondition besitzt, steigt zum Arméni-Hafen hinunter und hat dann ganz Oía gesehen.

Kirche Ágios Geórgios 1

Am östlichen Beginn der Kraterrandgasse, verschlossen

Die erhöht über der Straße auf einem gepflasterten Platz stehende Kirche wirkt fast wie die eines Klosters, denn sie wird von mehreren flachen Nebengebäuden mit Pilgerzellen und Wirtschaftsräumen flankiert. Früher, als mit Maultieren oder zu Fuß angereiste Bauernfamilien noch die Kirchweihnacht direkt am Gotteshaus verbringen wollten, waren sie nötiger als heute, wo in ihnen nur noch das Festtagsessen zubereitet und eingenommen wird. Das Fest fällt auf den 22./23. April, falls dann Ostern schon gewesen ist. Liegt dieses Datum noch in der Fastenzeit, wird es am Ostermontag nachgeholt.

Arméni-Hafen 2

Beschilderter Fußweg ab Kraterrandgasse auf Höhe der Galerie The Wave

Der Arméni-Hafen ist einer der beiden historischen Häfen von Oía, in dem aber nur kleine Ausflugsboote und Jachten anlegen können. Im 19. Jh. waren hier mehrere Bootswerften tätig, heute werden nur noch ein paar kleine Boote gestrichen und repariert. Ein kleiner schwarzer Strand links und ein auch nicht größerer roter Strand rechts der Mole locken ein paar Sonnenanbeter an, Ausflugsboote für Caldera-Rundfahrten sorgen zeitweise für etwas Leben. Insgesamt geht es hier aber sehr ruhig zu, da man von Oía aus nur auf etwa 15-minütigem, steilem Fußweg mit teilweise glattgeschliffenen Treppenstufen herunterkommt. Für weniger Gehfreudige stehen unten etwa sieben Maultiertreiber mit ihren maximal 50 Tieren bereit (einfacher Weg 5 €).

Uhrturm 3

Kraterrandgasse, zentraler Teil

Der nach dem Erdbeben von 1956 neu errichtete Uhrturm markiert zusammen mit dem benachbarten alten Rathaus das historische Zentrum von Oía und kann als unübersehbarer Orientierungspunkt dienen. Manchem erscheint er auch als Rettungsanker: Hier befindet sich die einzige öffentliche Toilette der Ortschaft.

Museum historischer Musikinstrumente 4

Kraterrandgasse, im alten Rathaus, Sehr unregelmäßige Öffnungszeiten nach Lust und Laune des privaten Betreibers, Eintritt 3 €

Der Musiker und Komponist Christódoulos Haláris hat sich schon länger mit antiker und byzantinischer Musik beschäftigt und Instrumente nachgebaut, die er auf Buchillustrationen, Fresken oder anderen Medien entdeckt hatte. 2010 hat ihm die Gemeinde Oía ihr altes, nicht mehr benötigtes Rathaus zur Verfügung gestellt, um darin seine persönliche Sammlung zu

Manche Häuser in Oía bieten beides: Ägäis- und Calderablick

zeigen. Jedes Instrument ist seiner großformatig reproduzierten historischen Abbildung zugeordnet. Wie die Instrumente klingen, kann man im Internet hören, wo der Sammler sie selbst gespielt hat: http://gosong.net/Christsodoulos_Halaris.html.

Nautisches Museum 5

Etwa 50 m abseits der Kraterrandgasse (ausgeschildert)

Das kleine Schifffahrtsmuseum in einer alten Kapitänsvilla erinnert an die frühere Bedeutung von Schiffbau und Seefahrt in Oía (siehe Entdeckungstour S. 148).

Lóntza-Kastell 6

Frei zugänglich

Vom kleinen Kastell aus venezianischer Zeit, das nach seiner Erbauerfamilie auch Argýri Castle oder nach der früher dort stehenden Kapelle Kastélli Agíou Nikólaou genannt wird, standen schon vor dem Erdbeben von 1956 nur noch spärliche Ruinen. Jetzt wirkt es fast wie eine eigens für Sonnenuntergangsbesucher angelegte Plattform. Schön ist der Blick gen Süden in die Caldera hinein und gen Norden auf die offene See.

Ammoúdi-Hafen 7

Der Fußweg zum Hafen setzt am Zugang zum Lóntza-Kastell an (ausgeschildert); auch eine gute Straße führt hinunter

Der kleine Hafen unter zum Teil senkrecht abfallenden Lava- und Bimssteinwänden wirkt mit seinen Fischtavernen unmittelbar am Wasser wie einem Bilderbuch entsprungen. Die Farbskala reicht von Weiß bis Tiefrot und wird, recht geschmacklos, durch

das Pink einer kleinen Hotelanlage ergänzt. Geht man vom Parkplatz an den Tavernen vorbei, kommt man zum Beginn eines oft wegen Steinschlaggefahr gesperrten Küstenwegs, der nach 250 m an einem Betonplateau endet. Hier kann man über Stufen ins Wasser steigen und hinüberschwimmen zum vorgelagerten **Inselchen Ágios Nikólaos** mit der gleichnamigen kleinen Kapelle. Jedes Jahr am 5./6. Dezember ist sie Schauplatz eines vielbesuchten Kirchweihfestes.

Kátharos Beach 8

Der Zufahrtsweg zweigt von der Straße zwischen Oía und dem Ammoúdi-Hafen ab

Anderswo in Hellas würde man diesen Strand wohl kaum als solchen bezeichnen, denn er ist ausgesprochen grobkieselig und fast nur mit Badeschuhen zu betreten. Das Ufer fällt steil ab, Kinder haben hier nichts zu suchen. Der kurze Abstecher dorthin lohnt dennoch einer besonders auffälligen geologischen Formation wegen. Über eine ältere graue Ascheschicht hat der Ausbruch von 1645 v. Chr. eine ganz helle, dicke Bimssteinschicht gelegt, die wie ein Tortenbelag wirkt. In die feine Bimssteinmasse sind an vielen Stellen große Lavabrocken eingelagert. Wo sie herauserodiert sind, klaffen Kanoneneinschüssen ähnelnde Löcher in der Wand.

Kurzwanderung zum Mávro Vounó

Nur etwa 20 Minuten dauert der Aufstieg durch ein Flechtenparadies von der Bushaltestelle ▷ S. 152

Auf Entdeckungstour: Maritime Erinnerungen – das Nautische Museum in Oía

Heute verdienen die Santoriner zu Hause ihr Geld. Im 19. Jh. hingegen sorgte der Seehandel für Wohlstand. Fast 200 santorinische Handelsschiffe kreuzten auf dem Mittelmeer und dem Schwarzen Meer. Ihre Kapitäne ließen sich vor allem in Oía Prachtvillen errichten. Eins davon ist heute ein Museum 5.

Reisekarte: ▶ D 2

Lage: In Oía nahe der Endstation des Linienbusses, etwa 50 m abseits der Kraterrandgasse, am Weg zwischen dem Uhrturm und der Lóntza-Burg ausgeschildert.

Öffnungszeiten: Mi–Mo 10–14, 17–20 Uhr, Mitte Nov. bis Anfang April geschlossen. Eintritt: 3 €

Info: Tel. 22 86 07 11 56

Das von einem ehemaligen Kapitän schon im Jahr 1953 gegründete Nautische Museum ist heute in einem typischen klassizistischen Kapitänshaus aus dem 19. Jahrhundert untergebracht. In diesem Viertel Oías sind mehrere solcher repräsentativen *kapetanóspito* erhalten geblieben: Kapitäne und Reeder residierten lieber auf festem Boden; die Höhlenwohnungen im Kraterrand durften die Besatzungsmitglieder bewohnen.

Eigene Werften

Das kleine Museum zeigt auf zwei Etagen bunt Zusammengewürfeltes aus Oías über 250-jähriger Geschichte als Seemannsdorf. Beim Rundgang im Uhrzeigersinn durch den Saal im Erdgeschoss, einst repräsentativer Salon des Kapitänshauses, sind links zunächst Werkzeuge aus den ehemaligen Werften am Hafen von Arméni ausgestellt. Bis zu sieben solcher Betriebe waren dort im 19. Jh. tätig, bauten Hunderte kleiner Lastensegler und auch einige größere Segelschiffe. Das Holz dafür wurde über See angeliefert, denn auf der Insel gab es keine Wälder. Meist brachten es die Segler auf ihrer Rückreise von den Ufern des Schwarzen Meeres mit.

Unter russischer Flagge

In den kleineren Sälen im Obergeschoss sind Gemälde von Schiffen und Schiffsmodellen sowie historische Fotografien zu sehen. Optische Blickfänger sind sechs hölzerne Galionsfiguren. Leider wird nicht deutlich, worauf sich Oías Erfolg als Seehandelsstadt begründete.

Die Grundlagen wurden mit dem russisch-türkischen Krieg 1769–74 gelegt. Die Flotte des Zaren hatte damals auch Stützpunkte auf den Kykladen gegründet und den Griechen Hoffnung auf eine Befreiung vom türkischen Joch gemacht. Nach dem russischen Sieg waren dem Zaren die ägäischen Inseln jedoch nicht bedeutsam genug, um sie der Oberhoheit des Sultans zu entreißen.

Immerhin aber zwang Russland das Osmanische Reich im Friedensvertrag von Aynali Cavak 1779, griechischen Schiffen das Recht zu gewähren, unter russischer Flagge zu fahren und ihnen damit die Passage durch die Dardanellen und durch den Bosporus ins Schwarze Meer zu gestatten. Daraus entwickelte sich ein intensiver Schwarzmeerhandel. 1813 waren 32 Handelsschiffe mit einer Gesamttonnage von 2650 t und 480 Seeleuten an Bord zwischen der Levante und Russland unterwegs. Vor allem brachten sie santorinischen Wein und ägyptische Baumwolle nach Russland. Auf

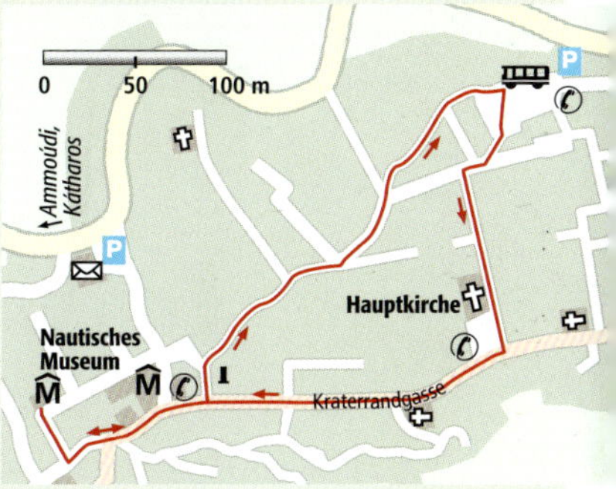

dem Rückweg in die Ägäis führten sie dann Holz und Getreide mit sich.

Krieg und neuer Aufschwung

Als sich die Griechen des Peloponnes 1821 gegen die osmanische Herrschaft erhoben, stellten sich die Kapitäne Santorins mit ihren Schiffen in den Dienst des Freiheitskrieges. Als die Kykladen 1830 Teil des freien Griechenlands geworden waren, nahm das Geschäft einen erneuten Aufschwung. Ihre Routen führten sie nun sogar bis nach Frankreich und Italien. 1852 waren in Oía 196 Schiffe mit einer Gesamttonnage von fast 15 000 t registriert. Die Dampfschifffahrt brachte den meisten Kapitänsreedern das Aus. Zumindest die Familie Nomikós aber ist heute noch groß im internationalen Schifffahrtsgeschäft. Modelle ihrer modernen Schiffe sind im Museum ebenfalls zu sehen.

0
50
100 m
Ammoúdi, Kátharos
Hauptkirche
Kraterrandgasse
AMMOÚDI

Apano Meria
Baxédes Beach, Thólos
siehe Detailkarte
Kraterrandgasse
AMMOÚDI
OÍA
ARMÉNI
Órmos Ammoúdi
Órmos Arméni
Thirasía, Néa Kaméni
Akrotíri
Ágios Nikólaos
Ágios Nikólaos
Nisí Ágios Nikólaos
Thirasía

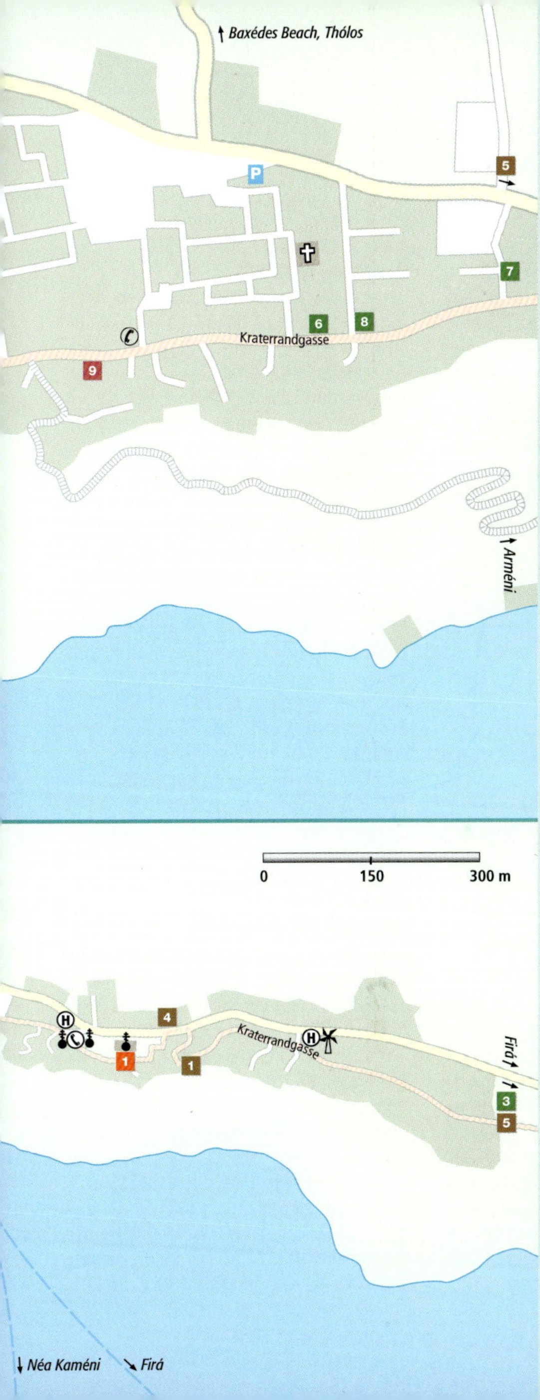

Oía

Sehenswert
1 Kirche Ágios Geórgios
2 Arméni-Hafen
3 Uhrturm / Art Studio Galanópoulos
4 Museum historischer Musikinstrumente
5 Nautisches Museum
6 Lóntza-Kastell
7 Ammoúdi-Hafen
8 Kátharos Beach

Übernachten
1 Ikiés
2 Chelidónia
3 VIP Suites
4 Anemómilos
5 Angel Cave Houses
6 1864 Kapetanóspito

Essen & Trinken
1 1800
2 Katína
3 Melénio
4 Hassápiko
5 Arméni
6 Blue Sky
7 I Plateia
8 Oía
9 Café Nocturna

Einkaufen
1 Chrómata & Arómata
2 The Weaving Mill
3 Iáma Stores
4 Atlantis Books
5 Art Gallery
6 Opera Art Gallery
7 Aíthra Fine Art
8 The House of Arts
9 The Wave/To Kýma
10 Byzantine-Russian Icons Ilioloústri
11 Anthémion
12 Oría Art Gallery

Fortsetzung s. S. 152

Aktiv
1 Museum Spa
2 Caldera Massages
3 Kissing Fish

Abends & Nachts
1 Kátharos Lounge
2 Kókkino Podílato
3 Meteor
4 Sunset Sangria Bar

vor dem Hotel Atlantída Villas zwischen Oía und dem Ortsteil Finikiá zur Kapelle Profítis Ilías dicht unterhalb des Gipfels des 331 m hohen Mávro Vounó. Von hier aus hat der Abendwanderer ganz Oía unter sich, blickt weit über Caldera und Ägäis und sieht die Sonne untergehen, ohne Menschenmassen um sich zu haben. Der Weg ist jedoch unbeleuchtet; für die Rückkehr zur Straße und zur Bushaltestelle nimmt man besser eine Taschenlampe mit.

Wanderung zum Mávro Vounó

Übernachten

Fast jedes zweite Gebäude und nahezu alle Höhlen in Oía dienen als Hotels, Restaurants, Läden und Galerien touristischen Zwecken. Die Auswahl an Unterkünften ist riesig, bewegt sich größtenteils jedoch im obersten Preissegment. Daran sind auch die vielen Honeymooner Schuld, die für ein paar glückliche Tage und Nächte anscheinend jeden Preis bezahlen.

Winzer oder Kapitän – **Ikiés 1**: an der Hauptstraße Richtung Oía, linke Seite vor dem Friedhof und vor dem Ortseingang, Tel. 22 86 07 13 11, www.ikies.com, April–Okt., DZ 224–1280 €, Mindestaufenthalt zwei Tage. Elf alte Höhlen oder Höhlenhäuser, die in Maisonetten, Studios, Super Studios, Villen oder Honeymoonsuiten umgebaut wurden. Die Dekoration jedes Zimmers wurde von traditionellen Berufen inspiriert, z. B. Winzer oder Kapitän. Alle Zimmer haben ihre eigene Terrasse und dank der Lage direkt auf dem Kraterrand direkte Sicht auf das Meer. Kleiner gemeinsamer Pool. Das Frühstück wird bis vor die Zimmertür gebracht.

Mit Kraterblick – **Chelidónia 2**: am Kraterrand nördl. der Treppen zum Arméni-Hafen auf der linken Seite, Tel. 22 86 07 12 87, www.chelidonia.com, Studios für 2–4 Pers. 160–390 €. Zehn in den Felsen eingehauene Wohnungen oder Studios, die früher als Behausungen der Einheimischen gedient hatten. Von den Balkonen aus hat man eine perfekte Sicht auf den Krater. Die Zimmer sind nicht wie üblich in einem Komplex nebeneinander, sondern über den gesamten Kraterrand verstreut. Jedes hat mindestens einen eigenen Balkon und eine Küche. Es gibt aber kein Frühstück. Der Besitzer hatte die Wohnungen einst von den dort Ansässigen gekauft, um sie an die ersten Touristen von Oía zu vermieten..

Relativ günstig – **VIP Suites 3**: nahe der Lóntza-Burg, Rezeption im Reisebüro Santorini Tours an der Busendhaltestelle, Tel. 22 86 07 15 07, www.vipsuites.gr, DZ NS 120–140 €, HS ab

210 €. In Anbetracht der guten Lage und der geschmackvoll-modernen Inneneinrichtung relativ preisgünstiges Hotel mit nur 12 ganz unterschiedlichen Zimmern.

Familiär – **Anemómilos** 4: an der Hauptstraße Richtung Oía, 1 km vor dem Ort auf der rechten Seite, Tel. 22 86 07 14 10, www.anemomilos.com, DZ NS 50–70, HS 50–100 €. Das wohl preiswerteste Hotel in Oía. Frau Maroússo, ihr Sohn und ihr Mann betreiben das Hotel mit 13 Zimmern und 10 Studios sowie das Restaurant (s. u.) mit viel Liebe. Die meisten Zimmer haben ihren eigenen Balkon mit Sicht auf die Ägäis und auf Síkinos sowie auf den mittelgroßen Pool des Hauses.

Angenehm klein – **Angel Cave Houses** 5: Nahe der Hauptstraße am östlichen Ortsrand, Tel. 22 86 07 19 48, www.angelcavehouses.gr, DZ NS 109–350 €, HS 137–420 €. Mit 5 Zimmern und Suiten angenehm kleine Anlage am Kraterrand abseits des Haupttrubels.

Schlafen im alten Kapitänshaus – **1864 Kapetanóspito** 6: Kraterrandgasse, zentraler Teil, Tel. 22 86 07 19 83, www.sea-captains-house.com, DZ NS 250–380 €, HS 440–530 €. Die vier Suiten für 2–4 Personen in einem 1864 erbauten Kapitänshaus direkt am Kraterrand sind mit antiken Möbeln, viel Marmor und zeitgemäßen Kunstwerken ausgestattet. Das Frühstück wird auf Wunsch bis in den Nachmittag hinein im wunderschönen Innenhof serviert.

Essen & Trinken

Das Edelste – **Restaurant 1800** 1: an der Kraterrandgasse wenig nördl. des Uhrturms, Tel. 22 86 07 14 85, tgl. ab 18 Uhr, Vorspeisen 10–15 €, Hauptgerichte 25–30 €, Desserts 10 €, Flaschenweine 30–100 €, Champagner 120–780 €. Das berühmteste Restaurant in Oía ist in einem 200 Jahre alten Kapitänshaus ohne Caldera-Blick angesiedelt. Die Karte ist relativ klein (nur vier Vorspeisen und sechs Hauptgerichte), die Atmosphäre exklusiv, die Küche erstklassig.

Am Hafen die beste – **Katína** 2: am Ammoúdi-Hafen, Tel. 22 86 07 12 80, tgl. ab 11 Uhr, Fisch der A-Kategorie 50–60 €/kg, Languste 85 €/kg, Bauernsalat 7 €, offener Wein 14€/l. Eine von drei Tavernen am Hafen, nach Mei-

Unser Tipp

Preiswert essen in Oía

Auch in Oía können Sie günstig essen, wenn Sie auf den Caldera-Blick verzichten. An der Gasse zwischen dem Kirchplatz und der Busendhaltestelle serviert die Taverne **Blue Sky** 6 den Bauernsalat und die *fáva* für unter 7 €, Hauptgerichte kosten um 11–13 €. Noch billiger werden Sie in den beiden Grillstuben an der Bushaltestelle, **I Plateia** 7 und **Oía** 8, satt. Da zahlt man für das kleine Souvlaki oder das Gýros im Pitabrot 2,50 €, für den Bauernsalat 5,50 €. Im I Plateia sitzen Sie direkt auf der Straße, im Oía etwas ruhiger und abseits des Verkehrs am Ende einer ganz kurzen Seitengasse, die am Supermarkt beginnt.

Direkt am Kraterrand ist das **Café Nocturna** 9 auf dem Dach eines Supermarkts unser ganz besonderer Tipp: Das Essen ist okay, wenn auch nichts Besonderes, dafür aber entschädigt der grandiose Blick bei vernünftigen Preisen: Die Spaghetti Bolognese gibt es für 8 €, Pizza für 8–13 €. Sogar das Eis ist hier erschwinglich: Drei Kugeln kosten 6 €.

Lieblingsort

Wellness am Vulkan – Caldera Massages 2

»Caldera Massages« nennt sich das kleinste, aber feinste Spa der Insel in der Caldera-Wand von Oía. Es setzt einen Kontrapunkt zur Reizüberflutung im täglichen Leben. Im strikten Lindgrün und Zartblau der Höhlenräume werden die minimalistisch gesetzten Objekte einzeln wahrnehmbar. Da kommt schon die Blüte einer einzigen Blume einer Farbexplosion gleich. Wenn überhaupt, erklingt klassische oder sphärische Musik, das Licht ist warm und mild. Keine Wand ist glatt und eckig, jeder Untergrund fein strukturiert. Wer nach einem Bad in der römischen Wanne oder einer Aroma-Massage in der Höhle nebenan zum Sonnenbad auf die Terrasse oder aufs Dach hinaustritt, nähert sich Santorin von einer anderen Seite als üblich – nicht aus der bunten quirligen Welt, sondern aus Stille und Kargheit heraus (s. S. 161).

nung vieler Einheimischer die beste. Wirtin Katína, inzwischen würdevolle Witwe, führt Regie und hält die Familientradition aufrecht. Schlechte Ware kommt ihr nicht auf den Tisch. Ihre Söhne akzeptieren die Führungsrolle der älteren Dame in Küche und Service. Der Tischwein ist lecker, Fisch und Meeresfrüchte sind stets frisch. Über die orangenen Stühle lästern die Insulaner freilich. Während die Wirtsfamilie sagt, sie hätten mal etwas anderes gewollt als das griechische Einheitsblau, meinen Spötter, man sei über den sinnlosen Voranstrich mit Rostschutzfarbe auf Holz nicht hinausgekommen.

Für Süßmäulchen – **Melénio** 3: Kraterrandgasse nahe Uhrturm, Tel. 22 86 07 11 49, tgl. ab 9.30 Uhr, Kuchen und Torten meist 5,20–7,50 €/Stück. Die namhafteste Konditorei der Insel serviert Kaffees, Drinks und vor allem eine Riesenauswahl an orientalischen und westlichen Kuchen und Torten. Mit etwas Glück erwischt man einen Tisch auf der Terrasse mit Caldera-Blick, aber auch der Halbkeller ohne Aussicht ist gemütlich eingerichtet.

Künstler-Treff – **Hassápiko** 4: Kraterrandgasse Richtung Kástro zwischen Uhrturm und Museum der Musikinstrumente, Tel. 22 86 07 12 44, www.hassapiko.gr, griechischer Kaffee 1,80 €, Glas Vinsanto 6 €. Das Hassápiko hat kein Namensschild nötig, die einheimische Stammkundschaft kennt die Café-Bar. Sie besteht aus zwei verbundenen Räumen. Die Wände sind überwiegend weiß gekalkt, hinter dem DJ-Pult hängen Poster, die an alte Zeiten erinnern. Hier kann man morgens einen Cappuccino für 3,50 € genießen, am Abend Cocktails für 10 €. Marikey, die Besitzerin, hat vor etwa 20 Jahren den Laden eröffnet. Früher befand sich hier eine Metzgerei. Dieser hat die Bar auch ihren Namen zu verdanken: *Hassápiko* bedeutet auf Deutsch »Metzgerei«. Vor allem die Künstler von Oía, die tagsüber in ihren Galerien arbeiten, kommen hier immer wieder auf einen Drink vorbei. In manchen Nächten finden auch Event-Abende mit Livemusik statt. Das Programm findet man auf der Internetseite der Bar.

Traditionell – **Armóni** 5: am Arméni-Hafen, Tel. 22 86 07 12 59, tgl. ab 10 Uhr, Bauernsalat 6,50 €, Tomatensalat 4 €, *fáva* 6,50 €, *tomatokeftédes* 6,50 €, offener Wein 10 €/l, Glas Vinsanto 2 €, griechischer Kaffee 2 €, Cappuccino 2,50 €, frisch gepresster Saft 4 €. Frau Iríni und ihr Mann Jánnis führen die kleine Taverne ganz familiär. Alles, was man hier essen kann,

wird von der Frau zubereitet. Iríni stammt ursprünglich von der kleinen Nachbarinsel Thirassía, die von der Taverne aus gut zu sehen ist. Die zwei Söhne der Familie bieten Bootstouren zu den Kaméni-Inseln an. Wenn sie keine Kundschaft haben, fahren sie mit ihren Booten gelegentlich nach Thirassía und holen von dort frische Produkte, zum Beispiel echte Landeier.

Abseits der Caldera – **Anemómilos:** im gleichnamigen Hotel 4, tgl. ab 9 Uhr, Bauernsalat 6 €, Moussaká mit weißen Auberginen 9 €, Glas Hauswein 2 €. In der Küche des zu einem Hotel gehörenden Restaurants steht Mutter Maroussá und kocht, wie sie es von ihrer Mutter einst lernte. Wegen der günstigen Preise und der guten Qualität kommen auch viele Einheimische und ausländische Saisonarbeitskräfte hierher. Spezialität des Hauses ist das im Backofen gegarte Lammgericht *kléftiko* (9 €).

6 – 9 s. Tipp Preiswert Essen S. 153.

Einkaufen

Schönheitspflege für zu Hause – **Chrómata & Arómata** 1: Kraterrandgasse, Tel. 22 86 07 21 94. Inhaberin Christína Karakósta lebt bereits seit 1996 auf Santorin, stammt aber vom griechischen Festland. In ihrem Geschäft verkauft sie biologische und natürlich hergestellte Kosmetika, darunter Spa-Produkte vom Toten ▷ S. 161

Im Vergleich zu Firá geht es in den Cafés von Oía entspannt und eher beschaulich zu

Auf Entdeckungstour: Von ›Müllobjekten‹ bis zu Ikonen – ein Galerienbummel in Oía

In Oía liegen die Ateliers und Galerien wie an einer Perlenschnur aufgereiht entlang der Kraterrandgasse. Santorins Schönheit ist das vorherrschende Sujet bei Malern, Fotografen und Glaskünstlern. Sie sind oft auch selbst anwesend und lassen sich gern von Interessierten in ein Gespräch verwickeln.

Reisekarte: ▶ D 2, **Cityplan:** S. 151

Öffnungszeiten: Mai–Okt. tgl. ca. 10–22 Uhr, von Mitte Juli bis Ende Aug. haben die meisten auch länger geöffnet, teilweise bis 1 Uhr morgens.
Einkaufshilfen: Nahezu alle Galerien akzeptieren auch Kreditkarten als Zahlungsmittel. Größere Objekte werden gegen einen Aufpreis gut verpackt und versichert in alle Welt verschickt.

Alles beherrschendes Weiß

Eine Schneelandschaft ist farbenprächtig im Vergleich mit der **Opera Art Gallery** 6 des Polen Mariusz Stokowiec. Nicht nur Außenwände, Vorhof und Innenräume erstrahlen in hellstem, reinstem Weiß – auch die Gemälde und Sandskulpturen des Künstlers schwelgen darin. Santorin liefert dem 1971 in Luban Slaski Geborenen, der sich – fast selbstverständlich – bevorzugt ganz in Weiß kleidet, die Motive für seine Werke in Ölfarbe, Acryl und Aquarelltönen. Aus vulkanischem Sand sind seine filigranen Skulpturen von Menschen, Fischen, Ameisen und Eseln. Stokowiec lebt seit 1988 auf Santorin und hat in dieser Zeit viele Werke gut verkauft. Sie erreichen inzwischen Preise zwischen 900 und 11 000 € (Tel. 22 86 02 88 81, www.stokowiecgalleries.com).

Santorin auf altem Holz

Die 1977 in Athen geborene Kateríne Drósos malt santorinische Motive auch in kleinen Formaten auf Holz und alte Fensterrahmen. Große Kunst ist das nicht, aber bei Preisen ab 70 € kann man ihre Werke auch einfach als ungewöhnliches Souvenir betrachten (**Aíthra Fine Art** 7, Tel. 22 86 07 11 17).

Seepferdchen in vielen Größen

Die relativ große Galerie **The House of Arts** 8, die von Einheimischen aus Oía betrieben wird, präsentiert explizit ausschließlich Kunst und Kunsthandwerk »aus griechischen Händen«. Glas, Keramik und Schmuck stehen im Vordergrund.

Besonders auffällig sind die Seepferdchen-Skulpturen aus Glas und Metall, die Höhen bis 1,50 m erreichen. Das größte Exemplar kann man sich für 5500 € auch per Fracht nach Hause schicken lassen (Tel. 22 86 07 19 77, www.santorini-gallery.com).

Fasziniert von Glas, engagiert für die Umwelt

Uschi Schmid aus Scheyern bei München ist auf Santorin zur Glaskünstlerin geworden. Aus dünnem Schichtglas fertigt sie wahre Kunstwerke, die weltweit Eingang in Galerien und Museen gefunden haben. Ein Renner sind ihre gläsernen Taschen und Täschchen, die freilich nicht zu öffnen sind. Manche sind Unikate, andere gehören zu Kleinserien mit maximal 150 Exemplaren. Mi ihren Glasschiffen zollt sie der langen Seefahrts- und Schiffbautradition ihres Standorts Oía Respekt. In ihren Laderäumen schlummern kleine Lavateilchen in verschiedenen Farbtönen.

Auch gläserne Kondome gehören zu ihrem Repertoire, ein Teil der Erlöse aus dem Verkauf geht an die in der Aids-Hilfe engagierte Schwester der Künstlerin. Neuerdings möchte Uschi Schmid, die in ihrer Freizeit begeisterte Schnorchlerin ist und somit die Umweltbelastung der Küsten ›von Grund auf‹ kennt, mit ihren Werken verstärkt auf die Umweltprobleme Santorins aufmerksam machen. Für ihre ›Müllobjekte‹ setzt sie gestauchten Plastik-Wasserflaschen und zerdrückten Alu-Dosen Köpfe auf, die sie aus santorinischen Strandkieseln meißelt, oder sperrt Globen in Vogelkäfige (**The Wave/To Kýma** 9, Kraterrandgasse am Abgang zum Arméni-Hafen, Tel. 22 86 07 10 10).

Malerei mit Erden und Steinen

Auf die Galerie des Malers Stávros Galanópoulos direkt am Uhrturm macht keinerlei Schild aufmerksam. Trotzdem ist sie kaum zu übersehen, denn die beiden Tore zum Vorgarten des alten Hauses auf der Ostseite der Kraterrandgasse stehen tagsüber immer offen, geben den Blick auf einige Werke frei. Galanópoulos, 1946 in Korinth auf dem Peloponnes geboren, hat als Werbegrafiker und Bühnenbildner gearbeitet und Interieurs gestaltet.

Auf Santorin ist er seit 1986 zu Hause. Im Hochsommer entflieht er jedoch häufig in die Berge des Peloponnes, weil er nur dort in Ruhe arbeiten kann. Die ganze Saison über bleibt seine Frau Bélla in Oía und unterhält sich gern mit Besuchern.

Die Arbeiten von Galanópoulos sind dreidimensional, er will Malerei und Skulptur in seinen Bildern vereinen. Seine Motive findet er auf Santorin und in den alten Wohnvierteln Athens mit ihren klassizistischen Villen. Er baut verschiedenfarbige Aschen, Treibholz, Bimsstein und Lavaschlacken in seine Kompositionen ein, überzieht gemaltes Wasser auch manchmal mit hauchdünnem Glas, sodass es wie echt aussieht. Er betrachtet sich als ›Illusionist‹.

Originale aus seiner Hand kosten 650–17 000 €, Drucke sind schon ab 30 € erhältlich. Die professionellen Fotovorlagen dafür liefert sein Sohn. Um auch sie ein wenig dreidimensional wirken zu lassen, lichtet er sie bevorzugt ab, wenn die Sonne direkt über ihnen steht **(Art Studio Galanópoulos,** am Uhrturm 3, Tel. 22 86 07 14 48, www.galanopoulos.com).

Ungewöhnliche Ikonen

Dimítris Kolioúsis aus Ioannina lebt schon seit über 30 Jahren auf Santorin und verbringt anders als die meisten seiner Künstlerkollegen auch den Winter hier. Sein Ikonenmalstudio hat er in einer Höhlenwohnung unterhalb der Kraterrandgasse eingerichtet, zu der Interessenten hinabsteigen müssen.

Er war nie Priester oder Mönch; seine Ikonen sind weniger für Kirchen bestimmt als vielmehr für Wohnungen und Häuser. Nicht der Inhalt steht im Vordergrund, sondern die Schönheit. Deswegen malt Kolioúsis auch überwiegend auf altem Holz, zum Beispiel auf ehemaligen Tischplatten oder Fensterläden, was Priester gar nicht schätzen würden **(Byzantine-Russian Icons Ilioloústri** 10, Tel. 22 86 07 18 29, athinakolioussi@yahoo.gr).

Märchenhafte Figuren

Vassilikí Savváni ist Autodidaktin. Sie liebt Santorin, bezieht die Motive für ihre Arbeiten aber lieber aus Märchen, Sagen und viel eigener Fantasie. So entstehen dekorative Marionetten von rund 1 m Höhe, die sie vom ersten Entwurf bis zur letzten Naht selbst gestaltet. Für die Köpfe verwendet sie eine Mischung aus Keramik und Porzellan, die Gesichter sind handbemalt. Schuhe, Hüte und Kronen sind aus feinem Leder, die Körper mit Baumwolle ausgestopft.

Die Preise für ihre Marionetten reichen von etwa 120 bis 500 €, auch Bestellungen im Internet sind möglich **(Anthémion** 11, Tel. 22 86 07 10 43, www.anthemion.com.gr).

Nur ein Hauch von Farbe

Níkos Rigópoulos, 1971 in Athen geboren, hat für große Magazine Reportagen über ferne Länder fotografiert, bevor er sich auf Santorin niederließ. Jetzt sucht er sich seine Motive auf der Insel, lichtet sie in Schwarz-Weiß ab, zieht sie auf Fotopapier oder Leinwand und koloriert sie nur ganz punktuell. Ausgestellt sind sie in den kleinen Räumen und auf dem Vorhof seiner Höhlengalerie, in der fast immer klassische Musik leise durch die Räume klingt. Zu seinem Portfolio gehören auch Werke aus Indien, Mexiko und New York, doch die sind bei Weitem nicht so originell wie seine Arbeiten über Santorin.

Wenn die ab 100 € kostenden Originale zu kostspielig sind, kann man auch Kalender und CDs kaufen. Auch Bestellungen im Internet sind möglich **(Oría Art Gallery** 12, Tel. 22 86 07 19 80, www.photos-santorini.com).

Meer. Der Kunde findet auch Produkte aus Eselsmilch, die in Griechenland bzw. in Italien produziert werden. In den touristenlosen Wintermonaten stellt Christína Karakósta aromatische Seifen her, die sie dann im Sommer verkauft. Zum Angebot gehört auch Kunsthandwerkliches, das Christinas Mann im Winter herstellt.

Santorinische Produkte – **The Weaving Mill** 2: Kraterrandgasse, neben der Gemeindearztpraxis, Tel. 22 86 07 23 15, unregelmäßige Öffnungszeiten. Der kleine Laden der Frauenkooperative von Oía verkauft neben kulinarischen Inselerzeugnissen wie *fáva,* sonnengetrockneten Tomaten, Honig und Kapern vor allem Webarbeiten aus eigener Werkstatt (Gardinenstoffe 15 €/m). Spitzenhandwerk ist das nicht, aber es stammt original aus Oía.

Kaviar und Weißwurst – **Iáma Stores** 3: im Ortsteil Iníkia dort, wo die Straße hinunter nach Baxédes abzweigt, Tel. 22 86 07 17 86. Was das Luxusherz an Kulinaria begehrt, liefert Ursula Deneke schon seit 1989 an Luxushotels und -restaurants auf der ganzen Insel und an Individualkunden weltweit. Über 150 griechische Weine lagern in ihren Kellern und Regalen. Aber auch gegen eventuelles Heimweh deutscher Inselbewohner führt sie in ihrem Laden Mittel: Sauerkraut, westfälischen Schinken und Weißwürste zum Beispiel.

Viele Bücher – **Atlantis Books** 4: Kraterrandgasse, schräg gegenüber der Gemeindearztpraxis, Tel. 22 86 07 23 46, www.atlantisbooks.org. Zwar chaotisch wirkende, aber doch gut sortierte internationale Buchhandlung mit neuen und gebrauchten Büchern, auch viele ältere Werke über Santorin. Alljährlich organisiert die Buchhandlung an einem Wochenende im September auch ein Kunst- und Literaturfestival auf ihren Terrassen direkt am Kraterrand; Infos darüber jeweils ab Frühsommer auf der Website des Ladens.

Gesprächsbereiter Künstler – **Art Gallery** 5: Kraterrandgasse, vor dem Café Melénio Richtung Kástro auf der rechten Seite, Tel. 22 86 07 13 25, www.kyrkos.gr. Vassílis Kýrkos malt mit großem Engagement immer wieder seine Wahlheimat Santorin. Er arbeitet am liebsten mit Öl- oder Aquarellfarben. Seine Lieblingsmotive sind Häuser, aber auch Landschaften der Insel. Der Künstler ist immer zu einem netten Gespräch bereit und führt den kunstbegeisterten Besucher gern persönlich durch seine kleine Galerie. Vassílis Kýrkos kam 1942 in Flórina im Norden Griechenlands nahe der albanischen Grenze zur Welt. Er studierte Malerei und Ikonenmalerei an der Kunsthochschule in Athen. Seit 1982 lebt und arbeitet er auf Santorin.

Weitere Galerien siehe Entdeckungstour S. 158 (6 – 12).

Aktiv

Intime Atmosphäre – **Museum Spa** 1: Kraterrandgasse, im Best Western Hotel Museum, Tel. 22 86 07 10 55, www.hotelmuseum.net. »A slice of heaven on earth« verspricht die Werbung für das sympathisch kleine Spa am Innenhof des Hotels. Am kleinen Pool stehen nur wenige Liegen, die Räume für die verschiedenen Anwendungen sind alle sehr romantisch gestaltet. Herren sind ebenso willkommen wie Damen, für Bräute gibt es ein Spezialprogramm. Einstündige Pediküre 60 €.

Unvergleichliche Lage – **Caldera Massages** 2: unterhalb der Kraterrandgasse, nahe der Lóntza-Burg, Tel. 22 86 07 19 83, www.spa-santorini.com. Die Innenräume dieses Spa sind in

Lieblingsort

Eine gastliche Oase – am Ammoúdi-Hafen 7

Laue Sommerabende in den Tavernen auf dem schmalen Uferkai von Ammoúdi haben einen ganz eigenen Reiz. Eingezwängt zwischen dem Meer und den steilen Lavawänden der Caldera haben die Santoriner eine gastliche Oase geschaffen, die die zuweilen zerstörerische Macht der Naturgewalten vergessen lässt (s. S. 146).

die Caldera-Wand gegrabene Höhlen, Massagen sind aber auch auf dem Sonnendeck und der Terrasse direkt über dem Abgrund möglich. Nur ökologisch unbedenkliche Kosmetikprodukte werden verwendet, die meisten aus der hauseigenen Marke »Caldera by Antonio«. Das Team fühlt sich vom Zen-Buddhismus inspiriert, bietet u. a. eine Rückenmassage (1 Std. 85 €) und ein zweieinhalbstündiges Paket für zwei ab 230 €; siehe auch Lieblingsort S. 154.

Fisch-Peeling – **Kissing Fish** 3: Mitte der Kraterrandgasse zwischen den beiden Kirchen, Tel. 22 86 02 23 21, tgl. ab 12 Uhr. Normalerweise essen Menschen die Fische. Im Fish Spa läuft das andersherum: Da knabbern die Fische an den Füßen der Menschen, denn dem kleinen Garra Rufa schmeckt die Hornhaut. Meist schwimmen etwa 100 von ihnen in einem gläsernen Becken, in das der Kunde seine Füße stellt, wahlweise für 10 Min. (10 €), 20 Min. (15 €) oder gar 40 Min. (25 €).

Abends & Nachts

Im Gegensatz zu Firá ist Oía frei von Discos und Clubs. Hier sitzt man auch abends lieber auf einer Terrasse über der Caldera und genießt eher leise Musik.

Ägäis voraus – **Kátharos Lounge** 1: Katharós Beach, Tel. 69 70 96 67 54, Mai–Sept. tgl. ab 10 Uhr. Vassílis Kavallierákis hat im Taleinschnitt zwischen der geologischen ›Käsetorte‹ am Kátharos Beach und dem Strand eine maritime Loungeterrasse geschaffen, die viele Segeltücher überspannen. Mit einem Drink in der Hand steht man da am langen Stehtisch, in dem griechische Seekarten unter Glas liegen und odysseischen Träumen den Weg weisen. Zum Sonnenuntergang erklingt meist Livemusik.

Rotes Fahrrad – **Kókkino Podílato** 2: Kraterrandgasse zwischen altem Rathaus und Lóntza-Kastell, Tel. 22 86 07 19 18, Cocktails ab 13,50 €, Hauptgerichte 18–28 €, Bauernsalat 9 €. Obwohl über der Hauptgasse gelegen, wirkt die Terrasse dieser Café-Bar, deren Eingang ein rotes Fahrrad schmückt, wie eine Oase der Stille. Leise erklingt gute Musik von Klassik über Jazz bis Tango, der Service ist außerordentlich aufmerksam und freundlich.

Außerirdisch schön – **Meteor** 3: Kraterrandgasse zwischen altem Rathaus und Lóntza-Kastell, Apfeltorte mit Vanilleeis 12,50 €, Cocktails 13,50–18,50 €, Cappuccino 4,50 €. Das kleine Café steht wie ein Traumbild frei direkt am Kraterrand. Wer einen Platz am Fenster bekommt, blickt unmittelbar in die Tiefe. Beliebt zum Sehen und Gesehenwerden sind dagegen die Tische auf der Terrasse auf der anderen Seite der Gasse.

Eviva Espana – **Sunset Sangria Bar** 4: An der untersten asphaltierten Straße von Oía, Tel. 22 86 07 14 65, tgl. ab 18 Uhr. Sangria (4 €/Glas), griechische Tapas und mediterranes Fingerfood auf der Dachterrasse der ehemaligen Jugendherberge von Oía. Fernab allen Trubels, günstige Preise.

Infos & Termine

Infos

Bankautomaten: an der Platía und an der Kraterandgasse.

Telefon: an zahlreichen Standorten des Ortes.

Postamt: am Parkplatz an der Hauptstraße auf Höhe des ehemaligen Rathauses.

Termine

Kirchweihfest: 22./23. April. In der Kirche Ágios Geórgios.

Kirchweihfest: 5./6. Dez. In der Kapelle Ágios Nikólaos.

Verkehr
Busverbindungen: s. Infobox S. 144.
Autoverleih: s. S. 24

Die Nordostküste entlang ▶ D–F 1/2

Vom Tourismus nahezu unberührt ist der Nordosten der Insel. Zwischen dem Kap Mavrópetra und dem Hafen von Porí an der offenen Ägais bieten sich viele Gelegenheiten für ein Bad an menschenarmen Stränden. In urigen Tavernen ist ländliche Einfachheit Trumpf, nur wenige kleine Hotels stehen in der Landschaft. Einen Blick wert sind auch Santorins nördlichste Weinkellerei und das wohl verrückteste Toilettenhäuschen der Insel.

Kap Mavrópetra ▶ D 1

Das niedrige Akrotíri Mavrópetra (›Schwarzstein-Kap‹) markiert den nördlichsten Punkt der Insel Santorin. Gleich östlich davon bietet ein kleiner Hafen Fischerbooten Schutz vor hoher See und den Winden. Oberhalb des Hafens ist die schlichte Taverne Delfíni zum Hort traditioneller griechischer Gastfreundschaft geworden.

Essen & Trinken

Der Fischsuppe wegen – **Taverne Delfíni:** Fischsuppe ca. 7 €, 1 l offener Wein ca. 7 €. Seit über 20 Jahren kocht hier das Ehepaar Análipsi und Chrístos Sirígou im Sommerhalbjahr für sporadisch hereinkommende Gäste, den Winter verbringt es Enkelkinder hütend in Athen. »In der Küche mache ich nicht auf Sparsamkeit«, betont Análipsi. Ihre traditionelle Fischsuppe ist die wohl beste *psarósupa* der Insel. Viele frische Karotten und Kartoffeln geben ihr Gehalt. Den Skorpionfisch für die Suppe säubert sie gründlich von Gräten, bevor sie ihn zusammen mit dem Gemüse wieder auf den Herd stellt. Auch die *fáva* und der offene Wein sind ausgezeichnet. Den Service erledigen die Inhaber selbst, während der Schulferien assistieren gelegentlich Kinder und Enkel.

Baxédes Beach ▶ E 1

750 m hinter dem Hafen liegt links der Straße ein Parkplatz direkt am Baxédes Beach. Der Strand besteht aus Grobsand und Kies, Badeschuhe sind auch hier wie überall auf Santorin angebracht. Das Ufer fällt relativ sanft ab, noch nach 10 m stehen Badende meist nur hüfttief im Wasser. Sonnenschirme und Liegestühle werden nicht vermietet, etwas Betriebsamkeit herrscht bestenfalls im August.

Weinkellerei Sigálas
Tel. 22 86 07 16 44, www.sigalas-wine.com, April, Okt. Mo–Fr 10–19, Sa/So 11–19 Uhr, Mai, Sep. Mo–Fr 10–20, Sa/So 11–20 Uhr, Juni/Aug. Mo–Fr 10–21.30, Sa/So 11–21.30 Uhr, Weinprobe ca. 24 €
Gegenüber der kurzen Zufahrt zum Baxédes Beach zweigt eine Straße Richtung Kraterrand ab, die nach 800 m die Weinkellerei Sigálas erreicht. Auf vier Außenterrassen sowie in einem Innenraum kann man die zwölf Weine des Hauses verkosten, die der gelernte Mathematiker Páris Sigálas seit 1991 im Norden von Santorin anbaut. Die Produktion beläuft sich inzwischen auf etwa 300 000 Flaschen jährlich.

An der ländlich geprägten Nordküste Santorins – am Horizont erhebt sich die Insel Íos

Zur Weinverkostung können außergewöhnliche griechische Spezialitäten bestellt werden: eine Platte mit Käse von Santorin und anderen Kykladeninseln wie Íos, Náxos oder Tínos und eine Wurst- und Schinkenplatte (23 €) mit Sorten von den Inseln Tínos und Léfkas sowie aus dem festländischen Tríkala (Käseplatte ca. 20 €; Flaschenweine ca. 14–46 €).

Koloúmbos Beach ▸ F 2

Die nächste kurze Abfahrt zum Strand führt auf den Parkplatz am Koloúmbos Beach. Der etwa 200 m lange Grobsand- und Lavakiesstrand westlich des gleichnamigen Kaps ist noch fast unverbaut. Mit dem Amerika-Fahrer Kolumbus hat der Name nichts zu tun. Der leitet sich vom italienischen Wort für Taube, *colombo,* ab und hängt mit einem Ereignis im Jahr 1650 zusammen: Am 26./27. September jenes Jahres trieb auf dem Seegebiet nordöstlich vom Strand eine riesige Bimssteinschicht, die die Form einer Taube hatte.

Ein unterseeischer Vulkan, 7 km vor der Küste, der jetzt ebenfalls den Namen Koloúmbos trägt, hatte sie ausgeworfen. Im Rahmen des Ausbruchs, der sich zuvor durch ein Jahr mit zahlreichen Erdbeben angekündigt hatte, entstand eine kleine Insel, die aber schon nach vier Monaten wieder verschwand. Über 50 Santoriner starben an giftigen Gasen. Heute sind die Reste des Inselchens 18 m unter der Meeresoberfläche in Seekarten als Koloúmbos Bank verzeichnet. Die Eruptionen im Jahr 1650 verursachten einen zerstörerischen Tsunami, dessen Flutwelle 20 m hoch auf die Insel Íos traf und auch im Gebiet der heutigen Orte Kamári und Períssa Kirchen und Bauernhäuser zerstörte. Gewisse Anzeichen sprechen dafür, dass die Tsunami-Welle sogar durch die Erosionstäler weit bis ins Inselinnere vordrang.

Neue Untersuchungen haben gezeigt, dass der unterseeische **Koloúmbos-Vulkan** etwa 3 km lang ist. Die Ränder seiner bis zu 504 m tiefen Caldera reichen bis zu 150 m unter die Meeresoberfläche empor. Im Durchmesser misst sie etwa 1500 m. Den Koloúmbos-Vulkan behalten die Vulkanologen seit einigen Jahren mit ihren Messungen ebenso streng im Auge wie die Caldera von Santorin – ein nächster verheerender Ausbruch könnte auch von hier ausgehen.

Porí und Umgebung ▸ D 1

1700 m weiter biegt nach rechts eine schmale, kurvenreiche Seitenstraße zur Kraterrandstraße zwischen Firá und Oía ab. Schon nach 100 m umkurvt sie die Kirche der **Panagía tou Kaloús** dem Jahre 1784. Die Doppelkapelle ist wie üblich verschlossen. Ihre diversen Nebengebäude zeugen davon, dass hier viele Besucher des Kirchweihfestes in straßen- und autoarmen Zeiten über Nacht blieben. Für Kirchweihbesucher ist auch das wie eine weitere Kapelle wirkende Toilettenhäuschen bestimmt, das unübersehbar aus unerfindlichen Gründen mitten auf der Straße zum Kraterrand errichtet wurde.

Wiederum 1700 m weiter schlängelt sich eine kurze Stichstraße zum kleinen Hafen von **Porí** hinunter, dem wohl schönsten an der offenen Ägäisküste Santorins. Hier bieten Lavawände den Booten im inneren Becken Schutz, während eine moderne Mole weitere Liegeplätze für Sommergäste bietet. Gleich nördlich der Mole beginnt ein etwa 400 m langer Strand aus Kies und dunklem Sand vor rötlich schimmernder Lavawand. Sonnenschirme werden hier nicht vermietet, fürs leibliche Wohl sorgt einzig ein kleiner Kiosk am Molenansatz.

Kirche Ágios Artémios

Hinter Porí verläuft die Straße nun etwas weiter landeinwärts. Bevor sie Voúrvoulos (s. S. 140) erreicht, lohnt noch einmal ein kurzer Abstecher zur 1444 erbauten Kirche **Ágios Artémios** hinauf. Ihre ehemaligen Pilgerherbergen samt Ställen sind heute Teil der Hotelanlage Ághios Artémios, die 13 Studios für bis zu 6 Personen und einen großen Pool bietet (Tel. 22 86 02 52 49, www.aghiosartemios.gr und www.guestinn.com, 2 Pers. NS 110–130, HS 150 €, 4 Pers. NS 160–200, HS 240 €). Ruhiger als hier kann man wohl auf der ganzen Insel kaum wohnen.

Das Beste auf einen Blick

Kamári und die Inselmitte

Highlights!

Alt-Thera: So schön wie die Überreste der Stadt aus dem 1. Jt. v. Chr. liegt kaum eine andere Ausgrabung Griechenlands. Sie erstreckt sich über den langen, schmalen Felsrücken Méssa Vounó dem Meer entgegen, bietet immer wieder neue Ausblicke nach Kamári und Períssa hinunter. S. 181

Panagía Episkopí: In der mittelalterlichen Bischofskirche der Insel wurden zahlreiche Spolien einer frühchristlichen Basilika verbaut. Sie geben dem Innenraum seine besondere Atmosphäre. Die Freskenreste sind Jahrhunderte alt, der Kirchhof lädt zum beschaulichen Verweilen ein. S. 189

Auf Entdeckungstour

Im Dorf Vóthonas: Die Dörfer in den Erosionstälern von Santorin sind nicht minder ungewöhnlich als die am Kraterrand, nur sehr viel unbekannter. Nach Vóthonas, das von allen am verstecktesten liegt, kommt kaum ein Besucher. Es gibt weder Café noch Taverne, dafür viele Höhlenwohnungen und Santorins schönste Höhlenkirche. S. 196

Weinmuseum Lava: Lebensgroße Puppen illustrieren im Museum der Kellerei Koutsogiannópoulos die Tätigkeiten, die die Winzer auf Santorin bei ihrer Arbeit auszuführen hatten. S. 204

Kultur & Sehenswertes

Art Space: Über hundert Kunstwerke hängen und stehen in den Kellergewölben der in den Bims geschlagenen alten Weinkellerei. Der Inhaber höchstpersönlich führt Besucher durch seine kunstvoll genutzten Räume. S. 199

Pírgos: Das Binnendorf Pírgos unterhalb des Profítis Ilías trägt stellenweise noch mittelalterliche Züge. Heute lassen sich hier vermehrt Kunsthandwerker nieder. S. 206

Aktiv unterwegs

3SXSports + Fun: Ob Kraft protzend motorisiert oder umweltfreundlich unter Segeln – mit Hilfe dieser Wassersportstation in Kamári kann sich der sportliche Urlauber auf vielfältige Weise auf dem Wasser bewegen. S. 179

Wanderung von Pírgos nach Emborío: Zu Fuß durchs ländliche Santorin zwischen zwei Dörfern, die gut ans Busnetz angeschlossen sind. S. 209

Genießen & Atmosphäre

Salivéros in Kamári: In der schlichten Taverne an der Promenade wird griechische Hausmannskost serviert. Die ganze Familie hilft in Küche und Service mit, die Kinder machen zwischen den Gästen Schularbeiten. S. 178

Metaxí mas in Éxo Goniá: Auf der Terrasse des Mezedopolío mitten im Ort essen Sie nicht nur exzellent zu günstigen Preisen, sondern genießen auch echte Dorfatmosphäre weitab aller touristischen Pfade. S. 201

Penélopi in Pírgos: Die überaus herzlichen Wirtsleute sind das ganz große Plus dieser einfachen, noch echt griechischen Taverne mit Hausmannskost mitten im Dorf. S. 211

Abends & Nachts

Cine Kamári: Im Openair-Kino erleben Sie die Hollywood-Stars unterm Sternenhimmel bei Nachos, Popcorn und Cola. S. 180

Das Santorin der Badeurlauber

Der Fährhafen Athiniós direkt in der Caldera, der Flughafen auf der gegenüberliegenden Inselseite und Kamári als bedeutendster Badeort Santorins markieren die Eckpunkte der hier beschriebenen Region. Wie unsere anderen Regionen reicht sie vom Kraterrand bis zur flachen Küste an der offenen Ägäis, ist von Erosionstälern durchzogen und überwiegend von Weingärten bedeckt. Die Dichte an Weinkellereien ist hier besonders hoch, fünf Dörfer mit viel alter Bausubstanz laden zum Rundgang ein. Mit den Ausgrabungen von Alt-Thera auf dem 366 m hohen Bergrücken Méssa Vounó und der mittelalterlichen Bischofskirche Panagía Episkopí liegen in dieser Region zwei der drei bedeutendsten historischen Stätten der Insel. Vor allem aber ist sie dank Kamári Hauptstandort der Urlauber, die länger als eine Woche auf der Insel verbringen, viel in der Sonne liegen und baden wollen.

Infobox

Reisekarte: ▶ F–J 5–9

Busverbindungen

Kamári ist mit **Firá** tgl. ca. 7.30–23 Uhr halbstündl. verbunden (Fahrzeit 15 Min., Ticket 1,80 €. Im Ort gibt es drei Bushaltestellen. Die Busroute führt u. a. über **Messariá.** Nach **Alt-Thera** fährt mehrmals tgl. ein Bus von Ancient Thera Tours, Abfahrt an deren Reisebüro in Kamári am Beginn der Serpentinenstraße nach Alt-Thera (einfache Fahrt 7 €, Rückfahrticket 12 €).
Fahrplanauskünfte: Tel. 22 86 03 24 74.

Bootsverbindungen

Boote fahren in der Hochsaison halbstündl., sonst stdl. von **Kamári** nach **Períssa** (Fahrpreis einfach 5 €); in der Hauptsaison auch Fahrten zum **Red Beach** (8 €). Die Boote können an keinem der drei Orte anlegen, die Passagiere müssen ein paar Schritte durchs kniehohe Wasser stapfen. Bei leicht bewegter See kann es auch bis zur Hüfte schwappen. Der Untergrund in Kamári und am Red Beach ist steinig, Badeschuhe sind hier empfehlenswert!

Kamári ▶ H/J 6/7

Kamári (1400 Einw.) ist ein typischer Badeort ohne jedes historische Flair und ohne deutlich erkennbaren Ortskern, aber mit angenehm lockerer Urlaubsatmosphäre. Hotelklötze fehlen, die Höhe der Bauten ist auf drei Etagen beschränkt. Internationale Hotelgesellschaften haben keinen Baugrund erwerben können, nahezu alle Häuser sind im Besitz von Santorinern. Von den zahlreichen Tavernen sind allerdings viele an Auswärtige verpachtet, vor allem an Wirte aus Nordgriechenland.

Zwischen all den Hotels und Tavernen ist immer wieder Platz für kleine, zum Parken genutzte Brachflächen und schöne Pistazienhaine. Die autofreie, modern gepflasterte und von zahlreichen Ruhebänken gesäumte **Uferpromenade** zieht sich über einen Kilometer weit am Strand entlang, der überwiegend aus dunklem Lavakies besteht (Badeschuhe ratsam!). Er beginnt im Süden unmittelbar unterhalb der steil aufragenden, völlig kahlen Felswände des Méssa Vounó und

Kamári ist vor allem wegen seines langen Strandes ein viel besuchter Ort

zieht sich kilometerweit entlang der Küste am Flughafen vorbei bis nach Monólithos im Norden. Außerhalb von Kamári ist er nahezu menschenleer, vor der Uferpromenade des Ortes werden auf dem (für Ballspiel und zum Burgenbauen völlig ungeeigneten) Strand zahlreiche Liegestühle und Sonnenschirme vermietet.

Bis zum großen Erdbeben von 1956 standen im Gebiet des heutigen Kamári so gut wie gar keine Häuser. Das Land gehörte überwiegend Bauern und Winzern aus Méssa Goniá. Nach dem Erdbeben errichtete man in Kamári zahlreiche Notunterkünfte für obdachlos Gewordene, die zum Teil heute noch stehen, aber längst nicht mehr bewohnt sind. Wer hier Land besaß, baute neu und schlicht. 1971 zählte Kamári erst 110 Einwohner, noch 1981 nur 259. Die touristische Entwicklung des Ortes setzte Ende der 1970er-Jahre ein. Sie begann entlang des südlichen Strandes mit dem Restaurant Iríni und dem Hotel Kamári Beach als historischen Eckpunkten. Inzwischen zieht sich Kamári weit ins Hinterland hinein, klettert sogar schon zu beiden Seiten der Serpentinenstraße Richtung Alt-Thera an den Hängen des Profítis Ilías und des Méssa Vounó hinauf. Auch entlang der Küste dehnt sich der Ort immer weiter zum Flughafen hin aus. Dessen Landebahn verläuft annähernd in Nord-Süd-Richtung, sodass bei den vorherrschenden Nordwinden die Maschinen im Endanflug über Kamári hinwegschweben.

Sehenswert

Kapelle Ágios Nikólaos 1

Die kleine, dem Schutzheiligen der Fischer und Seeleute geweihte weiße Kapelle steht auf einer Terrasse über dem südlichen Ende des Ortsstrandes.

Monólithos
Odós Ágios Nektários
Ágios Nektários
Ermis Street
Firá
Odós Artemídos
Odós Nymphón
Apotheke
Vasiléos Thirá Street
Kiosk
Super-markt
Medical Center
Shopping Center
Buchladen
Bäckerei
Sport-platz
Erste Hilfe Station
Lava Candles Street
Odós Zoodóchos Pigís
Odós Makedonías
Odós Jafirópoulos
Órmos
Kamári Beach
Kamári
Odós Megálou Aléxandrou
Alt-Thera
Períssa
0
100
200 m

Kamári

Sehenswert
1 Kapelle Ágios Nikólaos
2 Notunterkünfte
3 Panagía Mirtidiótissa
4 Kapelle Zoodóchos Pigí

Übernachten
1 Tamarix del Mar
2 Antinéa Suites & Spa
3 Kastélli Resort
4 Zéphyros
5 Hermes
6 Alesahne Beach
7 Rivári Santorini
8 Nissiá Apartments
9 Ártemis
10 Oceanis Bay

Essen & Trinken
1 SeaSide
2 Amalthía Taverna
3 Salivéros
4 Dimítris Taverne
5 O Mýthos tis Santorínis
6 Prince
7 Jutta's Café
8 Koralli
9 Souvláki Stop
10 Kantína Minás

Einkaufen
1 EGarts
2 Lava Candles

Aktiv
1 3SXSports + Fun
2 Volcano Diving Center
3 Santorini Horseriding
4 Rock Climbing
5 Ancient Thera Tours

Abends & Nachts
1 Cine Kamári
2 Cine Villagio
3 Club Albatross
4 Aigaion
5 Groove Bar
6 Hook Bar

Sie ist stets verschlossen, bietet jedoch einen schönen Blick entlang der Küste. Die kleine Grotte daneben diente im 19. und 20. Jh. als Zollstation. In weiteren Grotten in der Felswand lebten im 17./18. Jh. einige Eremiten.

Notunterkünfte 2
Eine größere Zahl unmittelbar nach dem Erdbeben von 1956 errichteter Reihenhäuschen mit Tonnengewölben ist unmittelbar östlich des Sportplatzes erhalten geblieben. Sie werden heute nicht mehr genutzt.

Panagía Mirtidiótissa 3
Die Hauptkirche von Kamári direkt an der Hauptstraße wurde erst nach dem Erdbeben neu erbaut. Sie ist nur zu Gottesdiensten geöffnet.

Kapelle Zoodóchos Pigí 4
Taschenlampe nützlich, feste Schuhe notwendig
220 m über Kamári sticht eine weiße Kapelle an der Felswand rechts der Serpentinenstraße nach Alt-Thera hinauf ist Auge. Sie ist Maria als lebensspendendem Quell geweiht. Man gelangt nur zu Fuß hinauf: Der alte, gepflasterte Weg beginnt 1,3 km nach Beginn der Stichstraße nach Alt-Thera, der Aufstieg über diesen Weg dauert etwa 30–40 Minuten. Wer mag, kann von der Kapelle weiter bergan wandern und erreicht so binnen 15–20 Minuten die Ausgrabungen von Alt-Thera (s. S. 181).

Der Ausblick von der Kapelle auf Kamári und zur Insel Anáfi hinüber ist fantastisch. Vom kleinen Vorhof der verschlossenen Kapelle mit zwei Johannisbrotbäumen ist er am schönsten zu genießen. Frei zugänglich ist die etwa 10 m tiefe Felsgrotte neben dem Gotteshäuschen, in der eine Quelle entspringt. Ihr Wasser ist trinkbar, fließt im Hochsommer und Herbst jedoch eher spärlich. Von der Decke tropfendes Wasser hat kleine Sinterterrassen gebildet, eine Tropfsteinhöhle ist hier am Entstehen.

Übernachten

Kein Hotel in Kamári steht unmittelbar am Strand, aber viele Häuser werden von ihm nur durch die zwar autofreie, aber tavernenreiche Uferpromenade getrennt. Die Hotels dort haben häufig einen Pool auf einer zur Uferpromenade hin offenen und daher von Passanten einzusehenden Terrasse. Zahlreiche weitere Hotels und Pensionen stehen am Straßennetz zwischen Uferpromenade und landeinwärts verlaufender Hauptstraße und sind oft sehr viel ruhiger. Einige Hotels stehen jenseits dieser Hauptstraße am Hang Richtung Alt-Thera hinauf, sind etwa 5–10 Gehminuten vom Strand entfernt. Das jüngste Hotelviertel von Kamári liegt im nördlichen Ortsbereich und damit noch näher am Flughafen als ganz Kamári ohnehin. Die Jets schweben zwar bei den vorherrschenden Nordwinden direkt über Kamári zum Aufsetzpunkt hin, was aber nur Lärmempfindliche stören dürfte. Zum einen sind moderne Maschinen ja leise, zum anderen herrscht nachts kaum Flugverkehr.

Nur Suiten – **Tamarix del Mar** 1: 150 m vom Strand an der Hauptstraße im Ortskern, Tel. 22 86 03 18 09, www.tamarix-santorini.com, DZ NS 150–260 €, HS 280–450 €. Das 2003 erbaute und zwischenzeitlich modernisierte Hotel bietet 23 Suiten zwischen 30 und 65 m² Größe in sieben zweigeschossigen Gebäuden im Inselstil. Sie gruppieren sich um einen Atriumhof mit Pool; zusätzlich gibt es einen kleinen, beheizbaren Innenpool. Alle Suiten mit Pool-Blick, WLAN, DVD-Player und Badewannen mit Massagedüsen. Familienfreundlich.

Am Berghang – **Antinéa Suites & Spa** 2: Tel. 22 86 03 27 53, www.antineahotel.gr, DZ NS 125–260 €, HS 260–500 €, Frühbucherrabatte. Die Anlage steht etwa 500 m vom Strand entfernt am obersten Dorfrand nahe der kleinen Serpentinenstraße hinauf zu den Ausgrabungen von Alt-Thera. Die Strandferne wird durch den grandiosen Blick auf Ort, Küste und Meer bis hinüber nach Anáfi ausgeglichen. Einige der Suiten besitzen einen eigenen Pool oder einen Whirlpool mit freiem Blick auf die Ägäis. Der Wellnessbereich (Massagen, türkisches Dampfbad, Sauna) des Hauses steht auch Nicht-Hotelgästen offen.

Viele Pools – **Kastélli Resort** 3: an der Parallelstraße zur Uferpromenade zwischen den beiden Bushaltestellen, Tel. 22 86 03 15 30, www.kastelliresort.com, DZ Ü/F NS 150–250 €, HS 300–450 €. Das 1985 erbaute und 2004 renovierte Resort in ruhiger Lage abseits des etwa 200 m entfernten Strandes umfasst 59 Zimmer und Suiten in einem ebenerdigen und drei zweigeschossigen Gebäuden. Die Betten haben zumeist, wie für die Kykladen typisch, einen gemauerten Sockel. Zum Haus gehören vier kleinere Süßwasserpools, Spa mit Sauna und ein Tennishartplatz mit Flutlicht. Das Resort gehört zu den ›Small Luxury Hotels of the World‹.

Palmen am Pool – **Zéphyros** 4: an der Hauptstraße im Ortskern südl. der Kirche, Tel. 22 86 03 11 08, www.zephyroshotel.com, DZ NS ab 75 €, HS ab 190 €. Das gepflegte, kleine Hotel mit 44 Zimmern in einem dreigeschossigen Gebäude wird familiär geführt, die Poolterrasse ist schön mit Palmen bepflanzt. Kleine Bäder, die Duschen setzen das Badezimmer leicht unter Wasser. Entfernung zum Strand ca. 300 m, zur Bushaltestelle 100 m.

Familiär – **Hermes** 5: Odós Ermís Tel. 22 86 03 16 64, www.hermes-santorini.com, DZ Ü/F 80 €, HS 125 €, 10 % Rabatt bei Buchung im Internet. Das eher schlicht möblierte Hotel verfügt über 44 Studios und Apartments, zwei Süßwasserpools und einen kleinen Fitnessraum. Besonders gelobt werden von Gästen der schöne Garten und die familiäre Atmosphäre. 100 m vom Strand, 300 m von der Bushaltestelle.

Grundfarbe Weiß – **Alesahne Beach** 6: an der Uferpromenade, zentraler Teil, Tel. 22 86 03 22 22, www.alesahne.gr, DZ NS 79–170 €, HS 150–290 €. Das 1987 eröffnete und 2008 komplett renovierte Haus bietet 28 Zimmer und Suiten auf zwei Etagen und zwei Süßwasserpools. Die Restaurantterrasse unter Palmen steht auch Nicht-Hotelgästen offen. Nächste Bushaltestelle 100 m entfernt.

Schön ruhig – **Rivári Santorini** 7: im Neubauviertel, Tel. 22 86 03 16 87, www.rivari.com, DZ NS ab 65 €, HS 125 €. Das Hotel mit Pool liegt abseits vom Trubel, 10 Gehminuten vom Strand und 5 Gehminuten von der nächsten Bushaltestelle entfernt. Die Zimmer verteilen sich auf sieben dreigeschossige Gebäude in einem schönen Garten.

Sehr leger – **Nissiá Apartments** 8: an der nördl. Uferpromenade/Ecke Odós Nymphéon, Tel. 22 86 03 32 76, www.nissiasantorini.com, DZ Ü/F NS ca. 90 €, HS ca. 160 €. Die kleine Anlage am ruhigeren Teil der Promenade wird von der jungen Wirtin Dóra und ihrem Bruder Níkos sehr relaxt geführt. So kann der Pool noch spät bis Sonnenuntergang genutzt werden. Die Anlage hat ihre Vor- und Nachteile, bietet insgesamt aber ein gutes Preis-Leistungsverhältnis. Die Badezimmer der Standardzimmer sind klein, dafür misst das gemauerte Duschbecken im Schlafzimmer der Maisonette-Wohnung mehr als 2 m². Die Schrankflächen sind minimal, dafür die Balkone und Terrassen großzügig bemessen. Pool und Whirlpools werden gut gepflegt, ein Hauselektriker wird jedoch manchmal schmerzlich vermisst. Beste Einheit in der Anlage sind die Maisonetten (Zimmer 8 u. 9) im Erdgeschoss direkt am Pool mit eigenem Whirlpool auf der Terrasse (140–240 €). Die 20 Apartments und 5 Suiten der Anlage wurden 2015 komplett renoviert. Liegen und Sonnenschirme am Strand sind für Hotelgäste kostenlos.

Preisgünstig – **Ártemis** 9: an der Hauptstraße im Ortskern südl. der Kirche, Tel. 22 86 03 11 98, www.artemis-santorini.com, DZ NS ca. 35 €, HS ca. 95 €. Von Frau Ártemis und ihrer Familie herzlich geführtes, dreigeschossiges Haus mit Pool, ganz in den Nationalfarben Weiß und Blau gehalten. Strand ca. 300 m, Bushaltestelle 100 m entfernt.

Angenehm klein – **Oceanis Bay** 10: an der Uferpromenade nahe deren nördl. Ende, Tel. 22 86 03 40 05, www.oceanisbay.com, DZ Ü/F NS 60–70 €, HS ca. 100 €. Das weiß-blaue Haus fast am Strand wirkt wie eine große Villa, hat auch nur für sechs Apartments Platz. Alle haben Terrasse oder Balkon mit Meerblick, der kleine Vorgarten mit Tischen und Stühlen wirkt liebevoll gepflegt. Ein Pool fehlt zwar, aber alle Apartments bieten kostenlos WLAN-Zugang. Wirt Vanagélis und seine Frau Anastasía kümmern sich herzlich um ihre Gäste.

Essen & Trinken

Beste Lage – **SeaSide** 1: am nördlicheren Teil der Uferpromenade, Tel. 22 86 03 34 03, www.seaside-santorini.com, tgl. ab 12 Uhr. Das Restaurant des Hotels punktet mit seiner Lage direkt am Strand. Das Essen ist gut, wenn auch nicht überdurchschnittlich.

Das beste Kléftiko – **Amalthía Taverna** 2: südl. Teil der Hauptstraße, Tel. 22 86 03 27 80, tgl. ab 11 Uhr, Kléftiko 13,50 €, offener Wein 12 €/l. Die Gäste der großen Taverne haben die Wahl zwischen Tischen im Innen-

WARSTEIN

Lieblingsort

Mediation und Meditation – Jutta's Café in Kamári 7

Juttas Café ist uns ein meditativer Rückzugsort in einem verspielten Garten mit Hund und üppig-mediterraner Blütenpracht. Die Kulisse zaubert ländliches Griechenland in Santorins lebhaftesten Badeort, der Umgangston wird von Berliner Herz und Schnauze geprägt. Wirtin Jutta gleicht santorinischem Urgestein, lebt schon seit über 40 Jahren auf der Insel. Auf Fragen zu Lebensart, Denk- und Handlungsmustern der Insulaner gibt sie als ideale Mediatorin authentisch Auskunft, serviert dazu ›Leberkäs‹ und deutsches Bier (s. S. 179).

raum, auf einer großen Terrasse und im offenen Garten. Zum Auftakt wird geröstetes Weißbrot mit einer sehr leichten, sahnigen Knoblauchbutter in Eiskugelform auf den Tisch gestellt, nach dem Mahl spendiert das Haus ein Gläschen Likör oder ein Stück Kuchen. Als Hauptgericht ist das im Backofen gegarte, in Pergamentpapier und Alufolie mit Piment, Lorbeer, Zwiebeln, Gemüse, Käse und Kartoffeln gegarte Lammfleischgericht *kléftiko* ein Gedicht.

Sehr familiär – **Salivéros** 3: südl. Uferpromenade,Tel. 22 86 03 17 02, tgl. ab 10 Uhr, Hauptgerichte 8–13 €, Bauernsalat 6 €. Die nach einem dreimastigen Segelschiffstyp benannte Taverne ist ein echter Familienbetrieb. Wirtin Maroulía (der Name ist eine santorinische Variante von María) und ihr aus Kreta stammender Mann Pétros, von Hauptberuf Polizist, wirken in der Küche, derweil ihre drei Kinder die Terrasse als Spielzimmer und Studierstube nutzen. Die Küche ist bodenständig ohne Raffinessen, viel Gemüse stammt aus dem eigenen Garten, das Olivenöl aus Kreta.

Im Neubauviertel – **Dimítris Taverne** 4: am nördl. Ortsrand ca. 300 m vom Ufer, tgl. 8–15 und ab 17.30 Uhr. Mixed Grill mit Salat und einem halben Liter Wein 20 €. Das abseits aller anderen Tavernen gelegene Restaurant ist dennoch ganz auf Touristen eingestellt. Zweimal wöchentlich veranstaltet Wirt Dimítris einen griechischen Abend, bei dem er auch selbst mit musiziert.

Von Albanern geführt – **O Mýthos tis Santorínis** 5: Parallelstraße zum Strand auf Höhe des Parkplatzes, Tel. 22 86 03 40 76, tgl. ab 10 Uhr, Bauernsalat 5 €, Kotelett oder Souvláki 7,50 €, offener Wein 11 €/l. Der aus Albanien stammende Inhaber Altin Legisi hat zehn Jahre lang als Kellner an der Uferpromenade gearbeitet, bevor er sich 2010 mit diesem Lokal selbstständig machte. Im Innenraum läuft albanisches Fernsehprogramm, auch den Service leisten Skipetaren. Vor allem Liebhaber von gegrilltem Fleisch kommen auf ihre günstigen Kosten – und wer nach albanischem *rakí* fragt, erhält ihn meist großzügig bemessen ganz kostenlos, solange der Vorrat reicht.

Liebling der Griechen – **Prince** 6: Zentraler Teil der Uferpromenade, Tel. 27 86 03 31 22, www.prince-bar restaurant.com, tgl. ab 8 Uhr. Die Einheimischen schwören auf das Essen des Prinzen. Das Platterbsenpüree *fáva* wird hier von karamellisierten Mandeln begleitet, die rote süßliche Paprika *florinís* wird mit weißem

Unser Tipp

Preiswerte Alternativen: Gýros & Co.

Wer sich mit einem Gýros im Pittafladen aus der Hand oder kleinen Souvláki-Spießchen in exakt dosierter Stückzahl zufrieden gibt, kann auch in Kamári sehr preisgünstig satt werden. Die Preise sinken dabei mit dem Abstand vom Strand. Im **Souvláki Stop** 9 im südlichen Bereich der Uferpromenade kostet das Gýros noch unter 2,50 €. In der simplen **Kantína Minás** 10, einem Kiosk mit angeschlossenem Grill, kosten die *kalamákia* genannten Fleischspießchen von Huhn oder Schwein 1,20 €. Fleischliebhaber können hier auch Spanferkel (12 €/kg) oder Zicklein (22 €/kg) vom Holzkohlegrill ordern und es entweder hier genießen oder mit ins Apartment nehmen.

Streichkäse aus dem mittelgriechischen Domokós und frischen Zwiebeln gefüllt. Der absolute Renner bei den Hauptspeisen ist das Schweinefilet à la Prince mit zyprischem Haloúmi-Käse und Trockenpflaumen.

Currywurst & Infos – **Jutta's Café 7**: an der Hauptstraße zwischen Platía und Stichstraße nach Alt-Thera, Tel. 22 86 03 19 54, tgl. ab 10 Uhr, Currywurst mit Kartoffelsalat 6,60 €, Leberkäse mit Kartoffelsalat 8,10 €, Kartoffelsuppe ca. 3,90 €, Weizenbier (0,5 l) ca. 4,30 €. Siehe Lieblingsort S. 177.

Wilder Spargel – **Korálli 8**: Odós Makedonías/Odós Vas. Thirá, Tel. 22 86 03 04 21, tgl. ab 10 Uhr, Hauptgerichte 6–15 €. Koch Michális spricht etwas Deutsch, da er einige Jahre in Deutschland gearbeitet hat. Ganzjährig zeigt er mit seinem vegetarischen Moussaká (8 €) ein Herz für Chortophagen. Im Frühjahr und Frühsommer bereitet er auch einen Spargelauflauf mit griechischem grünen Wildspargel zu (6 €).

Gýros & Co. – **Souvláki Stop 9** und **Kantína Minás 10**: Unser Tipp s. S. 178.

Einkaufen

Alles Eukalyptus – **EGarts 1**: mittlere Uferpromenade neben Hotel Kamári Beach. In seiner kleinen Werkstattgalerie fertigt der albanische Künstler Eduart Gjopalaj Bilder und Skulpturen aus zweifarbigem Eukalyptusholz. Sein Stil ist eher konservativ, manchem gefällts, anderen nicht.

Kerzen aus Santorin – **Lava Candles 2**: an der Lava Candles St., 30 m von der Uferpromenade. Auch bei Kéli Palaiológou und ihrem Jazz-begeisterten Partner Antónis Zográfos sind die Kerzen natürlich aus Wachs oder Stearin. Aber manchen haben sie etwas dunklen Lavasand beigemischt, andere sind in Lavahüllen gefasst. Das macht sie zu einem typisch santorinischen Souvenir.

Aktiv

Wassersport – **3SXSports + Fun 1**: am nördl. Ende der Promenade, Tel. 69 32 78 08 52, www.3sxsport.com, Mitte Mai– Sept. Die Wassersportstation wird dem hohen Preis- und Qualitätsniveau auf der Insel voll gerecht. Besonderer Clou im Angebot ist geführte Umrundung Santorins auf dem mit 150 PS motorisierten Jetski inklusive Besuch der Kaméni-Inseln (ca. 2,5 Std., 250 € für den Ein- und 300 € für den Dreisitzer). Eine Anmeldung einen Tag im Voraus ist notwendig. Der normale Mietsatz pro 15 Min. beträgt 45 €. Wasserskiunterricht wird für 60 €/20 Min. erteilt, die 15-Min.-Runde kostet 50 €. Wer sich umweltfreundlicher auf dem Wasser bewegen will, mietet Kajaks oder Tretboote (20 €/Std.). Fürs Windsurfen sind hier die Voraussetzungen gut, der Meltémi weht zwischen Juni und Aug. meist mit 4–8 Beaufort. Das Equipment gibt es für 25 €/Std., 60 €/ 4 Std. oder 100 €/Tag. Auch der Trendsport Kitesurfen wird geboten. Ein eintägiger Schnupperkurs kostet 140 €, dreitägiger Kurs 460 €, Equipment 40 €/Std.

Lernen vom Froschmann – **Volcano Diving Center 2**: Lava Candles St., Tel. 22 86 03 31 77,www.scubagreece.com. Der Chef der Station, Mánthos Sotiríou, war einst Froschmann bei der griechischen Marine. Jetzt bieten er und sein Team eine Vielzahl unterschiedlicher Tauchgänge rund um Santorin und auch in der Caldera an, dazu Kurse vom Schnuppertauchen bis hin zur Tauchlehrerausbildung.

Reiten – **Santorini Horseriding 3**: dem Wegweiser an der Straße von Kamári nach Firá folgen, Tel. 69 77 41 57 75, Juni–Aug. tgl. 10/11–13 Uhr, 17–20 Uhr, Sep.–Mai tgl. 11–13 Uhr. Etwas abseits steht dieser sehr einfache, aber bestens geführte Reitstall. Inhaber Thanássis stammt aus der Gegend um Délfi auf dem griechischen Festland, lebt aber schon seit 1982 auf Santorin. Mit einem einzigen Pferd hat er sein ›Unternehmen‹ gestartet. Jetzt stehen in seinem Stall und auf seinen Koppeln 19 Pferde, darunter zwei Ponys. Die Hälfte davon hat er selbst großgezogen. Er trainiert sie alle persönlich, beschlägt auch ihre Hufe. Ihm zur Seite steht seine Frau Ánda, die ursprünglich aus Olympia auf dem Peloponnes stammt. Zu ihnen gesellen sich fast ständig 20–25 Katzen, von denen er auch gern eine an Urlauber verschenkt. Mit Gästen reiten Thanássis oder Ánda im Areal rund um den Flughafen bis hin nach Éxo Goniá und an den Strand. Anfänger (nicht über 80 kg Körpergewicht) zahlen dafür 25 €/Std., Fortgeschrittene 35 €. Reitunterricht wird auf Wunsch auch erteilt (25 €/Std.).

Für Kletterer – **Rock Climbing 4**: Am Weg von Kamári zur Kapelle Zoodóchos Pigí sind vier ›Climbing Areas‹ ausgewiesen. Sie sind jeweils 12–15 m lang; ihr Schwierigkeitsgrad reicht von VI- bis VII-. Info unter www.mountainproject.com.

Für Biker – **Ancient Thera Tours 5**: Am Beginn der Straße hinauf nach Alt-Thera, Tel. 22 86 03 24 74. Das Büro vermietet einfache Fahrräder für 13 €/Tag. Große Touren kann man damit nicht unternehmen, wohl aber die Strände zwischen Kamári und Monólithos bequem erkunden.

Abends & Nachts

Kino unter dem Sternenhimmel – **Cine Kamári 1**: siehe Unser Tipp S. 181.

Kino bei jedem Wetter – **Cine Villagio 2**: Villagio Shopping Complex, Odós Vasiléos Thirá, Tel. 22 86 03 28 00, www.villaggiocinema.gr, Eintritt 7 €. Weil es in keinem anderen Ort der Insel ein Kino gibt, hat Kamári gleich zwei. Das Cine Villagio ist ein klimatisiertes Indoor-Kino und wird ganzjährig täglich bespielt. Trailer für die jeweiligen Filme sind auch auf der Website zu sehen. Gezeigt werden auch 3 D-Filme.

Kontaktfördernd – **Club Albatross 3**: an der Uferpromenade, zentraler Teil, zwischen Odós Zafirópoulos und Odós Mégas Aléxandros, tgl. ab 10 Uhr. Die große Terrasse mit Palmen und Tamarisken ist vor Mitternacht Treffpunkt aller Liebhaber von Rock, Pop und generell Mainstream. Nach Mitternacht verlagert sich das Geschehen in den Innenraum, wo dann oft auch getanzt wird. Wirt und Kellner sorgen mit kostenlosen Shots für die Förderung der Kommunikation unter den Gästen. Viermal wöchentlich ist zwischen 21 und 24 Uhr auch Live-Musik zu hören, meist internationale Hits von den 60ern bis heute.

Irish Pub – **Aigaion 4**: Straße mit der Bushaltestelle/Ecke Lava Candles St., tgl. ab 9 Uhr, Irish Breakfast ohne Heißgetränk 6 €, Nescafé 3 €, Pint Guinness vom Fass 6 €. Ägäisches Feeling auf der Terrasse, irische ›Trinkkultur‹, nettes Personal. Besonders gut ist der Irish Coffee (6 €), von dem man oft auch schon nach dem Frühstück ein Probegläschen erhält.

British Pub – **Groove Bar 5**: Lava Candles St., www.groovebarkamari.com, tgl. ab 11.30 Uhr, Pint ab 4 €. Echt englische Atmosphäre mit Großbildschirmen für Sportübertragungen, über 10 Biere zur Auswahl, Cider (Apfelwein) und Shandy (Alsterwasser). Gespielt wird meist Musik der 60er bis 80er, häufig auch live. Gemischtes Publikum, aber keine Hooligans.

Pub am Wasser – **Hook Bar 6**: Uferpromenade nahe deren südlichem Ende, tgl. ab 10 Uhr, Fassbier (0,5 l)

Unser Tipp

Kino unterm Sternenhimmel
Open-Air-Kinos haben in Griechenland eine lange Tradition und sind im ganzen Lande wieder Kult. Viele werden von den Gemeinden betrieben, manche sogar mit EU-Mitteln gefördert. Das **Cine Kamári** 1 wird privatwirtschaftlich betrieben und ist so erfolgreich, dass es traditionelle Gartenatmosphäre mit modernster Technik inklusive Dolby Surround verbinden kann. Bei Filmklassikern und neuesten Streifen im Originalton mit griechischen Untertiteln kann der Zuschauer Snacks und Drinks von der Bar genießen. Manchmal finden hier auch Livekonzerte und Theateraufführungen statt. Das Programm wird durch Aushänge im Ort und im Internet bekannt gegeben, Kartenreservierungen sind per Internet und Telefon möglich (an der Hauptstraße Richtung Firá am Ortsende, Tel. 22 86 03 34 52 www.cinekamari.gr, Ende Mai–Anfang Okt. tgl. 21.30 und 23.15 Uhr, Eintritt 8 €).

4,50 €. Die im britischen Stil geführte Bar gehört zu den ältesten im Ort und ist darum, obwohl sie nichts Außergewöhnliches bietet, abendlicher Treffpunkt vieler Stammgäste. Hier lassen sich abends auch Einheimische gern auf ein Bier oder einen Oúzo nieder.

Infos & Termine

Termine

Epiphanías: 6. Jan. Morgens Gottesdienst in der Hauptkirche, dann Prozession zur Kapelle Ágios Nikólaos. Dort wirft der Priester ein Kreuz ins Wasser. Junge Männer springen von den Felsen und tauchen danach. Wer es an Land bringt, darf ein gesegnetes neues Jahr erwarten.

Zoodóchos Pigí: um den 5. Mai. Wer irgend kann, wandert morgens zur Kapelle Zoodóchos Pigí hinauf, wo ein Gottesdienst stattfindet. Viele Kirchenbesucher gehen anschließend auch noch weiter nach Alt-Thera und picknicken dort, wenn der Wind nicht zu stark weht.

Tag des Erdbebens von 1956: 9. Juli. Morgens Gedenkgottesdienst an der neuen Kirche auf einem Fels hinter dem Cine Kamári. Wenn die Gemeinde genug Geld gesammelt oder sich ein Sponsor gefunden hat, wird anschließend auf der Platía gefeiert.

Kirchweihfest der Panagía Mirtidiótissa: 24. Sept. Gottesdienst schon am Vorabend, dann noch einmal am Vormittag. Abends meist Fest mit Musik und Tanz auf der Platía. In manchen Jahren fällt es aber auch aus, weil das Geld fehlt oder gerade ein geachteter Mitbürger gestorben ist.

Verkehr

Siehe Infobox S. 170.

Alt-Thera ! ▸ H 7

Der Besuch der Ausgrabungen von Alt-Thera ist vor allem ein grandioses Natur- und Landschaftserlebnis, gespickt mit Mauerresten, Säulenstümpfen, ein paar Reliefs und Inschriften aus der Antike. Die Reste der antiken Stadt ziehen sich auf dem 800 m langen und bis zu 210 m breiten Bergrücken des Méssa Vounó zwischen den heutigen Orten Kamári und Períssa entlang und werden überragt vom kahlen Profítis Ilías, dem höchsten Inselberg. Seinen Gipfel ziert ein Kloster unter wenig schönen Antennenmasten (s. S. 209).

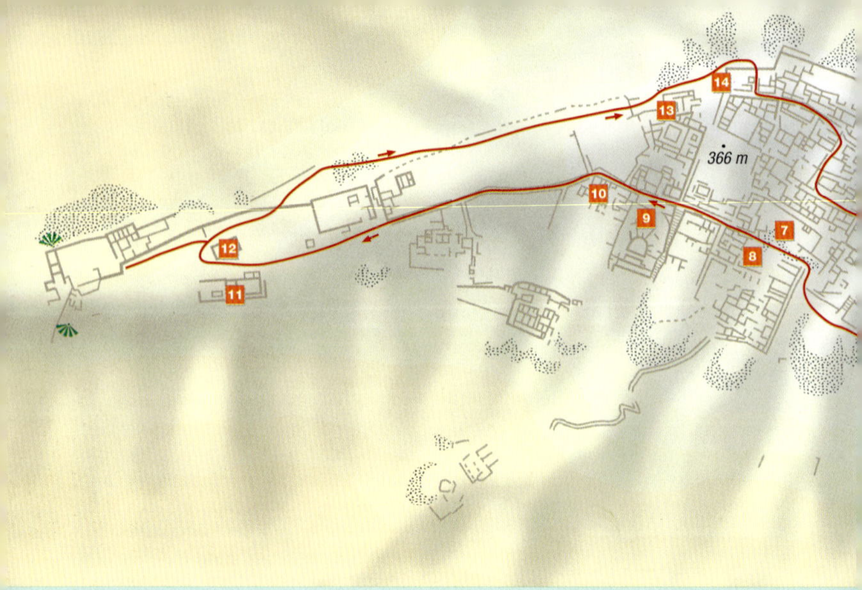

Alt-Thera

Sehenswert
1 Heiligtum der Aphrodite
2 Heroon des Artemidoros
3 Kapelle Ágios Stéfanos
4 Temenos des Artemidoros
5 Nördliche Agora
6 Mittlere Agora
7 Südliche Agora und Basilike Stoa
8 Haus der Tyche und römische Bäder
9 Theater
10 Hellenistisches Privathaus
11 Heiligtum des Apollon Karneios
12 Agora der Götter
13 Heiligtum des Apollon Pythios
14 Heiligtum der Ägyptischen Götter
15 Gymnasium der Garnison
16 Ptolemäische Kaserne

Essen & Trinken
1 Kantína

Durch die archäologische Stätte führt ein Rundweg, der nicht verlassen werden darf. Die im Gelände verteilten Kioske der Wärter, die mit Trillerpfeife in der Hand energisch auf die Einhaltung des Verbots achten, erinnern ein wenig an die Wachposten entlang der einstigen deutsch-deutschen Grenze. Ausgleich für den herben Anblick bieten die modern gestalteten Ruhebänke unter den wenigen vom Wind gebeugten Kiefern. Griechisch-englische Erklärungstafeln mit Grundrisszeichnungen und meist auch einem Foto von einem hier gefundenen Objekt erleichtern die Orientierung.

Stadtgeschichte

Nach der großen Vulkaneruption und dem Untergang der minoischen Stadt Akrotíri (s. S. 242) blieb Santorin

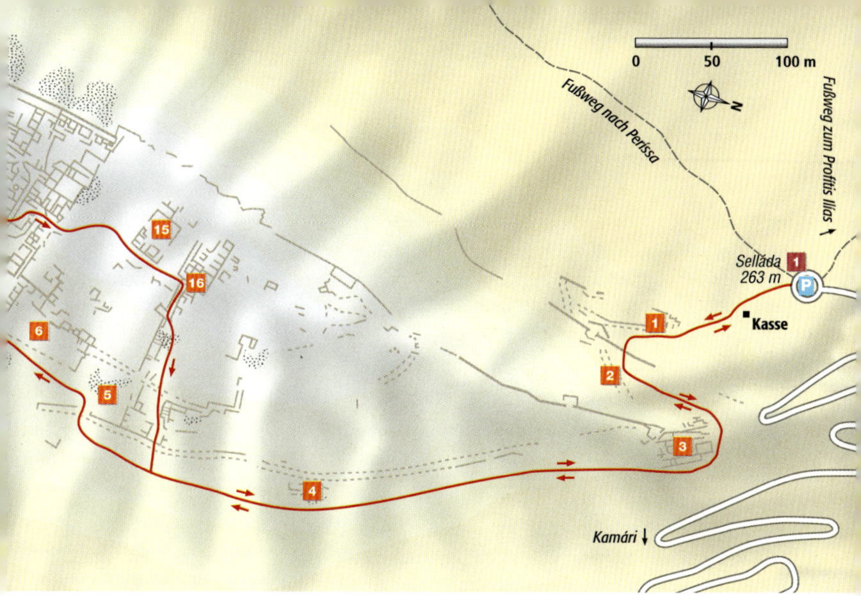

wahrscheinlich erst einmal 700 Jahre lang unbewohnt. Um 900 v. Chr. ließen sich dann Griechen vom Stamm der Dorer, die in jener Zeit vom Peloponnes aus die südlichen Inseln der Ägäis besiedelten, auf Santorin nieder und gründeten sieben Dörfer, darunter auch Thera. Ihr Siedlungskern war der Méssa Vounó. Er bot optimalen Schutz vor Feinden und mit den Stränden von Kamári und Períssa auch die Möglichkeit, Boote anzulanden. Benannt wurde die Stadt wohl nach dem Anführer der ersten Siedlergruppe.

In der archaischen Zeit (ca. 700–490 v. Chr.), als der Bevölkerungsdruck in vielen griechischen Stadt- und Inselstaaten wuchs, beteiligte sich Thera durch Gründung der Stadt Kyrene (das römische Cyreneika) im heutigen Libyen an der griechischen Kolonisationswelle, die bis an die Küsten des Schwarzen Meers und zum heutigen Spanien reichte. Thera prägte eigene Münzen mit zwei Delfinen als Wappentieren, exportierte vor allem Wein und Stoffe.

In klassischer Zeit spielte Santorin unter athenischer Vorherrschaft keine große Rolle mehr. Einen neuen Aufschwung leitete der Verfall des Weltreichs Alexanders des Großen ein, das auch die Ägäischen Inseln umfasst hatte. Es wurde unter seinen makedonischen Generälen aufgeteilt, Santorin geriet dabei unter die Herrschaft der in Ägypten residierenden Ptolemäer. Sie gründeten im frühen 3. Jh. v. Chr. auf der Insel eine Marinebasis, die anfangs nur mit drei Offizieren und etwa 300 Soldaten bemannt war. Die Stadt Thera erhielt Kasernen, das Straßennetz und die Kanalisation wurden modernisiert.

Auch in römischer Zeit blieb Thera eine lebendige Stadt, unter den Kaisern erhielt sie öffentliche Bäder und ein Theater. Nach 400 trat der Christengott an die Stelle der antiken Götter, Thera blieb aber noch bis 726 bewohnt. In jenem Jahr wurde es durch einen weiteren Vulkanausbruch teilweise unter Asche begraben und danach aufgegeben.

Geschichte der Ausgrabungen

Durch den Abbau der Santorin-Erde für den Bau des Suez-Kanals waren nicht nur Ingenieure und Geologen auf Santorin aufmerksam geworden. Auch das Interesse der Wissenschaft war geweckt. 1871 kamen der französische Archäologe H. Mamet und sein Landsmann, der Geologe H. Gorceix, auf die Insel und führten außer bei Akrotíri auch auf dem Méssa Vounó erste Grabungen durch.

24 Jahre später setzte der preußische Baron Friedrich Hiller von Gärtringen (1864–1947) auf dem Méssa Vounó erstmals seinen Spaten an. Er war von Haus aus Epigrafiker, also vorrangig an antiken griechischen Inschriften interessiert. Wichtigster Mitarbeiter in seinem Team war der in Danzig geborene Geodät Paul Wilski (1868–1939), der sich besonders um die Erforschung der Stadtgeschichte verdient machte.

Esel, Maultiere, Bauern und Bergarbeiter trugen die körperliche Hauptlast, mussten doch alle benötigten Materialien und Werkzeuge von Kamári aus heraufgeschleppt werden. Die Ruinen waren teilweise unter einer bis zu 6 m hohen Asche- und Geröllschicht begraben, Funde jeder Art mussten auf Schlitten nach Kamári hinuntergebracht werden. Bis 1902 dauerten die Grabungen mit vielen Unterbrechungen – und finanziert zum größten Teil von Friedrich Hiller von Gärtringen selbst.

Zwischen 1990 und 1994 kamen noch einmal deutsche Archäologen unter Wolfram Höpfner von der Freien Universität Berlin zu Nachuntersuchungen. Zu Beginn dieses Jahrtausends wurde das Grabungsgelände besucherfreundlich hergerichtet, die dafür aufgewendeten 1,76 Mio. € zahlte größtenteils die Europäische Union.

Rundgang

Heiligtum der Aphrodite 1

Heute stehen in nahezu jedem griechischen Dorf außer der Hauptkirche fast immer viele weitere Kirchen und Kapellen, die den verschiedensten Heiligen geweiht sind. Auch in der Antike war man darauf bedacht, möglichst viele Götter innerhalb seiner Stadtmauern durch ihnen geweihte Heiligtümer zu ehren und sie so dem Ort gewogen zu machen. Beim Besuch Alt-Theras beginnt der Reigen der Heiligtümer mit den sehr spärlichen Mauerresten eines Heiligtums für Aphrodite, die schöne Göttin der Liebe.

Heroon des Artemidoros 2

In vielen Orten auf aller Welt stehen Denkmäler und Büsten für Bürger, die sich um ihre Heimat verdient gemacht haben. So auch im antiken Thera. Hier war es ein gewisser Artemidóros, der zum General der ptolemäischen Flotte aufgestiegen war. Das kleine für ihn errichtete Heroon besteht aus einer rechteckigen Felsnische und einer aus dem Fels gehauenen, halbrunden Bank, einer sogenannten Exédra. In der Nische stand wahrscheinlich ein Relief mit dem Antlitz des Heroen, auf der Exedra waren wohl Statuen aufgestellt.

Kapelle Ágios Stéfanos 3

Mit der Erhebung des Christentums zur Staatsreligion im Römischen Reich und dem Verbot der heidnischen Kulte durch den oströmischen Kaiser Theodosius im Jahr 395 entstand ein immenser Neubaubedarf: Jetzt brauchte man Kirchen. In Form drei-, fünf- oder gar siebenschiffiger Basiliken entstanden sie im 5. und 6. Jh. überall im weiten oströmisch-byzantinischen Reich. Während der Raubzüge islamischer Saraszenen im Mittelmeer oder verschiedener Erdbeben während des 7. und 8. Jh. wurden sie alle zerstört oder verfielen ganz einfach durch Verarmung des Volks. Seit dem 9. Jh. entstanden dann in ihren Ruinen häufig neue, meist sehr kleine und anfangs oft primitive Kirchlein, erbaut unter Verwendung alter Säulen und Steinblöcke aus den Basiliken.

Das geschah auch in Thera: In den Ruinen einer dem Erzengel Michael als Bezwinger des Bösen geweihten, dreischiffigen frühchristlichen Basilika entstand eine Doppelkapelle, geweiht den hll. Stéfanos (rechts) und Theódoros (links). Der ganze Bau wirkt stark einsturzgefährdet. Das Fundament bilden antike Quader, das schiefe Mauerwerk darüber besteht überwiegend aus natürlichen, roten und hellen Lavabrocken. Die beiden Dachtonnen sind durch Zement abgedichtet, beide werden von einem antiken Säulenstumpf gekrönt.

Öffnet man die brüchige Holztür, vor der zwei Seile gespannt sind, um den Zutritt zu verhindern, erblickt man einen mit antiken Steinen gepflasterten Boden und erkennt, dass beide Kapellen innen nicht durch eine Mauer, sondern nur durch drei antike Säulen voneinander getrennt werden. Der Grundriss der Basilika ist für den Laien kaum erkennbar; hilfreich ist da die Grundrisszeichnung auf der englisch-griechischen Erklärungstafel. Sie macht auch auf die ehemalige Zisterne auf der Südostseite der Doppelkapelle aufmerksam.

Temenos des Artemidoros 4

Der vorgegebene Pfad führt weiter zu einem der bedeutendsten Punkte innerhalb der Ausgrabungen. Je nach Tageszeit mehr oder minder schwer sind rechts am niedrigen Fels figürliche Reliefs zu erkennen. Im Zentrum liegt ein stattlicher Löwe. Links davon schwimmt ein Delfin, etwas rechts oberhalb seines Kopfes ist in einem Medaillon der bekränzte Kopf des Heroen Artemidóros zu sehen. Rechts vom Löwen steht ein stolzer Adler. Ganz rechts sind dann noch zwei Hauben und zwei Sterne aufzuspüren. Sie markieren einen Altar für die geheimnisvollen Dioskuren, die Zwillingshalbgötter Kastor und Pollux.

Der ganze ›heilige Bezirk‹ ist ein Werk des Artemidóros, der in der Mitte des 3. Jh. v. Chr. aus Perge im kleinasiatischen Pamphylia nach Thera kam. Eine göttliche Vision hatte ihm bestimmt, hier Heiligtümer anzulegen und der Stadt Gutes zu tun. Die Theraer ehrten ihn durch Verleihung der Bürgerwürde und bekränzten ihn zweimal – deshalb seine Darstellung mit Kranz auf dem Kopf. Die drei Tiere symbolisieren Götter: der Adler Zeus, der Löwe Apollon und der Delfin den Meeresgott Poseidon. Artemidóros soll sie mit eigenen Händen aus dem Gestein herausgearbeitet haben. Wie eine in den Fels gemeißelte Inschrift aussagt, wollte er damit erreichen, dass sein Name unsterblich wird – was ihm gelungen ist. Die anderen Inschriften loben die Götter.

Nördliche Agora 5

Vorbei an von den Nordwinden extrem gebeugten Kiefern geht es weiter bergan zur Nördlichen Agora, also dem nördlichen Hauptplatz der antiken Stadt. Moderne Bänke unter den Bäumen bieten Gelegenheit zur Rast. Den Bänken gegenüber macht eine Erklärungstafel mit Grundrisszeichnung auf die Exedrae aufmerksam, deren Stufen und Grundmauern gut zu erkennen sind. Sie stammen aus dem

Nur wenige Bäume bieten in Alt-Thera ein wenig Schatten

1. und 2. Jh., also aus römischer Zeit, und hatten die Form kleiner Tempel. Bei der rechten dieser drei Exedren erkennt man auf der obersten Stufe sogar noch die Vertiefungen für zwei Säulen. Was in der klassischen Antike undenkbar gewesen wäre, war bei den Römern gang und gäbe: Man errichtete solche tempelartigen Bauten nicht nur für die Götter, sondern auch für wohlhabende Bürger und – immerhin auch – Bürgerinnen. In den Exedrae standen ihre Statuen.

Mittlere Agora 6

Ein paar Meter weiter beginnt eine von Treppen durchbrochene, mehrere Meter hoch erhaltene Stützmauer, die die insgesamt 110 m lange Agora nach Süden hin begrenzte. Hier liegen auf der anderen Seite des Weges auch zahlreiche Fragmente antiker Säulen und Altäre herum. Eine der Treppen führte zum Tempel für Dionysos hinauf, den Gott des Weines und des Theaters, der Fruchtbarkeit und orgiastischer Feiern. Ob das Penis-Relief mit

zwei durch Kreise angedeutete Hoden links am Treppenzugang eine Huldigung an den Gott oder ein Wegweiser zu einem Freudenhaus war, lässt sich nicht mehr feststellen.

Südliche Agora und Basilike Stoa 7

Das Penis-Relief überragt das östliche Ende der Grundmauern einer 45 m langen und 10 m breiten Markthalle, der Basilike Stoa aus dem 4. Jh. v. Chr. Sie säumte die gesamte Südseite der südlichen Agora. Ihr Dach wurde durch eine Mittelreihe von zehn unkananelierten dorischen Säulen gestützt, von denen noch Stümpfe aufrechtstehen. Die dreiteilige Querreihe am nördlichen Ende trennte seit dem 2. Jh. n. Chr. eine Kammer von der offenen Halle ab, in der Statuen des jeweiligen römischen Kaisers und seiner Familie auf einem steinernen Podest aufgestellt waren. Die Stoa war Verwaltungszentrum der Stadt, hier fanden wohl auch Gerichtsverhandlungen statt.

Haus der Tyche und römische Bäder 8

An die Stoá schließen sich im Westen unmittelbar die Überreste eines öffentlichen Gebäudes mit Latrine und einer römischen Badetherme an. Auf der anderen Seite des Wegs haben die Archäologen die Grundmauern eines spätrömischen Hauses freigelegt. Wegen einer hier gefundenen Statue der Schicksalsgöttin Tyche nennt man es heute ›Haus der Tyche‹. Wie für römische Häuser kennzeichnend, besitzt es einen offenen Atriumhof, dessen Dach von vier Säulen gestützt wurde und in der Mitte offen war. Hier floss Regenwasser in das zentrale Wasserbecken des Atriums und aus ihm in eine Zisterne.

Theater 9

Direkt in den steilen Hang Richtung Kamári wurde im 2. Jh. v. Chr. ein Theater hineingebaut. Etwa 1500 Zuschauer fanden auf seinen steinernen Rängen Platz.

Den grandiosen Ausblick konnten seit dem 1. Jh. n. Chr. nur noch die Zuschauer auf den – als schlechter geltenden – oberen Rängen genießen, denn für die unteren Reihen wurde er seit der Zeit durch ein für die römische Epoche typisches zweigeschossiges

Bühnenhaus versperrt. Der gesamte Raum unter den Rängen wurde als Zisterne genutzt. Im Theater tagte auch der Rat der Stadt, die Boule.

Hellenistisches Privathaus 10

Auf das Theater folgt auf der gleichen Seite des Weges ein hellenistisches Wohnhaus. Unmittelbar unterhalb der Erklärungstafel liegt dessen ehemaliger Innenhof mit einem kleinen Hausaltar in seiner Mitte. Von ihm gingen mehrere fensterlose Räume ab, die nur durch ihre Türen zum Innenhof Licht empfangen konnten.

Heiligtum des Apollon Karneios 11

Landschaftlich wird der Weg jetzt besonders schön, denn meist kann man jetzt Kamári und Períssa drunten am Meer gleichzeitig sehen. Linkerhand liegt mit Kamári-Blick das Apollon-Heiligtum. Er war der Hauptgott der Stadt. Man betrat das Heiligtum durch einen in Spuren erhaltenen Propylon und stand zunächst in einem Hof. Rechts des Hofes befand sich ein Gebäude unbekannter Funktion. Links lag auf etwas höherem Niveau der Tempel des Gottes an einem kleinen Vorhof.

Der Tempel hatte ein flaches Dach und war wie die meisten orthodoxen Kirchen heute zweigeteilt in einen Pronáos und die Cella mit dem Kultbild (bei Kirchen spricht man von Narthex und Naós).

Agora der Götter 12

Unterhalb des Heiligtums des Apollo Karneios endet der Pfad auf einer schmalen, 48 m langen Terrasse. Im Gegensatz zur Agora war dieser Ort nicht Handels- und Verwaltungszentrum, sondern Kultbezirk und Festplatz. Hier tanzten und sangen nackte Knaben während des jährlichen Festes für Apoll vor erwachsenen Männern, die sie mit begehrlichen Blicken betrachteten. Manche waren so von der Schönheit einzelner Knaben hingerissen, dass sie ihre Anmut und Schönheit in Inschriften auf dem Fels hinterließen und dabei durchaus nicht vor obszönen Äußerungen zurückschreckten. Sie reichen bis ins 7. Jh. v. Chr. zurück und gehören damit zu den ältesten griechischen Schriftzeugnissen überhaupt. In römischer Zeit entstanden in einer Ecke der Terrasse ein Gymnasium, also eine Sportstätte, und eine römische Therme.

Heiligtum des Apollon Pythios 13

Der Weg führt nun wieder aufwärts und zum ehemaligen Standort eines zweiten Apollon-Tempels aus hellenistischer Zeit. Von ihm ist fast nichts mehr zu sehen, denn an seiner Stelle erbauten die frühen Christen spätestens im 6. Jh. eine Basilika unter Verwendung vieler sorgfältig behauener antiker Steinblöcke, gut erkennbar an der halbrunden Apsis der einstigen Kirche.

Heiligtum der Ägyptischen Götter 14

Der Weg führt nun am Steilabfall Richtung Períssa entlang zum Heiligtum der seit hellenistischer Zeit auch in Griechenland verehrten ägyptischen Götter, speziell des manchmal auch mit Stierkopf dargestellte Serapis, der schönen Isis und des hundsköpfigen Anubis. In den Felsnischen standen Weihegaben für die Götter, auf einer Felsbank ihre Statuen.

Gymnasium der Garnison 15

Zwischen zum Teil noch mannshoch erhaltenen Außenmauern hellenistischer und römischer Wohnhäuser setzt sich der Weg fort bis zum sogenannten Gymnasium der ptolemäischen Garnison. In der Antike waren Gymnasien keineswegs Schulen, in ihnen konnten Athleten oder Soldaten für Sport oder Krieg trainieren. Die Funktion des Gebäudes ist heute unter Archäologen jedoch umstritten. Auf jeden Fall wurden in der ärmeren byzantinischen Zeit in den Ruinen einfache Wohnhäuser erbaut.

Ptolemäische Kaserne 16
Abwärts geht es weiter zum ›Ptolemaic Garrison Post‹. Hier macht ein Blick auf die Grundrisszeichnung auf der Erklärungstafel verständlich, was die Steine selbst kaum preisgeben. Auf das Gebäude führte ein breiter Weg zu, der dessen Bedeutung unterstrich. Durch einen Portiko mit zwei Säulen betrat man das Gebäude. Auf der linken Seite führten innen Treppen in den offenen Atriumhof. An ihn grenzte ein Korridor, an dem verschieden große Räume lagen, die als eine Art Schlafsäle für Soldaten interpretiert werden.

Essen & Trinken

Für Durstige – **Kantína** 1: am Parkplatz vor den Ausgrabungen, tgl. ab ca. 9 Uhr. Nach der Besichtigung höchst willkommene Getränkebude, an der auch Kaffee erhältlich ist.

Infos

Infos
Geöffnet Di–So 8–14.30 Uhr, Eintritt 2 €, Sammelticket s. S. 38. Zeitaufwand 2–4 Std. WC im Kassenhauskomplex.

Verkehr
Autostraße ab Kamári, ab dort auch **Minibusverkehr** (siehe Infobox S. 170).
Zu Fuß von Kamári, Períssa und vom Profítis Ilías erreichbar (siehe auch Entdeckungstour S. 224).

Panagía Episkopí ! ▶ H 7

Die leicht erhöht über der Küstenebene von Kamári gelegene ›Bischofskirche der Allheiligen‹ ist ein idyllischer Ort. Vier hohe Zypressen, eine junge Araukarie mit fast waagerechten Ästen, viele Geranien und Duftpflanzen wie Basilikum und Rosmarin machen die Terrasse, auf der das Gotteshaus steht, zu einem angenehmen Aufenthaltsort. Besondere Aufmerksamkeit verdient ein alter, weit ausladender Johannisbrotbaum auf der Südseite der Kirche, der von Hibiskus durchrankt wird. Das Wärterpaar, das tagsüber hier oben lebt, hat Kokosnüsse, Granatäpfel und einen Weinstock mit Plastiktrauben an die Zweige gehängt, unter dem Baum liegt meist ein unaufgerollter Wasserschlauch, am Stamm lehnt manchmal auch ein Wischbesen.

Das Wärterpaar selbst kann auch zum Erlebnis werden. Sind sie gut gelaunt, werden Besucher auch schon einmal zu einem Kaffee eingeladen, haben sie einen mürrischen Tag, schalten sie für den Besucher nur auf nachhaltige Aufforderung hin das elektrische Licht in der Kirche an. Auf Anfrage verkauft das Wärterpaar das reich bebilderte, gut geschriebene und auch auf Deutsch erhältliche Heft »Panagia Episkopi. Die byzantinische Episkopatskirche von Santorin« von Professor Matthäos Mindrinos.

Geschichte

Kirchen und Klöster im byzantinischen Reich waren häufig Schenkungen des in Konstantinopel residierenden Kaisers. Er stiftete im Jahr 1100 auch diese Kirche, zu der wahrscheinlich ein

Kloster gehörte, und vermachte ihm gleichzeitig beträchtlichen Grundbesitz. Bis zur Unterwerfung der Insel durch die katholischen Kreuzritter 1207 blieb sie die Haupt- und Bischofskirche Santorins. Die Katholiken vertrieben den orthodoxen Bischof und duldeten fortan nur ihren eigenen geistlichen Oberhirten, der auf dem Skáros-Felsen von Imerovígli residierte. Die Panagía Episkopí nutzten sie nun für ihren eigenen Ritus.

Die Osmanen zeigten sich nach ihrer Eroberung der Kykladen toleranter, setzten auf der Insel wieder einen orthodoxen Bischof ein und gaben die Kirche der orthodoxen Gemeinde zurück. Der Landbesitz der Kirche wurde unter beiden Glaubensgemeinschaften aufgeteilt. Die Kirche blieb bis Anfang des 19. Jh., als die Kykladen Teil des freien Griechenlands wurden, die santorinische Episkopatskirche. Die Katholiken nutzten sie bis 1767 gegen den Widerstand der Orthodoxen mit, was immer wieder Anlass zu heftigen Streitigkeiten bot. Der Landbesitz der orthodoxen Kirche wurde zwischen 1850 und 1902 verkauft, um das Gebäude erhalten und den Priester bezahlen zu können.

Seit 1962 steht die Kirche unter Denkmalschutz. Für ihren Erhalt sorgt nun der Staat. Die laufenden Kosten für Strom, Wasser und Reinigung sowie die Fahrtkosten für den Priester und die Bezahlung des Wärterpaars (5000 €/Jahr) trägt ein Verein, der sich hauptsächlich aus dem Kerzenverkauf (ca. 13 000 €/Jahr) und aus Spenden santorinischer Reisebüros und anderer Gönner finanziert.

Außenbau

Als Erstes fallen jedem Besucher sicherlich die Überwachungskameras auf, mit denen die Umgebung der Kirche gesichert wird. Sie sind eine leider zu späte Reaktion auf einen dreisten Einbruch 1982, bei dem die Diebe 26 Ikonen entwendeten, darunter auch die wundertätige Marienikone aus der Zeit der Kirchengründung.

Antike Spolien 1

Der Blick vom Eingangstor zum Kirchhof geradeaus fällt auf ein Ensemble antiker Relikte (Spolien) vor der Kirchenwand mit ihrem Glockenträger. Auf einem hellenistischen Stieraltar steht eine marmorne Wanne. Dahinter liegt eine antike Türschwelle auf zwei Stützen. Darüber ist in der Kirchenwand ein in ihr verbauter antiker dorischer Fries mit seinen Triglyphen und Metopen unverputzt geblieben.

Apsisfenster 2

Geht man nun im Uhrzeigersinn um die Kirche herum, fallen als nächste antike Schmuckelemente die zierlichen spätantiken Säulchen samt Kapitellen auf, die das Apsisfenster gliedern. Die drei Bögen darüber lassen das schöne Mauerwerk erahnen, das sich heute leider weitgehend unter der neuzeitlichen Verputzung verbirgt.

Antike Stele 3

Auf Höhe des Johannisbrotbaums (s. o.) wird ein Steinblock von einer 0,68 m hohen Säule getragen, auf der eine antike Inschrift aus römischer Zeit, aber in deutlich zu erkennenden griechischen Buchstaben zu lesen ist. Sie berichtet von der Ernennung eines römischen Äskulap-Priesters zum »Wohltäter des Vaterlands«.

Schön gelegen: Panagía Episkopí

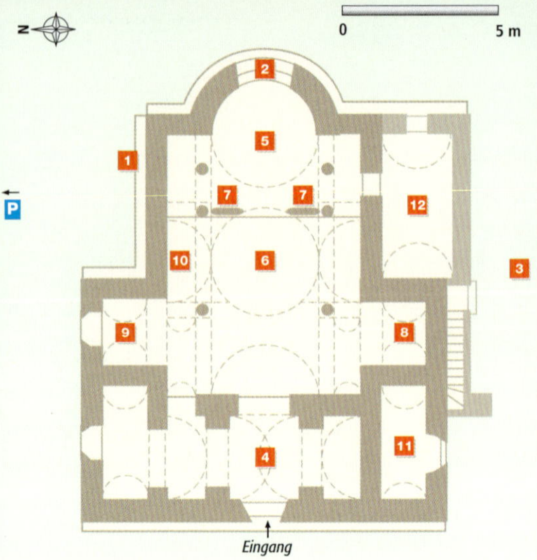

Panagía Episkopí

1 Antike Spolien
2 Apsisfenster
3 Antike Stele
4 Vorraum/Narthex
5 Altarraum
6 Säulen und Kuppel des Hauptschiffes
7 Ikonostase
8 Fresken im südwestlichen Flügel
9 Fresken im nordwestlichen Flügel
10 Ikone von Konstantin und Helena
11 Südlicher Seitenraum des Narthex
12 Lateinische Kapelle

Das Kircheninnere

Die Kirche besteht wie die meisten orthodoxen Kirchen aus einem **Vorraum** 4 (Narthex) und dem eigentlichen Kirchenraum (Naós). Dieser Naós wird durch die Ikonostase genannte Bilderwand unterteilt in einen der Gemeinde zugänglichen Raum und den **Altarraum** 5, zu dem nur Priester Zugang haben. Der Altarraum endet mit einer halbrunden Apsis.

Säulen und Kuppel des Hauptschiffes 6

Das 5 x 11 m große Hauptschiff des Innenraums wird von einer flachen Kuppel auf hohem, Tambour genannten Zylinder überspannt. Vier unkannelierte Säulen stützen diese Kuppel. Ihre Basen sind mit Ochsenköpfen verziert, die Kapitelle sind bei jeder Säule anders. Der Fußboden ist mit Marmorplatten ganz unterschiedlicher Größe ausgelegt – offensichtlich stammen Bodenplatten und Säulen von antiken Bauten und wurden hier wiederverwendet.

Ikonostase 7

Die Bilderwand zwischen Gemeinde- und Altarraum besteht in dieser Kirche nicht wie meist üblich aus Holz, sondern aus Marmor. Mit ihrem reichen geometrischen und vegetativen Dekor wirkt sie fast ein wenig maurisch. Wer genau hinschaut, erkennt auch Kreuze und Vögel in den Kapitellen der beiden Halbsäulen links und rechts der Tür zum Zentralraum. In der Reihe der kleinen Ikonen, die den oberen Abschluss der Ikonostase bildet, klaffen noch immer Lücken. Die hier einst angebrachten alten Ikonen mit den Darstellungen der wichtigsten Kirchenfeste wurden 1982 allesamt gestohlen und werden jetzt nach und nach durch neue ersetzt.

Fresken im Südwestflügel 8

Die Kirche wurde im 12. Jh. auf Kosten des byzantinischen Kaisers vollständig mit Wandmalereien hoher Qualität ausgestattet. Die meisten von ihnen sind inzwischen zerstört, andere harren dringend der Reinigung und vielleicht sogar einer gründlichen Restaurierung.

Besonders gut erhalten ist die Darstellung **Mariä Entschlafung** *(Kímisis tis Theotókou)* an der Südwand: Maria liegt auf ihrem Sterbebett. Zwei der vollständig versammelten zwölf Apostel knien neben ihr, die anderen stehen voller Trauer um das Sterbebett herum. Zu ihnen haben sich auf dieser Darstellung auch die an den Stolen mit Kreuzen erkenntlichen Kirchenväter gesellt, die historisch betrachtet ja erst Jahrhunderte später lebten. Am Sterbebett steht Christus und hält die Seele Mariens in den Händen, die hier wie ein in Tücher gehülltes Kleinkind dargestellt ist. Ein Engel schwebt herbei, um die beiden gen Himmel zu geleiten.

An der Westwand des südwestlichen Flügels ist oben die Mariengeburt dargestellt, darunter die Hadesfahrt Christi. Die **Mariengeburt** ist von Jesu Geburt am leichtesten dadurch zu unterscheiden, dass sie nicht in einer Höhle stattfindet, sondern im Zimmer eines Hauses, und dass das Neugeborene nicht auf einer Art Altar liegt, sondern auf einem richtigen Bett.

Die **Hadesfahrt Christi,** die im Neuen Testament zwar nur in einem Halbsatz erwähnt wird, aber selbst für den deutschen Künstler Albrecht Dürer noch ein Thema war, ist das orthodoxe Osterbild. Es zeigt, worum es bei Ostern vor allem geht: Nicht so sehr um die leibhaftige Auferstehung Jesu, sondern durch das dadurch dem Menschen verheißene Ewige Leben. Jesus hat die Tore zur Unterwelt gewaltsam aufgebrochen und zieht nun Adam stellvertretend für die Menschheit als ersten aus dem Grabe. Hinter Adam warten schon Eva, Johannes der Täufer und dessen Vater Zacharias. In der anderen Bildecke knien die alttestamentarischen Könige David und Salomon vor Christus, der in der rechten Hand ein Doppelkreuz hält.

Die **Mandílion-Ikone** gegenüber zeigt das Antlitz Jesu auf einem weißen Tuch – in der katholischen Kirche würde man es als ›Schweißtuch der Veronika‹ bezeichnen. Diese Darstellung ist vor allem theologisch bedeutsam, denn sie rechtfertigt die Ikonenverehrung und die figürliche Ausmalung der Kirchen. Apokryphe, also nicht in den neutestamentarischen Kanon aufgenommene Schriften berichten von einem König Abgar von Edessa (dem heutigen Urfa in der Ost-Türkei), der zu Lebzeiten Jesu regierte. Als er schwer erkrankte, schickte er einen Gesandten ins Heilige Land, denn er hatte von Jesu Wunderheilungen gehört. Er sollte den Gottessohn dazu bewegen, mit nach Edessa zu kommen. Jesus lehnte ab, drückte sein Antlitz jedoch in ein Tuch, das er nach Edessa sandte.

Beim Anblick dieses Tuches, eben des Mandílion, genas der kranke König. Es wurde daraufhin zum Schutz der Stadt über dem Stadttor von Edessa angebracht, bis man es im 9. oder 10. Jh. dem byzantinischen Kaiser zum Geschenk machte. 1204 wurde es im Zuge der venezianischen Eroberung Konstantinopels zerstört. Für die orthodoxe Theologie ist es von so großer Bedeutung, weil Jesus mit der Übergabe seines Bildnisses an den Boten des Königs eindeutig unter Beweis gestellt hatte, dass er kein Bilderfeind war, dass somit das alttestamentarische Gebot »Du sollst dir kein Bildnis von mir machen« aufgehoben war.

Über dem Durchgang vom südwestlichen Flügel in den Kirchenraum sind mit etwas Mühe einige weitere Wandmalereien zu erkennen. Zu sehen sind die **Enthauptung Johannes des Täufers** und das **Festmahl des Herodes,** bei dem seine Gemahlin Herodia dem König das Haupt des Täufers auf einem Teller darbringt. Eine dritte Szene zeigt den Täufer aufgebahrt – hier jetzt wieder mitsamt Kopf.

Fresken im nordwestlichen Flügel 9

In diesem kleinen Flügelraum, in den auch die Nordtür der Kirche führt, waren wohl Jesu Wunderheilungen das Thema der Wandmalereien. Gut erkennbar blieben die Heilung des Blinden und die Heilung des gelähmten Knechts des Hauptmanns.

Ikone von Konstantin und Helena 10

Ganz in der Nähe ist für den, der sich intensiver mit der orthodoxen Theologie beschäftigen möchte, auch noch eine neuere Ikone mit der Darstellung des römischen Kaisers Konstantin und seiner Mutter Helena betrachtenswert.

Zwischen beiden steht das Kreuz, an dem Jesus den Tod erlitt. Helena war im Jahr 325 ins Heilige Land gereist, um dieses Kreuz zu finden. Keiner der Juden dort wollte ihr helfen. Man benannte ihr jedoch einen Mann, der wusste, wo es war. Nach unfeinen Folterungen wies er die Kaiserinmutter schließlich zu einer Stelle, wo man nicht nur das Kreuz Jesu, sondern auch die Nägel und Stricke fand, mit denen er ans Kreuz geschlagen worden war – und dazu auch noch die Kreuze der beiden anderen mit ihm Gehenkten. Helena brachte das Kreuz nach Konstantinopel, wo es an einem 14. September feierlich wieder aufgerichtet wurde. Der Tag ist noch immer ein bedeutender Feiertag in der orthodoxen Kirche.

Südlicher Seitenraum des Narthex 11

Abschließend können Nimmermüde auch noch von außen in einen Raum am Südende des Narthex eintreten. In der kleinen Konche in der Nordwand sind die Reste einer Darstellung des byzantinischen Kaisers Alexios I. Komnenos mit viel Mühe noch zu erkennen. Dieser Kaiser hatte im Jahr 1100 die Kirche gestiftet. Das Fresko wird nicht wie die anderen ins 12., sondern ins 16. Jh. datiert.

An der Ostwand sind schließlich noch Reste einer Darstellung der Taufe Jesu im Jordan zu sehen. Christus und der Täufer sind zur Hälfte, einige Engel vollständig erhalten. In einer Vitrine steht hier zudem ein schöner, geschnitzter Epitaph mit einer gemalten Darstellung Mariens auf dem Totenbett. Es entstand im 17. Jh. und wird bei der Prozession am Abend des 14. August alljährlich zusammen mit den Ikonen aus der Kirche um das Gotteshaus getragen.

Lateinische Kapelle 12

Für Besucher unzugänglich ist die Lateinische Kapelle in der Südostecke der Kirche. Sie wurde auf Anordnung des orthodoxen Patriarchen und des osmanischen Sultans 1767/68 der Kirche angefügt, um die jahrhundertealten Streitigkeiten zwischen Katholiken und Orthodoxen zu schlichten. Hier mussten die Katholiken fortan ihre Gebete verrichten, die Nutzung der Kirche selbst war ihnen fortan verboten.

Infos & Termine

Infos

Tel. 22 86 03 14 36, tgl. 10–12, 14–17 Uhr geöffnet, Eintritt frei, Spende willkommen. Fotografieren ist in der Kirche unerwünscht.

Wandmalereien aus dem 12. Jh. schmücken das Kircheninnere der Panagía Episkopí

Termine

Kirchweihfest: 14./15. Aug. Zu Ehren Mariens findet am Tag ihrer Entschlafung das bedeutendste Kirchweihfest der Insel statt. Am Abend des 14. August werden im Rahmen eines Gottesdienstes Ikonen und Epitaph um die Kirche getragen. Am nächsten Morgen findet ein weiterer Gottesdienst statt. Daran anschließend werden alle Anwesenden, von denen viele am Vortag gefastet haben, mit *fáva,* Bohnensuppe und Weintrauben verköstigt. Die Kosten dafür tragen diejenigen, deren Vorfahren die Ländereien der Kirche im 18. Jh. erwarben. Abends findet in vielen, aber nicht in allen Jahren ein großes Volksfest mit Musik und Tanz auf der Platía von Kamári statt.

Verkehr

Auto: An der Hauptstraße von Kamári nach Messariá sind drei Zufahrten zur Kirche gut ausgeschildert. Von der Straße geht man ca. 10 Min.

Méssa Goniá/ Episkopí Goniá ▸ G/H 6

Die Kirche Panagía Episkopí liegt auf dem Gemeindegebiet des Hangdorfes Méssa Goniá, das deswegen auch Episkopí Goniás genannt wird. Es wurde beim Erdbeben 1956 nahezu vollständig zerstört. Die meisten seiner Bewohner siedelten daraufhin nach Kamári um. Ihre Nachkommen kehren jetzt verstärkt zurück, bauen neue Häuser und restaurieren die alten Höhlenwohnungen. Ein kurzer Spaziergang durch den Ort präsentiert eine Mischung aus Verfall und Wiedererwachen. Wer mag, kann am Dorfrand zwei Weinkellereien besuchen, beide sind an der Hauptstraße Kamári–Firá ausgeschildert.

Santorini Brewing Company

An einer der Zufahrtsstraßen zur Kirche Panagía Episkopí gelegen, schräg gegenüber der Canáva ▷ S. 199

Auf Entdeckungstour: Vóthonas – ein Dorf versteckt sich

Der alte Ortsteil von Vóthonas liegt in einem lang gestreckten Erosionstal nahe Kamári. Kein Wegweiser macht auf die Zufahrt aufmerksam. Außer ein paar Alten ist meist kein Mensch im Dorf. Der Weg führt an Höhlenwohnungen vorbei und endet unter der schönsten Höhlenkirche der Insel in einsamer Wildnis.

Reisekarte: ▶ G 6

Anfahrt: Alle Busse von und nach Kamári halten auf ausdrücklichen Wunsch an der Taverne O Kritikós (s. S. 201). Am besten setzen Sie sich ganz nach vorn, um dem Fahrer noch einmal Bescheid zu geben, wenn Sie die Taverne sehen.
Länge des Spaziergangs: ca. 3,5 km.
Ausrüstung: Keinerlei Läden und Lokale am Weg, daher Wasser mitnehmen!

Dörfer mit Höhlenwohnungen in Erosionstälern gibt es auf Santorin mehrfach. Aber keines liegt so versteckt wie das Taldorf Vóthonas. Alle anderen sind nur noch Teil größerer Ortschaften, die längst ihr Tal verlassen haben und bis zu Hauptstraßen reichen. Auch Vóthonas klettert im Zentrum den Talhang empor, ist aber selbst oben nicht von einer Straße aus zu sehen. Und auf die einzige Zufahrt, die an einer Brücke über das Trockenbachtal an der Straße Kamári–Firá ansetzt, macht bis heute kein Hinweisschild aufmerksam. Das hat dem Taldorf Vóthonas eine einzigartige Ursprünglichkeit bewahrt.

In die Felswand gegraben: die Kirche Ágios Prokópios

Von der Brücke an der Taverne O Kritikós führt eine schmale Betonstraße inseleinwärts. Vom Dorf ist von hier aus noch nichts zu sehen. Links stehen Pistazienbäume, rechts gedeiht Eukalyptus. Ein Seitenweg, benannt Odós Agíou Georgíou, führt nach 20 m zu einer **Georgskapelle** (Ágios Geórgios).

Drei Gehminuten weiter steigen einige Stufen zur ersten, leider verschlossenen **Höhlenkirche** hinauf. Sie ist dem hl. Prokópios geweiht. Die Talwand ist hier großflächig weiß gekalkt und lässt die Kapelle viel größer wirken, als sie eigentlich ist. Ihre wahren Maße verrät nur das wenige Blau, das Türen, Fenster und Glockenträger umrandet. Das viele Weiß erfüllt eine wichtige Funktion: Es setzt den heiligen Bezirk des Gotteshauses von der Wildnis ab. Weiß gekalkt sind auch die Tische und Bänke aus Stein, an denen die Gemeinde nach dem Kirchweihgottesdienst zu gemeinsamer Mahlzeit Platz nimmt. Über die an der Kirche angebrachten Lautsprecher wird der Gottesdienst dann nach draußen übertragen.

Schon lange verlassen: Höhlenwohnungen

Die Betonstraße schlängelt sich weiter durch das Erosionstal. Opuntien (Kaktusfeigen) vermitteln zusammen mit dem trockenen Bimssteinstaub ein wüstenhaftes Gefühl. Geerntet werden die Früchte kaum noch, obwohl sie süß und lecker sind. Aber ihre haarfeinen Stacheln bleiben in der Haut stecken, sind nur mühsam daraus zu entfernen. Wer sie ernten will, braucht Handschuhe und pflückt sie am besten gleich nach Sonnenaufgang, wenn die Härchen durch den Tau noch etwas weicher sind.

Dann sind die ersten ehemaligen Höhlenwohnungen und -ställe zu beiden Seiten in der Bimssteinwand zu sehen. Sie stehen leer, sind verfallen. In manchen liegen noch alte Matratzen oder Teppiche, andere werden zu Müllhalden. Die Insel konzentriert sich auf ihren Kraterrandblick. Die alten Siedlungen, die anderswo vielleicht Touristenmagnete wären, hat hier noch niemand als attraktiv erkannt.

Dann liegt nach einer Kurve das Taldorf vor dem Spaziergänger. Die Vegetation wechselt. Bougainvilleen, Geranien und Araukarien zeugen von

menschlichem Verschönerungswillen, sogar einige Palmen ragen aus dem Dorf in den Himmel. Rechterhand fällt ein besonders mächtiger Kamin auf: Er gehört zur einstigen Dorfbäckerei.

Durch das Zentrum von Vóthonas

Im Dorfkern leben noch immer einige, zumeist ältere Menschen. Im Hochsommer sind sogar mehrere, inzwischen wieder herausgeputzte Höhlenwohnungen bewohnt. Die Alten des Dorfes sind manchmal auf den Terrassen ihrer Häuser anzutreffen, einige sitzen auch auf den Bänken an der **Hauptkirche.** Wer Griechisch spricht, kommt leicht mit ihnen ins Gespräch. Dann erzählen sie von alten Zeiten, in dem in fast jedem der Höhlenhäuser Ehepaare mit sieben, acht oder neun Kindern und den Großeltern lebten. Es gab zwar eine Schule im Dorf (der klassizistische Bau weiter oben am Hang), aber in den Klassen waren meist nur wenige Kinder anwesend. Die anderen mussten auf den Feldern und in den Weingärten arbeiten.

Die Dorfkirche ist der Panagía (Allheilige Maria) geweiht und abgesehen von den seltenen Gottesdiensten ständig verschlossen. An der hier ansetzenden Gasse hinauf ins Hangdorf wohnt in einem der ersten Häuser links die Frau, die den Schlüssel zur Höhlenkirche Panagía tis Sergínas verwahrt, dem Ziel unseres Spaziergangs. Am besten fragen Sie einen der älteren Herren an der Dorfkirche nach ihr. Wenn Sie es auf Griechisch versuchen wollen: »Pjoss échi to klidí ja tin iklissía tis Panajías Serjianí?« heißt »Wer hat den Schlüssel zur Kirche der Panagía tis Sergínas?« Die Dame ist freilich nicht verpflichtet, Besuchern den Schlüssel zu überlassen – und auch nicht, stets zu Hause zu sein ...

Weiter inseleinwärts

Von der Kirche aus zieht sich die befahrbare Gasse noch etwa 200 m weiter durchs Dorf. Sie passieren weitere verfallene und wieder instand gesetzte Höhlenhäuser, Ziegen- und Hühnerställe in Höhlen und eine auffällig rechts oben an der Talwand gelegene, lichtblaue Kirche mit dreiteiligem Glockenträger, zu der ein Stufenweg hinaufführt. Dann liegt links eine neuere Kapelle mit zwei Grabstellen.

Kurz darauf endet der Fahrweg. Ein Pfad führt nun an einem Feld vorbei weiter das Erosionstal aufwärts. Ein Stück hinter der Höhlenkirche Panagía tis Sergínas wird er sich gabeln und schließlich in beiden Verzweigungen unpassierbar werden: Eine durchgehende Wanderung bis hinauf nach Pírgos ist unmöglich.

Panagía tis Sergínas: die schönste Höhlenkirche der Insel

Links des Pfades macht ein zweigliedriger Glockenstuhl mit drei Glöckchen über einer weiß-blauen Tür auf die Höhlenkirche aufmerksam. Rechts davon winden sich weiß gekalkte Stufen mit blauem Handlauf die Bimssteinwand empor zu einer weiteren Tür, zu der der große, Ihnen hoffentlich mitgegebene Schlüssel bei einiger Geduld passt. Innen führt eine sehr steile Treppe, von der ein Teil einziehbar ist, in den 14 m in den Bimsstein hineinreichenden Kirchenraum hinauf.

Hier erwartet Sie eine berauschende Vielfalt von Gewölben und Rundungen, Bögen und Nischen, die kein moderner Künstler hätte besser entwerfen können. Ein wenig fühlt man sich an Waldorfschulen oder die Architektur von César Manrique auf Lanzarote erinnert. Dass die Kirche noch geweiht ist, signalisieren die einfache Ikonostase, simple Ikonen an den Wänden, Kerzenständer und Windlichter.

Wann die Kirche in den Bimsstein gegraben wurde, ist unbekannt, den Ort jedenfalls soll sich die hier verwahrte Marienikone selbst ausgesucht haben. Sie schwebte ganz einfach immer wieder dorthin, bis man ihr endlich ihre Kirche schuf.

Roussos, Tel. 22 86 03 02 68, www.santorinibrewingcompany.gr, tgl. ca. 11–17 Uhr
Im Jahr 2011, also zu Beginn der griechischen Finanz- und Gesellschaftskrise, haben sich ein Serbe, ein Engländer, ein US-Amerikaner und ein Grieche dazu entschlossen, diese kleine Brauerei zu eröffnen. Ihr Markenzeichen ist ein Esel. Mit ihren drei Lagered Ales landeten sie umgehend einen Verkaufsschlager. Zur Auswahl stehen Yellow Donkey, Red Donkey und Crazy Donkey.

Weinkellerei Canáva Roússos

An einer der Zufahrtsstraßen zur Kirche Panagía Episkopí gelegen, Tel. 22 86 03 12 78, www.canavarous sos.gr, tgl. 11–19 Uhr
Die älteste noch bestehende Kellerei der Insel wurde 1836 gegründet. Heute werden hier fünf santorinische Weinsorten angebaut (Aidáni, Assírtiko, Athíri, Mandilariá und Mavráthíro) und acht verschiedene Weine produziert. Der alte Teil der Weinkellerei erfüllt heute vor allem museale Funktionen und wird von Besuchern gern fotografiert; die aktuelle Produktion findet überwiegend in einem Neubau mit Edelstahltanks und modernster Technik statt. Tipp für Rosé-Liebhaber: Kosten Sie den Rivári!

Weinkellerei Ktíma Argyrós

Tel. 22 86 03 14 89, www.estate-argy ros.com, Mo–Sa 8–20, So nur nach telefonischer Vereinbarung
Die moderne Weinkellerei wurde 1903 von Geórgios Argyrós gegründet, der auf 2 ha Land Trauben anbaute. Heute führt sein Urenkel Matthéos das Unternehmen weiter, dessen Weingärten inzwischen 35 ha bedecken. Alle gepflanzten Rebsorten sind santorinisch: Aidáni, Assírtiko, Athíri, Mandilária und Mavrotrágano. Elf verschiedene Weine werden produziert. Darunter ist mit dem Atlantis Red auch ein preisgünstiger Rotwein im Angebot (90 % Mandilariá, 10 % Mavrotrágano). Kostbarster Tropfen des Hauses ist ein 20 Jahre alter Vinsanto aus 80 % Assírtiko, 10 % Aidáni und 10 % Athíri.

Éxo Goniá ▸ G 6

Éxo Goniá ist ein vom Tourismus noch völlig unbelecktes Dorf in Steilhanglage unterhalb der Straße, die von der Straße Kamári–Firá nach Pírgos hinaufführt. Links der Straße nach Pírgos steht am oberen Dorfrand weithin sichtbar die **Kirche Ágios Charálambos** mit ihrer markanten, mit roten Ziegeln gedeckten Kuppel und einem Campanile. Ein in den USA zu Geld gekommener Santoriner hat sie nach dem Erdbeben von 1956 seinem Dorf geschenkt. Schön sind die aus hellen und dunklen Lavabröckchen geformten Mosaikfußböden auf dem Kirchhof; die Kirche selbst ist wie nahezu alle Gotteshäuser der Insel außerhalb der Gottesdienstzeiten geschlossen. Vom Kirchhof aus hat man einen guten Blick auf den Flughafen und die offene See. Neben der Kirche, an der man gut parken kann, beginnt die Gasse ins Dorf hinein, das tagsüber recht ausgestorben wirkt. Früher lebten seine Bewohner ziemlich bescheiden vor allem vom Weinanbau.

Art Space

Wegweiser an der Straße Kamári–Firá, 30 m vor der Abzweigung nach Éxo Goniá und Pírgos, Tel. 22 86 03 27 74, www.artspace-santorini.com, tgl. von 11 Uhr bis Sonnenuntergang, Eintritt frei
Das Art Space ist ein ›Kunst Raum‹ im doppelten Sinne. Die um 1860 in eine dicke Bimssteinschicht gegrabenen

Ein Weinkeller wird zur Kunstgalerie: das Art Space nahe Éxo Goniá

Gewölbe dienten bis 1952 als Weinkellerei. Dann gründete ihr Inhaber, Nikólaos A. Argyrós zusammen mit vielen anderen Winzern die Winzereigenossenschaft und deren Kellerei Santo Wines (s. S. 209) und stellte seine private Weinproduktion ein. 1999 veranstaltete sein Sohn, Antónios Argyrós, in den alten Gewölben erstmals eine internationale Kunstausstellung. Seitdem können hier Dutzende von Künstlern aus aller Welt alljährlich zwischen etwa Mitte April und Ende Oktober ihre Malereien, Zeichnungen, Fotografien und Skulpturen präsentieren. Die Preise beginnen bei etwa 200 €, erreichen zum Teil aber auch fünfstellige Summen.

Als Antónios feststellte, dass dieses Konzept erfolgreich war, wandte er sich auch wieder der Weinproduktion zu. Er kauft die Trauben von einem benachbarten Winzer und verarbeitet sie mit moderner Technologie zu hochwertigen Weinen. Auch die alte Rakí-Destillerie seiner Vorfahren hat er wieder zum Leben erweckt und brennt dort den vielleicht besten Tresterschnaps der Insel.

Busgruppen sind Antónios zuwider. Er empfängt Besucher lieber individuell und führt sie fast immer persönlich auf Englisch durch die Ausstellungsräume, die Weinkeller und die Rakí-Destille, zeigt ihnen die ehemalige Zisterne und die alten Ställe sowie museale Objekte aus dem Besitz seiner Vorfahren. Am Ende des Rundgangs steht eine Verkostung seiner flüssigen Produkte auf dem

Programm, die auch günstig gekauft werden können.

Essen & Trinken

Winzerkost – **Ároma Avlís:** In Exo Goniá an der Hauptstraße von Kamári nach Firá, Tel. 22 86 03 33 95, www.artemiskaramogelos-winery.com, tgl. ab 13 Uhr, Vorspeisen 5–9 €, Hauptgerichte 9–15 €. Auf der Terrasse der Weinkellerei Artémis Karamoléngos mit Blick auf den Meeressaum sitzen auch Santoriner gern. Auf der Speisekarte stehen u. a. Wurst und Ziegenkäse von der Insel.

Spitzenküche zu Superpreisen – **Metaxí mas:** von der großen Kirche an der Straße nach Pírgos aus 50 m dem Wegweiser ins Dorfinnere folgen, Tel. 22 86 03 13 23, www.santorini-metaximas.gr, tgl. ab 12.30 Uhr. Weit abseits allen touristischen Treibens ist die Taverne in einem alten Dorfhaus angesiedelt, das schon immer Gasthaus war. Der heutige Besitzer ist Kreter, sein Koch Chrístos Koskinás stammt vom Peloponnes. Zum Auftakt wird dem Gast kretischer Rakí mit etwas Käse und Oliven serviert, nach dem Mahl eine kleine Süßspeise oder ein Gläschen Vinsanto. Auf der Karte stehen raffiniert verfeinerte Klassiker der griechischen und insbesondere der kretischen Küche. Als Vorspeise bieten sich die kleinen kretischen Blätterteigtaschen *kaltsoúnia* an, die wahlweise mit Mangold oder Frischkäse gefüllt sind, oder auch der im Ofen gebackene Spargel mit kretischem Käse und Estragon. Ein Gedicht ist die Lammkeule mit Joghurt, Dill und Basmati-Reis oder auch das kretische Kassler-Schweinesteak *(gammon stake)* mit Orangen-Honig-Sauce und Jacked Potato. Der offene Tischwein ist ausgezeichnet. Für ein üppiges Mahl mit Tischwein zahlen zwei Gäste selten mehr als zusammen 35–40 €.

Vóthonas ▸ G 6

Die Dörfer in den Erosionstälern von Santorin sind nicht minder ungewöhnlich als die am Kraterrand, nur sehr viel unbekannter. Nach Vóthonas, das von allen am versteckttesten liegt, kommt kaum ein Besucher. Es gibt weder Café noch Taverne, dafür viele Höhlenwohnungen und Santorins schönste Höhlenkirche (siehe Entdeckungstour, S. 196).

Essen & Trinken

Die größten Koteletts – **O Kritikós:** an der Hauptstraße von Kamári nach

Firá, wo die Straße in den Canyon von Vóthonas abzweigt, tgl. ab 12 Uhr, Schnecken 7,50 €, Kotelett XL 8,70 €, offener Wein 4 €/l. ›Der Kreter‹ bietet auf Santorin für das wenigste Geld am meisten Fleisch. So verkündet auch ein großes Werbeschild am Haus: »XL-Portionen, XS-Preise«. Die Koteletts sind so groß, dass sie auf Edelstahlplatten serviert werden müssen; mehr als zwei davon passen nicht auf den Tisch. Dazu gibt es gute, hausgemachte Pommes frites und frische Salate. Die meisten Gäste auf der Terrasse sind Einheimische und durchreisende Geschäftsleute. Die gute Qualität entschädigt für einen nicht immer aufmerksamen Service.

Messariá ▸ G 5/6

Das ›Dorf in der Mitte‹ hat heute vor allem die Funktion der wichtigsten Straßenkreuzung der Insel. Für Urlauber aus Kamári und Períssa dient es sogar als Umsteigestation, denn auch die Busse von Firá nach Períssa und Akrotíri fahren nicht über die kürzere Kraterrandstraße, sondern machen den Umweg über Messariá.

Von der Kreuzung aus gesehen wirkt das Dorf je nach eigener Beziehung zu Griechenland entweder hässlich oder herrlich unaufgeräumt. Direkt an der Kreuzung stehen zwei schlichte Supermärkte, bieten meist auch ambulante Händler ihre Waren von ihren Fahrzeugen aus an. Der historische Ortskern von Messariá ist von der Kreuzung etwa 300 m entfernt.

Rundgang

Der Weg zum alten Ortskern führt in westliche Richtung an unbefestigten Parkplätzen, einem Spielplatz und einem Sportplatz vorbei. Oberhalb des Sportplatzes steht als erstes altes Gebäude die **Dorfschule** **1**.

Archontikó Argyroú 2

Schräg gegenüber der Dorfschule, Tel. 22 86 03 16 69, www.argyrosmansion.com, Mai–Okt. Mi–So 11–19 Uhr, Eintritt 6 €

Das klassizistische Archontikó Argyroú ist die wohl am schönsten restaurierte historische Villa des Dorfes. Archontikó bedeutet soviel wie ›Herrenhaus‹. Der santorinische Winzer und Weinhändler Geórgios E. Argyrós ließ es 1888 erbauen. Das schon 1860 als einfacher Flachbau errichtete Untergeschoss diente fortan als Stall, Lager und Gesindeunterkunft, in der aufgemauerten Belle Etage wohnte der Inhaber mit seiner Familie.

Beim Erdbeben 1956 wurde die Villa schwer beschädigt. Die Erben restaurierten sie um 1990. Seit ein paar Jahren dient sie als Museum, eingerichtet mit den vom ehemaligen Besitzer erworbenen Möbeln aus Frankreich, Deutschland, Österreich und Russland.

Ágios Dimítrios 3

Etwas oberhalb der Villa steht zwischen den beiden Erosionstälern, die die Hauptadern des historischen Ortskerns bilden, leicht erhöht die Kirche des hl. Demetrius. Sie ist eines der wenigen Gotteshäuser der Insel, das weitgehend unverputzt blieb und daher ein altertümliches Mauerwerk aus schwarzer, grauer und roter Lava zeigt.

Historischer Ortskern

Wer mehr vom Ortskern sehen möchte, spaziert die jeweilige Hauptgasse in den beiden Erosionstälern entlang. Dabei wird deutlich, dass viele Santoriner im 19. Jh. recht wohlha-

Messariá

Sehenswert
1 Dorfschule
2 Archontikó Argyroú/ Weingut Ktíma Avantís
3 Ágios Dimítrios

bend waren. Hinter hohen Mauern mit schönen Portalen erheben sich mehrere stattliche Herrenhäuser zumeist aus der Zeit zwischen 1880 und 1890, im Ort selbst und am Ortsrand gab es damals jeweils eine **Tomatenmarkfabrik.**

Aber auch zahlreiche Höhlenwohnungen waren in die Talränder gegraben. Wer es sich leisten konnte, stiftete eine Kirche oder Kapelle. Gleich sechs davon entstanden allein im historischen Ortskern. Heute ist er weitgehend unbewohnt, kein einziges Lokal und kein Laden ist in den Gassen zu finden.

Weinkellerei Ktíma Avantís

Im Erdgeschoss des Archontikó Argyroú, Tel. 69 46 12 48 90, www.avantisestate.gr, Juni-Okt. Mi–So 11–19 Uhr, Weinprobe (5 Weine) 5 €

Im Weinkeller des historischen Herrenhauses hat sich das von Évia (Euböa), Griechenlands zweitgrößter Insel, stammende Weingut Avantís eingemietet. Zum Zweiggut auf Santorin inspirieren ließ sich Inhaber Apostólos Moudríchas von der santorinischen Weinsorte Assírtiko. Verkostet werden hier Weine aus Santorin und vom Stammhaus. Dazu gibt es kleine Häppchen, z. B. *dolmadákia,* mit Reis gefüllte Weinblätter.

Zum Angebot des Weinguts gehören auch ›Wine Spa‹-Produkte, kreiert von Lénga, der Gattin des Winzers. Der genutzte Grundstoff sind selbstverständlich die Reben aus eigenem Anbau.

Infos & Termine

Termine

Kirchweihfest des hl. Demétrios: 25./26. Okt. Gottesdienst und Prozession am 25. Okt. abends, Gottesdienst und anschließende Speisung der Gemeinde am Morgen des 26. Okt.

Verkehr

Bus: Die Busse von Firá nach Períssa, Kamári und Akrotíri fahren über Messariá.

Auf Entdeckungstour: Ein Erlebnis auch für Kinder – das Weinmuseum Lava

Der Rundgang durch die stimmungsvoll ausgeleuchteten und liebevoll eingerichteten Museumsräume der Kellerei Koutsogiannópoulos bei Vóthonas wird auch für Kinder zu einem Erlebnis: Lebensgroße Puppen veranschaulichen die Arbeit in den Weingärten und Kellereien Santorins in früheren Zeiten.

Reisekarte: ▶ G 5

Eintritt: 8 € inkl. Audioführung, auch auf Deutsch, mit Weinverkostung.
Öffnungszeiten: April, Mai, Nov. 10–17, Juni bis Okt. 10–19, Dez. bis März 9.30–14 Uhr.
Weinverkostung: Am Ende der Tour Verkostung von vier Weinen der Kellerei (im Eintrittspreis inbegriffen) und Einkaufsmöglichkeit.
Infos: Tel. 22 86 03 13 22, www.volcanwines.gr.

Das Museum hat seit 1990 seine Pforten geöffnet und ist Teil der alten Kellerei Koutsogiannópoulos. In 24 Stationen illustriert es die Geschichte des Weinanbaus auf der Insel zwischen etwa 1660 und 1970. Historische und nachgebaute Objekte des Arbeitsalltags sind in nachgestellte ›Szenen‹ mit lebensgroßen Puppen integriert.

Der Rundgang führt einen 300 m langen Gang entlang, der bis 8 m unter die Erde führt. Zunächst wird kurz die Herkunft der Inhaberfamilie erläutert. Die Familie stammt aus Lakónien auf dem Peloponnes, handelte dort noch mit Olivenöl. Erst auf Santorin spezialisierte sie sich auf Wein.

Vom Rebgarten in die Kellerei

Die zweite Szene zeigt, wie die Weinbauern auf Santorin ihre Weinstöcke in ihrer traditionell runden Form flechten; auf diese Weise nehmen sie nicht nur mehr Hitze auf, sondern speichern auch mehr Feuchtigkeit. Als Nächstes ist der Vorgang des Pflügens zu sehen. Auf Santorin wurde, damit die Erde mehr Sauerstoff bekommt, drei Mal im Jahr gepflügt. Szene 4 zeigt die Weinlese, die auf Santorin bereits Mitte August stattfindet.

Dieser Szene gegenüber werden auf einem Regal die verschiedenen Traubensorten, die auf Santorin gedeihen, in Einweckgläsern gezeigt, darunter die Varietäten Athíri, Assírtiko, Aidáni oder Mavrotrágano. Anschließend werden traditionelle Trachten Santorins auf Abbildungen vorgestellt. Szene 5 beschäftigt sich mit der Weinlese. Hier erfährt der Besucher, welche soziale Bedeutung – abgesehen von der wirtschaftlichen – die Ernte früher hatte. Für junge Frauen war sie eine der wenigen Gelegenheiten, Kontakt zum anderen Geschlecht aufzunehmen.

Szene 6 zeigt das Wiegen der Trauben, Szene 8 eine dampfgetriebene Traubenpresse von 1832 und eine noch ältere Presse aus dem Jahr 1660.

Weinhandel und mehr

Szene 13 informiert den Besucher darüber, dass die Santoriner bis ins 19 Jh. ihren Wein nach Odessa am Schwarzen Meer exportierten und von dort Holz mit in die Ägäis brachten. Zu sehen ist die Abfüllung des Weins in die umgestülpten Bälger weiblicher Ziegen, die weit weniger Eigengewicht hatten als Holzfässer und zudem stabiler an Bord zu lagern waren.

Weitere Stationen zeigen, welche Berufe mit der Weinwirtschaft verbunden waren, so Böttcher und Korbflechter. Am Ende steht der Schreibtischstuhl von Grigórios Koutsogiannópolos aus dem Jahr 1870. Er hatte absichtlich

keine Rückenlehne, damit sich der Kellereibesitzer bei der Arbeit nicht ausruhen konnte.

Ein kleiner Exkurs zur Fava

Ein separates Exponat des Museums zeigt, wie die Hülsenfrucht *fava*, aus der ein köstliches Püree hergestellt wird (s. S. 81), in früheren Zeiten verarbeitet wurde: Eine Frau sitzt vor zwei großen aufeinanderliegenden Steinen, in der Mitte des oberen Steins ist ein Holzhebel befestigt. Zwischen die zwei Steine werden die Platterbse gelegt. Indem die Frau den oberen Stein mit dem Hebel dreht, wird die *fáva* aus ihrer Schale befreit.

Pírgos ▸ G 6

Das Binnendorf Pírgos, das nicht weit vom Kraterrand entfernt beginnt und sich über einen 350 m hohen Bergrücken bis ans Massiv des Profítis Ilías erstreckt, ist Santorins höchstgelegener Ort. In der osmanischen Zeit zwischen 1537 und 1821 war es die Inselhauptstadt. An der Hauptstraße liegt die kleine Platía mit Busendhaltestelle, Bargeldautomaten, Briefkasten, Supermarkt, Metzgerei, Kafenío, Taverne und Café. Von hier aus zieht sich der alte Dorfkern einen fast kegelförmigen Hügel hinan bis zum mittelalterlichen Wehrdorf, dem Kástro-Viertel. Zwei Gassen führen hinauf, ein großer Stadtplan vermittelt die Orientierung. Am besten steigen Sie über die rechte Gasse bergan und kommen über die linke wieder zur Platía hinunter.

Entlang der engen, stufenreichen Gassen sind noch viele alte Häuser mehr oder weniger intakt, sodass das Dorf noch recht ursprünglich wirkt. Seine vielen Kirchen sind jedoch leider alle wie üblich verschlossen, die meisten seiner Bewohner in neuere Häuser weiter unten im Dorf gezogen.

Inneres Kástro-Viertel 1

Verschlossen ist auch die **Kirche Ágios Nikólaos** direkt am Eingang zum inneren Kástro-Viertel. Sie wurde 1660 geweiht und 1980 restauriert, ihr Glockenträger 1996 wieder aufgerichtet. Eine überwölbte Passage führt hier in die ehemalige Burg hinein und zu einem Platz mit mehreren Kirchen, Sitzbänken, einem üppigen Oleanderbaum und mehreren über den Platz verstreuten Spolien antiker und frühchristlicher Bauwerke. Die 1660/61 erbaute **Marienkirche** erkennt man an ihrem zweigeschossigen Glockenträger mit fünf Glocken, die 1639 geweihte **Kirche Agía Theodosía** an ihrem dreiteiligen Glockenträger mit sechs Glocken. Eine dritte Kirche, der heiligen Dreifaltigkeit (Agía Triáda) geweiht, dient heute als Ikonenmuseum (s. u.).

Vom höchsten Punkt des Kástro-Viertels führt ein schmales Tor nach wenigen Schritten zur **Kirche Theotokáki** aus dem 10. Jh. Zutritt wird nicht gewährt, sodass man auch die in ihr noch erhaltenen Fresken aus dem 14. Jh. nicht betrachten kann (geöffnet nur zu den Festgottesdiensten am Abend des 14. und 22. Aug. sowie am Morgen des 15. und 23. Aug.). Dafür zeigt ein Blick zurück auf die äußere Häuserreihe des Viertels einen Grundzug kykladischer Kastri: Diese äußeren Häuser bildeten zugleich die Wehrmauer des Dorfes.

Ikonenmuseum 2

In der ehemaligen Kirche Agía Triáda, Di–So 10.30–15 Uhr, Eintritt frei

Die Dreifaltigkeitskirche von Pírgos war einmal die Kirche eines kleinen Nonnenklosters. Das Erdbeben von 1956 hatte sie schwer in Mitleidenschaft gezogen. Ein örtlicher Verein baute sie in den 1970er-Jahren wieder auf und richtete darin 1997 ein kleines Museum ein. Es zeigt antike Spolien und liturgisches Gerät, vor allem aber eine sehr schöne Sammlung überwiegend nachbyzantinischer Ikonen. Drei von ihnen seien hier exemplarisch etwas näher beschrieben.

Mariä Entschlafung: Die Ikone mit der Darstellung des Marientodes ist das Werk eines kretischen Malers namens Viktor aus der zweiten Hälfte des 17. Jh. Sie ist nicht im strengen byzantinischen, sondern im von der italienischen Renaissance beeinflussten kretischen Stil gemalt. Eine intensive Farbigkeit, Figurenreichtum, dramaturgische Gestaltung der Szene und

Pírgos

Sehenswert
1 Inneres Kástro-Viertel
2 Ikonenmuseum
3 Hatzidákis
4 Santo Wines

Übernachten
1 Zánnos Mélathron

Essen & Trinken
1 Selene
2 Franco's Cafe
3 Penelópi
4 Cadúni
5 Castelli Art 1663

Einkaufen
1 Foívos Déndris
2 Work Shop Theotokáki

ausdrucksstarke Gesichter sind einige seiner typischen Merkmale. Am Sterbebett sind nicht nur die zwölf Apostel versammelt, sondern zusätzlich vier an ihren mit Kreuzen besetzten Stolen erkennbare Kirchenväter und weitere Männer und Frauen. Gleich vier Engel knien in der Mandorla Christi, der Marias Seele in Gestalt eines in Tücher gehüllten Kindes in Händen hält, um sie gen Himmel zu tragen. Eine kleine Nebenszene belebt das Geschehen zusätzlich: Vor dem Sterbebett hat ein prächtig gewandeter Engel gerade dem Juden Jephonias die Hände abgeschlagen, weil er Maria berühren wollte. Aus Armstümpfen und Händen schießt Blut.

Heiliger Georg: Die Vitenikone des hl. Georg stammt wahrscheinlich aus dem 16. Jh. Der Soldatenheilige sitzt hier ungewöhnlicherweise rückwärts auf einem Schimmel und wendet sich frontal dem Betrachter zu. Den Drachen hat er bereits erlegt. Die libysche Prinzessin, die dem Drachen geopfert werden sollte, steht winzig vor dem erhobenen rechten Vorderhuf. Hinter dem Heiligen sitzt ein Knabe ganz klein auf dem Pferd. Es ist der Teeausschenker, ein Junge, den Piraten entführt hatten. Seine Mutter bat den Heiligen, ihn ihr zurückzubringen. Georg entdeckte den Knaben an Bord eines Schiffes, wo dieser den Sarazenen diente. Er befreite den Jungen und brachte ihn nach Hause zurück. In ursprünglich wohl 13 kleinen Feldern rings um die Georgsdarstellung, von denen noch acht gut erhalten sind, waren neben einem Christusbild andere Szenen aus dem Leben des Heiligen zu sehen. Links oben zum Beispiel wird er gerädert, rechts oben steigt er dennoch unversehrt vom Rad und wird von einem Engel in Empfang genommen. In der Szene darunter sitzt der Heilige in einem Kessel mit siedendem Blei.

Heilige Dreifaltigkeit: Eine weitere kretische Ikone aus dem späten 17. Jh. bietet eine seltene Darstellung der heiligen Dreifaltigkeit. In der Bildmit-

Recht gemächlich geht es im Binnendorf Pírgos zu

te sitzen in segnendem Gestus rechts Gottvater und links Gottsohn. In der Mitte repräsentiert eine weiße Taube im goldenen Heiligenschein den Heiligen Geist, unter ihr liegt ein Evangelium aufgeschlagen auf einem Altar. Umgeben ist die Szene von Engeln auf einem stilisierten Wolkenkranz, die gerade Gottesdienst feiern. Gemäß der Offenbarung des Johannes gibt es sieben verschiedene Engelskategorien; sie scheinen hier alle dargestellt. So sind Engel darunter, die nur aus einem puttenförmigen Kopf und Flügeln bestehen, sowie andere, die nicht nur Schwingen auf dem Rücken, sondern auch an den Beinen tragen. Diese verschiedenen Engelsgestalten bezeichnet man u. a. als Seraphime, Cherubime und Throne.

Weinkellerei Hatzidákis 3

800 m oberhalb der Platía links der Straße zum Profítis Ilías, Tel. 22 86 03 25 52, www.hatzidakiswines.gr, Besuch nur nach Voranmeldung

Harídimos und Konstantína Hatzidákis haben 1997 die von Konstantinas Vorfahren ererbte kleine Weinkellerei, die seit 1956 brach lag, wieder zu neuem Leben erweckt und betreiben ökologischen Weinanbau. Harídimos war bis 1996 Chef-Önologe in der Boutáris-Kellerei auf Santorin. Als Bodendünger setzen sie überwiegend Guano ein, die pflanzlichen Rückstände aus der Traubenpressung werden von ihnen kompostiert und wieder in die Weingärten eingebracht. Die Angebotspalette der Kellerei besteht aus drei Weißweinen, einem Rotwein und einem Vinsanto.

Weinkellerei Santo Wines 4

Tel. 22 86 02 25 96, www.santowines.gr, tgl. 10 Uhr bis Sonnenuntergang, Weinprobe 1 €/75 ml, 20-minütige Führung 2 €, 12-minütige Audiovisionsschau 2 €

Santo Wines an der Kraterrandstraße, dort wo die Straße von Pírgos auf sie einmündet, ist die Kellerei der Winzer-Kooperative, in der alle Weinbauern der Insel Mitglied sein müssen. Insgesamt zählt die Mitgliederliste etwa 2500 Namen auf. Anders als beispielsweise auf der Insel Sámos sind die Winzer aber nicht verpflichtet, ihre Trauben an die Kooperative zu liefern. Sie können auch ihre eigenen Weine produzieren und unter eigenem Label selbst vermarkten.

So sind es denn auch nur 1200 Mitglieder, die Santo Wines mit Trauben versorgen. Das reicht aber noch für einen etwa 70-prozentigen Anteil der Kooperative an der gesamten Weinproduktion der Insel. Etwa 600 000 bis 700 000 Flaschen verlassen jährlich deren Weinkeller.

Auf Besucher ist die Kellerei bestens eingestellt, ihre Parkplätze bieten auch zahlreichen Bussen Platz. So kommen auch viele Kreuzfahrttouristen auf Inselrundfahrt vorbei. Sonderlich anheimelnd ist die Atmosphäre bei der Weinprobe nicht. Für Santorin-Urlauber ist ein Stopp hier bestensfalls wegen der guten Aussicht und des angeschlossenen Supermarkts interessant, der außer den Weinen der Kellerei auch zahlreiche andere kulinarische Spezialitäten der Insel führt.

Wanderungen zum Kloster Profítis Ilías und nach Emborío

800 m hinter der Platía von Pírgos steht links der Straße Richtung Pro-

Wanderungen ab Pírgos

fítis Ilías eine Holztafel mit der griechischen Aufschrift ›Profítis Ilías 40'‹. Folgt man diesem Hinweis, ist eine Minute weiter die rot-weiße Markierung für den Wanderweg 1 angebracht, der bis zum Gipfel des **Profítis Ilías** und dem dort befindlichen gleichnamigen Kloster führt. Oben angekommen, kann man nach Alt-Thera weiterwandern und dort dann entweder nach Kamári oder Períssa (siehe Entdeckungstour S. 224) absteigen. Erfrischungsmöglichkeiten gibt es am Kloster nicht, Wasser ist mitzunehmen.

Gegenüber der Holztafel, die auf den Wanderweg zum Profítis Ilías aufmerksam macht, steht eine ebensolche Tafel mit der Aufschrift ›Emborío 55'‹ (Karte S. 209). Der Weg führt über Bimssteinsand und Naturpflaster zwischen terrassierten Feldern hindurch am Fuß des Profítis-Ilías-Massivs entlang direkt auf **Emborío** zu. Alle Abzweigungen kann man außer Acht lassen. Der Weg passiert ein enges Erosionstal, durchschneidet Ablagerungen von Schlacken und dunklen Aschen und hinter einem ersten Bauernhof auch tertiäre Phylite. Dann wird der Bimsstein wieder dominierend und erste Höhlenwohnungen liegen am Wegesrand. Man durchwandert einen Hohlweg und erreicht das alte Dorf Emborío (s. S. 232) schließlich unter zwei Bogengängen hindurch.

Übernachten

Wohnen im Herrenhaus – **Zánnos Mélathron** **1**: an der Kirche Agía Theodosía im oberen Ortsbereich, Tel. 22 86 02 82 20, www.zannos.gr, DZ NS 255–420 €, HS 400–650 €. Nicht nur am Kraterrand stehen einzigartige Hotels. Die beiden klassizistischen Herrenhäuser aus dem 19. Jh., die das Zánnos Mélathron bilden, können durchaus mithalten. Gleich neben einer der Dorfkirchen erhebt es sich auf einer Terrasse unterhalb des mittelalterlichen Kástro-Viertels, bietet einen Blick auf beide Küsten und über Firá hinweg bis nach Oía. Restaurierte alte Deckenmalereien zieren die Lobby, unverputzte Lavawände geben den Gewölben des Weinkellers ihren besonderen Reiz. Die 23–25 m² großen Zimmer und die 40–70 m² großen Suiten sind überwiegend mit antiken Möbeln eingerichtet. Das Haus gehört der renommierten Marketinggemeinschaft ›Relais & Chateaux‹ an und bietet eine exzellente Küche in seinem Gourmet-Restaurant. Die Weinkarte gehört zu den längsten und exklusivsten der Insel. Wer sich ihr ausgiebig widmet, kann sich sein Frühstück auch noch um 14 Uhr im Zimmer, am kleinen Pool oder auf der Veranda servieren lassen.

Essen & Trinken

Spitzenklasse – **Selene** **1**: links oberhalb der Straße zum Kloster Profítis Ilías an einem Platz kurz hinter der Haupt-Platía (von dort 1 Min. zu Fuß), Tel. 22 86 02 22 49, www.selene.gr (auch aktuelles Menü mit Preisangaben), Weinbar tgl. 19–23.30 Uhr, Restaurant April–Mitte Okt. tgl. 12–23 Uhr, im Restaurant Vorspeisen 19–28 €, Hauptgerichte 35–43 €, in der Weinbar Vorspeisen ab 6 €, Salate um 9 €, Hauptgerichte um 15 €, Flaschenweine 20–40 €. Das Gourmet-Restaurant wird vom griechischen Gastroführer ›Alpha Guide‹ regelmäßig als beste Adresse für kreative griechische Küche außerhalb Athens ausgezeichnet. Seit 1986 gewann es unmittelbar am Kraterrand von Firá eine treue Klientel. 2010 zog es in ein eher schlichtes Haus am unteren Dorfrand von Pírgos um. Zum Restaurant ist eine Weinbar hinzugekommen, in der Gäste auch in kürzerer Zeit und für weniger Geld exquisit genießen können. So werden allein neun verschiedene Käsespezialitäten von den Kykladen angeboten. Auf der Restaurantkarte stehen kreative Köstlichkeiten wie Wachtel mit aromatischem Püree, Salami von der westgriechischen Insel Lefkáda, Wachteleier oder Kalamari in Algenkruste mit schwarzem Tzazíki.

Umgezogen – **Franco's Café** 2: unterhalb des Kástro, tgl. ab 10 Uhr, frisch gepresster Orangensaft 6 €, Cappuccino 4,50 €, Kuchen 7–7,50 €/Stück. In den 1990er-Jahren war Franco's Bar in Firá die Top-Adresse für den Sundowner. Als Erster auf der Insel hatte der italienische Wirt damals die Idee, dazu nur klassische Musik zu spielen. Der Wirt, der bald auch italienischer Honorarkonsul auf der Insel wurde, hat sein Terrassenlokal in Firá längst in andere Hände gegeben und in Pírgos ein winzig kleines Café übernommen. Von dessen Dachterrasse aus ist der Sonnenuntergang ebenso schön zu erleben wie an der Caldera von Firá. Seiner Musikvorliebe blieb Franco treu. Schon mittags um 12 Uhr wird hier der Kaiserwalzer gespielt, die Sonne versinkt zu den Klängen großer Komponisten in der Weite der Ägäis.

Einfach und herzlich – **Penelópi** 3: von der Platía links der rechten Gasse zum Kástro-Viertel an der Chrístos-Kirche, Tel. 22 86 03 31 92, www.santorini-penelope.blogspot.com, tgl. ab 11 Uhr, Mixed Grill für zwei 18 €. Wirtin Penelópi und ihr Mann Mános wirken wie ein Relikt aus vergangenen Zeiten. Das lebensfrohe Paar und ihr Sohn Andrónikos betreiben eine schlichte Taverne mitten im Dorf, servieren Hausmannskost mit ursprünglicher Gastfreundschaft. Küche und kleiner Gastraum sind in einem alten Weinkeller angesiedelt. Tische und Stühle stehen auch draußen auf einer Terrasse direkt unter dem Kirchturm. Spezialität der Wirtin sind *tomatokeftédes* und als süßer Happen für zwischendurch in Sirup eingelegte Feigen und Trauben. Öl und Oliven liefert die Verwandtschaft aus Kalamáta.

Schattig an der Platía – **Cadúni** 4: Platía, tgl. ab 8 Uhr. Die schattige Terrasse des Dorf-Kafenío unter sieben Kiefern ist der ideale Ort, um bei einem einfachen Getränk das Leben auf dem Dorfplatz zu beobachten oder auf den Bus zu warten.

Kunst, Musik, Süßes – **Castelli Art 1663** 5: vor dem Eingang zum Kastell. Nettes Café mit Terrasse. Täglich santorinische Kuchen (4 €). Dazu traditionelle und klassische griechische Musik und eine kleine Kunstgalerie.

Einkaufen

Dies und das – **Foívos Déndris** 1: an der rechten Gasse von der Platía zum Kástro, Tel. 22 86 03 34 85, meist tgl. ab 10 Uhr. Buntes Angebot, vor allem gute Musik und schöne Postkarten, Bachblüten und Bücher.

Lava-Kunst – **Work Shop Theotokáki** 2: an der rechten Gasse von der Platía zum Kástro, tgl. ab ca. 11 Uhr. Mosaike und Glasbilder aus farbiger Lava, Malereien auf altem, restauriertem Holz, einzelne Objekte schon ab etwa 15–20 €.

Aktiv

Kulinarik und Folklore – **Restaurant Selene** 1: Jeweils Di, Do, Sa bietet das Restaurant eine Führung durchs hauseigene Folklore-Museum, Präsentation traditioneller santorinischer Produkte und ein anschließendes Gourmet-Dinner an (100 €). Mo, Mi, Fr gibt es einen Museumsrundgang und

Terrassenfelder erstrecken sich von Pírgos hinunter bis zum Meer

danach einen Schnupperkochkurs mit Abendessen (75 €). Mittwochs ist auch eine santorinische Wein- und Käseverkostung möglich (75 €).

Infos & Termine

Termine

Karfreitag: Nirgends in Griechenland wird der Karfreitag so gefeiert wie in Pírgos. Auf allen Mauern und Dächern des Hangdorfes werden dann Konservendosen und andere Metallbehälter aufgestellt. Früher kam Diesel hinein, heute Paraffin, durchsetzt mit Holzspänen und -zweigen. Am Abend des Karfreitags setzen dann über 7000 solche Lichter ganz Pírgos ›in Flammen‹; von Jahr zu Jahr werden es immer mehr. Ganz oben im Dorf sind die Behältnisse sogar so angeordnet, dass zwei je 7 m hohe Kreuze vor dem Betrachter fast am Himmel erscheinen. Wer nicht am Karfreitag nach Pírgos kommen kann, findet ein schönes Farbfoto vom Karfreitag im Gastraum des Kafenío Caduni an der Platía oder im Internet bei Google unter ›Good Friday*Santorini *Oia*Pyrgos‹).

Kirchweihfest: 29. Mai. Morgens Kirchweihfest der Agía Theodosía mit anschließender Speisung.

Kirchweihfest: 6. Dez. Morgens Kirchweihfest Ágios Nikólaos mit anschließender Speisung.

Verkehr

Bus: Nach Pírgos fahren die Linienbusse ab Firá Richtung Athiniós, Akrotíri, Vlicháda und Períssa.

Athiniós ▸ F 6

Schon allein der vielen aus der Kraterwand herausgefrästen Serpentinen wegen lohnt sich die Fahrt hinunter zum Hafen von Athiniós. Hier legen alle Santorin-Fähren an, auch manche Kreuzfahrtschiffe machen dicht vor dem Hafen fest und bringen ihre Passagiere mit Tenderbooten zu den Ausflugsbussen. Wer nicht selbst mit dem Schiff auf Santorin angekommen ist, setzt sich am besten eine Weile in eines der Cafés und schaut dem bunten Treiben zu. Webcams zeigen den Gästen, was gerade vor den Schiffen passiert, sodass niemand seinen Dampfer verpassen kann.

Wrack der Sea Diamond

Am 5. April 2007, dem orthodoxen Gründonnerstag jenes Jahres, rammte das 1985 vom Stapel gelaufene Kreuzfahrtschiff Sea Diamond der zyprischen Reederei Louis gegen 17 Uhr ein Lavariff unweit der Kais von Athiniós. Bootsbesitzer, Seeleute und Anwohner von Santorin waren sofort zur Stelle, um die ca. 1500 Passagiere zu bergen. Mit vor Ort war auch das Passagierschiff Nísos Thirasía, das etwa 1000 Passagiere der Sea Diamond an Bord nahm. Die Passagiere wurden im alten Hafen von Firá an Land gebracht.

Ein kleiner Schlepper zog die Sea Diamond schließlich dorthin, wo sie letztendlich gesunken ist. Das Sinken des großen Schiffes dauerte die ganze Nacht über. Um 7 Uhr morgens des Karfreitags war vom Kreuzfahrtschiff schließlich nichts mehr zu sehen. Seit seinem Untergang gelten ein Franzose und dessen Tochter als vermisst. Auch ein Taucher, der das Wrack auf Veranlassung der Staatsanwaltschaft im Oktober 2007 filmen sollte, verlor sein Leben.

Die Stelle, wo das Wrack liegt, ist vom Athiniós-Hafen aus klar erkennbar durch rote Bojen markiert. Über die Unfallursache herrscht weiterhin Unklarheit. Niemand weiß mit Sicherheit, warum die Sea Diamond einen Kurs steuerte, den noch nie zuvor ein größeres Schiff genommen hatte. Handelte es sich um eine bewusste ›Versenkung‹, also um Versicherungsbetrug? Versagte das Echolot oder waren die benutzten griechischen Seekarten falsch, wie die Reederei behauptet? Oder handelte die Brücken-Crew einfach nur grob fahrlässig? Ein Amtsgericht hat im Sommer 2013 neun Besatzungsmitglieder in erster Instanz für schuldig befunden. Es gelangte zu der Auffassung, dass das Schiff mit Absicht versenkt worden ist. Doch bis zur letztinstanzlichen Klärung bleibt das Wrack ungeborgen.

Viele Bürger Santorins und Umweltschützer weltweit sehen es als ständige Bedrohung an. Eine provisorische, oberflächliche Säuberung (Meer und Strände) konnte nach wenigen Tagen beendet werden. Doch in den Tanks der Sea Diamond befinden sich noch 437 t des billigen Schiffstreibstoffs Masut. Eine weitere Gefahr sind chemische Substanzen, die sich im Inneren des Schiffes befinden und die in die Nahrungskette eindringen könnten. Nach Angaben der Reederei handelt es sich dabei u. a. um 336 l Elektrolyte in den Schiffsbatterien.

Seit 2008 verlangt ein ›Koordinationskomitee Aktiver Santoriner Bürger‹, endlich etwas gegen die drohende Umweltkatastrophe zu unternehmen. Im Mai 2009 begann man mit einem Abpumpen der Treibstoffe, die sich in den Tanks befanden. Aber nur 155 m³ konnten entsorgt werden, dann brach man die Aktion ab. Mehr zu tun sei nicht möglich, ließ die Reederei verkünden …

Das Beste auf einen Blick

Períssa und der Süden

Highlights!

Red Beach: In verschiedensten Rottönen schimmernde Vulkanschlacken haben dem Strand aus Lavasand und -kies seinen Namen gegeben. Eine Kurzwanderung oder eine Bootsfahrt von Akrotíri aus führen hin. S. 241

Ausgrabungsstätte Akrotíri: In der ältesten Stadt Europas außerhalb Kretas lebten die Menschen schon vor über 3600 Jahren in mehrgeschossigen Häusern mit Wasseranschluss und Kanalisation. Beim Rundgang hat der Besucher stellenweise das Gefühl, die Bewohner hätten den Ort gerade erst verlassen. S. 242

Auf Entdeckungstour

Wanderung vom Profítis Ilías nach Períssa: Natur pur und ein weiter Blick über Santorin und die Ägäis umfangen den Wanderer auf dem Weg vom höchsten Punkt der Insel hinunter ans Meer. Zwischendurch laden die Ausgrabungen von Alt-Thera und eine Felskapelle in fantastischer Lage zum Verweilen ein. S. 224

Dorfrundgang in Emborío: Im alten Kástro-Viertel von Emborío entfaltet sich typische Kykladenarchitektur in ihren schönsten Formen: enge Gassen, überwölbte Passagen, verwinkelte Treppen und eine Vielzahl von Wohnebenen. S. 232

Kultur & Sehenswertes

Künstler in Megalochóri: Wer auf der Suche nach hochwertiger Keramik ist, findet an einer Straßenkreuzung am Dorfrand gleich sechs entsprechende Ateliers – und einen guten Maler. S. 236

Leuchtturm von Akrotíri: Vom südlichsten Leuchtturm der Kykladen aus präsentieren sich Santorin und die Caldera aus einem noch recht ungewöhnlichen Blickwinkel. Nur wenige Besucher kommen hierher. S. 248

Aktiv unterwegs

Wassersport in Períssa: Ob Adrenalin-Stöße auf dem Fly Fish oder vogelgleiche Gefühle beim Parasailing: Wavesports hält für Wassersportler das nötige Equipment bereit. S. 222

Zu den Windmühlen bei Emborío: Hin und zurück 5 km lang ist die aussichtsreiche Wanderung über den Gavrílos-Hügelkamm. S. 230

Genießen & Atmosphäre

Sea Side by Notos: Das exklusivste Ziel für einen langen Tag und einen nicht ganz billigen Abend erwartet Sie in Perívolos mit einer äußerst kreativen Fusion Cuisine. S. 223

Beach-Bar Théros: Schon die Anfahrt durch einen staubigen Canyon zu Santorins originellster Beach-Bar ist ein Erlebnis. Die Architektur der Bar nahe Vlicháda ist ebenso attraktiv wie die einsame Lage – und massieren lassen können Sie sich hier im Freien fast direkt am Strand. S. 227

Abends & Nachts

Santorini Arts Factory: In einer ehemaligen Tomatenfabrik in Vlicháda finden Konzerte, Tanz und Theater einen regionalen industriegeschichtlichen Rahmen. S. 227

Santorins ländlicher Süden

Der Süden Santorins hat vieles mit den anderen Inselteilen gemeinsam und ist doch ganz anders. Der Tourismus spielt hier außer im Badeort Perissa keine so wichtige Rolle, keines der Dörfer steht unmittelbar am Kraterrand. Das Gefälle zwischen Kraterrand und offener Ägäisküste ist geringer als weiter im Norden, lässt mehr Platz für Landwirtschaft und insbesondere Getreideanbau. Aber auch hier gibt es bizarre Erosionstäler, die wegen ihrer relativen Unberührtheit besonders reizvoll sind.

Infobox

Reisekarte: ▶ C–H 7–9

Busverbindungen

Firá–Períssa tgl. ca. 7–23 Uhr halbstündlich, Fahrzeit ca. 30–45 Min., Fahrpreis 2,30 €. Die meisten Busse fahren über Perívolos, die Route führt über Messariá. Fahrplanauskünfte: Tel. 22 86 02 54 04. Busverbindungen nach Akrotíri s. S. 247.

Bootsverbindungen

Zwischen **Períssa** und **Kamári** in der Hochsaison halbstündlich, sonst stündlich (5 €). In der Hauptsaison auch Fahrten zum **Red Beach** (7 €). Die Boote legen an keinem der Orte an, die Passagiere müssen durchs kniehohe Wasser waten. Bei leicht bewegter See kann es auch bis zur Hüfte schwappen. Der Untergrund in Kamári und am Red Beach ist steinig, Badeschuhe sind hier empfehlenswert!
Bootstouren zum White Beach und Red Beach starten den ganzen Tag über von **Akrotíri** aus.

Gute Badestrände reichen von Períssa bis nach Vlicháda hinunter, der von Perívolos gilt vielen Besuchern als bester der Insel. Perívolos ist zudem der trendige Hotspot für junges Beach Life auf hohem Preisniveau.

Mit dem Red und dem White Beach liegen zwei landschaftlich besonders attraktive Strände im äußersten Süden, wo ein Leuchtturm hoch über Caldera und Kretischem Meer Schiffen den Weg von und nach Kreta weist. Mit den Ausgrabungen von Akrotíri besitzt der Inselsüden die bedeutendste historische Stätte der Insel, mit einer Ansammlung von Keramikateliers nahe Megalochóri lädt er auch zum Galerienbummel ein. Zudem verkaufen hier Bauern noch ihre eigenen landwirtschaftlichen Produkte am Straßenrand.

Períssa ▶ H 8

Períssa ist nach Kamári der zweite große Badeort der Insel, besitzt aber einen ganz anderen Charakter und zählt nur halb so viele Einwohner. Während in Kamári überwiegend ausländische Pauschalurlauber ihre Ferien verbringen, kommen nach Períssa vor allem junge Griechen und internationale Rucksacktouristen. Períssa ist als Ort viel weniger kompakt als Kamári, zwischen den Häusern und Hotels liegen noch Felder und Brachland. Die Felskulisse des Méssa Vounó ist hier ebenso imposant wie von Kamári aus.

Der kilometerlange Strand von Períssa, der nahtlos in den von Perívolos übergeht, ist sehr viel feiner und heller als in Kamári. Anders als dort verläuft entlang des Strandes allerdings keine Fußgängern vorbehaltene

Uferpromenade, sondern eine schmale, in der Hauptsaison 17–5 Uhr für Autos gesperrte Straße. Sie ist in lockerem Abstand mit Tavernen und Beach-Bars gespickt. Die meisten servieren Snacks und Getränke bis hin zu Champagner auch am Strand, bilden den Auftakt für die exklusive Beach-Lounge-Meile von Perívolos. Ein wirkliches Ortszentrum gibt es nicht, ein paar ältere Häuschen stehen in einem winzigen Bereich zwischen der Dorfkirche und der Ruine der frühchristlichen Basilika Agía Iríni.

Basilika Agía Iríni 1

50 m landeinwärts vom nördlichen Strandende am Buswendeplatz/Parkplatz, nicht öffentlich zugänglich

Dass Períssa schon in der Antike besiedelt war, beweisen die stark einsturzgefährdeten und daher normalerweise nicht zugänglichen Überreste einer frühchristlichen Basilika aus dem 5./6. Jh. Wenn das Tor zufällig offen steht, kann man ins umzäunte Gelände hineingehen, sollte es aber vermeiden, die Ruinen selbst zu betreten. Auch von außen schön ist der Blick in das Gewölbe aus unverputzten Lavabrocken, dessen Bögen auf antiken Säulen ruhen. Auch im Freigelände sind Säulenreste und -basen zu erkennen.

Panagía tis Katefiánis 2

Stets verschlossen

Außerhalb von Períssa liegt in der Felswand des Méssa Vounó die kleine weiße Kapelle Panagía tis Katefiánis. Erreichbar ist sie zu Fuß in etwa 20 Minuten über einen Wanderpfad Richtung Alt-Thera (siehe auch Entdeckungstour, S. 224).

Übernachten

Klassizistisches Flair – **Veggera** 1: an der Uferstraße, Tel. 22 86 08 20 60, www.veggerahotel-santorini.com, DZ NS 70–150 €, HS 140–340 €, 15 % Frühbucherrabatt. 54 Zimmer in zwei klassizistischen Gebäuden und modernen Ergänzungen im santorinischen Stil, zwei Pools und Plantschbecken, angemessenes Preis-Leistungsverhältnis.

Traveller's Treff – **Stélios Place** 2: nahe der Uferstraße südl. vom Campingplatz, Tel. 22 86 08 18 60, www.steliosplace.com, DZ NS 25–30 €, HS 55–75 €. Die kleine, von internationalen Travellern geschätzte Anlage ist nur von Mitte Dez. bis Mitte Jan. geschl. Sie bietet auch günstige Vierbettzimmer für Kostenbewusste (NS 40–55, HS 90–120 €). Zum Hotel gehört ein mittelgroßer Pool.

Nahe am Fels – **Mariánna** 3: zwischen Ortszentrum und Méssa-Vounó-Fels, Tel. 22 86 08 12 86, www.marianna-hotel.com, DZ NS ab 35 €, HS 80–100 €. 28 schlicht und sparsam möblierte Zimmer mit Steinfußboden, mittelgroßer Pool, relativ ruhig, ca. 300 m vom Strand.

The Best – **Vassílis Rooms** 4: links der Straße von der Platía nach Emborío, Tel. 22 86 08 17 39, www.thebest-santorini.gr, DZ NS ab 40 €, HS bis 140 €, je nach Auslastung sehr variabel. Wirt Vassílis Lignós ernennt seine Pension selbstbewusst in der Werbung und auch in Großbuchstaben am Haus zu »the best«. In Relation zum niedrigen Preis ist sie wirklich sehr in Ordnung, die Inhaberfamilie erweist sich als freundlich, Pool und Planschbecken sind für diese Preiskategorie ungewöhnlich. Auch preisbewusste Familien können sich hier wohlfühlen, bieten die Studios doch Platz für bis zu 6 Pers.

Für schmalste Geldbeutel – **Youth Hostel Anna** 5: an der Straße Richtung Emborío, Tel. 22 86 0821 82, www.hostelworld.com, Bett im Schlafsaal je nach Saison ca. 6 €, DZ ohne Bad ca. 20–30 €. Ideal für alle, die wenig aus-

0
150
300 m
Alt-Thera
PERÍSSA
OTE
Taxi
Stavróskirche
Bank
Emborío
Períssa Beach
Órmos
Períssa
PERÍVOLOS
Perívolos, Ágios Geórgios
Kókkini Paralía (Red Beach)

Períssa und Perívolos

Sehenswert
1 Basilika Agía Iríni
2 Panagía tis Katefiánis

Übernachten
1 Veggera
2 Stélios Place
3 Mariánna
4 Vassílis Rooms
5 Youth Hostel Anna
6 Camping Períssa
7 9 Muses
8 Santo Miramare Resort

Essen & Trinken
1 Cyclades
2 God's Garden
3 Atlantis Island
4 Períssa und Porto Castello
5 Yazz
6 Ntomatíni
7 Sea Side by Notos
8 Ta Díchtia/The Nets
9 Ámmos
10 Forty One Beach Bar

Einkaufen
1 Tonys Art Gallery

Aktiv
1 Santorini Dive Center
2 Water Park Períssa
3 Wave Sports (Períssa)
4 Wave Sports (Perívolos)

Abends & Nachts
1 Wet Stories
2 Chilli

geben und kaum schlafen wollen. Der größte Schlafsaal ist mit 20 Betten bestückt, aber auch Doppelzimmer sind vorhanden. Die zum Haus gehörige Bar ist Jugendtreff mit lauter Musik bis in den frühen Morgen hinein.
Unterm Zeltdach – **Camping Períssa** 6: an der Uferstraße nahe dem Zentrum, Tel. 22 86 08 13 43, NS 5 €/Pers., HS 7 €/Pers., Kinder die Hälfte, eigenes Zelt in NS frei, HS 3 €, Stromanschluss 2 €. Der Platz liegt in Strandnähe und bietet dank Tamarisken und Rohrdächern viel Schatten, ist aber nachts lauter Musik aus der Umgebung ausgesetzt.

Essen & Trinken

Unter Bougainvilleen – **Cyclades** 1: an der Hauptstraße Richtung Emborío, Tel. 22 86 08 29 52, www.cyclades-santorini.com, tgl. ab 11 Uhr, Touristenmenü für zwei (Lamm, Gemüse, Kartoffeln) inkl. 0,5 l offenem Wein ca. 23 €. Die einfache Taverne unter blühenden Bougainvilleen, aber in ansonsten eher unschöner Umgebung macht den Standortnachteil durch gute Preise bei durchschnittlicher Qualität wett.
Kühl und schattig – **God's Garden** 2: 10 m links der Hauptstraße Richtung Emborío an der Straße zum Water Park, tgl. ab 11 Uhr, Tel. 22 86 08 30 27, Pizza 6–10 €, Hauptgerichte 5–12 €, offener Wein ca. 7,50 €/l. Auf der holzgedeckten Terrasse des ›Gottesgartens‹, die kleine Benjamini-Bäumchen säumen, sitzen die Gäste abseits des Straßenverkehrs. Der offene Wein ist so ausgezeichnet wie die Küche. Besonders lecker ist das in Folie gebackene *kleftikó* mit Kartoffeln und Reis. Wer's mag, findet auch Schnecken nach griechischer Bauernart auf der Karte *(salingária boubourestí)*.
Liegestühle kostenlos – **Atlantis Island** 3: an der Uferstraße, Pizza ca. 6–8 €, Hauptgerichte ca. 6,90–8,90 €. Wer in diesem modernen Restaurant sein Mittagessen zu sich nimmt, kann anschließend die Liegestühle und Sonnenschirme des Lokals direkt am Strand nutzen. Die Speisekarte bietet neben den Standards als Besonderheit auch ein Fisch-Souvláki (8,10 €) und gebratenen Haloúmi-Käse (4,80 €) an.
Auch libanesisch – **Períssa & Porto Castello** 4: am nördl. Ende der Uferstraße, Tel. 22 86 08 28 29, www.portocastellosantorini.com, Hauptgerichte 10,50–11,50 €. Aus zwei Tavernen wurde eine, beide Teile haben ihren alten Namen beibehalten. Die Speisekarte gilt in beiden gleich. Geboten

Lieblingsort

Perívolos: Beach Style griechischer Art ► H 8
Beach-Volley statt Burgenbau, Languste statt Milchreis, Smoothies statt Cola, Lümmel-Lounge statt Strandkorb. So wünscht sich Griechenlands junge Generation den idealen Strandurlaub – und findet ihn in Perívolos mit seinen außergewöhnlichen Beach-Bars. Der Perívolos Beach ist auch unser Lieblingsstrand, denn hier käme niemand auf die Idee, seinen Claim schon vor dem Frühstück mit dem Handtuch abzustecken …

wird normale Tavernenkost, angereichert durch libanesische Spezialitäten. Besonders schön sitzt man auf der einzigen Dachterrasse an der Uferstraße von Períssa. Auch Wasserpfeife kann hier geraucht werden (10,90 €).

Stilvoll und edel – **Veggera:** im gleichnamigen Hotel **1**, Tel. 22 86 08 20 60, tgl. ab 9 Uhr, Hauptgerichte 6–8 €, Portion Fisch 12–14 €, offener Wein ca. 10 €/l, Flaschenweine ca. 20–30 €. Das Restaurant im klassizistischen Bau an der Uferstraße verströmt ein wenig das Flair des 19. Jh. und bemüht sich trotz gehobenen Ambientes um günstige Preise. So wird Brot (zwei Sorten) nur auf Wunsch serviert und erst dann in Rechnung gestellt.

Im ältesten Haus – **Yazz** **5**: an der Uferstraße, Tel. 22 86 08 12 35, Videos bei youtube und myspace, tgl. ab 11 Uhr, Hauptgerichte 5–9,90 €, Fischsuppe 9 €, Santorinisches Bier (0,33 l) 5 €. Das Essen ist im Yazz nicht die Hauptsache. Es ist mehr Bar als Restaurant, obwohl man hier durchaus gut essen kann. Aber auch After-Beach-Partys werden gern und lange gefeiert.

Kreativ – **Ntomatíni** **6**: an der Uferstraße, Tel. 22 86 08 30 15, www.ntomatini.com, Hauptgerichte ca. 9–16 €. ›Meze Food Experience‹ lautet das Motto des jungen Inhaberpaares. Sie setzen auf kretische Spezialitäten wie das geräucherte Schweinefleisch *apákia, dákos* und kretische Landwurst, servieren die santorinische Variante der Spaghetti Olio e Aglio, *skordomakaronáda* und auf Vorbestellung eine geniale Fischsuppe mit viel Gemüse. Der Service ist manchmal etwas langsam, das Essen immer gut.

Einkaufen

Holz und Asche – **Tonys Art Gallery** **1**: an der Hauptstraße Richtung Emborío, Tel. 69 45 21 77 73,www.tonys.gr, tgl. 21–23 Uhr. Antónios Prékas ist im Hauptberuf Zimmermann und Hotelier. Im Millenniumsjahr 2000 entdeckte er seine Liebe zur Kunst. Seine Spezialität sind Collagen auf altem Holz, die mit Lava, Bimsstein, Aschen und den typischen Farben der Inselarchitektur fantastische santorinische Dörfer und Gebäudeensemble entstehen lassen.

Aktiv

Tauchen – **Santorini Dive Center** **1**: Büro an der Uferstraße, Tel. 22 86 08 30 90, www.divecenter.gr. Tauchgänge oder Discover-Scuba-Tauchgang 60 €, Tauchkurs 400 €. Unternehmenssitz ist Períssa, das 9-m-Boot der Tauchschule aber startet vom Caldera Beach aus. Minibusse bringen die Taucher von den Hotels in und um Períssa dorthin. Täglich werden zwei Tauchfahrten in der Caldera angeboten.

Lange Rutschen – **Water Park Períssa** **2**: 160 m abseits der Uferstraße nach Perívolos, gut ausgeschildert, tgl. 10–19 Uhr, Tel. 22 86 08 33 11, Eintritt 9 €. Hier darf man kein riesiges Spaßbad erwarten, sondern nur ein kleines Freibad mit drei Pools und drei Wasserrutschen. Kinderlose werden sich hier fehl am Platz fühlen. Eine baldige Schließung erscheint möglich.

Wassersportstation – **Wave Sports** **3**: am Strand schräg gegenüber vom Hotel Veggera, Tel. 22 86 08 15 12, www.wavesports.gr. Tempo und Thrill stehen hier im Mittelpunkt. Jet Ski und Wave Runner nehmen bis zu drei Pers. auf (50 €/Std.), am Fallschirm können bis zu zwei gleichzeitig in 100 m Höhe übers Wasser gleiten (55–75 €/10 Min.). Von schnellen Motorbooten werden die verrücktesten aufblasbaren Gebilde wie Fly Fish (je nach Personenzahl 30–90 €/10 Min.), Crazy Squab und Tubes-Ringos gezogen. Die fünfzigminütige Wasserskirunde kostet 45 €, das Windsurfen 20 €/Std. oder 85 €/Tag. Wer sich aus eigener Kraft fortbewegen will, mietet Tretboot (20 €/Std.) oder Kanu (8–12 €/Std.). Ganz Entspannte mieten eine Luftmatratze (3 €/Std., 12€/Tag). Auf Wunsch wird jede Aktivität auf Fotos oder in Videos festgehalten – gegen Extragebühren natürlich.

Abends & Nachts

Strandurlaub pur – **Wet Stories 1**: An der Uferstraße, Tel. 22 86 08 29 90, www.santoriniwetstories.wordpress.com. Die Beach Bar hat alles, was sich die griechische Jugend von einem Strandurlaub erhofft: laute Musik, gutes Essen und sportliche Angebote. In vielen Nächten gibt es Gast-DJs oder Live-Auftritte griechischer Musikgruppen. Dazu serviert man ausgefallene Cocktails, zum Beispiel einen Ingwer-Mojito mit Granatapfelsaft und Gin. Doch auch Party-Löwen werden hungrig. Empfohlen wird Hühnchen-Risotto mit Ananas und Rosinen. Wer es leichter bevorzugt, bestellt einen Salat mit Rucola, Walnüssen, Parmesan, Erdbeeren und Honig-Balsamico. Ein Beach-Volley-Netz hilft, die Kalorien wieder abzubauen.

Infos

Verkehr: siehe Infobox S. 216.

Perívolos ▸ G/H 8/9

Siehe Cityplan S. 219
Perívolos ist eigentlich kein Ort, sondern nur eine zu Períssa gehörende Gemarkung mit Strand, Beach-Bars, Tavernen, locker im Gelände verstreuten Hotels und nicht mehr arbeitenden Tomatenmarkfabriken. Trotzdem ist es für junge Griechen zum Inbegriff eines zugleich legeren und mondänen Strandurlaubs geworden, mit dem man zu Hause angeben kann.

Wer es sich leisten kann, genießt sein Champagnerfrühstück im Liegestuhl, relaxt in Hängematten, Lounge-Möbeln und überdimensionierten Strandbetten, schwimmt, fährt Jetski und spielt Beach-Volleyball, nippt zwischendurch immer wieder am Freddo Espresso oder auch Caipirinha. Fisch und Meeresfrüchte, oft kreativ verfeinert, stehen bei den kulinarischen Exkursionen ganz obenan. Der Nachmittag klingt mit einer ersten Party in der Beach-Bar aus – nur am späten Abend zieht man vielleicht doch in die Clubs von Firá um, bevor es – häufig genug – zum Schlafen auf den Campingplatz von Períssa zurückgeht.

Übernachten

Das Exklusivste im Ort – **9 Muses 7**: an der Uferstraße, Tel. 22 86 08 17 81, www.santorini9muses.gr, DZ NS 170–250 €, HS 240–300 €. Die 1992 erbaute und 2007 zuletzt renovierte Anlage mit 90 Zimmern und Suiten in neun Gebäuden liegt etwa 250 m vom Strand entfernt. Pool und Fitnessraum sind angenehm groß.
Originelle Architektur – **Santo Miramare Resort 8**: an der Uferstraße, Tel. 22 86 08 34 40, www.miramare-resort.gr, DZ 107–129 €, HS 226–265 €. Sehr kompakte Hotelanlage mit 117 Zimmer, Studios und Suiten auf drei Etagen. Zwei Pools und Planschbecken, Strand gleich jenseits der Uferstraße.

Essen & Trinken

Chic & cool – **Sea Side by Notos 7**: an der Uferstraße, Tel. 22 86 08 28 01, www.seaside-restau ▷ S. 226

Auf Entdeckungstour: Höhenwanderung vom Profítis Ilías nach Períssa

Schwindelfrei und trittsicher sollte sein, wer vom höchsten Inselberg über Alt-Thera nach Períssa oder Kamári hinunterwandern will. Wer den Aufstieg nicht scheut, kann die nahezu schattenlose Wanderung auch schon im Dorf Pírgos beginnen. Rutschfeste Schuhe und Wasser bilden die Grundausstattung.

Reisekarte: ▶ G/H 6–8

Länge und Höhenunterschiede: Pírgos–Profítis Ilías ca. 50 Min. (250 Höhenmeter), Profítis Ilías–Períssa oder Kamári ca. 80 Min. (560 Höhenmeter).
Anfahrt: In Pírgos halten die Linienbusse ab Firá Richtung Períssa, Athiniós, Akrotíri und Vlicháda. Wer die Wanderung am Profítis Ilías beginnen will, muss mit dem Taxi hinauffahren (ca. 16 € ab Pírgos oder Firá).

An der Platía von **Pírgos** (s. S. 206) besteht die letzte Möglichkeit vor dem Aufstieg, sich noch mit Trinkwasser zu versorgen. Danach geht es auf der Asphaltstraße Richtung Kloster Profítis Ilías zunächst sanft abwärts, dann bergan. Nach 700 m steht links der Straße eine Holztafel mit griechischer Inschrift als Wegweiser zum Kloster. Schon nach einer Minute wird der richtige Weg durch einen rot-weißen Wanderwegweiser mit der Nummer 1 bestätigt. Dieser steile und geröllreiche Weg endet etwa 200 m vor dem Kloster wieder auf der Asphaltstraße.

Hinauf zum Kloster des Propheten: Profítis Ilías

Überall in Griechenland sind dem Propheten Elias (griechisch: *Ilías*) Kirchen und Kapellen auf markanten Berggipfeln erbaut worden. Dem Alten Testament zufolge fuhr er von einem Berggipfel aus in einem feurigen Wagen gen Himmel. Santorins Kloster des Propheten Elias wurde zu Beginn des 18. Jh. gegründet, erhielt seine heutige Form aber erst zwischen 1852 und 1857. Es wird bis heute von strenggläubigen Mönchen bewohnt, denen der Tourismus ein Graus ist. Deswegen ist das Museum des Klosters mit einer reichen Sammlung von Ikonen und liturgischem Gerät sowie einer volkskundlichen Ausstellung für Besucher geschlossen.

Auch zum Kloster selbst haben Besucher nur zu den Gottesdiensten Zutritt (So 4.30–8.30, Mi, Fr/Sa 16–17.30 Uhr, Sa auch 6–8.30 Uhr). Touristen sind dabei nur als Pilger willkommen, nicht als Fotografen. Ständig geöffnet ist nur eine kleine, neu gebaute **Kapelle,** deren Kuppeln und Halbkuppeln mit schönen Schieferschindeln gedeckt sind. Sie ist dem hl. Nektários geweiht und steht außerhalb des Konvents direkt an der Straße.

Hinab zu den Ausgrabungen von Alt-Thera

Am Ende der Straße beginnt links von der Radarstation der mit der rot-weißen 1 markierte Pfad nach Alt-Thera hinunter. Erst schlängelt er sich am Nordhang entlang, passiert stellenweise schmale Grate, führt durch stachelige und kräuterreiche Phrygána und erreicht schließlich ein Bimssteinfeld. Hier wird der Pfad wieder zum Weg, der auf den 280 m über dem Meer gelegenen Sattel zwischen Profítis Ilías und Méssa Vounó mündet. Wenige Meter entfernt steht das Kassenhäuschen für Alt-Thera (S. 181). Die nahe gelegene Kantína bietet Getränke und Snacks an.

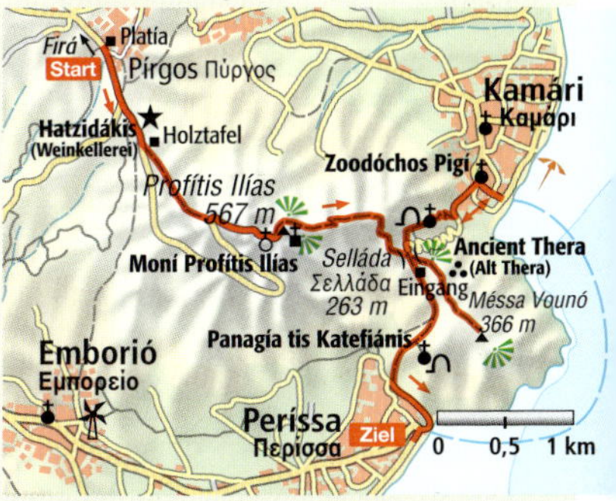

Abstieg nach Períssa

Neben der Kantína setzt der Weg nach Períssa an. Er gabelt sich in etwa 120 m Höhe. Rechts geht es nach **Períssa** (s. S. 216), links über stellenweise steile Stufen zur **Kapelle Panagía tis Katefiánis,** die sich hoch über Períssa an die Felswand schmiegt und Mariä Geburt geweiht ist. Die Aussicht von dort ist schön, die Kapelle ist jedoch verschlossen. In früheren Jahrhunderten diente sie den Bewohnern Períssas wahrscheinlich als Zufluchtsort bei Piratenüberfällen; das neugriechische Wort *katefígio* bezeichnet noch heute Schutzhütten im Gebirge.

Alternative: Abstieg nach Kamári

Vom Selláda-Sattel nahe den Ausgrabungen von Alt-Thera führen auch eine Straße und ein Wanderpfad nach Kamári (s. S. 170) hinunter. Der Wanderweg beginnt linker Hand in der dritten Rechtskurve der Straße.

rant.gr, tgl. ab 10 Uhr, Menü ohne Wein ca. 32–60 €. Das Sea Side bietet Programm für den ganzen Tag. Der könnte mit einem Champagner-Frühstück auf den Beach-Lounge-Möbeln direkt am Wasser beginnen und einem leichten Snack der feineren Art zur Mittagszeit eine Chance geben. Funky Jazz und leichte Brandung lassen die Siesta-Zeit verträumen, bevor es Zeit für die After-Beach-Party wird. Ethnic und World Music sind die vorherrschende Musikfarbe zum Dinner. Da verwöhnen Chef Tássos Baxarídis und sein Team ihre Gäste mit Fusion Cuisine vom Feinsten. Auf der Karte stehen z. B. ein Sepia-Risotto in schwarzer Tinte mit Blattgold, serviert auf Porzellan und Wachspapier. Oder eine Pasta mit Meeresfrüchten, ein Moussaká mit weißer Aubergine oder eine echt santorinische *fáva* mit einer Mousse aus karamellisierten Pilzen. Einen guten optischen Vorgeschmack liefert die besuchenswerte Website des Trend Spots, den vor allem jüngere Griechen lieben.

Weiß und Blau – **Ta Díchtia/The Nets** 8: an der Uferstraße, Tel. 22 86 08 28 18, tgl. ab 12 Uhr, Hauptgerichte 8–18 €. Eine der ältesten Fischtavernen in der Region pflegt griechische Tradition, ist ganz in den Nationalfarben Weiß und Blau dekoriert. Neben Fisch und Meeresfrüchten gibt es auch kretische Spezialitäten, denn der Wirt stammt von der größten griechischen Insel. Kostenswert ist darunter insbesondere das gut gewürzte Schweinegulasch *bekrí mezé*.

Fisch auch anders – **Ámmos** 9: an der Uferstraße, Tel. 22 86 08 18 19, tgl. ab 12 Uhr, typisches Fischessen ca. 20–25 €. Die schlichte Fischtaverne serviert nicht nur frischen Fisch, sondern auch im Hause selbst salzig oder sauer eingelegte Fische wie Sardellen, Sardinen und Makrelen. Der Sammelbegriff dafür ist *pastá psariká*. Sie sind keine Hauptgerichte, sondern werden besonders gern als kleine Häppchen zu Oúzo oder Tresterschnaps genossen. Wer keinen Fisch mag, findet auf der Karte meist auch ein Moussaká aus weißen Auberginen oder gefüllte Tomaten – und als Dessert ein exzellentes Zitronen-Mousse. Das Preis-Leistungsverhältnis ist für Santorin ausgezeichnet.

Innovativ und kunstinteressiert – **Forty One** 10: an der Uferstraße, Tel. 22 86 08 27 10. Die alte Tomatenfabrik an der Strandpromenade wurde 2011 von Privatpersonen übernommen und gründlich rekonstruiert. In den Innenräumen blieben noch einige alte Maschinen erhalten. An Tischen direkt auf dem Strand können Sie z. B. den Salat 41 mit Rucola, Féta-Käse, Oregano und Olivenöl probieren. Fruchtig ist dagegen der Salat mit Honigmelone, Schinken, Kirschtomaten, Chilli-Dressing und Grüner Minze. Als Hits unter Griechen gelten der große Hamburger (13 €) und die griechische Variante des Risotto, *Kritharótto,* mit reisförmigen Nudeln und Meeresfrüchten (18 €).

Aktiv

Wassersportstation – **Wave Sports** 4: am Strand gegenüber der Chili Beach-Bar. Zwillingsstation von Wave Sports in Períssa (s. S. 222).

Abends & Nachts

Heißer Szene-Treff – **Chilli** 2: an der Uferstraße, Tel. 22 8608 27 90, www.chilli-santorini.com. Die älteste noch bestehende Beach-Bar der Insel, eng verbandelt mit dem legendären Koo Club in Firá, ist nicht nur tagsüber, sondern auch abends der ›Hot Spot‹ am Strand von Perívolos. Für Hungrige gibt es karibische Küche und Vegetarisches.

Vlicháda ▸ F/G 9

Die kleine Streusiedlung Vlicháda besitzt den mondernsten und besten Hafen der Insel für Jachten und Fischerboote, der noch erweitert werden soll. Diese Marina ist eher funktional als romantisch, bietet Seglern auch nur wenig Komfort. Etwa 40 Fischerboote sind hier jetzt beheimatet.

Unmittelbar westlich des Hafens beginnt ein kilometerlanger Strand vor niedriger Lavaküste, an dem nur ganz am Anfang und dann wieder vor der Beach-Bar Théros (siehe Tipp) ein paar Sonnenschirme und Liegestühle stehen. Wo die Straße von der Caldera-Küste auf den Hafen mündet, sind die Gebäude und hohen Schornsteine zweier ehemaliger Tomatenmarkfabriken recht gut erhalten, die nach dem Ende des Zweiten Weltkriegs ihre Produktion aufnahmen. Eine von beiden wird mittlerweile als Museum und Kunstzentrum genutzt.

Santoríni Arts Factory
An der Uferstraße, Tel. 22 86 08 51 41, www.santoriniartsfactory.gr, Mai–Okt. tgl. 10–18 Uhr, Eintritt 5 €, zu Veranstaltungen meist 10 €
Die alte Tomatenfabrik von Dimítrios Nomikós ist zu einem Museum und Kunstzentrum umgewandelt worden. Durch zum Teil sogar noch betriebsbereite Maschinen, Fotos und alte Dokumente wird die gesamte Produktion der Konservenfabrik, die vor allem Kirschtomaten verarbeitete, bis

Unser Tipp

Massage mit Meerblick: Beach-Bar Théros ▸ F 9
An der kleinen Straße von der Caldera-Seite nach Vlicháda macht ein kleines, leicht zu übersehendes Schild auf diese Beach-Bar aufmerksam, auf der sich deren Namen wegen der künstlerischen Schreibweise des Buchstabens Thita (Θ) eher wie ›Eros Bar‹ liest. Die Staubstraße dorthin windet sich durch ein Erosionstal mit niedrigen Wänden und scheint ins Nirgendwo zu führen. Grotten in den Wänden wirken wie Vampirwohnungen, Lavaformationen wie Kunstwerke. Mehrmals täglich wird die Piste mit Wasser gesprenkelt, damit Autos und Motorradfahrer nicht völlig einstauben.
Wo sie die offene Ägäis erreicht, steigt völlig überraschend ein mit Palmstroh gedecktes, zweistufiges Pagodendach auf. Unter niedriger Steilküste stehen die chicen Lounge-Möbel der Bar, die nach dem Anführer der dorischen Neubesiedler Santorins zu Beginn des 1. Jt. v. Chr. benannt wurde. Einige Stufen führen an den etwa 8–10 m breiten Strand aus Grobsand, Lavakies und -bröckchen hinunter, der bis zum 800 m entfernten Vlicháda reicht. Liegen unter Palmstrohschirmen stehen unterhalb der Beach-Bar, links und rechts davon ist der Strand absolut naturbelassen. Das Ufer ist für santorinische Verhältnisse recht flach abfallend, Kajaks werden vermietet, ein Beach-Volleyballfeld ist angelegt.

ΔΗΜΗΤΡΑ

hin zum Export beschrieben. Im Sommer finden hier Veranstaltungen von Tanz- und Sprechtheater bis hin zu Konzerten statt.

Antike Felsgräber ▶ F/G 8/9
Links der Straße von Vlicháda nach Perívolos sind bei genauem Hinsehen im niedrigen Steilhang ein paar Höhlenöffnungen zu erkennen. Sie weisen auf antike Felsgräber hin, deren Fassaden zum Teil mit Reliefs in Form korinthischer oder ionischer Säulen geschmückt waren. Kein Wegweiser macht auf sie aufmerksam, keines der Felsgräber ist für Interessierte zugänglich gemacht worden.

Übernachten

Die Perle des Südens – **Nótos Therme & Spa:** am Hafen, Tel. 22 86 08 11 15, www.notosthermespa.com, DZ NS 120–200 €, HS 250–415 €. Das 2010 sehr aufwendig umgebaute und modernisierte Hotel wendet sich vor allem an Wellness-Gäste. Es bietet einen Süßwasserpool und 30 Zimmer und Suiten in zwei zweigeschossigen Gebäuden über dem Hafen, zu dem Treppen hinunterführen. Der mit Lavasteinchen durchsetzte Sandstrand beginnt nur 150 m entfernt. Aus den Hähnen in allen Wohneinheiten fließt Heilwasser aus einer örtlichen Thermalquelle, das auch im stimmungsvollen Spa zum Einsatz kommt.

Essen & Trinken

Gute Preise am Hafen – **Limanáki:** am Hafen, Tel. 22 86 08 28 19, tgl. ab 11 Uhr, Bauernsalat 6,50 €, Moussaká 8 €, Languste 80 €/kg, offener Wein 10 €/l. Die schlichte, traditionelle Taverne mit großer Terrasse direkt über dem Asphalt am Hafen gibt sich völlig unprätentiös, legt mehr Wert auf gutes Essen denn auf chices Styling. Der frische Fisch ist hier mit 50–60 €/kg noch relativ preiswert, der frittierte Stockfisch mit Knoblauch-Kartoffel-Püree *(bakaljáro me skordaljá)* ganz ausgezeichnet.

Vlicháda bietet für Jachten und Fischerboote den besten Hafen der Insel

Infos

Bus: Mai–Sept. fahren ca. 4 x tgl. Busse nach/ab Firá.

Emborío ▶ G 8

Das Binnendorf vor den steilen Wänden des Profítis Ilías war im Mittelalter einer der fünf befestigten Inselorte. Sein Name deutet an, dass es ein bedeutender Handels- und Marktplatz war. Auch heute noch finden sich hier die meisten Geschäfte für den Bedarf der Einheimischen im südlichen Santorin. Am Dorfplatz mit seinem Kriegerdenkmal im kleinen Park und seinem großen Kinderspielplatz stehen fast immer ambulante Händler und verkaufen von den Ladeflächen und aus den Kofferräumen ihrer Fahrzeuge heraus ihre Waren. Die meisten Urlauber sehen Emborío nur im Vorbeifahren von der Straße zwischen Períssa, Perívolos und Firá aus und ahnen nicht, dass nur fünf Minuten abseits der Platía eines der schönsten Kykladendörfer den Burgberg krönt (siehe Entdeckungstour S. 232).

Ágios Nikólaos Marmarítis
Rechts der Straße Emborío–Firá gegenüber dem Ortsschild (nur aus Richtung Firá lesbar), Kirchhof frei zugänglich

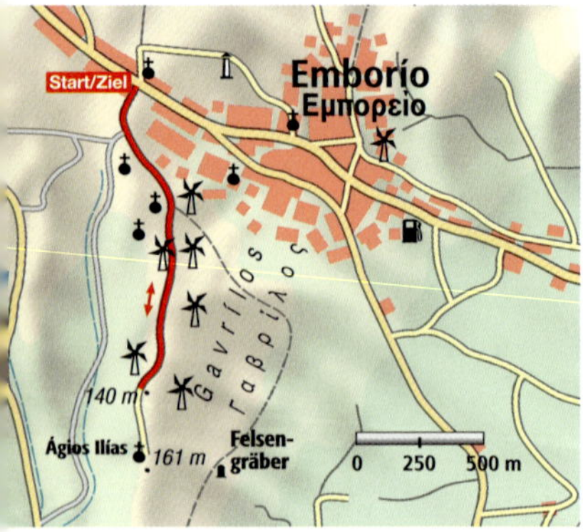

Wanderung zum Windmühlenhügel

Wie heute Kapellen über die ganze Insel verstreut stehen, gab es auch schon in der Antike Heiligtümer außerhalb der Siedlungen in freier Natur. So stand hier zwischen Emborío und Caldera-Rand seit dem 3. Jh. v. Chr. ein winziger Tempel, den die Christen später als Kapelle dem hl. Nikolaus weihten, ohne ihn äußerlich zu verändern. Er ist nur etwa 3 x 4,5 m groß, kommt ganz ohne Säulen aus, ähnelt eher einem Schrein denn dem Párthenon auf der Athener Akropolis. Da die Kapelle unverputzt ist, sind die sechs Lagen Marmorblöcke, die seine Mauern bilden, klar zu erkennen. Auch die dreiteilige Türwandung mit Giebelfeld darüber ist bestens erhalten. Dass die Wände nicht ganz gerade und einige Blöcke leicht verschoben sind, ist vergangenen Erdbeben zuzuschreiben.

Eine moderne Ergänzung ist der kleine Glockenträger auf der weiß gekalkten Kirchhofmauer. Die Glocken sind klöppellos, aber mit kleinen figuralen Reliefs verziert. Sie zeigen Cherubime und den hl. Nikolaus, den hl. Georg, Erzengel und die Kreuzigung.

Wanderung zum Windmühlenhügel

Die nur ganz sanft ansteigende Ebene zwischen Emborío, Vlicháda und Períssa war früher die Getreidekammer der Insel. Davon zeugen noch die acht Windmühlen auf dem lang gestreckten **Gavrílos-Hügelkamm,** der sich aus dem Binnenland weit dem Meer entgegenstreckt. Die meisten dieser Mühlen sind teilweise verfallen, gewähren dadurch einen Einblick in ihr einstiges Innenleben samt Mühlstein und Mühlrad.

Kleine Kapellen stehen mehrfach dicht unter den Mühlen, zwischen ihnen wächst meterhoch viel Riesenfenchel. Eine der Mühlen wird sporadisch bewohnt. Hinter der achten und letzten Mühle hat sich ein Music Club angesiedelt, noch ein paar Schritte weiter krönt eine weiße Kapelle mit steinernen Sitzbänken ringsum den Abschluss des Höhenrückens.

Der Ausblick von hier ist noch grandioser als der auf dem Weg hierher, reicht vom Méssa Vounó bis zum Leuchtturm am Kap Akrotíri, von Thirassía jenseits der Caldera bis nach Anáfi in der offenen Ägäis. Auch die kleinen Erosionstäler zwischen Vlicháda und Akrotíri sind von hier aus besonders schön zu erkennen. Keine schlechte Idee: ein Picknick an diesem windgeschützten Aussichtspunkt.

Die Zufahrtsstraße, zugleich auch Wanderweg, beginnt dort, wo sich die Straße gabelt. Links geht es nach Emborío hinein, rechts nach Perívolos (Wegweiser). Von der Straße Richtung Perívolos zweigt sofort nach rechts ein kleines, unbeschildertes Asphaltsträßlein ab, das zu den Mühlen führt. Insgesamt ist das Sträßlein 2 km lang und fast völlig verkehrsfrei.

Essen & Trinken

Abseits des Touristentrubels – **To Kafenedáki tou Emboreíou:** Direkt vor dem Eingang der Christós-Kirche, tgl. 10–19 Uhr. Ein nettes Café, von zwei Athenern betrieben. Hausgemachte eingelegte Früchte *glykó tou koutalioú* 3 €, Joghurt mit Früchten 7,50–8,50 €. Vassilis und Georgia haben Santorin wegen ihres Sohnes, der Barkeeper in Firá ist, besucht und sich sofort in Emborío und seine serpentinenartigen Gassen verliebt. Hier haben sie dieses Café eröffnet, das sie aber nur in der Sommersaison betreiben. Besucht wird es dann in den warmen Sommermonaten nicht nur von Durchreisenden, sondern ab und an auch von griechischen TV-Berühmtheiten, die im Dorf inkognito ihre Ruhe außerhalb des Stadt- und Touristentrubels suchen. Im Winter betreibt Vassilis in Athen einen Schallplattenladen ausschließlich mit griechischer Musik. Das merkt man auch an der Musikauswahl im Café.

Infos

Bus: Emborío liegt an den Busstrecken Firá–Perissa und Firá–Vlicháda.

Megalochóri ▸ F 7

Das ›Große Dorf‹ zählt heute nur noch etwa 300 Einwohner und zieht sich durch eine Erosionsrinne mit flachen Seitenwänden abseits der Hauptstraße, von der es kaum sichtbar ist. Spektakuläres hat das historische Dorfzentrum mit seinen beiden die Hauptgasse überspannenden Glockenträgern, winziger Platía und kleiner Weinkellerei nicht zu bieten. Eine Erkundung nimmt kaum 15 Minuten in Anspruch. Attraktiver sind die vielen Keramikateliers und das Maleratelier am Dorfrand (s. S. 236).

Kirche Isódia tis Panagiás 1

Die dem Tempelgang Mariens geweihte Dorfkirche an der kleinen Platía im Dorfzentrum ist mit neuen Wandmalereien im traditionellen byzantinischen Stil ausgeschmückt. Ihr Glockenturm mit Kuppel, zugleich Uhrturm des Dorfes, überspannt die kurze Gasse, die von Süden nach Megalochóri hineinführt.

Kirche Agíi Anárgiri 2

Die Kirche der beiden Arztheiligen Kosmás und Damianós, die ihre Patienten stets »an' argíri«, also ohne Bezahlung in Silber, behandelten, ist am oberen Ende der Hauptgasse des Dorfes über einige Stufen zu erreichen. Die Kirche wird durch zwei ihr angefügte Glockentürme besonders bedeutsam. Am nördlichen ist der Name Damianós zu lesen, am südlichen der Name Kosmás. Über dem Kircheneingang verkündet eine Schrift: »In der Kirche preist ihr Gott!« Auch der dreiteilige, mit Reliefs geschmückte Glockenträger über der Dorfgasse mit seinen sechs Glocken gehört zu ihr. Der als Relief dargestellte Doppeladler zwischen der ersten und zweiten Reihe von oben symbolisiert das Byzantinische Reich.

Weinkellerei Gaválas 3

Tel. 22 86 08 25 52, www.gavalaswines.gr, im Hochsommer tgl. ca. 10–20 Uhr, sonst tgl. ca. 10–18.30 Uhr, Führung und Weinprobe 1,50 –2,50 €

Der besondere Reiz dieser relativ kleinen Kellerei liegt darin, dass sie fast direkt im Dorfzentrum steht und äußerst familiär betrieben wird. Der Besucher kommt von der Platía her durch kleine, autofreie Gassen (ausgeschildert) und be- ▷ S. 235

Auf Entdeckungstour: Emborío – Spaziergang durch ein Kykladendorf par excellence

Emborío sieht man seine Schönheit von der Durchgangsstraße aus nicht unbedingt an. Doch ein Rundgang lohnt: Er führt durch enge, gewundene Gassen an hübsch restaurierten Häusern und Höhlenwohnungen vorbei ins Kástro-Viertel ›Kastélli‹, in dem die typisch kykladische Architektur nicht nur Fotografen verzaubert.

Reisekarte: ▶ G 8

Start und Ziel: Die große Platía von Emborío. Hier hält auch der Linienbus von Firá und Períssa her.

Dauer: Etwa eine Stunde.

Leibliches Wohl: Am Rundgang liegen weder Cafés noch Minimärkte oder gar öffentliche Toiletten. Die finden Sie ebenso wie Cafés und Tavernen im Umfeld der Platía und an der Hauptdurchgangsstraße.

Direkt an der Hauptstraße stehen an der Platía von Emborío die Bargeldautomaten zweier Banken. Gehen Sie links von diesen Automaten die Gasse ins Dorf hinein, passieren Sie den schönen Kinderspielplatz und gehen leicht bergan zwischen Gärten mit vielen Pistazienbäumen hindurch auf den markanten, ungekalkten **Festungsturm Goulás** zu.

Ein von Mönchen erbautes Bollwerk

An diesem ›Pírgos Goulás‹ endet die Straße. Mit seinen sich wölbenden, nahezu fensterlosen Mauern wirkt er mächtiger als jedes andere alte Einzelbauwerk der Insel. Er stammt schon aus vorvenezianischer Zeit. Mönche des Johannesklosters auf der Insel Pátmos in der Ost-Ägäis ließen ihn im 12. Jh. erbauen. Von hier aus verwalteten sie ihre Besitztümer auf der Insel, die ihnen durch fromme Schenkungen und Vermächtnisse zugefallen waren.

Auf Pátmos empfing ein gewisser Johannes gegen Ende des 1. Jh. n. Chr. seine Vision der Apokalypse, die als letztes Buch Eingang ins Neue Testament fand. Das 1088 dort errichtete Kloster wuchs zu einem der reichsten im Mittelmeerraum heran, wurde von Kaisern und Fürsten mit Ländereien bis hin ans Schwarze Meer bedacht.

Mit den im Festungsturm von Emborío gelagerten Ernten trieben die Mönche Handel im gesamten Byzantinischen Reich. Als die Venezianer 1204 die Kykladen eroberten, zogen römisch-katholische Adlige in den Bau ein. Jetzt verfällt der mächtige Turm, eine Innenbesichtigung des ungesicherten Bauwerks ist nicht möglich.

Zum Kástro-Viertel

An der Bergseite des Turms entlang führt ein Betonweg ins Kástro-Viertel hinüber auf eine filigrane Kirchturmspitze zu. Bald geht er in eine enge Gasse über, die meist nur 1,30 bis 1,70 m breit ist. Sie passieren leer stehende Höhlenwohnungen und neue, auf den Ruinen alter Häuser errichtete Häuser. Schließlich stehen Sie vor einem großen, weiß gekalkten Haus mit roten Fensterrahmen. Es ist Teil der Außenreihe von mittelalterlichen Häusern, die wie in allen venezianischen Kástro-Vierteln auf den Kykladen zugleich die Verteidigungsmauer des Dorfes bildeten. Nach außen hin waren sie ursprünglich nahezu fensterlos, ihre Eingänge liegen immer im Kástro-Viertel selbst.

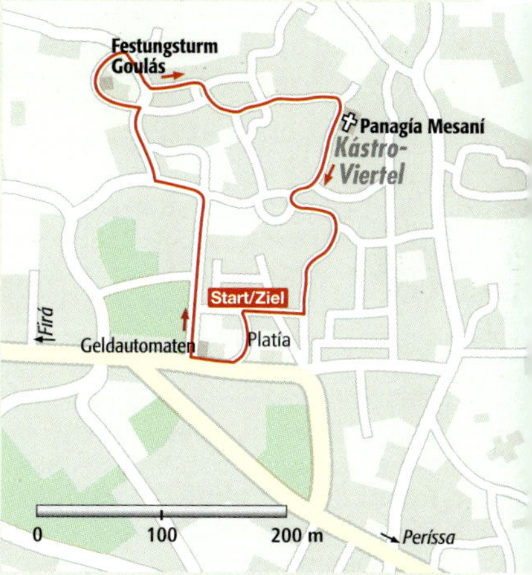

Links des Hauses mit den roten Fensterrahmen liegt einer der beiden mittelalterlichen Eingänge ins Kástro-Viertel. Er ist durch Häuser überbaut, bildet eine lange, dunkle Passage. An deren Ende stehen Sie direkt vor der **Kirche Panagía Mesaní** mit ihrem filigranen Turm, der schon von Weitem zu sehen war.

Maria geweiht

Diese Hauptkirche des mittelalterlichen Kastélli ist weitgehend ein Werk des 16. Jh. Der Turm steht auf dem Vorhof der Kirche, der mit grauen und weißen Steinchen ausgelegt ist. In

Medaillons sind damit Kreuze eingelegt. Vom Kirchendach führt für den Glöckner eine abenteuerliche Brücke zum Turm hinüber. Das Dach des Exo-Narthex, der offenen Vorhalle der Kirche, stützen vier antike Säulen, die Arkadenbögen sind wie die Fensterwandungen aus roter und schwarzer Lava gemauert. Zwischen den Säulen steht ein antiker Rundaltar mit Stierkopfreliefs. Solche Rundaltäre wurden in hellenistischer Zeit zu Ehren der Götter und Verstorbener errichtet. Offensichtlich wurde die Kirche über einem antiken Heiligtum erbaut.

Architektonische Formenvielfalt

Rund um die Kirche entfaltet die typisch kykladische Architektur ihre ganze Formenvielfalt. Weil die Menschen im Kástro-Viertel auf kleinstem Raum leben mussten, sind die nahtlos aneinandergebauten Häuser eng miteinander verzahnt, durchdringen sich die verschiedenen Ebenen, passt sich alles der vorgegebenen Geländeform an. Die Gassen sind notgedrungen schmal, bieten dadurch aber auch Feinden keine Gelegenheit, in breiter Formation anzurücken.

Oft enden sie als Sackgasse, locken so Ortsunkundige in eine Falle. Schmale und steile Treppen ohne Geländer führen mehrfach verwinkelt in die oberen Geschosse hinauf, in denen die Bewohner lebten und schliefen, während die unteren Räume Lagern, Werkstätten und Haustieren vorbehalten waren.

Mit Ausnahme von Holz, das importiert werden musste, stand das Baumaterial auf der Insel selbst zur Verfügung. Als Unterbau und zur Konstruktion der tragenden Wände benutzte man meist unbehauene schwarze Lavabrocken. Die roten, etwas poröseren Laven kamen für Fenster- und Türwandungen oder als schmückende Verkleidungen zum Einsatz. Der örtliche Bimsstein war ideal für die Dachkonstruktionen. Durch den Wechsel von Flachdach und Tonnengewölbe kamen so Dachlandschaften von großer Vielfalt zustande.

Für die Konstruktion dieser Dachtonnen stand den Santorinern ein einzigartiges Geschenk des Vulkans zugute: die Pozzuolan- oder Santorin-Erde, die – mit etwas Kalkwasser vermischt – wie ein Alleskleber wirkt. So konnte man bis zu 4 m und mehr überspannen, ohne Eisentraversen oder Holzbalken einbauen zu müssen. Man errichtete nur zuerst eine formgebende Unterkonstruktion aus Holzbalken, Ästen und Schlamm, auf dem man die Santorin-Erde lagenweise zum Gewölbe aufschichtete. War sie getrocknet, konnte man das Holz wieder entfernen und weiterverwenden.

Ein Atelier-Besuch

An einer der Gassen des Kastélli hat nahe der Panagía-Kirche ein Künstlerehepaar eine kleine Galerie eingerichtet. Vivian Riga aus Athen und ihr Mann Tássos aus Santorin sind beide Maler. Ihr Sujet ist überwiegend die kykladische Architektur, seines sind Schiffe und Boote. Beider Werke zeichnen sich durch schöne Farbigkeit aus, die Preise für ihre Bilder reichen von etwa 30 € bis 500 €.

Um von der Panagía-Kirche wieder zur Platía zurückzugelangen, gehen Sie am besten rechts der Kirche die Gasse abwärts und verlassen das Kastélli durch sein zweites Tor, eine ganz in lichtem Blau gestrichene Passage. Sie passieren eine weitere Kirche, gehen durch enge, katzenreiche Gassen an farbigen kleinen Häusern vorbei und kommen nahe dem Schulzentrum wieder ins neue Dorf.

tritt den Innenhof der Kellerei dann durch einen kurzen Tunnel. Auf dem Hof stehen fünf Holztische mit dunklen Holzbänken, die Türen zu den Weinkellern und zum Probierraum stehen offen. Wer Fragen hat, kann sie auf Englisch oder Griechisch stellen. Gaválas baut die Traubensorten Assírtiko, Aidáni, Athíri und als rare Spezialitäten auch Katsanó, Voudomáto und Gaidoúria an. Zu den fünf Gaválas-Weinen zählt auch der rote ›Xeneloo‹ (Flaschenweine im Kellereiverkauf 12–30 €).

Weinkellerei Venetsános 4

An der Straße Firá–Megalochóri rechts, Tel. 22 86 02 11 00, www.venetsanoswinery.com, Mai–Okt. tgl. 10–22, Nov.–April tgl. 10–15 Uhr, Weinprobe mit vier Weinen 5,60 €

Die 1992 gegründete Kellerei liegt besonders spektakulär direkt in den Kraterwänden. Die Weinproduktion wurde jetzt in neue Gebäude in der Nähe verlegt, die alten Weinkeller dienen mit ihren gigantischen Gewölben als Ausstellungsräume und Museum. Vom großen Parkplatz (ausgeschildert) führen Treppen hinunter. Ist der Zugang verschlossen, kann man die Weine des Hauses in einem Kiosk neben dem Treppenansatz verkosten.

Weinkellerei Boutári 5

An der Straße Firá–Megalochóri rechts, Tel. 22 86 08 10 11, www.boutari.gr, tgl. 11–18, im Winter 10–18 Uhr, Führung inkl. Weinprobe ab 1 €/Glas

Boutári ist das einzige Großunternehmen, das auf der Insel Wein produziert. Außer auf Santorin besitzt es auch Weinkellereien an fünf anderen griechischen Standorten, darunter Kreta und Náoussa in Makedonien, sowie eine in Südfrankreich. Die Kellerei ist ebenso hochmodern wie das Besucherzentrum, wo man hervorragend auf Gruppen eingestellt ist. Ein kurzer Film macht mit dem Unternehmen und seinen Aktivitäten auf Santorin bekannt. Boutári gehören hier 6 ha Weingärten, neun verschiedene Weine (Vinsanto, fünf Weißweine, zwei Rotweine und ein Rosé) werden vor allem aus den Traubensorten Assírtiko und Aidáni produziert.

Übernachten

Luxuriös – **Vedéma** 1 : am Rand des alten Dorfkerns und der Platía, Zufahrtsstraße an der Straße Megalochóri–Akrotíri ausgeschildert, Tel. 22 86 08 17 96, www.vedema.gr, DZ NS 300–710 €, HS 515–1080 €, Präsidentenvilla mit drei Schlafzimmern NS 2400, HS 3400 €. Das mondänste der Santoriner Dorfhotels fügt sich mit seinen 45 Suiten und einer über 400 Jahre alten Weinkellerei als Mittelpunkt sehr harmonisch ins Dorfbild ein. Zum üppigen Frühstück wird auf Wunsch Champagner serviert, zum Abendessen laden zwei Restaurants und ein privater Dining Room, vier Bars mixen Drinks. Das minimalistisch eingerichtete Spa in Lavagewölben gehört zu den schönsten der Insel (Olivenölmassage 160 €/80 Min.), ein kostenloser Shuttle-Bus bringt Gäste mehrmals täglich zum Strand.

Essen & Trinken

Regionale Esskultur – **New Marmíta** 1 : an der Platía, Tel. 22 86 08 16 03, tgl. ab 12 Uhr, geöffnet auch an Winter-Wochenenden, Bauernsalat 4,50 €, *Kléftiko* 17,50 €. Der griechischen Küche werden hier viele neue Nuancen verliehen, die Weinkarte ist umfangreich. Auf Vorbestellung wird auch das aktuelle Trendgericht junger Griechen zubereitet: Nudeln mit Langustenfleisch, *astakómakaronáda* genannt (80 €).

Kreta lässt grüßen – **Rakí 2**: an der Platía, Tel. 22 86 08 17 24, tgl. ab 12 Uhr, typisches Mezedákia-Essen ohne Getränke ca. 12–25 €. In dieses moderne Mezedopolío kommt man, um verschiedene typische Kleinigkeiten, griechisch *mezedes,* zu essen. Bevorzugtes Tischgetränk ist der klare kretische Tresterschnaps Rakí, der dem Lokal auch seinen Namen gegeben hat.

Feines über Dächern – **Fengéra 3**: kurz vor der Platía an der asphaltierten Dorfstraße zum Hotel Vedéma, Tel. 22 86 08 29 30, tgl. ab 18 Uhr, typisches Drei-Gänge-Menü 25–50 €. Das hübsche Edelrestaurant auf einer Dachterrasse unmittelbar am Rand des alten Dorfkerns (auch Feggera geschrieben) bietet kreativ verfeinerte griechische Küche auf hohem Niveau und erstklassige Desserts.

Traditionelle Vorspeisen – **Mousikó Koutí 3**: Im Erdgeschoss vom Fengéra, Tel. 22 86 08 52 82, www.mousiko kouti.net, tgl. ab 14 Uhr, im Winter ab 17 Uhr, Vorspeisen ab 7,20 €. Hier werden keine Hauptgerichte, sondern lediglich viele traditionelle Mézedes serviert, etwa diverse regionale Käse- und Schinkensorten Griechenlands (aus Kreta, Kos, Syros, Mykonos, Náxos und Lesbos). Auf Weichkäse aus Messenien kommt Tomatenmarmelade, in den Rucola-Salat Streichkäse aus Mittelgriechenland.

Kleiner Imbiss – **Stathmós 4**: neben dem Pottery Studio an der Straße nach Firá, tgl. 11–22 Uhr. Die einfache Grillstube serviert kleine Souvláki-Spießchen und Gýros, im Píttafladen schon für ca. 2,50 €. Nur 20 m entfernt bietet eine einfache Bäckerei auf der gleichen Straßenseite außer Brot und Gebäck auch gefüllte Blätterteigtaschen an.

Einkaufen

Im historischen Dorfkern selbst sind keine Ateliers und Galerien zu finden. Sie konzentrieren sich auf die nähere Umgebung der Hauptstraßenkreuzung im Süden des Dorfes, wo von der Straße zwischen Firá und Períssa die Straße nach Akrotíri abzweigt (► F 7).

Besuch beim Lehrmeister – **Earth & Water 1**: nördl. der Hauptstraßenkreuzung, in Richtung Firá rechts, Tel. 22 86 08 26 25, makaris.pottery@ gmail.com, tgl. ca. 10–18 Uhr. Ein Grund, warum sich an dieser Kreuzung so viele Keramikateliers konzentrieren, ist der Inhaber des Ladenateliers ›Erde und Wasser‹, Andréas Makáris. Er war bis 1982 Dozent für Keramik in Athen, hat viele seiner Schüler erstmals nach Santorin gebracht. Manche sind geblieben, so wie Galatéa aus der gleichnamigen Galerie und Aigláia aus der Galerie Aigli (s. u.). Andréas und seine Partnerin Krísti Kapetanáki, die gut Englisch spricht, beherrschen alle traditionellen Techniken. Neben Eigenschöpfungen stellen die beiden auch Kopien prähistorischer und klassischer Vasen her. Bezaubernd sind ihre ›Papierschiffchen‹ aus gebranntem Ton. In der Galerie stellen sie nicht nur die eigenen Werke aus, sondern auch einige Meisterwerke von anderen griechischen Keramikern.

Respekt vor den antiken Urhebern – **Akron 2**: nördl. der Hauptstraßenkreuzung, in Richtung Firá links, Tel. 22 86 08 20 02, www.akron-art.gr, tgl. ca. 10–18 Uhr, kleine Objekte schon ab ca. 30 €. Aspassía Vovolá, Dimítrios Bállos und ihr Team haben sich auf Reproduktionen antiker und prähistorischer Kunst spezialisiert. Sie stellen in der aus den Verkaufsräumen gut einsehbaren Werkstatt Kopien der Fresken von Akrotíri mit den gleichen

Megalochóri

Sehenswert
1 Kirche Isódia tis Panagiás
2 Kirche Agíi Anárgiri
3 Kellerei Gaválas
4 Kellerei Venetsános
5 Kellerei Boutári

Übernachten
1 Vedéma

Essen & Trinken
1 New Marmíta
2 Rakí
3 Fengéra/Mousikó Koutí
4 Stathmós

Einkaufen
1 Earth & Water
2 Akron
3 Pottery Studio u. Aigli
4 Michalisk
5 Galatéa's Pottery
6 Amphora Art Gallery

Methoden her, mit denen auch die archäologischen Restauratoren arbeiten, haben aber auch antike Vasen, Marmorreliefs sowie Mosaiken im Angebot. Wichtig ist ihnen, bei all ihrem Tun »Respekt vor den antiken Urhebern« zu zeigen. Deswegen reproduzieren sie alles nur in Originalgröße.

Zwei unter einem Dach – **Pottery Studio und Aigli** 3: nördl. der Hauptstraßenkreuzung, in Richtung Firá rechts, Tel. 22 86 08 24 23 (Pottery Studio) und 22 86 08 30 85 (Aigli), tgl. ca. 10–19 Uhr. Nur auf den zweiten Blick erkennt man den Unterschied der zwei Keramikateliers: Die Fensterrahmen sind beim Aigli blau, beim Studio rot. Im Aigli arbeitet Frau Aigláia Simeonidi. Ihre Spezialitäten sind Schalen, die wie aus Korb geflochten wirken, sowie Segel- und Ruderboote in vielen verschiedenen Formen und Größen. Verschiedene Künstler haben im Pottery Studio gleich nebenan ein breites Spektrum an Zier- und Gebrauchskeramik zu bieten.

Schöne Aquarelle – **Michalisk** 4: an der Straße von der Hauptkreuzung Richtung Akrotíri, gleich neben der Tankstelle, tgl. ca. 10–19 Uhr. Michális Karamolégos ist von Beruf eigentlich Mechaniker, widmet sich aber seit vielen Jahren ausschließlich der Kunst. Früher hat er neben Aquarellen auch Farblithografien geschaffen, heute beschäftigt er sich nur noch mit der Aquarellmalerei, fügt jedoch Ansätze von Collagen ein. Neben Santorin-Motiven ohne jedwede Verkitschung gilt sein besonderes Interesse »Bildern, die den Rahmen sprengen und santorinische Geschichte und Geschichten erzählen«. So zeigt eines seiner Werke eine Hausterrasse und ihr Spiegelbild,

In Megalochóri kann man dem Keramiker Andréas Makáris bei seiner Arbeit zuschauen

verbunden durch eine Kirchenkuppel. Auf der einen Terrasse liegt, was früher dort ausgebreitet lag: santorinische Tomaten zum Trocknen in der Sonne. Auf der anderen Seite sonnen sich junge Frauen am Pool.

Temperamentvoll – **Galatéa's Pottery** 5: an der Straße Richtung Akrotíri, hinter Michalisk, Tel. 22 86 08 24 61, www.galateaspottery.com, tgl. ca. 10–19 Uhr. Die temperamentvolle Keramikkünstlerin Galatéa Papageorgíou ist in Kanada aufgewachsen, spricht aber auch ein charmantes Deutsch, seitdem sie 2010 für einige Zeit in Deutschland (Augsburg) war. Keramikobjekte gibt es bei ihr bereits ab 10 €. Ihre Spezialität aber sind Becher, Tassen und ganze Keramik-Service.

Viel Platzbedarf – **Amphora Art Gallery und Images of Greek Art** 6: südl. der Hauptstraßenkreuzung, in Richtung Períssa rechts, Tel. 22 86 08 20 76, www.santorini-amphora.gr, tgl. ca. 10–19 Uhr. Kleine Objekte schon ab 12 €, Einzelstücke bis 15 000 €. Die Doppelgalerie von Geórgios Vamvakás stellt keramische Werke ganz unterschiedlicher Künstler aus. Moderne Keramik ist hier auch zu finden, vor allem aber Repliken antiker Werke. Einzigartig sind die Arbeiten von Antónis Pálles. Der aus dem Töpferdorf Armólia auf der Insel Chíos stammende, 1965 in Athen geborene Meister seines Fachs schafft unter dem Namen »Not excavated yet/Noch nicht ausgegraben« geniale Kunstwerke, die ohne Weiteres in den bedeutendsten archäologischen Museen stehen könnten, aber seine eigenen Kreationen sind. Faszinierend sind seine Terrakotten antiker Schiffe und des Trojanischen Pferdes. Einen kleinen Einblick gewährt seine Homepage.

Infos

Bus: Megalochóri liegt an den Busstrecken Firá–Akrotíri und Firá–Vlicháda.

Almirá Beach ▸ E 8

Auf der Straße von Megalochóri nach Akrotíri zweigt links ein staubiger und stellenweise holpriger Feldweg zur calderaabgewandten Küste ab, der nur sparsam ausgeschildert ist. Er führt zum Almirá Beach. Sein Name bedeutet ›Bitterer Strand‹. Zum Baden ist er einer der schlechtesten der Insel. So wird hier denn auch kein einziger Sonnenschirm vermietet, sonnt sich kaum je ein Urlauber auf dem Gemisch aus Lavakies, Bimsstein und ganz wenig Grobsand, das Badeschuhe unerlässlich macht. Nur nahe einer Zementplattform an seinem nördlichen Ende kann man halbwegs problemlos über eine Leiter in die Ägäis einsteigen.

Hier betrieb Kapetánios Márkos auch jahrzehntelang ohne Genehmigung eine primitive Fischtaverne in einer der Höhlen, die ausgerechnet bei Polizisten und anderen Beamten sehr beliebt war. In den 1990er-Jahren baute Màrkos dann eine Taverne etwa 150 m landeinwärts vom Strand am kahlen Hang. Sie ist ganz in Weiß und Blau gehalten, Fischernetze sind wie Gardinen vor die Fenster gespannt, das Trinkwasser kommt aus der Zisterne, über der die Taverne steht. Vor dem Eingang liegt ein winziges Boot, mit dem der Vater des Kapetánio noch in den 1950er-Jahren zum Fischfang auslief – alles wirkt wie die reinste, leicht verschrobene Idylle. Dazu passt es auch, dass die Schafe und Ziegen des Wirts nicht zur Tränke gehen, sondern erwarten, dass er das Wasser in Eimern zu ihnen bringt.

Leider ist Wirt Márkos aber nicht nur äußerst originell, sondern auch bei der Rechnungstellung sehr fantasievoll. Immer wieder beschweren sich Besucher darüber, dass die Qualität schlecht und der Preis immens hoch war. Wer die einzigartige Atmosphäre dennoch genießen will, sollte den Konsum vielleicht auf ein Glas Wein oder eine Cola herunterschrauben.

Caldera Beach ▸ E 8

Bei den ersten Häusern von Akrotíri zweigt von der Hauptstraße ein sehr steiler Feldweg zur Caldera hinab, den man mit etwas Vorsicht auch mit normalen Pkw befahren kann. Er endet am 100 m langen Caldera Beach, den die Einheimischen auch als ›Apothíkes‹ und manche Karten als ›Bálos Beach‹ bezeichnen. Das Wort ›Apothíkes‹ bedeutet ›Lagerräume‹ und weist darauf hin, das die Bewohner Akrotíris diesen winzigen, steinigen Strand als Bootsliegeplatz nutzten und in Felshöhlen ihre Netze und die landwirtschaftlichen Produkte aufbewahrten, die sie exportieren wollten.

Auch heute noch liegen hier im Sommer einige Boote, bietet sich vom Strand aus die seltene Gelegenheit, direkt in der Caldera zu schwimmen. Eine alteingesessene Taverne, deren Terrasse mit vielerlei gewundenen Weinstöcken dekoriert ist, sorgt fürs leibliche Wohl.

Essen & Trinken

Einsam an der Caldera – **Remézzo:** Mitte Mai–Mitte Sept., tgl. ab 12 Uhr, Hauptgerichte ab ca. 8 €, Fischessen ca. 20–30 €. Wer hier sitzt, sieht die Caldera einmal aus einem anderen Blickwinkel, nämlich direkt vom Wasser aus.

Akrotíri Dorf ▸ E 8

Der Name des südlichsten Inseldorfs ist wegen der nach ihm benannten Ausgrabungen einer bronzezeitlichen

Stadt am heutigen Ortsrand weltberühmt (s. S. 242). Außer auf Kreta hinterließ Europas erste Hochkultur, die Minoische Kultur, nur hier deutliche Spuren. Zweite Attraktion sind die Strände Red Beach und White Beach, die von Akrotíri aus am besten und preisgünstigsten zu erreichen sind. Das Dorf selbst findet – nicht ganz zu Unrecht – wenig Beachtung. So wenig, dass auf Wunsch seiner Bewohner an der Umgehungsstraße sogar ein Schild mit der Aufschrift »For busses only« angebracht wurde. Zumindest die Individualtouristen sollen noch durch das Dorf geleitet werden, um dort vielleicht in eine Taverne zu gehen oder im Supermarkt Wasser und Proviant für den Strandbesuch einzukaufen.

Die Platía des heutigen Dorfs Akrotíri wirkt wie eine Straßenverbreiterung. Wer hier aus dem Linienbus steigt oder sein Auto parkt, kann einen kurzen Dorfrundgang unternehmen. Er führt hügelauf an alten, meist vom Erdbeben 1956 zerstörten Höhlenhäusern vorbei zur Ruine einer venezianischen Burg.

Der Turm **La Ponta** beherbergt ein einzigartiges Museum, das den tradi-

Der Red Beach hat seinen Namen von den roten Lavafelsen

tionellen griechischen Dudelsack, die Tsamboúna, zum Thema hat. Tsamboúnas werden hier auch wieder hergestellt, es gibt ein kleines Café und im Sommer Tsamboúna-Konzerte (Tel. 22 86 08 53 74, www.laponta.gr, tgl. 10–14 und 17–20 Uhr, Eintritt frei, Konzerte 7–12 €).

Übernachten

Abgelegen – **Akrotíri Hotel:** am Strand von Akrotíri, nahe den Ausgrabungen, Tel. 22 86 08 13 75, www.hotelakrotiri.gr, DZ NS 60 €, HS 90 €. Das kleine, unscheinbare Hotel mit 20 Zimmern und Studios in einfachen Bungalows und im Haupthaus steht an der Endhaltestelle der Busse von Firá nach Akrotíri, nur jeweils 50–100 m von den Ausgrabungen von Akrotíri und dem Anleger der Boote zum Red und zum White Beach entfernt. Zum Red Beach gelangt man zu Fuß in etwa 20 Min. Das Dorf Akrotíri ist etwa 1 km entfernt, mehrere Tavernen stehen in unmittelbarer Nähe des Hotels direkt am Strand.

Essen & Trinken

Griechisch normal – **María:** s. o., Hauptgerichte 5–8 €, offener Wein 7,50 €/l. Auf der Terrasse über der Dorfstraße serviert Maria Hausmannskost zu sehr günstigen Preisen. Auch ein *stifádo* vom Kaninchen steht manchmal auf dem Speiseplan.

Infos

Bus: Linienbusse fahren bis nach Akrotíri sowie zur Ausgrabungsstätte.
Boot: Bootstouren zum Red Beach und White Beach.

Red Beach ! ▸ D/E 8

Santorins wohl berühmtester Strand liegt südlich von Akrotíri am Ägäischen Meer, etwa 20 Gehminuten westlich der Ausgrabungen. Der sogenannte Red Beach (Kókkini Paralía) zieht sich 200 m lang unter einer in verschiedensten Rot- und Grautönen schimmernden Lava- und Schlackenwand entlang. Etwa 100 Sonnenschirme (7 €) werden vermietet, am westlichen Strandende hat in den meisten Jahren eine einfache Beach-Bar geöffnet, die manchmal auch Kajaks vermietet. Als Traumstrand kann man Red Beach kaum bezeichnen. Was lockt, ist seine Einzigartigkeit.

Infos

Der Strand ist vom Großparkplatz hinter dem Akrotíri Beach aus bequem zu erreichen. Vom Akrotíri Beach fahren zudem Boote hinüber. Sie tuckern dann noch ein paar Minuten weiter Richtung Westen bis zum zu Fuß nicht erreichbaren White Beach (s. u.) und kehren dann über den Red Beach wieder zum Akrotíri Beach zurück. Der Fahrpreis (ca. 6 €) gilt für die gesamte Fahrt, Fahrtunterbrechungen sind möglich. Am Red Beach und am White Beach können die Boote nicht anlegen, die Passagiere müssen sie über eine Leiter verlassen und knie- bis hüfttief durchs Wasser an Land waten. Badeschuhe mitnehmen!

White Beach ▸ D 8

Der wegen seiner besonders hellen Tuffwände so bezeichnete White Beach (Áspri Paralía) misst nur etwa 30 m, auf denen ca. 24 Sonnenschirme zur Vermietung aufgestellt sind. Wasser und Verpflegung sind mitzubringen. Übrigens: Gute Schwimmer mit Schwimmflossen können auch vom Red Beach zum White Beach hinüber schwimmen.

Archäologische Stätte Akrotíri ! ▸ E 8

Am Ende der Straße zum Akrotíri Beach, Tel. 22 86 08 19 39, Apr.–Okt. tgl. 8–20, Nov.–März Di–So 8–15 Uhr, Eintritt 12 € (Sammelticket S. 38)

Die Ausgrabungen der bronzezeitlich-minoischen Stadt von Akrotíri, die beim großen Vulkanausbruch 1645 v. Chr. vollständig unter einer dicken Bimsstein- und Ascheschicht begraben wurde, sind spektakulärer als viele andere in Hellas. Die dem Ausbruch vorangegangenen Erderschütterungen und die Vulkanasche richteten zwar schwere Zerstörungen an, ließen aber auch mehrgeschossige Hauswände stehen, füllten ihre Zwischenräume wasserdicht auf und versiegelten den Zustand vom Tag der Katastrophe an bis zu ihrer Freilegung vor weniger als 50 Jahren.

Zwar büßten die 3600 Jahre alten Fresken beim ersten Lichtstrahl, der auf sie fiel, viel von ihrer Farbigkeit ein und fielen bei der kleinsten Erschütterung in Stücken von den Wänden, zwar zerbröselte Holz umgehend an der frischen Luft – aber dennoch war hier vieles im Originalzustand erhalten, ohne je überbaut worden zu sein. Was kaum gefunden wurde, waren Metallgegenstände. Die hatte die santorinische Bevölkerung wegen ihres hohen Werts mit auf die Flucht vor dem Vulkan genommen. Dass die Flüchtlinge jemals irgendwo ankamen, gilt als sehr unwahrscheinlich.

Erste Ausgrabungen

Neuerliche Eruptionen auf den Kaméni-Inseln in der Zeit zwischen Februar 1866 und Oktober 1870 lockten Geologen und andere Wissenschaftler aus ganz Europa nach Santorin. Einer von ihnen war der Chemiker und Rektor der Athener Universität, Anastásios Christomános. Als ihm in einem Steinbruch auf Thirassía offenbar uralte Mauerreste gezeigt wurden, erkannte er schnell deren Bedeutung. Der Besitzer des Steinbruchs und ein Santoriner Arzt führten sogleich Ausgrabungen durch, denen sich bald der französische Vulkanologe Ferdinand Fouqué anschloss. Man fand in den Räumen eines Hauses Keramik, eine Lanzenspitze, eine Sichel aus Feuerstein sowie Skelettreste eines Mannes. Fouqué entdeckte kurz darauf auch erstmals Hausruinen in der Gemarkung Favátas bei Akrotíri. Französische Archäologen setzten daraufhin an dieser Stelle den Spaten an und stießen außer auf bemalte Keramik auch auf Reste eines farbenprächtigen Freskos.

Knossós und die minoische Kultur Kretas waren zu jener Zeit noch nicht entdeckt, eine Zuordnung der Funde zu bekannten Geschichtsepochen nicht möglich. So dauerte es denn auch bis 1899, bevor sich wieder einmal Archäologen Santorin zuwandten. Der junge Deutsche Robert Zahn legte im Erosionstal Pótamos wenige hundert Meter östlich von Akrotíri Hausreste frei. Wahrscheinlich waren sie Teil der bronzezeitlichen Stadt Akrotíri, die sich nach heutigen Schätzungen über eine Fläche von mehr als 200 000 m² ausdehnte, was etwa 20 Fußballfeldern entspricht. Aber auch Zahn wusste nicht, dass er auf Spuren der ältesten europäischen Hochkultur gestoßen war – Sir Arthur Evans begann mit der Freilegung der minoischen Palaststadt von Knossós auf Kreta erst ein Jahr später.

Ausgrabungen seit 1967

1967 begannen dann endlich systematische Ausgrabungen in Akrotíri unter der Leitung von Spirídon Nikoláou Marinátos. Er war 1929–37 Direktor des Archäologischen Museums von Iráklio auf Kreta gewesen. Er arbeitete dort auch eng mit Sir Arthur Evans zusammen, der den minoischen Palast von Knossós freilegte. 1937 wurde er zum Direktor der Griechischen Altertümer ernannt und führte in der Folgezeit Grabungen vor allem auf dem Peloponnes durch. Mit seinen Arbeiten auf Santorin wollte er anfangs vor allem eine (inzwischen falsifizierte) Theorie beweisen, die er bereits in den 1930er-Jahren aufgestellt hatte. Er glaubte, das minoische Kreta sei durch den gewaltigen Vulkanausbruch auf Santorin untergegangen.

Für ihn gab es gute Gründe, den Spaten gerade in Akrotíri anzusetzen: die Funde seiner Vorläufer, die relativ flache, für landwirtschaftliche Aktivitäten gut geeignete Umgebung und nicht zuletzt auch die nur relativ dünne Bimssteinschicht an dieser Stelle. Mit den sensationellen Funden, die Marinátos binnen kürzester Zeit machte, hatte er aber selbst nicht gerechnet. Seine Theorie gilt heute als widerlegt, doch die von ihm erzielten Grabungsergebnisse wurden zur Weltsensation. Professor Marinátos kam 1974 durch eine einstürzende Mauer in den Ausgrabungen ums Leben und ist dort beigesetzt. Nachfolger wurde sein 1933 geborener Schüler Chrístos Doúmas. Ein weiteres Todesopfer forderten die Ausgrabungen 2005, als beim Einsturz eines Schutzdaches ein britischer Urlauber ums Leben kam. Die Ausgrabungen wurden daraufhin fürs Publikum geschlossen und erst 2013 wieder geöffnet – nach dem Neubau einer jetzt auch erdbebensicheren Dachkonstruktion.

Rundgang

Im Rahmen der Arbeiten an dem neuen Dach wurden im Grabungsgelände auch neue Besucherwege angelegt. Leider gibt es vor Ort fast gar keine Erklärungstafeln, selbst die Kennzeichnung der Gebäude ist mangelhaft. Audio-Guides fehlen ebenso wie ausführliche gedruckte Führer. Dafür stehen leibhaftige Führer am Eingang bereit, die für 60 Euro etwa einstündige Führungen anbieten. Wer darauf verzichten will oder muss, findet unten stehend aber ausführliche Erklärungen, die zusammen mit dem Plan rechts ausreichen sollten, um die Ruinen zu verstehen. Beschrieben wird ein Rundgang im Uhrzeigersinn.

Auf die in den einzelnen Gebäuden gefundenen Fresken wird bei diesem Rundgang nicht näher eingegangen, da sie vor Ort nicht zu sehen sind. Ihre Beschreibung finden Sie im Santozeum in Firá (s. S. 104), wo exzellente Replikate ausgestellt sind.

Gebäude 3 (Xeste 3) 1

Der einst dreigeschossige Gebäudekomplex war wahrscheinlich kein Wohnhaus, sondern ein bedeutender Kultbau. Darauf weisen die zahlreich darin gefundenen Fresken und die besondere Raumaufteilung hin. Da die zur Straße hin gelegenen Räume im Erdgeschoss und im ersten Obergeschoss sehr viel aufwendiger gestaltet waren als die Räume im hinteren Bereich, wird vermutet, dass die vorderen Räumen offizieller ›Zeremonialbereich‹ und die hinteren ein ›Dienstleistungsbereich‹ waren. Aus der Tatsache, dass hier Kulträume im Erdgeschoss angesiedelt waren, schließen die Archäologen, dass es sich bei der Xeste 3 um ein vielen Theräern zugängliches, also quasi öffentliches Gebäude handelte.

Im vorderen Bereich des Erdgeschosses scheint ein als **Adyton** bezeichneter Bereich der kultisch bedeutsamste gewesen zu sein. Zu ihm führten mehrere, hintereinander gelegene und einzeln zu verhängende oder zu verschließende Türen *(políthira)* hin. So konnte die freie Sicht auf das, was sich im Adyton vollzog, teilweise oder ganz eingeschränkt werden.

Im Adyton führten mehrere Stufen in ein Becken hinab, das entgegen ersten Interpretationen aber kein Wasserbecken war. Da die Fresken im Adyton und den umliegenden Räumen außer Fruchtbarkeitssymbolen wie Krokussen, Enten und Flusslandschaften vor allem auch junge Mädchen und einen Altar mit steinernem Stiergehörn zeigten, nimmt die Archäologin Nánno Marinátos an, dass hier junge Frauen – vielleicht angehende Priesterinnen – symbolisch im Rahmen von Initiationsriten in den Schoss der Muttergottheit Erde aufgenommen wurden.

Block B (Building Beta) 2

Der zweigeschossige Gebäudekomplex war ebenfalls reich mit Fresken geschmückt. Sie zeigten Felsen emporkletternde Affen, feingliedrige Antilopen und zwei Knaben beim Faustkampf. In den Räumen im Untergeschoss sind eingemauerte Vorratsgefäße erhalten sowie Rhythen, konische Gefäße, mit denen aus diesen großen Gefäßen Flüssigkeiten geschöpft werden konnten. Die Kulträume im Obergeschoss interpretieren die Archäologen im Gegensatz zu denen in Xeste 3 als nur einer geringen Zahl von besonders dazu berechtigten Menschen zugänglich. Die Öffentlichkeit konnte an den Kulthandlungen bestenfalls Anteil nehmen, wenn sich Priester oder Priesterin am großen Fenster zeigten.

Mühlenplatz (Mill Square) 3

Die kleine, platzartige Erweiterung trägt ihren Namen nach einem angrenzenden Gebäude, in dem mehrere Handmühlen sowie geeichte

Akrotíri, Archäologische Stätte

Sehenswert

1 Gebäude 3
2 Block B
3 Mühlenplatz
4 Block D
5 Dreiecksplatz
6 Westhaus
7 Haus der Frauen
8 Nordmagazin

Vom Erdbeben zerstört: Steintreppe in Gebäudekomplex D

Messgefäße für Mehl, Öl und Wein gefunden wurden, die jetzt im Prähistorischen Museum in Firá (s. S. 95) zu sehen sind. Vielleicht hatte hier ein Händler seinen Laden.

Block D (Sector Delta) 4

Der größte bisher erschlossene Gebäudekomplex war wahrscheinlich ein Wohnhaus. Im Untergeschoss schmückte das »Frühlingsfresko« die Wand. Sein Replikat hängt ebenfalls im Santozeum.

Aus der Tatsache, dass in Bauten wie diesem jeweils nur eine Küche gefunden wurde, schließen die Archäologen, dass im alten Thera nicht jede Familie für sich kochte, sondern dass das Kochen eine Gemeinschaftsaufgabe war.

Dreiecksplatz (Triangle Square) 5

Auf dem Dreiecksplatz hat der heutige Besucher am deutlichsten das Gefühl, in einem gerade erst verlassenen Dorf zu sein. Es fehlen nur die Kaffeehaustische und -stühle – und natürlich Fensterglas in den Fensteröffnungen. Deren einstige Holzrahmen wurden von den Archäologen durch entsprechende Bemalung des Betons nachgeahmt. In der Umgebung dieses Platzes fanden sich besonders viele Anzeichen für kleine Werkstätten und Läden.

Westhaus (West House) 6

Im Westhaus an der Nordwestseite des Dreiecksplatzes, das mindestens zweigeschossig war, kamen besonders aufschlussreiche Fresken ans Tageslicht. Hier wurden die beiden Fischerknaben gefunden, die Ausschmückung im Stil einer Kapitänskajüte und vor allem das lange Fresko, das die Geschichte einer Seereise erzählt. Alle sind als Repliken im Santozeum bestens zu betrachten.

Haus der Frauen (House of the Ladies) 7

Dieses Haus erhielt von den Archäologen den Namen, weil hier die lebensgroßen Abbildungen zweier prächtig gewandeter Frauen eine Wand zierten; Rekonstruktionen zeigt das Prähistorische Museum in Firá. Manche Forscher vermuten, dass es sich bei ihnen um Priesterinnen handelt. Mangels schriftlicher Belege ist das aber, wie vieles in der minoischen Kultur, nicht zu beweisen.

Nordmagazin (Sector Alpha) 8

Dieser Gebäudekomplex war der erste, den Spirídon Marinátos 1967 freilegte. Mehrere Píthoi, große Vorratsgefäße, kennzeichnen einen Lagerraum, an den sich wohl Läden mit Fenstern anschlossen. Auch eine Waage und eine Schiefertafel wurden gefunden. Archäologen interpretieren das Nordmagazin als einen ›Kommunalbau‹ ohne kultische Bezüge.

Infos

Führungen

Wenn genügend gleichsprachige Besucher da sind, stellen die Akrotíri-Führer auch gern Gruppen zusammen, die sich dann die 60 € teilen können. Vorbestellung eines Führers ist unter santorinitourguides@gmail.com möglich. Die Reisebüros auf der Insel bieten auch Busausflüge nach Akrotíri mit Führung an.

Verkehr

Bus: Linienbusse von Firá fahren über das Dorf Akrotíri bis zur Ausgrabungsstätte. An der Bushaltestelle gibt es ein Selbstbedienungslokal mit Terrasse am Meer, in dem man Wartezeiten gut überbrücken kann.

Zum Leuchtturm am Kap Akrotíri ▸ C/D 7/8

Die 5 km lange Strecke von Akrotíri zum Leuchtturm gehört zu den landschaftlich reizvollsten der Insel. Fast immer sind sowohl die Caldera als auch das offene Meer zu sehen. Zweimal führen Stichstraßen zu wenig besuchten, steinigen Stränden mit je einer Taverne hinunter, improvisierte Verkaufsstände am Straßenrand laden zur Verkostung von Inselspezialitäten ein. Häuser stehen nur noch vereinzelt in der Landschaft – aber leider auch kleinere Bauruinen. Meist haben die Bauherren ohne Genehmigung mit ihren Aktivitäten begonnen, weigern sich aber, für den Abriss ihrer hässlichen Rohbauten zu bezahlen.

Kurz vor Erreichen des Leuchtturms verwandelt sich die Landschaft dann noch einmal. Der Reisende fühlt sich fast in die schottischen Highlands oder nach Irland versetzt. Die Bäume am Straßenrand sind vom Wind gebeugt, Pfade führen dicht an Steilabfällen entlang. Vom Leuchtturm aus reicht der Blick über die gesamte Caldera hinweg bis nach Íos, Folégandros und Síkinos. Im Süden sind die unbewohnten Christianá-Inseln fast immer zu sehen; die über 120 km entfernten Berge Kretas erspäht man schemenhaft nur an klaren Wintertagen. Erfreulicherweise gibt es am Leuchtturm noch nicht einmal eine mobile Snack-Bar – der Besucher ist mit der Natur allein, sobald er sich über Trampelpfade ein wenig von anderen Touristen absetzt.

Kámbia Beach ▸ D 8

Ein 2,4 km langer, gut befahrbarer Feldweg senkt sich von der Asphaltstraße Richtung Akrotíri zum steinigen Kámbia Beach ab, wo im Hochsommer Liegen und Sonnenschirme für ca. 7 € vermietet werden. Ins Meer kommt man hier am besten über eine Badeleiter.

Mésa Pigádia Beach ▸ D 8

Nur 1,1 km ist der Feldweg durch Weingärten lang, der von der Hauptstraße Richtung Leuchtturm zu diesem etwa 500 m langen, steinigen Strand vor weißen Bimssteinklippen führt. Zwei Dutzend Sonnenschirme sind nahe der guten Taverne Mésa Pigádia (siehe rechts) aufgestellt, ansonsten ist viel Platz für Robinsonaden à la Santorin.

Panagía Kalamiótissa

▸ C 8

Die auffällig schön gelegene Kirche der ›Allheiligen vom Spanisch-Rohr‹ ist von der Straße zum Leuchtturm über eine zwar steile, aber gut asphaltierte Stichstraße zu erreichen. Obwohl ständig verschlossen, lohnt die Fahrt hinab nicht nur wegen der guten, aber ja üblichen Aussicht, sondern auch wegen der vielen Blumen um die erst 1993 geweihte Kirche herum.

Leuchtturm ▸ C 8

Parkplatz ca. 100 m vor Straßenende, am Straßenende unterhalb des Leuchtturms nur Parkmöglichkeit für ca. vier Fahrzeuge, das Wenden ist hier schwierig

Der südlichste Leuchtturm der Kykladen steht seit 1892 in 100 m Höhe auf dem **Kap Akrotíri.** Über 90 Jahre lang wurde er mit Petroleum befeuert, seit 1983 ist er elektrifiziert. Der Leuchtturmwärter räumte 1988 seinen Arbeitsplatz, weil eine Automatisierung ihn überflüssig machte. Der 10 m hohe, weiß gekalkte Turm ist in das ehemalige Wärterhaus integriert und gehört zu den schönsten der Ägäis. Von der Abend- bis zur Morgendämmerung sendet er seinen Leuchtstrahl alle zehn Sekunden aus und ist bei normalen Wetterverhältnissen bis in etwa 45 km (24 sm) Entfernung zu sehen (Video auf www.faroi.com).

Vom Leuchtturm aus sind drei unbewohnte und praktisch völlig unzugängliche Inselchen südlich der Caldera deutlich zu sehen. Noch Teil des Caldera-Randes zwischen Santorin und Thirassía ist **Aspronísi,** die ›weiße Insel‹. Das 60 m hohe, 640 m lange und 210 m breite Eiland ist fast vollständig mit hellen Bimssteinmassen aus der großen Eruption in minoischer Zeit bedeckt. Als Lavadome ragen weiter südlich an der Schifffahrtsroute Richtung Kreta **Askaniá** und **Christianí** 160 bzw. 285 m hoch aus dem Kretischen Meer. Sie liegen auf einer tektonischen Linie, die vom Koloúmbos-Vulkan (s. S. 166) über die Kaméni-Inseln (s. S. 255) bis hierher reicht. Aschen- und Bimssteinablagerungen aus der minoischen Eruption sind hier kaum vorhanden.

Wo die Straße zum Leuchtturm endet, führt ein staubiger Weg etwa 70 m bergan zu einem Aussichtspunkt. Zwei Lavaformationen an der Steilküste wirken hier wie zwei mächtige Köpfe mit stark geschnittenem Profil, die an die Präsidentenköpfe von Mount Rushmore im US-amerikanischen South Dakota erinnern (siehe auch Lieblingsort S. 250).

Übernachten

Dem Leuchtturm am nächsten – **Maison des Lys:** rechts der Straße zum Leuchtturm, Tel. 22 86 08 18 77, www.maisondeslys-santorini.com, DZ NS 200–504 €, HS 350–840 €, 30 % Frühbucher-Rabatt. Das südlichste Luxushotel der Insel mit nur 15 Suiten steht auf grünem Rasen gut in die Landschaft eingepasst auf einem kleinen Kap abseits der Straße und weit weg vom Massentourismus. Ein Pool ist dabei, viele Suiten bieten zudem einen privaten Whirlpool mit 180-Grad-Caldera-Blick. In einigen Suiten kann an kühleren Abenden auch ein offener Kamin entzündet werden.

Essen & Trinken

Eigene Fischerboote – **O Giorgáros:** letzte Taverne vor dem Leuchtturm, Tel. 22 86 08 30 35, tgl. ab 12 Uhr, Portion kleine Fische ab 6 €, Fisch der ersten Kategorie 48 €/kg, Bauernsalat 5 €, offener Wein 7 €/l. Die südlichste Fischtaverne der Kykladen liegt nicht nur extrem, sondern hat auch für santorinische Verhältnisse extrem günstige Preise. Die Familie des Wirtes Andréas Arvanítis und seiner Frau María Alifrángi besitzt selbst drei Fischerboote, entfernte Verwandte sind ebenfalls Fischer. So quillt die Schauvitrine meist von Fisch über, vor allem von den kleinen »Felsfischen«, die vor den Steilküsten gefangen werden.

Schlicht am Strand – **Kámbia:** am Ende des Feldwegs zum Kámbia Beach, Tel. 69 74 05 44 91, tgl. ab 9 Uhr. Die Snackbar mit kleiner Terrasse unter einem Dach aus Spanisch-Rohr serviert einfache Gerichte wie Souvláki, Omelettes, Sandwiches, Kalamares, frischen Fisch und Salate. Für ein schlichtes Mittagessen zahlt man ca. 10 €.

Immer noch traditionell – **Taverne Mésa Pigádia:** am Ende des Feldwegs, tgl. ab 9 Uhr. Ein ehemaliger Bootsschuppen in einer der Höhlen beherbergt jetzt die Küche der kleinen Taverne, in der noch jeden Tag einige Gerichte frisch gekocht werden. Besonders gut ist das von Wirtin Valentína fast täglich zubereitete Moussaká. Auch Fisch ist relativ preiswert. Einen Blick wert sind die vom Wirt gesammelten Lavabrocken, die wie künstlerische Skulpturen wirken und die verschiedensten Gebilde und Gesichter erkennen lassen. Schöner Kommentar eines Besuchers: »If you are looking to find a piece of old Greece in the madness of commercialised Santorini look no further ...« (tripadvisor).

Einkaufen

Ein gutes Herz – **I Kalí Kardiá:** links der Straße zum Leuchtturm zwischen den Abzweigungen zum Kámbia und Mésa Pigádia Beach, Tel. 22 86 08 22 47, tgl. ab ca. 10 Uhr. Ein Herz ist das Logo des kleinen Standes von Ánna und Michális Bélas. Hier und in der Taverne nebenan verkaufen sie nur ihre eigenen Produkte vom wilden santorinischen Safran bis zu in Olivenöl eingelegten luftgetrockneten Tomaten, Kapern, *fáva,* Oliven, Lorbeer und Salbei. Besonders lecker ist ihre gut gewürzte Tomatenpaste. Das meiste kann am Stand verkostet werden, sogar ein paar Tische und Stühle sind aufgestellt. Wenn Ánna nicht gerade in ihrem nahen Bauernhaus beschäftigt ist, wartet sie selbst am Stand – und bezaubert Besucher durch ihre strahlenden blauen Augen und ihr natürliches Temperament. Ihr Mann ist lieber auf seinen Feldern. Dafür arbeiten Kinder und Nichten mit.

Lieblingsort

Die Ferne lockt – am Kap Akrotíri ▸ C 8

Unterhalb des Leuchtturms am Kap Akrotíri mit seinen an Tier- und Menschenköpfe erinnernden Felsformationen ist der Träumer meist mit sich und der Ägäis allein. Die Caldera verliert an Bedeutung, die Weite des offenen Meeres schlägt in den Bann. Schiffe und Jachten ziehen vorbei, kommen von Kreta oder fahren dorthin. Wenn Santorin uns zwischenzeitlich die restliche Welt vergessen ließ, kommen wir her und fühlen sofort: Es gibt noch so viel zu entdecken …

JAMES

Das Beste auf einen Blick

Kaméni-Inseln, Thirassía und Íos

Highlights!

Manolás auf Thirassía: Im Hauptort von Santorins kleiner Schwesterinsel gewinnen Sie einen Eindruck davon, wie die Kraterranddörfer dort ohne Touristen aussehen könnten. Sie haben die Schönheit Santorins vor Augen und sind doch meist ganz mit den wenigen Dorfbewohnern allein. S. 261

Chóra von Íos: Das Hauptdorf von Íos gilt zu Recht als eines der idyllischsten des ganzen Archipels. Es thront an einem kahlen, mit Kapellen bestandenen Fels und zieht sich immer weiter die Hänge zum Meer hinunter. Aus seinen engen Gassen sind Autos völlig verbannt. S. 270

Auf Entdeckungstour

Caldera-Rundfahrt: Eine beschauliche Bootsfahrt durch die Caldera gehört zu jedem Santorin-Urlaub. Dabei können Sie auf Néa Kaméni zu den Schwefeldampfquellen des Geórgios-Kraters hinaufwandern und vor Paléa Kaméni in einer Bucht mit warmen Quellen schwimmen. Meist gehört auch ein Kurzbesuch auf Thirassía zum Programm. S. 258

Kultur & Sehenswertes

Potamós auf Thirassía: Das nur noch von wenigen Menschen bewohnte Dorf liegt in einem der Erosionstäler der Insel. Zwischen den Fassaden der Höhlenwohnungen bieten die zwei Dorfkirchen fotogene Motive. S. 264

Archäologisches Museum auf Íos: Vieles, was die Archäologen in Skárkos fanden, ist heute in dem modernen Museum im Inselhauptort ausgestellt. S. 270

Skárkos auf Íos: Die Ausgrabungen der besterhaltenen Siedlung aus der frühkykladischen Epoche zeugen von der hoch entwickelten Kultur der Kykladenbewohner schon vor dem Erblühen von Akrotíri auf Santorin. S. 278

Aktiv unterwegs

Kapitän ohne Führerschein: Am Milopótas Beach von Íos können Sie Motorboote mieten, auch wenn Sie kein Kapitänspatent besitzen. S. 275

Genießen & Atmosphäre

Kloster Kímisi tis Theotókou auf Thirassía: Nach einer 45-minütigen Wanderung durch stille Landschaft kommen Sie zu diesem verlassenen Kloster ganz im Süden der Insel. Die Aussicht ist prächtig, die Ruhe unbeschreiblich. S. 266

Harmony Bar auf Íos: In der Beach-Bar mit mexikanischer Küche am Milopótas-Strand können Sie Ihren Drink mit Blick aufs Meer in einer Hängematte genießen. S. 275

Abends & Nachts

Nightlife auf Íos: Íos ist die Party-Insel von Teens und jungen Twens aus aller Welt. An jedem Sommerabend verwandelt sich die Chóra in eine einzige große Freiluftbar – teils auch mit griechischen Akzenten. S. 273

Auf zu anderen Inseln

Von Santorin aus sind fast immer andere Inseln zu sehen: meist Anáfi, Íos und Síkinos, an klareren Tagen auch Folégandros, Amorgós, Náxos und die Náxos vorgelagerten ›Kleinen Kykladen‹, die Erimoníssia. Sie alle sind bewohnt. Und dann sind da natürlich die Eilande, die direkt zu Santorin gehören: Thirassía als zweiter und Asprónissi als dritter Teil des Inselrunds, dazu im Süden die drei völlig kahlen Christiani-Inseln und mitten in der Caldera die beiden Kaméni-Inseln. Bis auf Thirassía sind sie alle unbewohnt.

Infobox

Reisekarte: ▶ A–E 2–6; Karte 2

Infos im Internet

www.thirasia.gr: Schön bebilderte, von der EU mitfinanzierte Homepage der Insel Thirassía, die leider nicht weiter ausgebaut wird.
www.ios.gr: Sehr gute und ausführliche Website der Gemeinde, allerdings nur auf Griechisch.
www.ios.de: Liebevoll gemachte, private Website, jedoch ohne großen Informationsgehalt.
www.iosinfo.gr: Von mehreren kommerziellen Websites zur Insel die beste.
www.ios-hellas.com, www.iosgreece.com, www.travel-to-ios.com und www.loveiosgreece.com: Kommerzielle Websites mit jeweils bruchstückhaften Informationen.

Anreise

Kaméni-Inseln: Die beiden Vulkaninseln sind nur über organisierte Bootstouren erreichbar (s. u.).
Thirassía: Vom Ammoúdi-Hafen in Oía fahren mehrmals tgl. kleine **Passagierboote** nach Ríva, die Überfahrt kostet 1 €. Auskunft über die tagesaktuellen Fahrzeiten gibt gern und freundlich die Hafenpolizei in Firá (Tel. 22 86 02 22 39). Sie nennt auch die Fahrzeiten der kleinen **Autofähre Níssos Thirassía,** die mehrmals tgl. zwischen dem Athiniós-Hafen und Ríva pendelt und bei einigen Fahrten und ruhiger See auch im Ammoúdi-Hafen von Oía anlegt. Tickets (ca. 3 €/einfache Fahrt) für dieses Schiff verkauft auf beharrliche Anfrage das Reisebüro Pelican Travel in Firá (in der Nordwestecke der Platía, Tel. 22 86 02 22 20).
Íos: Mehrmals tgl. verkehren große **Autofähren** (Fahrzeit: 75–90 Min.) und schnelle **Katamarane** (Fahrzeit: ca. 35 Min.) zwischen Athiniós und Íos. Über die wechselnden Abfahrtzeiten informieren die Santoriner Reisebüros sowie die Website www.greekferries.gr. Das Ticket für Hin- und Rückfahrt kostet je nach Schiff ca. 15–20 €.

Organisierte Tagestouren zu den Inseln der Caldera

Bootstouren in der Caldera zu verschiedenen Tageszeiten bieten die Reisebüros Santorins an. Die kürzesten Touren dauern inkl. Transfer zum Hafen etwa 4 Std., die längsten inkl. Lunch- und Badepause auf Thirassía 7 Std. Die Preise liegen bei etwa 26–35 €. Mit dem privaten Bootstaxi zahlen bis zu acht Personen etwa 1000 € für 6 Std.

Zu den Kaméni-Inseln führen im Sommerhalbjahr zahlreiche organisierte Bootsausflüge von Santorin aus. Manche von ihnen gewähren auch Zeit für einen Kurzbesuch von Thirassía. Dorthin fahren auch eine kleine Auto- und eine noch kleinere Personenfähre; an manchen Tagen legen sogar Großfähren auf ihrem Weg von und nach Piräus dort an.

Zu den übrigen Inseln des Kykladen-Archipels fahren zwar große Autofähren und zum Teil auch schnelle Katamarane, doch die Fahrpläne sind so ungünstig oder die Fahrzeiten so lang, dass sie sich für einen Tagesausflug von Santorin aus kaum eignen. Nur Íos ist so gut mit Santorin verbunden, dass man den ganzen Sommer über morgens hin und abends wieder zurückfahren kann und dabei genug Zeit hat, um diese so ganz andere Insel samt Grab des Homer und prähistorischer Ausgrabungsstätte kennenzulernen sowie an einem ihrer feinsandigen Strände zu baden.

Mietwagen stehen dort schon am Hafen bereit. Wer sich den sparen will, kann auch im Hauptdorf der Insel, der Chóra, genug Schönes erleben und zwischen Hafen, Dorf und dessen Strand mit dem preiswerten Linienbus pendeln. Wer sich ins junge Nachtleben der Insel stürzen möchte, findet am Hafen und in der Chóra problemlos ein Zimmer.

Kaméni-Inseln ▸ D/E 5/6

Die ›verbrannten Inseln‹ liegen genau auf dem Santorin-Amorgós-Rücken, der einen Teil des Südägäischen Vulkanbogens von Méthana auf dem Peloponnes über Mílos nach Níssiros und Kos bildet. Auf ihnen gibt Feuergott Hephaistos noch Lebenszeichen. Nach dem großen verheerenden Ausbruch von 1645 v. Chr. war er anscheinend zunächst einmal etwas erschöpft. Nach über 1450 Jahren aber meldete er sich erneut. Dank eines Textes des antiken Geografen Strabo (ca. 64 v. Chr.–20 n. Chr.) lässt sich das Ereignis recht exakt in das Jahr 197 v. Chr. datieren:

Im Zentrum der bis dahin insellosen Caldera tauchte bei einem erneuten Ausbruch des Vulkans eine Lavainsel auf, die man Hiera, ›Die Heilige Insel‹, nannte. Nach anderen Quellen wurde sie auch als Automate, ›Die selbstbewegliche Insel‹, bezeichnet. Beide Namen geben offenbar dem großen Staunen der Menschen jener Zeit über das seltene Naturereignis Ausdruck. Ihre Entstehung schrieben sie neben Hephaistos vor allem dem auch als Erderschütterer gefürchteten Meeresgott Poseidon zu, den die Römer später Neptun nannten. Ihm wurde auf Hiera sogar ein kleines Heiligtum geweiht. Als automatisch nahm man die Tatsache wahr, dass sich Hiera durch mechanische Kräfte auch in der Folgezeit noch weiter aus dem Meer erhob.

Die Entstehung der heutigen Vulkaninseln

In den nächsten 2000 Jahren kam es immer wieder zu Eruptionen und Lavaflüssen, die das Gesicht der Caldera ständig veränderten. Im Jahr 46 n. Ch. entstand neben Hiera eine neue Insel, die sich mit Hiera vereinte. Man nannte sie Thia, ›Die göttliche Insel‹. 726 folgte eine besonders heftige Eruption, die Bimssteinasche bis an die Dardanellen und ins heute nordgriechische Makedonien trug. Die dabei entstandene Insel wuchs mit Hiera zu **Paléa Kaméni,** also ›Alt-Kaméni‹, zusammen. Ein Teil von Paléa Kaméni versank dann bei einer weiteren Eruption 1457/58 teilweise im Meer.

Zwischen 1570 und 1573 war der Vulkan erneut aktiv. Diesmal schuf er eine neue Insel etwa vier Kilometer nordöstlich der alten, die man Mikrá Kaméni, also ›Klein-Kaméni‹, nannte. 1649/50 wandte sich Feuergott Hephaistos ausnahmsweise einmal von der Caldera ab und entwickelte vor der offenen Ägäisküste Santorins seine Aktivitäten nahe dem Kap Koloúmbos (s. S. 166).

Doch schon 1707 besann er sich wieder auf die Caldera. Zwischen 1707 und 1711 bauten Aschen und Lava eine große neue Insel auf, die sich mehr als 100 m hoch aus dem Meer erhob: **Néa Kaméni,** ›Neu-Kaméni‹, war unter Flammen und lauten Explosionen geboren. Auf ihr steigen bis heute Schwefeldämpfe gen Himmel. Zwei günstige Naturhäfen entstanden, heiße Quellen am Meer wurden jetzt als heilkräftig betrachtet. Die Fischer und Seeleute nutzten die Häfen als sichere Liegeplätze, etwa 50 einfache Sommerhäuser wurden errichtet.

In mehreren Eruptionsphasen zwischen 1866 und 1870 vereinigten sich dann Mikrá und Néa Kaméni zu einer einzigen Insel. Mikrá Kaméni verlor seinen Namen, die Sommerhäuser wurden zerstört und nie wieder aufgebaut.

Unter Beobachtung

In der ersten Hälfte des 20. Jh. wurden die in dieser Zeit häufigen Eruptionen erstmals von Naturwissenschaftlern ausgiebig beobachtet und dokumentiert. So steckt in vielen Ansichtskartenständern Santorins die Reproduktion einer historischen Aufnahme von der Aktivitätsperiode 1925–28, auf der von Néa Kaméni eine pyroklastische Gassäule voller zu Staub zerriebener Lava- und Bimssteinmassen aufsteigt, die Höhen bis zu 3,2 km erreichte. Zwischen 1939 und 1941 kam es auf Néa Kaméni zu erneuten Lavaausflüssen und Eruptionen. Viele kleine Krater entstanden, die man heute noch im Rahmen eines Ausflugs auf die Kaméni-Inseln (siehe Entdeckungstour S. 258) erkennen kann. Ein bis dato letzter kleinerer Ausbruch wurde 1950 verzeichnet.

1956 überraschte Hephaistos die Santoriner dann auf ganz andere Art: Im Gegensatz zu den vielen Vulkan-

Bei einer kurzen Wanderung auf Néa Kaméni passiert man gleich mehrere Vulkankrater

ausbrüchen kamen bei dem Erdbeben am 9. Juli jenen Jahres auch viele Menschen zu Schaden.

Thirassía ▸ A–C 2–5

Ohne den Anblick von Thirassía wäre Santorin nur halb so schön. Die Insel ist der zweite Teil des Kraterrandes, der nach der Katastrophe von 1645 v. Chr. erhalten blieb. Sie schafft erst das verständliche Bild von der runden Inselgestalt vor dem Ausbruch. Geologisch gleicht Thirassía weitgehend der größeren Schwester. Auch hier stürzen die Kraterwände steil in die Caldera, senkt sich die Insel viel sanfter zur offenen Ägäis hin ab. Auch auf Thirassía wurde im 19. Jh. viel Santorin-Erde abgebaut, haben die Bauern überwiegend Wein, Platterbsen, Tomaten, Gemüse und etwas Getreide angebaut. Das Hauptdorf thront wie Firá auf dem Kraterrand, zwei kleine, heute nahezu unbewohnte Weiler verstecken sich in Erosionstälern.

Thirassía ist mit einer Fläche von nur 9,3 km² deutlich kleiner als Santorin. Ihre maximale Länge ▷ S. 261

Auf Entdeckungstour: Vulkanismus hautnah – Bootstour zu den Kaméni-Inseln

Die beiden Lavainseln in der Caldera sind Naturschutzgebiet. Auf Néa Kaméni können Sie zum Geórgios-Krater hinaufwandern, vor Paléa Kaméni in warmen Quellen baden. Bei der Überfahrt bieten sich zudem immer neue Perspektiven auf die Dörfer am Kraterrand Santorins und Thirassiás.

Reisekarte: ▶ D–F 5/6

Wanderung auf Néa Kaméni: Dauer hin und zurück ca. 45 Min., Mautgebühr 2 €.
Ausrüstung: Auf dem staubigen Untergrund von Néa Kaméni sind Turn- oder Wanderschuhe notwendig, Sonnenschutzmittel und Kopfbedeckung sind unerlässlich. Mit Getränken werden Sie an Bord gut versorgt.
Weitere Tourinfos: siehe Infobox S. 254 (auch zu organisierten Touren).

Die Bootstouren starten in Athínios, Firá oder Oía. Jeder findet einen bequemen Platz an Deck. Sanft tuckert das Boot, das bei günstigen Winden sogar Segel setzen kann, über das glasklare Wasser. Winzig wirkt es gegen die Kreuzfahrtschiffe, an denen es vorbeigleitet.

Bald ist die Küste von **Néa Kaméni** erreicht. Erst aus der Nähe wird deutlich, welch gewaltige Lavamassen diese Insel aufbauten. Wer genau hinschaut, erkennt immer wieder feine Unterschiede in Struktur und mineralischer Zusammensetzung der Laven. Sie ändert sich von Eruption zu Eruption, auch wenn diese binnen weniger Wochen kurz hintereinander erfolgen.

Von Krater zu Krater: eine Wanderung auf Néa Kaméni

Als Erstes legen die Boote für etwa eine Stunde in der **Petroulioú-Bucht** an. Von hier geht es zum Ágios Geórgios-Krater hinauf.

Am Weg liegen kleinere Krater, die erst in der Eruptionsphase zwischen 1925 und 1928 entstanden und die zumeist nach Geologen benannt sind, die zu jener Zeit auf Santorin forschten. Am eindrucksvollsten sind die dicht beieinander gelegenen **Dáfni-Krater I und II,** aus denen 1925–28 die gewaltigen Dampf- und Aschewolken aufstiegen, die auf den auf Santorin verkauften historischen Postkarten zu sehen sind. Sie schleuderten damals unter ohrenbetäubenden Getöse in einem Umkreis von über 1500 m glühende Lavabrocken aus. Auf der rechten Seite folgen dann die Krater **Fouqué, Reck** und **Smith I** aus den Jahren 1940/41, links **Níki** und **Smith II** aus den Jahr 1941.

An einigen Stellen ist bei genauem Hinsehen schon erster Pflanzenbewuchs sichtbar: Insgesamt sind für Néa Kaméni knapp 160 und für Paléa Kaméni sogar rund 180 Arten nachgewiesen. Darunter sind Blütenpflanzen wie die kretische Zistrose und die Quirlblättrige Heide, Bäume wie die Kermeseiche und die Feige oder Kräuter wie Minze und Salbei.

Am Ende des Wegs liegt der **Geórgios-Krater** am mit 134 m höchsten Punkt der Insel. Er bildete sich bereits 1866 und wurde nach dem damals regierenden neugriechischen König Geórgios I. benannt. An seinem Rand sind einige gelblichweiß gefärbte Areale zu erkennen, aus denen heißer, schwefelhaltiger Dampf austritt. Diese Fumarolen (Wasserdampfquellen) oder Solfataren (Schwefeldampfquellen), die manchmal nur ganz schwach sind, zu anderen Zeiten aber so kräftig, dass man sie selbst von Santorin erkennen kann, stehen in Verbindung mit flüssigen Magmakammern unter Néa Kaméni. Der Boden ist hier bis zu 95 °C heiß – als Néa Kaméni noch nicht unter Schutz

stand, brieten manchmal Fremdenführer Spiegeleier auf Lavabrocken. Die gelben Schwefelkristalle um die Austrittsstellen der Dämpfe wurden auf Santorin anders als auf Níssiros nie wirtschaftlich genutzt. Dort baute man den Schwefel im 19. Jh. ab und exportierte ihn.

Ein warmes Bad vor Paléa Kaméni

Von der Petroulioú-Bucht fährt das Ausflugsboot um die Nordwestspitze von Néa Kaméni herum. Zunächst passiert es Lavaküste aus der Eruptionsperiode zwischen 1925 und 1928, dann aus der aktiven Zeit zwischen 1707 und 1711. Danach wirft das Boot vor Paléa Kaméni in der **Doppelbucht Órmos Agíou Nikláou** Anker. Auf der mittleren Felszunge steht eine kleine, weiße Kapelle, die dem hl. Nikolaus als Schutzpatron der Fischer und Seeleute geweiht ist. Alljährlich am 5./6. Dezember wird ein kleines Kirchweihfest gefeiert.

Die nördliche Bucht begrenzt eine dunkle Lavazunge aus Blocklava, die noch vom Ausbruch aus dem Jahr 726 stammt. Diese Lava ist nur hier im äußersten Nordosten von Paléa Kaméni sichtbar. Der Rest wird wie die Landzunge, auf der die Kapelle steht, von schon stärker verwitterten Laven aus den Jahren 197 v. Chr. und 46 n. Chr. gebildet.

In der kleinen, fjordartigen Bucht südlich der Kapelle mischt sich das Wasser heißer, schwefelhaltiger Quellen mit dem Meerwasser, das so Temperaturen zwischen etwa 30 und 40 °C erreicht. Die Lava am Ufer ist am Spülsaum eisenrot gefärbt, im Wasser vermischen sich Rot- und Brauntöne mit dem Türkis der Ägäis. Zeitweise steigen Gasblasen auf, erinnern an Mineralwasser mit Kohlensäure. Die Farbintensität wechselt von Tag zu Tag und ist bei ruhiger See am größten.

Eisen unter den Füßen

Der Meeresboden in der Bucht wird von einer etwa 60 cm dicken Schlammschicht gebildet, in der Geologen ganz unterschiedliche chemische Formen von Eisen nachweisen konnten. Dieses Eisen wird von aus dem Erdinneren aufsteigenden warmen Gasen aus den Gesteinen gelöst. Auch Eisenbakterien spielen bei der Ausfällung eine wichtige Rolle. Wer mag, kann ein wenig im schlammigen Untergrund graben und wird feststellen, dass dieser in etwa 20 cm Tiefe seine Farbe verändert, von Rotbraun in Grünschwarz übergeht. Auch dies hängt mit chemischen Reaktionen zusammen.

Wirtschaftlich werden die Eisenablagerungen in der Caldera von Santorin bislang noch nicht genutzt. Nach geologischen Untersuchungen sind hier jedoch allein in den letzten 180 Jahren etwa 350 000 t Eisen und zusätzlich noch 19 000 t Mangan abgelagert worden.

Früher lockte der hohe Mineralgehalt in dieser ›Eisenbucht‹ denn auch die Bootsleute von Santorin nicht wegen des Badespaßes an, sondern weil die chemische Zusammensetzung des Wassers den Grünspan von mit Kupfer beschlagenen Schiffsrümpfen ablöste und sie nach kurzer Zeit wieder wie neu aussehen ließ. Heute warnen die Bootsleute eher vor den chemischen Reaktionen: Wer hier badet, sollte vorher unbedingt jedweden Schmuck ablegen, da er sonst binnen kürzester Zeit anlaufen kann.

Variabler Ausgang

Nach der Badepause beim hl. Nikolaus fahren die Boote entweder nach Santorin zurück oder legen noch an der Kórfos-Bucht von Thirassía an, wo mehrere Tavernen zur Mittagspause und ein steiniger Strand eventuell sogar zum Baden einladen (s. S. 263).

Einige Touren bieten jedoch auch anschließend die Möglichkeit zum Ausstieg im Arméni-Hafen von Oía, wo man noch den Sonnenuntergang vom Lóntza-Kastell aus beobachten kann, bevor man, in der Regel per Bus, zurück nach Firá, Kamári oder Períssa gebracht wird.

beträgt 5,7 km, die maximale Breite 2,7 km. Der höchste Berg, wie auf Santorin Profítis Ilías genannt, kommt nur auf 294 m Gipfelhöhe.

Am touristischen Höhenflug Santorins hat Thirassía eigenartigerweise kaum Anteil genommen. Es gibt auf der Insel kein einziges Hotel und nur eine Pension, deren Zimmer außerhalb der Sommerferien überwiegend langfristig an auf die Insel entsandte Staatsbedienstete vermietet sind. Kein Reiseveranstalter sendet Urlauber auf die Insel, kein Reisebüro auf Santorin bietet – außer Kurzaufenthalten am Strand im Rahmen von Caldera-Rundfahrten – Tagesausflüge nach Thirassía an. Wer mit den mehrmals täglich verkehrenden Fähren hinüber will, muss den täglich wechselnden Fahrplan bei der Hafenpolizei erfragen.

Es scheint, als hüteten all die, die auf Santorin ihr Geld im Tourismus verdienen, eifersüchtig ihre Pfründe. Nicht einmal Brosamen gönnt man den Thirassiern. Bis 1992 war Thirassía nämlich eine eigenständige Inselgemeinde – und heftige Konkurrenz von Dorf zu Dorf ist eine griechische Eigenart. 1992 wurde Thirassía im Rahmen einer ersten Gemeindestrukturreform dann der Gemeinde Oía zugeschlagen – und im Zuge der 2011 eingeleiteten zweiten Reform bildet sie nun zusammen mit ganz Santorin eine einzige Verwaltungseinheit. Dass das zu einer touristischen Entwicklung auch auf Thirassía führen wird, ist jedoch kaum anzunehmen.

Die in den 1980er-Jahren vom sozialdemokratischen Premier Andréas Papandréou eingeleitete Politik, entlegene Regionen vor der totalen Entvölkerung zu bewahren, hat auch Thirassía am Leben gehalten. Obwohl ihre Einwohnerzahl, die 1896 die Rekordhöhe von 855 Menschen erreichte, inzwischen auf offiziell 268 zurückgegangen ist, besitzt Thirassía alle drei Schulstufen von der ersten bis zur 12. Klasse, können Schüler auf dem Inselzwerg ihr Abitur ablegen. Die Schüler-Lehrer-Rate dürfte eine der besten ganz Europas sein: 2016 unterrichteten 12 Lehrer 15 Schüler! Auch Kindergarten und Kindertagesstätte sind vorhanden, eine Landarztpraxis, ein Hubschrauberlandeplatz und ein Bürgerzentrum, das den Einwohnern alle Fragen im Zusammenhang mit staatlichen Behörden erleichtert. Es gibt sogar eine Tankstelle, aber die ist täglich nur für eine Stunde geöffnet. Auch die Bankenwelt ist mit einem Bargeldautomaten vertreten, der am Bürgerzentrum installiert wurde.

Infos

Infos

Es gibt auf der Insel keine Tourismusbüros.

Webadresse siehe Infobox S. 254.

Verkehr

Bus: Der einzige Inselbus verbindet Ríva mit Manolás. Der Fahrplan richtet sich nach dem Fahrplan der Piräus-Fähren und den Bedürfnissen des Schulbetriebs.

Taxi: K. Manólis in Ríva, Tel. 22 86 02 90 25.

Manolás ! ▸ B 3/4

Manolás, der thirassiaische Kontrapunkt zu Firá auf Santorin, ist der Hauptort der Insel und etwas belebter als die anderen Dörfer der Insel. 260 Stufen, über die man sich auch vom Maultier 160 m hinauftragen lassen kann (6 €/Weg), verbinden ihn mit dem Kórfos Beach, wo die Caldera-Rundfahrten anlegen; eine Straße führt zum Hafen von Ríva hinunter.

Die kleinen Häuser sind entweder weiß gekalkt oder farbenfroh gestrichen, in winzigen Gärten setzen viele Blumen Farbtupfer. Die größten Gebäude im Ort sind die Schule und die Hauptkirche der Insel, 1874 dem hl. Konstantin geweiht. Der Dorfbäcker Sirígos backt sein Brot noch immer im traditionellen Steinofen, den er mit gerodeten Weinstöcken beheizt, die beiden Tante-Emma-Läden scheinen in eine andere Zeit zu gehören.

Von vergangenen Zeiten zeugen auch die beiden Windmühlenstümpfe und die Ruine eines Hotels mit Pool. Ein mutiger Insulaner bot in den 1980er-Jahren hoffnungsvoll 20 Zimmer an, doch niemand kam. Im Pool türmt sich der Müll.

Unser Tipp

Schauplatz Thirassía – die Komödie »Kleine Verbrechen«
2008 wählte der zyprische Regisseur Chrístos Georgíou die Insel Thirassía zum einzigen Schauplatz seiner unterhaltsamen Sommerkomödie »Kleine Verbrechen«. In dem Film ist sehr viel von der Insel zu sehen, auch viele Inselbewohner spielen mit. Santorin taucht immer nur am Rande und als missgünstige Nachbarin auf. Protagonisten des Plots sind ein junger Polizist und die sehr hübsche Moderatorin eines griechischen Fernsehsenders, die gemeinsam einen vermeintlichen Mordfall aufklären wollen. Griechische Mentalität und Lebensweise bringt der Streifen sehr schön herüber, auch der ganz besondere Charakter der Insel kommt gut zum Ausdruck. Die Komödie ist auf DVD erhältlich, mit deutscher und griechischer Sprachspur. Weitere Infos und Trailer unter www.kleine-verbrechen.de.

Übernachten

Die Insel ist auf ausländische Übernachtungsgäste kaum eingestellt. Manchmal vermieten Privatleute einfache Zimmer, ganzjährig hält nur eine einzige Pension Betten bereit.

Die einzige Pension – **Zacháro:** an der betonierten Hauptstraße von Manolás Richtung Süden, linke Seite, Tel. 22 86 02 91 02, mobil 69 78 39 56 40, DZ NS 30 €, HS 50 €. Dreibettzimmer NS 50 €, HS 55 €. Zu den acht Doppelzimmern hat Besitzer Jimmy 2010 noch drei Dreibettzimmer bauen lassen. In allen Zimmern gibt es auch eine Küche, alle haben eine gemeinschaftliche Terrasse. Vom Garten des Zacháro hat man eine wunderbare Sicht auf Santorin und auf die Bucht von Korfós. Bei Jimmy gibt es auch Frühstück, das allerdings sehr einfach ist: Zwieback. Den kann man auf der Terrasse und im Garten einnehmen. Jimmy hat viele Jahre im Ausland verbracht, daher kann man sich mit ihm auch auf Englisch verständigen. Sein richtiger Name ist Dimítris, die Koseform Jimmy hat er nicht etwa im Ausland, sondern gleich nach der Geburt von seinem Onkel erhalten, der der Familie immer wieder erklärte: »Das ist Jimmy.« Die Pension wurde nach Jimmys Frau Zacháro (griechisch: »Zuckersüß«) benannt.

Essen & Trinken

In Manolás ist es gut, immer ein wenig Notproviant zur Verfügung zu haben. Die einzige Taverne im Ort könnte ja aus persönlichen Gründen des Wirtes auch einmal geschlossen sein.

Lehrerstammtisch – **Panórama:** Dorfstraße in nördl. Richtung, Tel. 22 86 02

Frisch vom Grill: Die Tavernen in Kórfos erlauben eine kurze Stärkung zwischendurch

91 70, tgl. 7.30–18.30 Uhr. Die Taverne ist der Treffpunkt der Lehrer und der Junggesellen der Insel, der Blick aus den Fenstern fällt hinüber nach Santorin. Spezialität der Wirtsfamilie Sirígos ist das Moussaká mit weißen Auberginen (8 €).

Termine

Kirchweihfeste: am 9./10. Febr. (Ágios Charálamabos), 20./21. Mai (Ágios Konstantínos), Christi Himmelfahrt 23./24. Juni (Ágios Ioánnis Pródromos) und am 27./28. Juli (Agía Iríni).

Kórfos ▶ B/C 3

In Kórfos legen die Caldera-Rundfahrten an, die sechs Tavernen und drei Cafés am sommerlichen Leben erhalten. Baden kann man hier notfalls auch an steinigen Flecken, eine weiße Windmühle mit Segeltuchbespannung scheint nur für Fotografen gebaut. Eine der Tavernen zu empfehlen scheint wegen der harten Konkurrenzsituation und des spärlichen Besucheraufkommens ungerecht – alle Wirte sollten ein Stück vom kleinen Kuchen abbekommen …

Riva ▶ B 2/3

Ríva ist der Hafen der Einheimischen und Standort des einzigen Handwerksbetriebs der Insel, einer kleinen Schreinerei. Hier liegen die Fischerboote, hier fährt die Gemeindefähre nach Santorin und die große Autofähre nach Piräus ab. Der dunkle Strand an der kleinen **Kapelle Agía Iríni** ist für ein Bad viel besser geeignet als der von Kórfos, obwohl auch hier Badeschuhe nahezu unerlässlich sind.

Essen & Trinken

Familiär – **Agístri:** am Hafen, die erste Taverne neben der Hauptstraße rechts, Tel. 22 86 02 90 84, großer Bauernsalat 5,50 €, Kotelett 7,50 €. Herr Níkos und seine Frau Ánna betreiben die kleine Taverne auch dann noch, wenn die Hauptsaison vorbei ist. Das Ehepaar schließt erst ab Ende Oktober, wenn es überhaupt keine Touristen mehr auf der Insel gibt. Die arbeitslosen Wintermonate verlebt es in Athen, wo die bereits erwachsenen Kinder wohnen, um die Zeit mit ihren Enkelkindern zu verbringen. An manchen Abenden werden draußen vor der Taverne Souvláki-Spießchen, Koteletts und viele andere Fleischsorten gegrillt. Die Kinder aus dem Dorf spielen vor dem Hof, die Gäste sitzen auf der teilweise überdachten Terrasse auf Plastik- oder Holzstühlen. Man merkt schon beim Betreten der Toiletten, dass die Gaststätte das Zuhause von Níkos und Ánna ist: An einer Wand hängt ein Regal mit Shampoos und Körperlotionen, die nicht für die Gäste bestimmt sind.

Termine

Kirchweihfest: am 4./5. Mai in der Kapelle Agía Iríni.

Potamós ▸ B 3

Potamós ist der zweitgrößte Inselort und wird auch im Winter von einigen Menschen bewohnt. Der Name bedeutet auf Deutsch ›Fluss‹. Das Dorf liegt ähnlich wie Vóthonas auf Santorin in einem Canyon, auch hier sind Höhlenwohnungen in den Bimsstein gegraben.

Schön anzuschauen sind die beiden liebevoll und farbenfroh bemalten Kirchen der **Panagía Giátrissa** (›der allheiligen Ärztin‹) und des **hl. Dimítrios.** Das Bunt der Gotteshäuser vermischt sich mit den vielen üppig blühenden Bougainvilleen, von vielen Stellen im Dorf aus fällt der Blick durch den Canyon hinunter aufs Meer, in dem abends die Sonne untergeht.

Infos & Termine

Potamós ist zu Fuß etwa 10 Minuten von Manolás entfernt, eine (ausgeschilderte) Betonstraße windet sich steil und kurvenreich zum Dorf hinunter.

Termine

Kirchweihfeste werden am 28./29. August (Enthauptung Johannes des Täufers), am 21./22. September (Panagía Giátrissa) und am 25./26. Oktober (Ágios Dimítrios) gefeiert.

Agriliá ▶ B 4

Das winzige, sehr versteckt gelegene Agriliá besteht ausschließlich aus uralten Höhlenwohnungen und wird nur noch im Sommer von drei Familien bewohnt. In der architektonisch verspielten Kirche von 1887, Mariä Lichtmess geweiht, finden außer zum Kirchweihfest am 20./21. November keine regulären Gottesdienste mehr statt, in den ehemaligen Weinkellern lagern keine Fässer mehr.

An den stufenreichen Dorfgassen blühen im April und Mai viele Opuntien, die Terrassen verlassener Häuser bieten sich für ein Picknick mit Meerblick an.

Infos

Um nach Agriliá zu gelangen, durchqueren Sie Potamós und wenden sich am unteren Dorfende nach links (Wegweiser vorhanden). Nach 10 Minuten sind Sie am Ziel.

Kerá ▶ B 4

Folgt man von Manolás aus der Inselstraße in Richtung Süden, kommt man nach etwa 2 km nach Kerá. Dort stehen direkt am Kraterrand noch etwa zehn, schon vor etwa 30 bis 40 Jahren verlassene Höhlenhäuser. Von jedem einzelnen aus genießt man eine faszi-

Das Gegenstück zu Santorin: der nicht weniger imposante Kraterrand von Thirassía

nierende Aussicht auf die Caldera und Santorin. Hier sitzen Sie in absoluter Stille und Einsamkeit, erahnen aber an den Kreuzfahrtschiffen in der Caldera, wie ganz anders es zur gleichen Zeit in den Gassen von Firá gegenüber zugehen muss. Einige der Hausruinen dienen heute als Ställe. Die beiden noch gut gepflegten Häuser des Ortes gehören einem älteren Bauern, der in Manolás wohnt und sie aus Pietät gegenüber seinen Vorfahren pflegt. Von Kerá aus führt ein Pfad zur **Kapelle Profítis Ilías** mit dreifach gegliedertem Glockenturm hinauf, die sich alljährlich zum Kirchweihfest des Propheten am 19./20. Juli mit Leben füllt.

Kloster Kímisi tis Theotókou

Am Ende der Straße, die von Manolás an Kerá vorbeiführt, erhebt sich auf einem Gipfel ein schon längst nicht mehr bewohntes, aber gut gepflegtes Kloster. Es ist Mariä Entschlafung geweiht und am 14./15. August Schauplatz des besucherreichsten Kirchweihfestes der Insel. Seine bemerkenswerte Ikonostase wurde in Russland geschnitzt und bemalt und 1872 auf die Insel gebracht.

Das Klosterareal besitzt zwei Eingänge. Der erste, der Haupteingang, scheint schneller zum Ziel zu führen, bequemer aber ist der Nebeneingang, den man erreicht, wenn man auf dem Weg links am Kloster entlanggeht.

Die Klosterkirche ist wie überall auf Santorin und Thirassía normalerweise verschlossen, der Ausblick aber lohnt die insgesamt etwa 90-minütige Wanderung von Manolás hierher. Wer zum Sonnenuntergang kommt, sollte allerdings eine Taschenlampe mitnehmen, denn Straßenlaternen fehlen trotz Brüsseler Ausgabefreudigkeit auf Thirassía weitgehend. Das freilich macht den Sternenhimmel umso beeindruckender.

Íos ▶ Karte 2

Íos ist ganz anders als Santorin. Nicht ganz so einmalig, dafür typisch kykladisch. Íos gleicht einem bis zu 713 m hohen Gebirge in der Ägäis, gespickt mit feinsandigen Stränden und nur einem historisch gewachsenen Dorf. Wie das Hauptdorf auf fast allen kleineren griechischen Inseln wird es schlicht ›Chóra‹ oder gleich wie die gesamte Insel ›Íos‹ genannt. Diese **Chóra** drängt sich mit ihren weißen Häusern, vielen Kapellen und engen Gassen weithin sichtbar um einen niedrigen Gneisfels. Neuere Häuser, Früchte des Tourismus und harter Arbeit im Ausland, ziehen sich von ihr auf der einen Seite bis zur tief eingeschnittenen, sehr windgeschützten **Hafen- und Strandbucht Gialós** hinunter, auf der anderen zum langen, breiten **Sandstrand von Milopótas** mit Tavernen, Hotels und einem der berühmtesten Campingplätze des Landes. Wo die Umgebung ländlich blieb, ist sie von uralten Feldterrassen mit Trockenmauern umgeben, die heute noch zeigen, wie hart die Arbeit der Bauern auf Íos einst war.

Heute leben auf der Insel, die mit 108 km² etwa 50 % größer als Santorin ist, etwa 1900 Menschen. Damit hat Íos seine Bevölkerungszahl aus der Zeit zwischen den beiden Weltkriegen wieder erreicht, die bis 1971 um ein Drittel gesunken war. Íos drohte zu veröden, bevor Ende der 1970er-Jahre ein ganz spezieller Tourismus einsetzte: Die Insel wurde von den Rucksacktouristen entdeckt und entwickelte sich schnell zur Party-Insel ganz junger Leute ohne viel Geld. Man logierte in billigen Privatzimmern oder auf dem großen Campingplatz direkt am Strand, traf sich abends in den Bars und Discos der Chóra. Alkohol- und Drogenprobleme blieben nicht aus, aber die Euro-Vorläufer rollten. Es lohnte sich für die Einheimischen wieder, in ihrer Heimat zu investieren, zurückzukehren oder zu bleiben.

Nicht alle Nioten waren glücklich über das Image ihrer kleinen Kyklade. 1981 schrieb die Reiseschriftstellerin Ingeborg Lehmann, die damals auf Íos nur zwölf Autos zählte, in ihrem Mammutwerk über die griechischen Inseln: »Solange es der griechischen Regierung nicht gelingt, die negativen Auswirkungen des Schlafsacktourismus einzudämmen, ist Íos für den ›normalen‹ Reisenden nicht der richtige Ort.« Das lasen die wenigen Bildungsbürger und die Lokalpolitiker der Insel gar nicht gern. Für sie war Íos die Geburtsinsel des großen Epikers Homer und ein Eiland mit 5000-jähriger Geschichte. Doch die brachte kein Geld.

Die Rettung kam aus Brüssel. Mit Fördermitteln der EU konnte das noch in den 1980er-Jahren nur 5 km lange Asphaltstraßennetz der Insel großspurig ausgebaut und damit auch das nahezu menschenleere Inselinnere erschlossen werden. Vor allem konnte man jetzt ein Asphaltband bis zum legendären **»Grab des Homer«** legen und dessen Umgebung zu einer der landschaftlich attraktivsten archäologischen Gelände gestalten. Vorbildlich wie sonst kaum irgendwo in der Ägäis wurden Wegweiser aufgestellt, die Rundreisenden Ziele gaben und auch Tourismus abseits des Party-Spots ermöglichten.

Kurz vor der Jahrtausendwende konnte die geschichtliche Bedeutung des Eilands durch die Ausgrabungen der prähistorischen Siedlung von **Skárkos** eindrucksvoll belegt werden, ein neu gebautes Archäologisches Museum füllte sich mit interessanten Funden. Musik erklang jetzt nicht mehr nur in den Bars und Diskotheken, sondern auch in einem der schönstgelegenen Openair-Theater der Ägäis, dem man den Namen des griechischen Literaturnobelpreisträgers Odysséas Elítis (1911–96) gab.

Inzwischen ist Íos auch für ›ganz normale‹ Urlauber wieder attraktiv. Nur im Juli und August nimmt das junge Party-Volk noch das Heft in die Hand, verwandelt sich die Chóra allabendlich in eine einzige große Freiluftbar. Aber selbst dann gibt es inzwischen Ausweichziele. In der Vor- und Nachsaison ist Íos weitaus untouristischer als das nahe Santorin – und im Winter fast ausgestorben. Es klingt makaber, ist für Íos aber eine Chance: Die in der Krise stark gestiegene Jugendarbeitslosigkeit in Europa könnte für die Insel wie ein Druck auf die Reset-Taste wirken …

Infos & Termine

Infos

Anreise und Websites: siehe Infobox S. 254.

Banken und Bargeldautomaten: Banken in der Chóra; Geldautomaten auch in Gialós.

Postamt: in der Chóra an der Straße zwischen Bushaltestelle und Gialós.

Termine

Homeria: Mai. Alljährlich stattfindendes Kulturfestival (s. S. 271).

Verkehr

Bus: Der Inselbus verbindet den Hafen in Gialós vielmals tgl. bis in den späten Abend hinein mit der Chóra und dem Milopótas Beach. 1–2 x tgl. fahren Busse von der Chóra zum Manganári Beach, mindestens 2 x tgl. nach Páno Kámbos. KTEL: an der Hauptstraße von Chóra, schräg gegenüber vom Museum, Tel. 22 86 09 20 15, www.ktel-ios.gr.

Mietwagen: Acteon Travel, am Hafen von Gialós, Tel. 22 86 09 13 43, www.acteon.gr. Nur 1 Min. vom Fähranleger entfernt, bietet die Agentur Mietwagen zu günstigen Preisen.
Taxis: Tel. 69 77 03 17 08, 69 32 68 08 96.

Gialós (Órmos) ▸ 2, A 2/3

Íos besitzt einen der besten Naturhäfen aller Kykladen. Der Órmos Íou, meist kürzer Gialós (sprich: Jalós) genannt, schneidet 1500 m weit, bis zu 600 m breit und bis zu 35 m tief in den Inselkörper ein und ist noch dazu nach Süden ausgerichtet, sodass ihn der sommerliche Meltémi-Wind nie trifft. Der Hafenort, Órmos oder Gialós genannt, liegt etwa in der Mitte der Bucht an ihrem östlichen Ufer zu Füßen der Chóra. Zu ihr windet sich eine Straße hinauf, weitaus kürzer ist der Fußgängern zur Verfügung stehende Stufenweg. Den Blickfang im Hafen bildet die auf niedrigem Fels am Wasser stehende, stets verschlossene **Kirche Agía Iríni,** die im 17. Jh. geweiht wurde.

Das innere Ende der Bucht säumt ein feinkörniger Sandstrand mit Hotels und Tavernen. Von ihm führt eine Straße am Westufer der Bucht entlang zum Leuchtturm am **Kap Fanári** und zum **Koumbára-Strand,** an dem auch Nacktbaden geduldet wird.

Übernachten

Durchgestylt – **Liostási** 1: am Ortsrand von Gialós Richtung Chóra, Tel. 22 86 09 21 40, www.liostasi.gr, DZ NS 115–340 €, HS 220–850 €. Das am Hang auf fünf Ebenen gelegene Boutique-Hotel ist eine der besten Unterkünfte der Insel, die Chóra und der Hafen sind bequem zu Fuß zu erreichen. Die zum Teil zwar recht kleinen Zimmer mit relativ engen Badezimmern sind mit viel Liebe zum Detail eingerichtet, das ganze Hotel zeigt viel moderne Kunst, stilvolle Accessoires und verspielte Wohntextilien. Von der Pool-Terrasse mit Cocktail-Bar reicht der Blick über die Hafenbucht bis hinüber nach Síkinos, das öffentliche Hotelrestaurant gilt als beste Adresse der Insel. Auch ein kleiner Spa-Bereich ist vorhanden, der vielerlei Massagen, Pediküre und Maniküre sowie Depillation bietet.

Einen Tagesausflug unbedingt wert: Íos und sein Hauptort Chóra

Funktional – **Helena 2**: am inneren Ende der Bucht von Gialós, Tel. 22 86 09 12 76, www.hotelhelena.gr, DZ NS 35 €, HS ab ca. 60 €. Architektonisch einfallslos, aber familiär geführt, etwas zurückgesetzt 60 m vom Strand entfernt und relativ ruhig gelegen, 400 m zum Fähranleger, 800 m zur Chóra. Dachgarten mit Bar.

Essen & Trinken

Beste Pizza – **To Coráli 1**: am Strand der Hafenbucht, Tel. 22 86 09 25 01, tgl. ab 11 Uhr, Hauptgerichte ab 7 €. Die Strandtaverne ist ganz und gar auf den jungen Geschmack eingestellt, serviert vor allem Pasta, Salate und eine hervorragende Pizza.

Aktiv

Wassersport und Mountainbikes – **Yialós Watersports 1**: am inneren Ende der Hafenbucht, Tel. 22 86 09 24 63, www.yialoswatersports.com, Bikes 10 €/Tag, Kanuverleih 12 €/Std., Windsurfen 80 €/5 Std. Ralf Burgstahlers

Wassersportstation ist schon seit den 1990er-Jahren die Anlaufstation von Sportlichen an der Hafenbucht. Hier finden Wind- und Wakesurfer, Wasserskifahrer und Kanuten alles, was sie brauchen. Zudem werden auch Tretboote, Kanus und Mountainbikes verliehen sowie geführte Kanutouren zum Theodóti Beach auf der anderen Inselseite angeboten. Auch ein Beach-Volleyball-Feld ist vorhanden.

Infos

Um von der Fähre aus zum Reisebüro Acteon Travel mit einer Autovermietung und zur Bushaltestelle zu gelangen, gehen Sie 100 m geradeaus am Ufer entlang bis zur Platía. Wenn Sie zur Chóra hinauflaufen möchten, folgen Sie von der Platía aus der Straße zur Chóra, von der nach etwa 150 m der Fußweg zur Chóra ausgeschildert ist.

Chóra ! ▸ 2, A 3

Blickfang der Chóra sind die beiden hoch aufragenden Kretischen Dattelpalmen vor der weiß-blauen **Kirche Panagía Gremiótissa** 1 auf der Südseite des Gneisfelsens, der den Ort überragt. Sie ist Mariä Entschlafung geweiht und wie die meisten Kykladenkirchen leider nur zu Gottesdienstzeiten geöffnet. Hinter ihr säumen dicht an dicht zwei weitere, ganz weiße Kapellen auf rötlich schimmerndem Fels den Pfad zum Felsgipfel. Heute stehen eine Nikolaus-Kapelle und Antennen darauf, im Mittelalter krönte ihn die kleine Burg der venezianischen Inselherrn, in der Antike wahrscheinlich ein Tempel.

Zwischen der Panagía Gremiótissa und der Inselhauptstraße, die die Chóra mit dem Hafen von Gialós und dem Strand von Milopótas verbindet, säumt schönste Kykladenarchitektur die engen, stufenreichen Gassen. Drei winzige Plätze sind eingestreut, darunter der **Central Square** 2 als Hub allen nächtlichen Lebens. An der Hauptstraße liegen alle wichtigen öffentlichen Einrichtungen: Parkplatz, zentraler Busstop, Post, Supermärkte und Archäologisches Museum.

Archäologisches Museum 3

Hauptstraße, auf Höhe von Bushaltestelle und Großparkplatz, Tel. 22 86 09 12 46, Di–So 8–15 Uhr, Eintritt 2 €, innen Fotografierverbot

Das kleine, 1999 eröffnete Museum in einem neoklassizistischen Gebäude präsentiert hauptsächlich Funde aus den Ausgrabungen der prähistorischen Siedlung Skárkos (s. S. 278) und die Privatsammlung des ehemaligen, kulturbeflissenen Inselbürgermeisters Frangoúlis Kortésis. Eine mit Fotos illustrierte Karte neben der Kasse zeigt die historischen Stätten auf der Insel.

Saal I präsentiert neben Keramik und steinernen Objekte aus Skárkos auch organische Überreste, die den Archäologen Aufschluss über den Speisezettel der Menschen auf Íos im 3. Jt. v. Chr. gaben: Knochen von Ziegen, Schweinen und Schafen, Schneckengehäuse und Muschelschalen, Seeigelstacheln und Spuren von Weizen- und Gerstenkörnern, Linsen, Weintrauben und Feigen. Saal II zeigt vor allem Funde aus der mittleren und späten Bronzezeit. Meist handelt es sich dabei um Grabbeigaben. Saal III und IV führen bis in die griechische Klassik hinein und weiter in römische und frühbyzantinische Zeit. Ein besonders schönes Einzelobjekt ist in Saal III eine Reliefplatte mit zwei simplen Darstellungen von Schlangen und einer Inschrift, die das Relief als Stiftung an ein Heiligtum ausweist.

Théatro Odysséas Elítis 4
Am oberen Rand der Chóra bei den Windmühlen
Das moderne Freilufttheater mit seinen 14 steinernen Rängen bietet von seinem Vorplatz aus eine der schönsten Ansichten der Chóra, sodass sich der Weg hinauf immer lohnt. Die Ränge blicken jedoch hinaus aufs Meer bis hinüber nach Santorin. Benannt ist das Theater nach dem griechischen Nobelpreisträger für Literatur, Odysséas Elítis (1911–96), dessen Lyrik teilweise von Míkis Theodorákis vertont wurde. Sein Hauptwerk, »To Áxion estí«, ist auch in deutscher Übersetzung erhältlich. Im Theater finden während der »Homeria«, des jährlichen Kulturfestivals der Insel im Mai, und sporadisch auch später im Sommer Konzerte und Theateraufführungen statt, auf die Plakate in der Chóra aufmerksam machen. Das Theater, erbaut aus Marmor und lokalem Stein, ist ein Werk des Architekturprofessors an der TU Berlin und Ehrenbürgers von Íos, Peter Haupt.

Übernachten

Sehr idyllisch – **Pavezzo** 3: 250 m von der Chora entfernt, am Hang zwischen dem Milopótas und dem Kolitzáni Beach, Tel. 69 77 04 60 91, www.iospavezzo.com, DZ NS 32 €, HS 80 €. Die kleine farbenfrohe Anlage im kykladischen Stil bietet vier Studios und drei DZ in ruhiger Lage mit prächtigem Blick. Der Weg vom Strand herauf ist etwas anstrengend, der Weg aus dem Nachtleben ins Bett dagegen leicht. Die Zimmer sind schlicht, aber geschmackvoll möbliert.

Ideal für Singles – **Francesco's** 4: am oberen Rand der Chóra, Tel. 22 86 09 12 23, http://francescos.net, Bett 15 €, EZ 40–45 €, DZ 50–60 €. Seit über 30 Jahren ist das Francesco's vor allem den jungen Leuten aus aller Welt ein Begriff, die auf Íos Sun & Fun suchen. Neben 1- bis 4-Bett-Zimmern mit Klimaanlage gibt es auch kleine Schlafsäle für 2–4 Pers., in denen Einzelbetten gebucht werden können. Die Abholung vom Hafen mit eigenem Minibus ist selbstverständlich. Am späten Nachmittag treffen sich viele Gäste auf der Terrasse mit großem Jacuzzi, die an ein Schiffsdeck erinnert, und verabreden sich für den Abend. In einer befreundeten Bar sind die ersten Shots des Abends kostenlos, das Frühstück steht bis 15 Uhr bereit.

Essen & Trinken

Die Gastro-Szene in der Chóra ist ganz und gar aufs nächtliche Publikum abgestellt. Fast Food überwiegt, Internationalität auf niedrigem Niveau ist Trumpf.

Kleinasiatische Küche – **Lord Byron** 2: Central Square, Tel. 22 86 09 21 25, tgl. ab 12Uhr, Hauptgerichte 8–15 €. Das beste Restaurant in der Chóra mit griechischer Küche serviert vor allem Spezialitäten, wie sie Griechen in Kleinasien vor 100 Jahren schätzten. Auch ein leichter italienischer Einschlag ist unverkennbar. Die Zutaten sind zumeist frisch und stammen aus der Region.

Thai-Food – **Ali Baba's** 3: an der Gasse gleich oberhalb des Parkplatzes neben der Commercial Bank, Tel. 22 86 09 15 58, tgl. ab 17 Uhr, Hauptgerichte 8–13 €. Recht gute, auf Wunsch auch scharf gewürzte Gerichte aus Thailand und anderen Regionen Asiens werden drinnen und in einem kleinen Garten serviert, die Köche stammen aus Thailand. Zur Unterhaltung der Gäste laufen Spielfilme von DVD's auf Fernsehbildschirmen.

Was Briten lieben – **Porky's** 4: nahe dem Central Square, Tel. 22 86 09 11

0 50 100 m
Manganári Beach
Chora
(Main Square)
Bäckerei
Sportplatz
Supermarkt
Milopótas Beach
Fußweg zum Hafen Gialós
Hafen Gialós

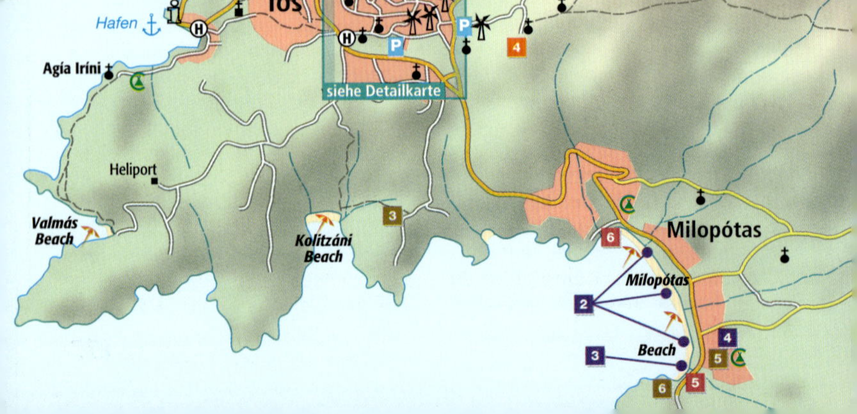
0 300 600 m
Koumbára
Gialós Beach
Gialós
Íos
Hafen
Agía Iríni
siehe Detailkarte
Heliport
Valmás Beach
Kolitzáni Beach
Milopótas
Milopótas Beach

Íos: Chóra, Gialós und Milopótas Beach

Sehenswert
1 Kirche Panagía Gremiótissa
2 Central Square
3 Archäologisches Museum
4 Théatro Odysséas Elítis

Übernachten
1 Liostási
2 Helena
3 Pavezzo
4 Francesco's
5 Far Out
6 Gorgóna

Essen & Trinken
1 To Corális
2 Lord Byron
3 Ali Baba's
4 Porky's
5 Drákos
6 Harmony

Aktiv
1 Yialós Watersports
2 Mylopótas Water Sports Center
3 Meltémi Water Sports
4 Meltémi Dive Centre

Abends & Nachts
1 Slammer Bar
2 Scorpion
3 Bull Dog
4 No Name Ellinádiko
5 Orange Bar
6 Íos Blue Bar Café
7 Disco 69

43, tgl. ab 17 Uhr, Snacks 2,50–5 €. Wer sein Geld lieber für Getränke ausgibt, füllt sich in dieser ältesten Imbissbude von Íos mit Salaten, Toast, Crepes und Hamburgern den Magen.

Abends & Nachts

Für Mutige – **Slammer Bar** 1: an der zentralen Platía, Tel. 69 32 30 45 74. Die Slammer Bar ist besonders für ihre ›mutigen‹ Shots bekannt. Wer einen »Slammer Hammer« bestellt, bekommt einen Helm aufgesetzt, und nach dem Herunterkippen des hochprozentigen Getränks schlägt ihn der Barmann mit einem Hammer auf den Helm. Wer das sieben Mal übersteht, erhält ein T-Shirt geschenkt. Alle Musikvarianten sind in der Bar vertreten und werden getanzt. Ob auf der Tanzfläche oder auf der Theke, das ist nach sieben »Slammer Hammer« auch egal.
Table Dance – **Scorpion** 2: Main Street, Tel. 22 86 09 00 01. In der großen Tanzhalle des Scorpion können Sie bis zum Umfallen tanzen. Auch wenn der Club voll ist, findet sich noch Platz auf den Tischen – allerdings passen die Angestellten des Clubs auf, dass zumindest kein Tischtänzer zu viel getrunken hat. Alle bekannten und aktuellen Tanz-Hits, Hip Hop, Progressive und Trance dröhnen aus den Lautsprechern. Leider gibt es nur den einen großen Innenraum und nach stundenlangem Tanzen kann es ganz schön stickig werden.
Griechische Klänge I – **Bull Dog** 3: nahe Central Square, Tel. 69 85 56 68 82, keine Website mehr, aber bei Facebook zu finden. Wer auf Íos ist und sich fragt, wo denn die Griechen sind, der findet sie seit 2002 nachts im Bull Dog. Hier bei Giórgios Tsilligiánnis wird ausschließlich griechische Musik gespielt. Der Raum ist ziemlich eng und daher meist richtig voll. Als einzige Sitzmöglichkeiten dienen die Hocker an der Bar und winzige Tische an der Wand. .
Griechische Klänge II – **No Name Ellinádiko** 4: nahe Central Square, Tel. 69 36 39 05 40, keine Website mehr, aber bei Facebook zu finden. Ein deutliches Anzeichen dafür, dass auf Íos immer mehr junge Griechen Urlaub machen, ist die relativ junge zweite Bar, die ausschließlich griechische Musik spielt.
Schnapsglascocktails – **Orange Bar** 5: nahe Central Square, erst ab 22 Uhr. Der Innenraum der weiß-orangefarbenen Bar ist ziemlich klein, dafür

wird hier groß gerockt. Bekannt wurde die Bar wegen ihrer Vielfalt an originellen »Schnapsglascocktails«, die komische Namen wie Cobain's Brain, Shot the Fuck up, Smoke on the Water oder Strawberry Cheesecake tragen.

Ruhender Pol – **Íos Blue Bar Café** 6: Central Square, Tel. 22 86 09 12 59. www.iosbluebar.com. Die kleine Bar gibt es bereits seit den 1970er-Jahren. Als einzige ist sie ganzjährig geöffnet und wird im Winter als ganz normales Dorf-Kaffeehaus genutzt. Hier kann man auch draußen sitzen und im Sommer die feiernden Íos-Touristen beobachten, sich auf die eigene Feier vorbereiten oder sich von dieser erholen. Angenehm ist hier, dass man immer wieder auch einen freien Tisch im Freien findet.

Party Party – **Disco 69** 7: Central Square, Tel. 69 80 67 38 75. Partymusik gibt es in der seit 1974 geöffneten Kleindisco noch und nöcher. Und auch in der Disco 69 wird die Laune mit Alkohol aufgebessert, damit der Abend mit viel Tanz abgehen kann. Dabei behilflich ist eine große Auswahl an Cocktails.

Milopótas Beach ▶ 2, B 3

Ohne den fast 3 km langen und bis zu 70 m breiten, nahezu halbkreisförmigen Milopótas Beach wäre Íos nicht zu rucksacktouristischen Ehren gelangt. Auch heute noch ist er der Szene-Strand der Insel, an dem sich die Nachtschwärmer wiedersehen.

In den 1980er-Jahren nächtigten hier in der Hauptsaison bis zu 7000 Leute in ihren Schlafsäcken unter freiem Himmel und poduzierten damit ein von der Gemeinde nicht in den Griff zu bekommendes Müllproblem. Heute ist das Campieren am Strand untersagt, man schläft auf den Campingplätzen gleich hinter dem Strand oder in den Hotels und Pensionen nahe am Meer.

Übernachten

Klassisch alternativ – **Far Out** 5: an der Uferstraße, Tel. 22 86 09 14 68, www.faroutclub.com, Bett im Mietzelt NS 6 €, HS 14 €. DZ unterm Zeltdach NS 12 €, HS 28 €, Cabana als DZ NS 20 €, HS 56 €, Übernachtung im mitgebrachten Zelt NS 5 €/Pers., HS 9 €/Pers. Kein anderer Campingplatz in ganz Griechenland ist so sehr auf Partygäste eingestellt wie der 30 000 Quadratmeter große Platz, der schon vor 30 Jahren Kultstatus erlangte. Zwischen Oliven- und Eukalyptusbäumen bietet er zahlreiche einfache Unterkunftsmöglichkeiten vom einzeln buchbaren Bett im Zelt bis zur 2-Personen-Strandhütte und schattigen Stellplätzen fürs eigene Zelt. Wer nicht in der zum Platz gehörenden Pizzeria oder dem riesigen Self-Service-Restaurant essen will, kann auch die offenen Gemeinschaftsküchen nutzen. Vier Pools bieten Erfrischung, auf der Kinoleinwand laufen den ganzen Tag über Filme und aktuelle Sportübertragungen. Die beiden Bars sind geöffnet, bis der letzte Linienbus zum Nightlife in die Chóra hinauffährt, denn dann hält es hier unten kaum noch jemanden.

Ideal für Strandurlaub – **Gorgóna** 6: am südl. Strandende an der Endstation des Linienbusses, Tel. 22 86 09 13 07, www.gorgona-ios.gr, DZ NS ab 33 €, HS ab 128 €. Das große weiße Haus zwischen Strand, Palmen und nacktem Fels ist das letzte Haus an der Bucht. Die Balkons aller 14 Studios und Apartments haben Balkone oder Terrassen mit Meerblick, der Strand reicht bis unmittelbar ans Haus heran. Alle Räume sind modern und schlicht mit dezenten folkloristischen Anspielungen gestaltet, viel Weiß und etwas Blau sind die dominierenden Farben.

Essen & Trinken

Echt griechisch – **Drákos 5**: am südl. Ende der Bucht, Tel. 22 86 09 12 81, tgl. ab 10 Uhr, Hauptgerichte 5–12 €. Hier wird noch griechisch gekocht und gegrillt, stets ist fangfrischer Fisch im Angebot.

Ideal zum Chillen – **Harmony Bar 6**: am nördl. Ende der Bucht, Tel. 22 86 09 16 13, tgl. ab 9 Uhr, Hauptgerichte 6–18 €. Bunte Hängematten, Liegestühle und bequeme Sofas verleihen dem Lokal den Charakter eines Beach Clubs, chillige Musik gehört dazu. Die Küche liebt Tex-Mex-Food, abends gibt es öfters auch Livemusik.

Aktiv

Dreimal vertreten – **Mylopótas Water Sports Center 2**: drei Stationen in verschiedenen Strandabschnitten, Tel. 22 86 09 23 40, www.ios-sports.gr, Tretboot 15 €/Std., Windsurfen 40–50 €/Tag oder 180 €/Woche, Schnuppertauchen 40–80 €, Tauchkurse ab 290 €. Hier findet wohl jeder Wassersportler fast alles, was sein Herz begehrt: Equipment fürs Wind- oder Kite-Surfen, Wake- oder Kneeboarding, Tretboote und Kanus, 15 PS starke Motorboote und eine Tauchbasis.

Zu anderen Stränden – **Meltémi Water Sports 3**: vor dem Far Out Camping, Tel. 69 80 38 69 90, www.meltemiwatersports.com. Das zweite große Wassersportzentrum am Milopótas Beach bietet auch Fahrten mit dem Bootstaxi zu allen Inselstränden an.

Unter Wasser – **Meltémi Dive Centre 4**: auf dem Far Out Camping, Tel. 69 80 38 69 90, www.meltemidive.com. Die einzige Tauchschule der Insel wird von Briten geführt.

Auf Inselerkundung

Grab des Homer ▶ 2, B 1
18 km nördlich von Chóra, jederzeit frei zugänglich
Schon die Fahrt auf kurvenreicher, gut ausgebauter Straße durch einsame Landschaft ist ein Genuss. Zunächst wird die fruchtbare **Hochebene von Páno Kámbos** durchquert, deren Felder heute kaum noch bestellt werden. Auf der weiteren Fahrt zeugen zahlreiche längst verwilderte Terrassen davon, dass vergangene Generationen auf den Kykladen jede Chance nutzten, die Hänge urbar zu machen. Schließlich endet die Straße an einem Rondell. Es hat die Form eines traditionellen Dreschplatzes und erinnert so an den Fleiß der Vorfahren.

Drei senkrecht gestellte Steinplatten markieren den Beginn des etwa 400 m langen Fußwegs zum ›Grab‹ Homers. Gleich rechts tragen fünf Marmorstelen Inschriften in fünf Sprachen. Es sind Zitate aus je einem Werk des antiken Historikers Herodot (5. Jh. v. Chr.) und des ersten Reiseschriftstellers der Weltliteratur, des Griechen Pausanias (2. Jh. n. Chr.). Beide berichten, dass Homers Mutter aus Íos stammte und dass der Dichter auf Íos gestorben und begraben sein soll – zumindest nach Meinung der Nioten.

Die Behauptung, dass das Grab ausgerechnet hier zu finden sei, beruht auf der Äußerung eines holländischen Grafen, der sich 1771 auf die Suche danach begab. Beweisbar ist das auf keinen Fall, doch die Insulaner glauben gern daran. Auf halber Strecke erwartet den Grabbesucher ein moderner, schattiger Aussichtskiosk mit luftigem Bambusdach zum Verweilen. Vom Frühjahr bis zum Herbst blüht es im Umfeld: Da zeigen sich je nach Jahreszeit Klatschmohn, Asphodelie und Thymian, Meerzwiebel und Herbst-

Lieblingsort

Voller Symbolkraft – Homers Grab auf Íos ▶ Karte 2, B 1
Ausgerechnet ein schlichter Trilith zwischen Trockensteinmauern markiert auf Íos das angebliche Grab des antiken Sängers und Dichters Homer, der vor über 2700 Jahren voller Wortgewalt den Kampf um Troja und die Irrfahrten des Odysseus beschrieb. Es passt für uns zum Konzept der klaren Formen und starken Kontraste in der Ägäis, steht da als ein Zeichen menschlicher Kreativität in unwirtlicher Natur und der langen Geschichte griechischen Denkens (s. S. 275).

zeitlose. Die zweite Hälfte des Wegs haben die Nioten mit aufgeschichteten Steinpyramiden geschmückt, die sich direkt am Grab des Homer häufen.

Das Grab selbst ist auch kaum mehr als ein Geviert von Trockensteinmauern, angereichert mit einigen in der Umgebung gefundenen antiken Architekturelementen. Schon immer an Ort und Stelle stand nur der marmorne Trilith, gefügt aus zwei senkrechten und einer waagerechten Marmorplatte. Er war aber auf keinen Fall Teil eines Grabes aus dem 8. Jh. v. Chr., sondern gehörte vielleicht zu einem hellenistischen Wachtturm. Doch das interessiert kaum: Es ist einfach ein erhabenes Gefühl, sich hier einem der größten Dichter der Geschichte nahe fühlen zu dürfen. Und der Blick auf die Ägäis ist ohnehin unvergleichlich (s. Lieblingsort S. 276).

Ausgrabungsstätte Skárkos

▶ 2, A 2

Abzweigung an der Hauptstraße von Gialós nach Chóra ausgeschildert, Di–So 8.30–15 Uhr, Eintritt 2 €

Dass auf den ägäischen Inseln noch immer viele Altertümer unter der Erde liegen, zeigen nicht zuletzt die erst seit 2008 der Öffentlichkeit zugänglichen, noch lange nicht abgeschlossenen Ausgrabungen der frühkykladischen Siedlung von Skárkos. Für 1,76 Mio. €, von denen die EU 75 % finanzierte, wurde das Gelände besucherfreundlich hergerichtet. Nach Einschätzung der hier tätigen griechischen Wissenschaftler wurden erst 30 % des Dorfes aus dem 3. Jt. v. Chr. freigelegt.

Erst 1984 wurde der flache Hügel, auf dem die antike Siedlung stand, als Standort einer prähistorischen Siedlung erkannt. Den besten Eindruck erhält der Besucher, wenn er zunächst einmal nicht ins umzäunte Grabungsgelände hineingeht, sondern zuerst einen Blick von einem etwas erhöhten Standort aus auf den Hügel wirft. Er wird von mehreren steinernen Mauern umzogen, die die verschiedenen Siedlungsebenen voneinander trennen. Schautafeln zeigen das ursprüngliche Wegenetz im Dorf mit seinen vielen kleinen, platzartigen Erweiterungen (»squares«). Von ihnen aus waren die einzelnen Hauskomplexe (»insulae«) zugänglich. Die beiden Hauptwege waren jeweils etwa 2 m breit. Zwischen den Grundmauern der Häuser sind immer wieder steinerne Treppenabsätze erkennbar, die von einem Obergeschoss zeugen. Die Häuser waren unterschiedlich groß, was für eine soziale Differenzierung innerhalb der Dorfgemeinschaft spricht.

Für den Santorin-Urlauber, der vielleicht zuvor schon die Ausgrabungen von Akrotíri besucht hat, bringt der Besuch von Skárkos vor allem eine Erkenntnis: Die minoisch-theräische Hochkultur ist nicht aus dem Nichts heraus entstanden, sondern basierte auf Grundlagen, die schon 500 bis 1000 Jahre zuvor auf den Kykladen vorhanden waren.

Manganári Beach ▶ 2, C 4

Auch Tagesbesucher von Santorin aus sollten sich die 28 km lange Fahrt durch die Bergwelt der Insel zum schönsten Inselstrand ganz im Süden von Íos nicht entgehen lassen. Nach Verlassen der Hochebene von Páno Kámbos wird kein Dorf mehr passiert, kykladische Stille und Einsamkeit umfängt den Reisenden. Eine gute Asphaltstraße führt zum einsamen **Strand von Psathí** hinunter; von ihr zweigt eine kleinere Stichstraße hinauf auf den 713 m hohen **Inselgipfel Pýrgos** ab. Vielleicht ist für beides ja auf dem Rückweg noch Zeit. Erst einmal lockt Manganári. Feinster Sand säumt hier bis zu 50 m breit drei Buchten mit ganz sanft und sehr kleinkindfreundlich abfallenden Ufern. Sogar ein paar niedrige Dünen hat der Wind aufgeweht. Zwischen Feldern stehen locker verstreut einige Häuser, meist Tavernen oder Pensionen.

Übernachten

Schlicht – **Helena's:** 50 m vom Strand, Tel. 22 86 09 10 77, www.elenas.gr, DZ NS ab 40 €, HS ab 75 €. Das moderne, weiße Haus bietet gute Studios ohne Schnörkel für alle, die auf Hotelambiente verzichten können und gut und relativ preisgünstig schlafen wollen.

Essen & Trinken

Bohnen und Langusten – **Antonios:** am Strand, Tel. 22 86 09 16 11, www.dimitrisrooms.gr, tgl. ab 9 Uhr, Hauptgerichte 6–50 €. In der schon 1975 gegründeten Strandtaverne geht es bis heute typisch griechisch zu. Modernen griechischen Trends muss man aber auch hier folgen: Deswegen wird auch das In-Gericht junger Griechen im Urlaub, die *astakómakkaronáda* serviert – Spaghetti mit Langustenfleisch.

Aktiv

Wassersport – **Meltémi Water Sports:** am Strand, Tel. 22 86 09 16 80, www.meltemiwatersports.com. Der Brite Peter Bramwell betreibt sein Wassersportzentrum bereits seit 1979. Windsurfing, Wakeboarding und Wasserski stehen im Mittelpunkt des Angebots, zu dem auch Motorbootvermietung und Funsports wie Fly Fish und Banana gehören.

Badeschuhe unnötig: Feinster Sand säumt den Manganári Beach im Süden der Insel

Umschrift

Auch ohne griechische Sprachkenntnisse kommt man heute überall in Griechenland zurecht; die meisten Griechen sprechen zumindest etwas Englisch. Hinweisschilder sind in der Regel auch in lateinischen Buchstaben abgefasst. Dennoch empfiehlt es sich, ein wenig Griechisch zu lernen; man kommt schneller zurecht und wird häufig auch freundlicher behandelt. Jedoch muss man auf die richtige Betonung achten, die durch den Akzent angegeben wird.

Das griechische Alphabet

		Aussprache	Umschrift
Α	α	a	a
Β	β	w	v, w
Γ	γ	j vor e und i, sonst g	g, gh, j, y
Δ	δ	wie engl. th in ›the‹	d, dh
Ε	ε	ä	e
Ζ	ζ	s wie in ›Sahne‹	z, s
Η	η	i	i, e, h
Θ	ϑ	wie engl. th in ›thief‹	th
Ι	ι	i, wie j vor Vokal	i, j
Κ	κ	k	k
Λ	λ	l	l
Μ	μ	m	m
Ν	ν	n	n
Ξ	ξ	ks, nach m oder n weicher: gs	x, ks
Ο	ο	o	o
Π	π	p	p
Ρ	ρ	gerolltes r	r
Σ	σ	s wie in ›Tasse‹	ss, s
Τ	τ	t	t
Υ	υ	i	i, y
Φ	φ	f	f, ph
Χ	χ	ch	ch, h, kh
Ψ	ψ	ps	ps
Ω	ω	offenes o	o
Buchstabenkombinationen			
ΑΙ	αι	ä	e
ΓΓ	γγ	ng wie in ›lang‹	ng, gg
ΕΙ	ει	i wie in ›lieb‹	i
ΕΥ	ευ	ef wie in ›heftig‹	ef, ev
ΜΠ	μπ	b im Anlaut, mb im Wort	B, mp, mb
ΝΤ	ντ	d im Anlaut, nd im Wort	D, nd, nt
ΟΙ	οι	i wie in ›Liebe‹	i
ΟΥ	ου	langes u	ou, u

Begrüßung und Höflichkeit

Guten Tag	kali méra
Guten Abend	kali spéra
Gute Nacht	kali níchta
Hallo, Tschüss (Du-Form/Sie-Form)	jassú/jassás
Auf Wiedersehen	adío (adíosas)
Gute Reise	kaló taxídi
Bitte	parakaló
Danke (vielmals)	efcharistó (polí)
Ja	ne (sprich: nä)
Jawohl	málista
Nein	óchi
Nichts, keine Ursache	típota
Entschuldigung	singnómi
Macht nichts	den pirási
In Ordnung, okay	endáxi

Reisen

Straße/Platz	odós/platía
Hafen	limáni
Schiff	karávi
Bahnhof/Busstation	stathmós
Bus	leoforío
Haltestelle	stásis
Flughafen	aerodrómio
Flugzeug	aeropláno
Fahrkarte	issitírio
Motorrad	motosiklétta
Fahrrad	podílato
Auto	aftokínito
rechts/links	deksjá/aristerá
geradeaus	efthían
hinter, zurück	píso
weit/nah	makría/kondá

Bank, Post, Arzt, Notfall

Bank/Bankautomat	trápesa/ATM
Quittung, Beleg	apódixi
Postamt	tachidromío
Briefmarken	grammatóssima
Arzt/Arztpraxis	jatrós/jatrío
Krankenhaus	nossokomío
Hilfe!	voíthia
Polizei	astinomía
Unfall/Panne	átichima/pánna

Einkaufen

Kiosk	períptero
Laden	magasí
Bäckerei	foúrnos
Fleisch/Fisch	kréas/psári
Käse/Eier	tirí/avgá
mit/ohne	me/chorís
Milch/Zucker	gála/sáchari
Brot	psomí
Gemüse	lachaniká
Wasser	neró
– mit Kohlensäure	sóda
Bier	bíra (Pl. bíres)
Wein	krássi
eine Portion	mía merída
zwei Portionen	dío merídes
Speisekarte	katálogos
Die Rechnung, bitte!	to logarjasmó parakaló!

Adjektive

gut/schlecht	kalós/kakós
groß/klein	megálos/mikrós
neu/alt	néos/paljós
heiß/kalt	sésto/krío

Zahlen

1	éna (m), mía (f)	40	saránda
2	dío (sprich: sio)	50	pennínda
3	tría, trís	60	exínda
4	téssera, tésseris	70	evdomínda
5	pénde	80	októnda
6	éxi	90	enenínda
7	eftá	100	ekató
8	októ	200	diakósja
9	enéa	300	triakósja
10	déka (seka)	400	tetrakósja
11	éndeka	500	pendakósja
12	dodéka	600	exakósja
13	dekatría, usw.	700	eptakósja
20	íkossi	800	oktakósja
21	íkossi éna, usw.	900	enjakósja
30	trianda	1000	chílja

Die wichtigsten Sätze

Allgemeines

Wie geht es dir?	Ti kánis?
Ich verstehe nicht.	Den katalavéno.
Woher kommst du?	Apo poú ísse?
Wie spät ist es?	Ti óra íne?
Ich habe es eilig!	Viássome!
Prost!	Jámmas!

Unterwegs

Wo ist ...?	Poú íne ...?
Wo fährt der Bus nach ... ab?	Poú févji to leoforío ja ...?
Wann fährt er/sie/es?	Póte févji?
Wann kommt er/sie/es an?	Póte ftáni?
Wie viele Kilometer sind es bis ...?	Póssa chiljómetra sto ...?

Notfall

Ich möchte telefonieren.	Thélo ná tilefonísso.
Ich suche eine Apotheke.	Thélo ná vró éna farmakío.

Einkaufen

Was wünschen Sie?	Tí thélete?
Bitte, ich möchte ...	Parakaló, thélo ...
Was kostet das?	Pósso káni afto?
Ich nehme es!	To pérno!
Das ist teuer!	Íne akrivó!

Kulinarisches Lexikon

Frühstück

avgá mátja	Spiegeleier
avgá me béikon	Eier mit Speck
voútiro	Butter
chimó portokáli	Orangensaft
giaoúrti (yaoúrti)	Joghurt
... me karídia	... mit Walnüssen
... me méli	... mit Honig
kafé me gála	Kaffee mit Milch
louchániko	Wurst
marmeláda	Konfitüre
méli	Honig
psomáki	Brötchen
sambón	Schinken
tirí	Käse
tsái	Tee

Suppen

fassoláda	Bohnensuppe
kakavjá (auch: psarósoupa)	Fischbrühe, dazu ein Fisch nach Wahl
kreatósoupa	trübe Fleischbrühe
patsá	deftige Kuttelsuppe
tomatósoupa	Tomatensuppe

Salate und Pürees

angoúro saláta	Gurkensalat
choriátiki saláta	›Griechischer Salat‹
chórta saláta	Mangoldsalat
gígantes (jígandes)	große weiße Bohnen in Tomatensauce
láchano saláta	Krautsalat
maroúli saláta	Blattsalat
melindsáno saláta	Auberginenpüree
skordaliá	Kartoffelpaste mit Knoblauch
taramá	Fischrogen-Püree
tomáto saláta	Tomatensalat
tónno saláta	Tunfischsalat
tzatzíki (dsadsíki)	Joghurt mit Gurken und Knoblauch

Fisch und Meeresfrüchte

astakós	Languste
barboúnja	Rotbarbe
fángri	Zahnbrasse
garídes	Scampi
glóssa	Scholle oder Seezunge
kalamarákja	Calamares
ksifías	Schwertfisch
lavráki	Barsch
mídja	Muscheln
oktapódi	Krake
solomós	Lachs
soupjés	Sepia (Tintenfisch)
stríthja	Austern
tsipoúra	Dorade (Goldbrasse)

Fleischgerichte

arnáki, arní	Lammfleisch
pansétta	Schweinerippchen
békri mezé	eine Art Gulasch mit Kartoffeln, scharf
biftéki	Frikadelle mit Käse
brizóla	Kotelett
chirinó	Schweinefleisch
gída	Ziege
gourounópoulo	Spanferkel
gouvarlákja	Hackfleischbällchen in Zitronensauce
gemistes (jemistés)	gefüllte Tomaten oder Paprikaschoten
giouvétsi (juvétsi)	Kalbfleisch mit Reisnudeln in Tomatensauce
katsíki	Zicklein
keftédes	Hackfleischbällchen in Tomatensauce
kokkinistó	Rindfleisch in Rotweinsauce
kokorétsi	Innereienwürstchen, gegrillt
kotópoulo	Hühnchen
kounélli	Kaninchen
kreatópitta	Blätterteigtasche mit Fleischfüllung
láchano dolmádes	gefüllte Kohlblätter
loukaniká	Landwürstchen
makarónja me kimá	Spaghetti mit Hackfleischsoße

mialá	Hirn
mouskári	Rindfleisch
moussaká	Auberginenauflauf
païdákja	Lammkoteletts
papoutsákja	gefüllte Auberginen
pastítsjo	Nudelauflauf mit Hackfleisch
psitó	Braten
sikóti	gebratene Leber
stifádo	Fleisch mit Zwiebeln in Tomaten-Zimt-Sauce
soutzoukákia (sudsukakja)	Hackfleischrollen in Tomatensauce mit Kreuzkümmel
souvláki	Fleischspieß (Rind oder Schwein)
tourloú	Gemüseeintopf

Gemüse

briam	Gemüseauflauf mit Schafskäse
bámjes	Okraschoten
eljés	Oliven
fassólja	grüne Bohnen
kolokithákja	Zucchini
melindsánes	Auberginen
spanáki	Spinat

Obst

achládi	Birne
fráules	Erdbeeren
karpoúsi	Wassermelone
kerássja	Kirschen
lemóni	Zitrone
mílo	Apfel
peppóni	Honigmelone
portokáli	Orange
rodákino	Pfirsich
síka	Feige
staffílja	Weintrauben

Desserts

froútto saláta	Obstsalat
karidópitta	Walnusskuchen
milópitta	Apfelkuchen
pagotó	Eiscreme
riságalo	Reispudding
tirópitta	Blätterteig mit Käse

Getränke

bíra	Bier
chimós	Saft
gála	Milch
kanelláda	Zimt-Limonade
kafés ellinikós	griechischer Kaffee
kafés fíltro	Filterkaffee
krassí	Wein
lemonáda	Limonade
neró	Wasser
portokaláda	Orangeade
soumáda	Mandelmilch
tsái	Tee
tsípouro	Tresterschnaps

Im Restaurant

Die Speisekarte, bitte.	To katálogo, parakaló.
Was empfehlen Sie?	Tí sistínete?
Die Rechnung, bitte.	To logarjasmó, parakaló.
Guten Appetit!	Kalí orexí!
Prost!	Jammás!
Herr, Dame (Anrede für Kellner/Kellnerin)	kírie, kiría
Salz / Pfeffer	aláti / pipéri
Tasse	flidzáni
Teelöffel	koutaláki
Löffel	koutáli
Messer	machéri
Gabel	piroúni
Glas	potíri
Teller	piátto
Zahnstocher	odondoglifídes
Serviette	petsétta (serviétta = Damenbinde!)

Autoren/Abbildungsnachweis/Impressum

Die Autoren: Der Bremer Reisejournalist Klaus Bötig, der Griechenland und Santorin seit 1973 bereist, und die deutsch-griechische Journalistin Elisa Hübel, 1984 in Leipzig geboren und in Athen aufgewachsen, haben für dieses Buch ein Team gebildet. Wochenlang sind sie über die Insel gefahren und gewandert, haben mit Bauern und Beamten, Hoteliers und Künstlern gesprochen. Für die junge Griechin ist dieser Band das erste Buch, Klaus Bötig hat schon über 80 Griechenland-Titel publiziert.

Abbildungsnachweis
Nicoletta Adams, Bremen: S. 56
Klaus Bötig, Bremen: S. 6, 13 u. li., 13 u. re., 232, 250/251, 276/277, 288
Christian Dehnicke, Schweinfurt: S. 49, 88 re., 96, 146/147, 166, 191, 196, 200/201, 212, 224, 253, 264/265
Getty Images, München: Titelbild (Mare-magnum)
Rainer Hackenberg, Köln: S. 12 u. li., 12 u. re., 13 o. li., 25, 36, 59, 74, 77, 81, 106/107, 133, 138/139, 142 (2 x), 154/155, 156/157, 158, 168 li., 176/177, 186/187, 195, 214 (2 x), 215 li., 220/221, 228, 238, 240/241, 263
Huber-Images, Garmisch-Partenkirchen: S. 7, 12 o. li., 88 li., 91, 112/113, 252 re., 256/257, 258 (Gräfenhain); 16/17 (Kaos03); 9 (Merten)
laif, Köln: S. 89 li., 124 (hemis.fr/Heintz); 13 o. re., 68, 84, 162/163 (Hub); 108 (Lansard); 44/45 (IML/Hapsis); 143 li., 148 (IML/Meazza); 279 (IML/Moustafellou)
Look, München: Umschlagklappe vorn, S. 71, 252 li., 268/269 (age fotostock); 5, 117 (Frei); 10 (Photononstop); 78 (Werner)
Mauritius Images, Mittenwald: S. 120/121 (age); 86/87 (Breig); 42 (CuboImages); 100 (Hicker); 32 (imagebroker/Eisele-Hein); 12 o. re., 43, 54/55, 64/65, 134/135, 204 (imagebroker/Handl); 29 (Prisma); 168 re., 171 (Thonig); 169 li., 208 (Truffy); 246 (United Archives)
picture alliance, Frankfurt a. M.: S. 53 (dpa); 62 (United Archives)

Kartografie
DuMont Reisekartografie, Fürstenfeldbruck
© DuMont Reiseverlag, Ostfildern

Umschlagfotos
Titelbild: Oía auf Santorin
Umschlagklappe vorn: Bucht von Ammoúdi bei Oía
Seite 5: Innenhof in Oía

Hinweis: Autoren und Verlag haben alle Informationen mit größtmöglicher Sorgfalt geprüft. Gleichwohl erfolgen alle Angaben ohne Gewähr. Bitte schreiben Sie uns! Über Ihre Rückmeldung und Ihre Verbesserungsvorschläge freuen wir uns: **DuMont Reiseverlag,** Postfach 3151, 73751 Ostfildern, info@dumontreise.de, www.dumontreise.de

3., aktualisierte Auflage 2017

daktion/Lektorat: Susanne Pütz, Hans E. Latzke
isches Konzept: Groschwitz/Blachnierek, Hamburg
d in China

MIX
Papier aus verantwortungsvollen Quellen
FSC® C124385